Au Pays Vendéen

AU PAYS VENDÉEN

G. GUILLEMET

DÉPUTÉ DU DÉPARTEMENT DE LA VENDÉE

AU
PAYS VENDÉEN

DESCRIPTION — HISTOIRE — LANGAGE
SITES ET MONUMENTS

Illustrations

DE

J.-L. GIRAUDEAU-LAURENT, G. FRAIPONT, A. DUPLAIS-DESTOUCHES, ETC.

NIORT

G. CLOUZOT, LIBRAIRE-ÉDITEUR

22, RUE VICTOR HUGO, 22

1906

PRÉFACE

BIBLIOTHÈQUE NATIONALE — R. F. — IMPRIMÉS

En écrivant « au Pays vendéen », je n'ai pas eu la prétention de faire une œuvre d'érudition. Mon but a été plus modeste : j'ai voulu simplement composer un tout sur la Vendée, pays étrange, pittoresque, peu connu, et comprendre dans un même ouvrage l'histoire, les mœurs, l'étude du dialecte, la chanson, l'archéologie et la description des diverses régions.

Il semble qu'après mon excellent ami Chassin, il n'y ait plus rien à écrire sur les guerres de la Vendée ; mais, l'ouvrage en douze volumes de Chassin est un ouvrage documentaire, peu accessible au grand public ; j'ai pensé qu'il était utile de le résumer, de le vulgariser, d'en tirer des conclusions et de faire connaître la vérité si souvent dénaturée sur la chouannerie et le mouvement insurrectionnel de l'Ouest. Lorsqu'un siècle a passé sur des événements politiques, il est possible de les raconter avec impartialité.

Presque toutes les légendes sont inédites ; la plupart m'ont été communiquées par un distingué professeur de l'école supérieure de Fontenay-le-Comte, M. Edmond Bocquier, chargé d'une mission de recherches sur les traditions du Poitou par le ministre de l'Instruction publique.

Les travaux de Bonnemère, qui a écrit un si bel ouvrage sur le mouvement insurrectionnel de l'Ouest, ceux de MM. Bourloton, RenéVallette, Viaud-Grand-Marais, Richard, Dr Hébert, Brin, Balleyguier, Ingold, H^{te} Boutin, etc., m'ont aussi puissamment servi.

Puisse ce travail, écrit sans prétention, mettre au cœur de nos jeunes générations l'horreur de la guerre civile ! Puisse sa lecture faire aimer notre Vendée, si poétique et si pleine de charmes !

G. GUILLEMET.

AVANT-PROPOS

a dit le poète vendéen
Grimaud.

Géants par le courage,
mais pygmées par l'idée !
C'est une épopée que le
récit des guerres de la
Vendée ; c'est aussi l'une
des pages les plus tristes
de notre Histoire. Chefs et
soldats sont restés grands,
héroïques ; ils furent cependant criminels, car ils s'allièrent pour la combattre
aux ennemis de leur patrie.

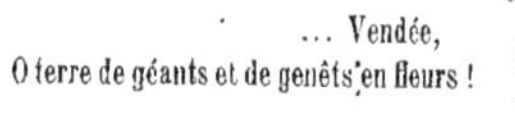

« Dieu et le roi ! » tel était le cri de ralliement, mais en réalité les
Vendéens avaient le sentiment de faire la guerre au diable. Héroïsme et
fanatisme ! « Rends-toi », crie un garde national à un paysan. — « Rends-
moi mon Dieu », répond le chouan, qui expire héroïquement comme d'Assas.

Toute la guerre de la Vendée est dans ce mot.

Si ces têtes de granit, dures comme le sol qui les porte, au lieu de résister
aux idées nouvelles, avaient donné à la patrie leur ténacité et leur vaillance,

si les Vendéens, au lieu de jeter leur cri de chouette à la Révolution, au lieu de la pousser par leur rébellion aux pires excès, avaient opposé la même résistance aux armées de l'Europe coalisées contre leur pays, la Vendée aurait dans l'histoire des peuples le premier rang.

Terre de genêts en fleurs ! Les genêts sombres avec leurs fleurettes d'or peignent bien en effet l'aspect mélancolique d'une partie de la Vendée. Genêts en fleurs, ajoncs acérés et dorés, haies touffues, chemins creux dans lesquels s'égaillaient les gars, menhirs, dolmens, sombres tours sur lesquelles flotte dans la nuit le voile noir de Mélusine, manoirs lugubres où errent l'âme damnée de Gille-de-Rais et le fantôme cuirassé de Geoffroi-la-Grand' Dent, carrefours où dansent farfadets et lutins, voilà le Bocage. Canaux couverts d'une floraison neigeuse, routes d'eau sous des voûtes de verdure, labyrinthes plus inextricables que celui de Crète, grasses prairies où dorment dans l'herbe épaisse les pouliches à la croupe luisante, huttes entourées d'eau, immense Venise naturelle dans laquelle glissent les yoles des fiers enfants de la Scandinavie, voilà le Marais.

La Vendée est curieuse par la variété de ses aspects, bizarre par ses coutumes, poétique par ses ombrages, ses frais ruisseaux, ses grands bois et ses légendes. La nature y charme les yeux à chaque pas, et les regards du monde entier se sont portés sur son histoire.

AU PAYS VENDÉEN

I

LE BOCAGE ; SES FORÊTS ; SES SUPERSTITIONS. — LES MARAIS ;

MŒURS, ASPECT. — LA PLAINE. — LES FEMMES. — LES HABITATIONS.

Au point de vue géographique, la Vendée se divise en trois parties bien distinctes : le Bocage, la Plaine, le Marais.

La plupart des écrivains des guerres de la Vendée ont maintenu cette division au point de vue de l'esprit des populations. Ils ont commis une grave erreur, car les coutumes, les mœurs, les tendances politiques des marais du Nord, des marais de Beauvoir et de Challans, ont toujours différé profondément de celles du marais méridional, des bassins de la Sèvre et de la Vendée. Il y aurait même une cinquième distinction à faire, car le Bocage du calcaire ne ressemble pas au Bocage du granit et du schiste.

La Plaine, le Marais méridional, et même le Bocage du calcaire, ont toujours suivi le mouvement général des idées en France ; le Bocage du schiste et du granit, le Marais occidental ont été de tout temps réfractaires à l'idée républicaine et fidèles aux vieilles traditions.

D'où viennent des divergences si profondes ? Elles tiennent à des causes très diverses, qu'il y a lieu de rechercher.

Et d'abord les grandes forêts occupaient jadis le Bocage. Or, les forêts, par leur majesté, leurs profondeurs mystérieuses, leur aspect imposant et lugubre, leur silence, leur solitude, entretenaient parmi les populations un sentiment de crainte qui les portait à la superstition.

Partout on trouve dans cette partie de la Vendée des vestiges des antiques sanctuaires du paganisme, et la plupart des fêtes locales ne sont que de vieilles coutumes païennes, christianisées par le clergé ; partout on rencontre des arbres vénérés, objets de respect et de terreur ; partout on retrouve les anciennes divinités des Celtes ou des Romains, transformées en divinités chrétiennes.

Certains campagnards du haut Bocage croient encore aux sorciers qui jettent des sorts, aux devins qui conjurent les maléfices, aux bêtes à queue blanche, qui rôdent le soir autour des fermes, aux *loups garous*, aux *garaches*, qui poursuivent les travailleurs attardés, aux *chasses Gallery* qui font entendre leur sarabande, et passent la nuit au galop endiablé de leurs coursiers aux naseaux de feu.

> Ontondez-ve la sarabonde ?
> O l'est la chasse Gallery.
> Tchi au long va passer pre bonde
> Et la garache et l'alouby.
>
> Mes fails, rontré bé vite
> V'assitre près de ma :
> Prenez l'ève benite
> Et priez saint Micha.
>
> Gallery va-t-en tête
> Munte sus un chevaau
> Qu'a le cou d'ine bête
> Et le pea d'un crapaaud.

TRADUCTION :

> *Entendez-vous la sarabande ?*
> *C'est la chasse Gallery*
> *Ici va passer par bande*
> *Et la garache (1) et l'alouby (2).*

(1) *Garache.* — Esprit méchant, qui a des ailes de chouette et jette de mauvais sorts.

(2) *Alouby.* — Vampire. Il se montre sous la forme d'un homme maigre et insatiable. S'il entre dans une maison, il y apporte la famine.

Mes fils, rentrez bien vite
Vous asseoir près de moi :
Prenez l'eau bénite
Et priez Saint Michel.

Gallery va en tête,
Monté sur un cheval
Qui a le cou d'une bête
Et la peau d'un crapaud.

Le campagnard n'avoue jamais ces superstitions aux gens de la ville ; il dit : « I ne sais pouet si ol y a daus sorçais, mais ol est terjou bé sûr qu'ol y a daus bé mouvais minde. »

Ces fées, ces farfadets, ces lutins, ces garaches, ne sont-ils pas les descendants des faunes et des sylvains latins, des *Trolls* ou *Trolds* et des *Wilis* de la Scandinavie, ou des *Dryades* et des *Hamadryades* des Grecs ?

De même que les Latins d'ailleurs offraient des sacrifices à Palès pour l'apaiser, de même le campagnard vendéen conjure encore parfois les garaches par l'offrande d'un chat blanc enterré vivant.

Les vieux châteaux féodaux, qui en Vendée ont caché tant de drames sanglants et mystérieux, les rochers sombres qui dominent les vallées, sont aussi pour le campagnard des sujets de crainte et leur rappellent de terribles légendes.

Les châteaux forts de Vouvant, Mervent, Tiffauges, Châteaumur, se sont élevés spontanément, dit l'une de ces légendes, dans une ou deux nuits, sans le secours d'ouvriers.

Un homme de Pouzauges se cacha un soir dans un buisson, près du bois de la Folie, non loin de la tour carrée. Plein de terreur, il vit la fée Mélusine qui seule construisait pierre à pierre la forteresse, et montait au faîte du monument les blocs énormes, qui résistent encore à l'action du temps. Mélusine, furieuse d'être surprise, s'écria :

« Pouzaug', Tiffaug', Mervent, Châteaumur et Vouvant iront chaqu'an, j'le jur', d'une pierre en périssant. »

Depuis lors, chaque année tombe une pierre, et des bêtes fantastiques, farfadets, lutins, garaches, gémissent la nuit sur la déplorable destinée de la forteresse.

Dans la commune de l'Orbrie, une pierre gigantesque, la *pierre sorcelière*, descend chaque jour du coteau, dit la légende, pour aller se baigner dans la Vendée.

Près de Saint-Urbain, se trouve un bloc de quartz que les paysans croient tombé de la *dorne* d'une fée ; ils se garderaient bien d'y toucher.

Ils prétendent qu'à une certaine époque, ce bloc fut transporté hors de la commune ; mais aussitôt celle-ci fut en proie à des malheurs épouvantables, qui ne cessèrent que lorsque la pierre merveilleuse fut remise en place.

La *Pierre branlante de la Tour*, à la Verrie, *vire* (1) chaque année sur elle-même dans la nuit de Noël et elle est entourée d'un cercle de lumière. Les sorcières se livrent là nuit autour d'elle à un sabbat effréné.

On le voit, les superstitions, dans certaines parties de la Vendée, ont des racines profondes. Le fanatisme religieux les a peu à peu remplacées, ou plutôt a vécu côte à côte.

La fidélité du bocain aux vieilles traditions, à la Royauté, au hobereau, a une autre cause. Dans la Plaine, dans le Marais, dans le Bocage du calcaire, chaque campagnard a son lopin de terre ; il est propriétaire : la propriété y est très divisée. Dans le Bocage du schiste et du granit, la terre ne peut être morcelée ; il faut, pour bien la cultiver, des fermes d'une certaine étendue. Le grand propriétaire d'ailleurs, en raison du charme du pays, de sa fraîcheur, de ses ombrages, de ses beaux sites, y possède toujours une riche demeure où il habite pendant la plus grande partie de l'année ; les descendants des vieilles familles occupent les châteaux. On se croirait en plein moyen âge ; les campagnards ont toujours l'esprit de dépendance, et s'ils ne sont plus serfs aux yeux de la loi, beaucoup d'entre eux ont du moins conservé les habitudes, les usages, les mœurs et l'obséquiosité du servage.

La disposition du sol a aussi son influence sur l'esprit du bocain et a singulièrement favorisé la chouannerie.

Si du haut des Alpes vendéennes, des collines de la Gâtine, vous considérez le pays, vous croyez avoir sous les yeux à perte de vue une immense forêt. Les forêts, auxquelles les moines, par haine du paganisme et aussi par spéculation, avaient déclaré la guerre, ont cependant depuis longtemps presque toutes disparu. Mais chaque champ est entouré d'une haie vive, qui s'appuie sur des arbres appelés *têtards*, sans doute parce qu'on leur coupe la tête. Du tronc noueux et souvent entr'ouvert de ces arbres s'élancent des branches verdoyantes qui forment de vrais taillis, suspendus, qu'on enlève tous les cinq ans. Vers Cézais, Thouarsais-Bouildroux, La Jaudonnière, on ne laisse au contraire aux arbres qu'une longue tige tordue par les vents et nommée pour cette raison *tortillard* ; les branches sortent le long de cette tige et sont coupées également à époques fixes.

(1) Tourne.

Derrière les haies sont les chemins ruraux, profondément encaissés, servant l'hiver de lit aux ruisseaux, creusés par les roues des lourdes charrettes, bordés de talus à pic de plus de dix pieds, où poussent à plaisir la ronce, le houx, l'ajonc, fourrés impénétrables pour tout autre que le paysan vendéen.

Rarement le soleil pénètre dans ces sombres défilés, d'où seuls les bœufs robustes peuvent tirer la charrette boueuse. Parfois l'eau séjourne si longtemps que la vase est molle à une grande profondeur, et les bœufs s'enliseraient si le paysan n'avait soin de jeter des branches d'arbres dans la *gasse* (boue).

Sans doute le pays est maintenant desservi par un superbe réseau de chemins vicinaux, admirablement entretenus, mais les chemins ruraux demeurent toujours dans le même état déplorable.

Peu à peu disparaissent aussi les grands champs de genêts, qui *laissaient reposer* la terre, et les ajoncs, récolte presque unique des terrains en friche. Mais, sous la Révolution, la Vendée était peu cultivée ; ces genêts et ces ajoncs s'élevaient si nombreux, si épais et à des hauteurs telles qu'une armée marchant à rangs dispersés pouvait facilement s'y cacher. Le chouan rampait, comme un serpent, dans leurs fourrés piquants et obscurs.

D'aspect bien différent, sont les *Marais*. Terrains conquis sur l'Océan, immenses canaux, comme dans les *watringues* de la Hollande, terres d'alluvion d'une richesse incomparable, grasses prairies coupées de fossés où glissent les *yoles*, tel est cet étrange pays, qu'on pourrait appeler *La France inconnue*.

Là, le sol doit donner ses fruits sans que l'habitant s'abaisse jusqu'à lui. Le maraîchin, comme les *Konge-bonders* ou rois-paysans de la Norwège dont il descend, dit-on, se baisse rarement pour travailler.

« Lorsque Bernadotte prit possession de son royaume, dit Mme Georges Graux dans ses *Profils vendéens*, il eut la curiosité de visiter les *Konge-bonders*, dont l'origine remonte à l'époque de l'invasion chez nous des Scandinaves.

« On avait raconté au nouveau roi toutes les fiertés de cette caste, son respect pour ses traditions, qui ne lui permettent le mariage qu'entre égaux comme antiquité d'origine, noblesse de race, et qui conserve avec un soin religieux une argenterie et des bijoux merveilleux, dernier témoignage de sa splendeur.

« Bernadotte fit annoncer sa visite au plus âgé de ces paysans et se rendit chez lui, avec un cortège imposant d'officiers et de dignitaires de la nouvelle cour, en grand costume.

« La demeure du vieux Scandinave était modeste ; elle avait beaucoup de l'aspect de la *bourrine* d'un maraîchin, et le Konge-bonder, debout sur le seuil de sa porte, sans même ôter son bonnet de laine, regardait immobile le cortège royal qui s'avançait vers lui. Bernadotte était prévenu, mais il ne s'attendait pas pourtant à un accueil aussi hautain. Prenant vite son parti, il salue le premier le paysan-roi, qui alors daigne s'avancer à sa rencontre, et, ôtant son bonnet :

« — Tu n'es pas fils de roi, néanmoins sois le bienvenu ; — et d'un geste il montre au souverain de la Suède le chemin de sa demeure.

« Ils entrent dans la grande salle, où une immense table en fer à cheval est dressée ; elle ploie sous la vaisselle plate superbe des aïeux du paysan ; sur des dressoirs contre les murs, des pièces rares, qu'eût admirées Benvenuto Cellini, attirent les regards ; mais toutes les splendeurs ont été réservées pour une petite table à deux couverts, qui, placée au centre du fer à cheval, la domine et semble réservée pour le Roi et le plus haut dignitaire de sa maison. Déjà, le grand maréchal de la cour s'avance pour y prendre place à côté de Bernadotte ; mais le Konge-bonder le retient et, lui mettant doucement la main sur l'épaule, il l'arrête :

« — Ici est la place des rois, dit-il ; — et, s'asseyant auprès de Bernadotte, il lui fait avec aisance les honneurs du repas, tandis que le grand maréchal, abasourdi, va rejoindre à la table commune les autres officiers de la suite. »

Le maraîchin a vis-à-vis des châtelains la même indépendance que le Konge-bonder vis-à-vis de son roi, et pendant la chouannerie, Charette eut souvent à se plaindre de l'orgueil et de l'esprit d'indiscipline de ses soldats.

« Je ne m'incline que devant Dieu », disait un jour devant moi un maraîchin du Marais septentrional. C'est d'ailleurs parce qu'ils ont cru que la Révolution voulait détruire le sentiment religieux, que ces paysans ont pris les armes et forcé Charette à se mettre à leur tête. Mais, tant qu'a duré la chouannerie, les maraîchins et leur chef ont agi isolément, sans contact avec les bocains qu'ils détestaient profondément et qu'ils appellaient *dannions* (hommes damnés).

Leur religion est un mélange bizarre de paganisme et de catholicisme, que le clergé a cherché vainement à modifier. Mme Graux raconte, à ce sujet, l'anecdote suivante, absolument exacte, dit-elle :

« Une vieille femme avait depuis longtemps l'habitude de se rendre à l'église chaque matin, dès son réveil, pour faire sa prière, à l'autel de la Vierge, et lui demander, à haute voix, de « lui accorder son pain quoti-« dien, un peu de vin et un peu de lard parfois ». Un enfant de chœur facétieux avait entendu la requête : un matin, se cachant derrière la statue de la Vierge qui tient dans ses bras l'enfant Jésus, il imagina de répondre à la suppliante : « Vous aurez du pain, mais pas de vin, ni de « lard. » La bonne femme, croyant que c'est l'enfant Jésus qui lui parle, s'indigne, et l'apostrophant : « Tu n'es qu'un petit *barbouillaille* ; je ne te « parle point à *toi*, c'est à *t'mère !* »

Les *Marais méridionaux* n'ont ni l'aspect, ni l'esprit, ni les mœurs des Marais du nord.

Ceux-ci sont plats, monotones, dénudés, sans un arbre. Leurs belles prairies contiennent des milliers de chevaux, bœufs, vaches, qui donnent au pays l'aspect d'un colossal tableau de Rosa Bonheur. Pour passer d'une pièce de terre à l'autre, il faut une *ningle*, long bâton avec lequel les indigènes franchissent lestement les fossés. En été, le sol est brûlé, desséché et crevassé.

Le Marais poitevin, dans les bassins de la Vendée et de la Sèvre, est au contraire toujours riant, verdoyant, bien boisé. Rien de plus ravissant que de glisser au printemps dans le bateau plat, poussé par la *pigouille*, sous les voûtes de verdure, alors que s'étalent sur les canaux tant de blanches fleurettes qu'on a peine à voir l'eau, alors que les grenouilles chantent à pleine voix leurs amours. « C'est une grande Venise naturelle, dit l'ingénieur militaire Savary ; si Byron l'eût visitée, de quelles couleurs n'eût-il pas su la peindre ? »

Henri IV l'avait ainsi décrite dans une lettre à la belle Corisandre, en 1586 : « J'arrivai au soir de Marans, où j'étois allé pour pourvoir à la seureté d'icelluy... C'est une isle renfermée de marais bocageux, où, de cent en cent pas, il y a des canaux pour aller chercher le bois par bateau ; l'eau claire, peu courante, les canaux de toutes largeurs, des bateaux de toutes grandeurs. Parmi ces déserts, mille jardins où l'on ne va que par

bateaux. L'isle a deux lieues de tour ; ainsy environnée, passe une rivière
par le pied du chasteau, au milieu du bourg, qui est aussi logeable que
Pau. Peu de maisons qui n'entre de sa porte dans son petit bateau. Cette
rivière s'estend en deux bras, qui portent non seulement de grands
bateaux, mais les navires de cinquante tonneaux y viennent. Il n'y a que
deux lieues jusqu'à la mer. Certes, c'est un canal, non une rivière ;
contremont vont les bateaux jusqu'à Niort, où il y a douze lieues... »

MARAIS DE LA SÈVRE

« Le *contrebot* de Vix (1), qui rend des services si importants à toute
la partie orientale du bassin de la Sèvre, dit Cavoleau, est en même
temps le plus grand et le plus beau du département. Chaque flanc de la
levée qui le sépare du canal de Vix est planté de trois rangs de frênes
espacés de deux mètres. Cette multitude d'arbres, dont la végétation est
très vigoureuse, forme un ombrage impénétrable sur le sommet de la
levée, et l'on peut voyager ainsi l'espace de 15.000 mètres sans être
incommodé par les rayons du soleil. Le plus souvent le voyageur se
croirait perdu dans une solitude profonde, et il ne peut être tiré de la
rêverie que lui inspirent ces retraites silencieuses que par le chant rauque
des oiseaux aquatiques, qui volent sur sa tête ou qui nagent à ses côtés.

(1) Canal creusé au pied et en dehors du bot ou levée, qui borde elle-même un autre
canal.

Il serait tenté de regretter que, au milieu de ces belles retraites, la langue étroite qu'il foule aux pieds ne permette pas à l'homme d'y asseoir une habitation, lorsque tout à coup une scène romantique vient frapper ses regards et intéresser son cœur. Une cabane de roseaux, telle qu'on la construirait pour peindre une scène champêtre au milieu des jardins enchantés qui embellissent les environs de la capitale, présente à ses yeux attendris l'image de la joie, de l'aisance et du bonheur sous les traits d'un père et d'une mère entourés d'une nombreuse famille. »

Admirable conception d'ailleurs que cet ensemble de canaux, commencés sous l'habile direction du hollandais Bradley, poursuivie pendant des siècles avec une méthode rigoureuse et une ténacité, qui fait honneur aux habitants du pays, de race pourtant indolente et lymphatique, très différente de celle des habitants du Bocage.

Le bocain, en effet, est nerveux, petit, actif, timide, emprunté. Le maraîchin est grand, corpulent, blond ou roux, dégagé, bruyant, hautain. Le bocain porte une longue chevelure ; le maraîchin a toujours les cheveux coupés ras.

Alors que tout homme devait s'*avouer* un maître, alors que toutes les populations agricoles avaient le collier de servage, les maraîchins du Marais méridional, les *cölliberts*, — *colli libertus*, *franc du collier* — étaient restés libres. Ils avaient échappé à la servitude, grâce à leur dénûment, à leurs misérables ressources, qui n'avaient pu tenter la cupidité des seigneurs, grâce à leurs inextricables marais, où ils étaient à l'abri des recherches, grâce aussi à leur fierté et à leur esprit d'indépendance.

De nos jours, on a vu à plusieurs reprises les maraîchins s'insurger contre la construction de nouvelles routes et menacer de les couper. Jadis, en effet, isolés sur des îlots, séparés des bourgs par des centaines de canaux, ils se moquaient du fisc, des gendarmes et de l'autorité : la civilisation a porté atteinte à leurs libertés.

Et pourtant, autant le campagnard du Bocage est par tradition opposé aux idées nouvelles, autant le maraîchin du Sud a l'esprit ouvert à tous les progrès. Autant le premier, si honnête, si laborieux, est fanatique et superstitieux, autant le second est sceptique, partisan du libre examen. Voisin de la Saintonge, le maraîchin du Sud a suivi le mouvement bonapartiste sous l'Empire ; mais il a accepté avec le même enthousiasme la République et ne cesse de lui prouver sa fidélité : il a toujours été bleu.

Parlerai-je de *la Plaine* ? C'est une bande étroite qui ne s'étend guère
au delà de Luçon, et va de cette ville à Niort en s'étranglant à Fontenay-le-
Comte. Pas un arbre, pas un arbuste, pas une haie. Le terrain est triste,
monotone, uni comme son nom l'indique, recouvert de galets calcaires
arrachés par le soc de la charrue et d'une couche très légère de terre
végétale. Comme le maraîchin du Sud, l'habitant de la Plaine est
intelligent, débrouillard, très voltairien.

Quant à la partie calcaire du Bocage, elle se compose d'une vaste
dépression, qui va des Essarts par Chantonnay jusqu'à Cézais, et qui a
dû autrefois être
couverte par les
eaux de la mer
longtemps après
qu'elles eurent
abandonné les col-
lines qui la cir-
conscrivent. Il y
avait là un grand
lac intérieur de
quinze lieues de
long, aux limites
duquel se trouvent
des bandes de ter-
rain houiller, et
qui à la suite d'une
grande commo-

LA PLAINE

tion, a dû s'écouler par diverses fissures, dont la principale paraît être
le point qu'on appelle le *Déluge* dans la forêt de Vouvant, sur la rive
gauche de la *Mère*, l'un des sites les plus beaux et les plus sauvages de
la Vendée.

Ce bassin est la région où l'on rencontre le plus d'anciens coquillages
maritimes, soit en nature, soit en état d'incrustation ou de pétrification.

Les habitants forment une race intermédiaire entre les maraîchins
et les bocains, et il est facile de constater, dès qu'on séjourne quelque
temps au milieu d'eux, qu'ils n'ont ni l'esprit de fanatisme, ni les préjugés
de la Gâtine. A quoi attribuer cette plus grande largeur de vues ? Sans
doute à leur aisance et à la division de la propriété. Les grands domaines
et les châteaux sont, en effet, plutôt dans le Bocage du nord, vers les

LE PONT DU DÉLUGE

collines de la Gâtine. Il est certain qu'il n'y a aucun rapport entre un habitant de la Caillère, par exemple, ou de la Jaudonnière, et le campagnard de Vandrennes, d'Ardelay ou de la Gaubretière. L'un est encore serf, l'autre est affranchi. Depuis le Marais méridional jusqu'aux hauteurs de la Gâtine, en passant par la Plaine et le Bocage du calcaire, il y a comme une graduation vers la superstition et l'amour des traditions.

Disons aussi que les communes du haut Bocage comptent cinquante, soixante, quelquefois soixante-dix villages, alors qu'au bourg, au chef-lieu de la commune, on ne trouve guère que l'église, la mairie, les écoles et quelques auberges. Le bocain est comme isolé du monde, ne sort de son village que le dimanche pour aller à la messe, n'entend jamais qu'une voix, celle du prêtre, et ne lit jamais qu'un journal, celui que font distribuer le châtelain et le curé.

Les femmes surtout sont entre les mains du clergé ; elles ont joué un rôle important dans les guerres de la Vendée, il faut en dire un mot.

Celles du Bocage sont remarquables par la pureté de leurs lignes, la fraîcheur de leur carnation, l'éclat de leurs dents. Leur grâce pudique s'ajoute à leur beauté ; leur démarche est noble, leur tête un peu altière ; les attaches sont fines, le pied est cambré, et les cotillons, rayés en long de couleurs vives, laissent entrevoir un mollet bien tourné, une jambe élégante. De formes très variées, mais toujours coquettes, les coiffes laissent échapper deux bandeaux plats à la vierge, qui augmentent la distinction du visage.

Toutes autres sont les femmes du Marais. Celles du Marais occidental sont provocantes, hardies, libres de langage et d'allures.

Les maraîchines du Sud sont également décidées, mais de mœurs plus sévères. On voit souvent dans les Marais une jeune fille saisir un jeune cheval par la crinière, et d'un bond, sans souci de ce que peut laisser voir le jupon flottant au vent, se mettre à califourchon et activer des talons l'allure de la bête, qui traverse les prairies au galop.

Les coiffures rappellent le *hennin* des châtelaines du moyen âge. C'est une immense coiffe en tulle plissé très fin, majestueusement posée sur un énorme chignon et crânement portée. Le corsage est étroit, très collant, et, dans un tablier à bavette, disparaissent les pans d'un fichu de soie aux couleurs vives, qui garnit les épaules.

Dans le Bocage, les portes d'entrée des habitations sont surmontées d'une croix blanche peinte à la chaux ; souvent même le clergé distribue pour cet usage des croix en métal. A l'intérieur, une niche entourée de buis bénit renferme une statuette de la Vierge grossièrement enluminée. Au-dessus de la large cheminée, dans laquelle s'asseoient les *vieux*, un râtelier supporte les fusils de la famille.

Souvent une seule chambre avec deux, trois lits haut perchés, entourés de colonnes supportant des baldaquins volumineux auxquels touche la tête si l'on s'asseoit sur le lit, puis de hautes et larges armoires, armées de belles ferrures entretenues avec soin. Plusieurs générations vivent parfois dans cette chambre, parents d'un côté, enfants de l'autre, couchant pêle-mêle, les uns au pied du lit, les autres à la tête, suivant les âges et les sexes.

INTÉRIEUR MARAICHIN

Aux habitations sont souvent attenantes les étables, et les fumiers sont en tas tout près de la chambre où couche et mange la famille ; le *purin*, pourtant si précieux pour l'agriculture, court devant les portes et remplit l'air d'émanations malsaines.

Pas de cours entourées de murs. Les maisons, sauf dans les bourgs, sont isolées ; les écuries et les hangars ne sont pas fermés. Rarement d'ailleurs les habitants ont à se plaindre de vols ; les populations sont honnêtes, probes, confiantes.

Dans le Marais, même luxe d'armoires, de lits et d'armes. Mais l'habitation construite sur une mince bande de terre nommée *motte*, plonge presque dans l'eau, et le *huttier* passe du seuil de sa porte dans sa yole, où, couché à plat ventre il guette le passage des canards, des oies sauvages et des sarcelles.

Tel est trop rapidement décrit sans doute ce pays de Vendée, si propice à la rébellion, si redoutable aux troupes régulières. On comprendra avec quelles difficultés les armées républicaines s'avancèrent dans cette région entièrement neuve pour elles, où tout arbre cachait un ennemi, où tout champ dissimulait une bande, où tout était piège, où l'adversaire toujours invisible ne s'élançait qu'à coup sûr, où tout chemin était un obstacle et tout fossé une barrière. Pour qui connaît ce pays, il y a lieu d'être étonné que la Révolution, avec le peu d'hommes dont elle pouvait disposer, ait pu venir à bout de la Vendée, et il faut admirer plus encore l'héroïsme des soldats de la République que la ténacité des révoltés.

Je dois à la vérité d'ajouter que, grâce à la diffusion de l'instruction, à la plus grande facilité des relations, au service militaire obligatoire, le progrès pénètre peu à peu dans le Bocage. Déjà, le bocain étant laborieux et résistant au travail, cette région est l'une des mieux cultivées de l'Ouest, et si, au point de vue politique, la majorité est toujours réfractaire, on trouve cependant une imposante minorité de larges esprits, ouverts à toutes les idées modernes, disposés à les propager, profondément pénétrés des besoins et des aspirations de la Démocratie.

II

HISTOIRE GÉNÉRALE

Toute l'histoire générale de la Vendée s'efface devant ce que les chouans ont appelé « La grande Guerre », et il est difficile de prononcer ce mot de « Vendée » sans qu'aussitôt l'esprit se reporte aux luttes sanglantes de la période révolutionnaire. Nous ne ferons donc qu'esquisser à traits rapides les principaux faits de l'histoire générale, réservant nos plus amples développements pour l'insurrection vendéenne.

Qui connaissait la Vendée avant 1793 ? Aucune grande tradition, aucun passé. Les invasions, la civilisation romaine, l'épanouissement du christianisme avaient laissé dans le pays des traces peu profondes. La Vendée vivait séparée du royaume, comme endormie, éloignée du mouvement général des esprits, ignorante de l'évolution philosophique qui entraînait la France, et quand la Révolution lui cria ce mot magique, qui galvanisait alors les citoyens : « La Patrie est en danger », elle ne comprit pas ; elle ne pouvait pas comprendre.

Pas une ville importante d'ailleurs. Fontenay seule avait une histoire, parce que son origine remontait à une époque reculée et qu'elle était la capitale du Bas-Poitou.

Quant au Marais, il n'existait pas. Au XIIIe siècle, la mer baignait Maillezais, Montreuil, Luçon, Beauvoir. Les gros bourgs de Chaillé-les-Marais, du Gué de Velluire et de Vix étaient dans des îles. Le golfe de l'Aiguillon, qui avait alors trente-six kilomètres d'ouverture, ressemblait à la baie du Morbihan ; il était parsemé d'îles et rentrait profondément dans les terres. Bouin, dans le Marais du nord, était également une île, et la baie de Bourgneuf, qui sépare Noirmoutier du continent, s'est tellement rétrécie, qu'on peut maintenant à marée basse, par le passage du Gois, la traverser à pied sec.

Il n'y a donc point lieu de rechercher dans cette partie de la Vendée des vestiges des époques reculées, et seul le Bocage pourrait révéler quelques traces des populations primitives, qui ont habité le département.

Les monuments druidiques n'y manquent pas, en effet, mais les débris de l'époque gallo-romaine sont plus rares. Dans l'arrondissement des Sables, dans le canton de Pouzauges, on ne peut faire un pas sans trouver des tumulus et des dolmens. Celui de la Frébouchère, non loin d'Avrillé, est l'un des plus imposants et des plus étranges, et l'on se demande comment des hommes, qui ne disposaient pas encore des moyens puissants découverts par la science, ont pu soulever à deux mètres de hauteur une table de granit longue de plus de huit mètres et large de cinq mètres.

A Saint-Médard-des-Prés, à Auzais, au Langon, au Bernard, à Nieul-sur-l'Autise, à Xanton, Thiré, l'Hermenault, les archéologues ont découvert de très nombreux débris provenant d'habitations romaines ; mais aucun de ces monuments immenses, arènes, théâtres, thermes, que les Romains construisaient dans tous les pays où ils formaient des agglomérations de quelque importance.

Les Pictons habitaient la Vendée pendant la période gauloise. C'était une confédération considérable, constituée en République et divisée en trois tribus alliées : les *Ambiliates*, au nord de la Vendée ; les *Agnanutes*, au centre ; les *Agésinates Cambolectri*, sur les bords de la mer. Leurs institutions étaient très démocratiques ; ils élisaient chaque année un chef civil et un chef militaire.

Envahis par les Cimbres, ils furent rapidement assimilés, et à leurs institutions libérales succéda bientôt une théocratie autoritaire, dont les prêtres de la religion druidique furent les ministres, et qui laissa partout dans la région les marques de son action déprimante. Le pays des prêtres d'Hésus et des druidesses, qui prophétisaient l'avenir, devait être plus tard celui de l'abbé Bernier et de l'évêque d'Agra. Le sol où s'élevait tant de menhirs, de dolmens, de tumulus et de cromlechs devait donner fatalement naissance aux farfadets, aux lutins et aux garaches.

C'est en vain que César, après avoir soumis toute la région au-dessous de la Loire, y introduit la civilisation romaine et y forme une légion qui combat avec lui à Pharsale ; c'est en vain que la Vendée subit pendant quatre siècles la domination de Rome, les superstitions druidiques n'en sont nullement atteintes et se perpétueront longtemps.

On chante encore en Vendée la *Guillannu*, transmise par le druidisme. Dans la dernière nuit de l'année, à minuit, les jeunes gens se réunissent, parcourent la campagne et répètent devant chaque ferme la chanson suivante :

> Messieur' et mesdames
> De cette maison   *(bis)*
> Ouvrez-nous la porte,
> Nous vous saluerons.
> Notre Guillannu,
> Nous vous la demandons.
>
> La chandelle est morte,
> Nous l'allumerons,
> Avec l'allumette
> Qui est sur le poiron (1).
> Notre Guillannu, etc.
>
> Guiettez (2) dans la nappe,
> Guiettez tout du long,
> Donnez la michette,
> Gardez le grison.
> Notre Guillannu, etc.
>
> Guiettez dans l'charnier,
> Guiettez jusqu'au fond,
> Donnez la côtelette,
> Gardez le jambon.
> Notre Guillannu, etc.
>
> Allez à la cave,
> Cherchez dans le fond ;
> Donnez l'muscadet,
> Gardez le gros plant.
> Notre Guillannu, etc.

(1) Petite planchette dans l'angle de la cheminée pour placer les allumettes.

(2) Cherchez.

Votre fille aînée
Est à la maison ?
Donnez la servante,
Nous nous en contenterons.
Notre Guillannu, etc.

Si v'lez pas donner,
Ne fait' pas tarder.
Un grand vent de norte
Fait ouvrir la porte,
Un paud vend du su
Nous sommes perdus.
Notre Guillannu,
Nous vous la demandons.

Malgré les nombreux camps gallo-romains établis en Vendée, celui de Tiffauges, celui de Mortagne où Agrippa avait son quartier général, celui de Durinum (aujourd'hui Saint-Georges-de-Montaigu), les Romains sont à leur tour envahis. Une colonie espagnole s'établit à Epanes, près de Vouvant ; les Scythes Teiffaliens se fixent à Tiffauges, puis peu à peu, à la suite des prédications de saint Hilaire, de saint Martin de Vertou, de saint Martial, le christianisme gagne le pays.

Bientôt apparaissent ces monastères et ces églises dont la Vendée a conservé d'admirables débris. Dès 680, on signale la fondation, par saint Philbert, du couvent de Noirmoutier *(Monasterium Nigrum)*, où s'établissent les moines noirs de Saint Colomban. Plus tard s'élèvent les belles abbayes de Maillezais, de Luçon, de Nieul, de Fontenelles.

Mais les invasions recommencent. Ce sont d'abord les Sarrasins, battus par Charles Martel à Poitiers, et qui, chassés vers la Vendée, détruisent le couvent de Noirmoutier, envahissent tout le pays, où un gué, vers Mareuil, porte encore leur nom.

Ce sont ensuite les Normands qui s'emparent de l'île de Bouin, pillent Luçon, Fontenay, Saint-Michel-en-l'Herm, Noirmoutier et rançonnent toute la côte.

En 841, Renaud d'Herbauge et Lambert, comte de Nantes, réunissent leurs armées à Fontenay pour porter secours à Charles le Chauve, attaqué par Lothaire.

En 853, le fils de Renaud, comte des Herbiers, bat les Normands au pont de Brillac, près de Coulon (Deux-Sèvres).

L'an 1000 couvre la Vendée d'une splendide floraison de monuments religieux. C'est de cette époque que datent les églises du Boupère, de

Cheffois, de Belleville, d'Oulmes, de Vouvant, de Maillezais, puis l'architecture ogivale apparaît et avec elle les cathédrales de Luçon et de
Fontenay.

RUINES DE L'ABBAYE DE MAILLEZAIS

La Vendée avait dû subir toute les vicissitudes du comté de Poitiers,
dont elle faisait partie. Le mariage d'Eléonore de Guyenne, qui l'avait
d'abord rattachée à la couronne de France, l'avait fait passer sous la
domination des rois anglais après le divorce d'Eléonore et son second
mariage avec Henri Plantagenet. Le pays avait été alors livré au contre-
coup des guerres que se firent les rois d'Angleterre et de France pour
conquérir les provinces de l'Ouest. Tiffauges, Mortagne, les Herbiers,
Chantonnay, Luçon et Fontenay avaient été saccagés par les Anglais.
Louis VII cependant réussit à reconquérir le Poitou, qui fut donné par
Louis IX à son frère Alphonse. Mais, aidé par le roi d'Angleterre,
Henri III, le comte de la Marche refusa de rendre hommage au nouveau
comte de Poitiers et la guerre reprit avec une nouvelle violence.

Geoffroy la Grand'dent, seigneur de Fontenay et de Lusignan, ayant
embrassé la cause du comte de la Marche, Louis IX vient prendre les
châteaux de Mervent, de Vouvant, de Fontenay et force Geoffroy à la
soumission. On montre encore à Mervent, de l'autre côté de la rivière
la Mère, en face du château, l'endroit où campa saint Louis.

Après la mort d'Alphonse, le comté de Poitiers retourne à la couronne. Philippe III le Hardi visite sa nouvelle province et pousse jusqu'à Fontenay, qui est érigé en siège royal, quelque temps après, par Philippe le Bel.

Mais les princes s'offraient alors des provinces comme nous donnons maintenant des cadeaux au jour de l'an ; ils disposaient des peuples, selon leur fantaisie et leur humeur. Philippe le Bel offre le Poitou et avec lui la Vendée à son fils puîné Philippe le Long, qui le cède à son tour à son frère Charles, comte de la Marche.

Il fallut l'avènement de ce prince au trône, en 1322, pour que le Poitou fît de nouveau partie du domaine royal.

En 1361, après une lutte héroïque, Fontenay tombe de nouveau au pouvoir de l'Angleterre et se soumet à Jean Chandos. Le traité de Brétigny donne, une fois de plus, le Poitou aux Anglais.

En 1372, Duguesclin les chasse de Fontenay, dont il reste le seigneur jusqu'en 1377 ; il leur enlève Benaston, antique cité romaine, près de Chavagnes-en-Paillers. C'est là, dit-on, en traversant un fossé sur une poutre enflammée, qu'il se cassa la jambe.

La guerre des Armagnacs et des Bourguignons elle-même n'épargne pas Fontenay, qui est enlevée par le sire d'Heilly, capitaine bourguignon. Heureusement pour elle, cette ville est donnée pour prix de ses services au connétable Arthur de Richemont, aussi grand capitaine qu'habile administrateur, et pendant quelques années Fontenay respire un peu. Sous la bannière de Richemont, quelques-uns de ses habitants vont combattre pour l'indépendance du pays, et très pieusement les Fontenaisiens conservent encore le souvenir de Guillaume Yver, tué à côté de Jeanne d'Arc, au siège d'Orléans, de Regnault Poisson et de Raoul Billaud, morts héroïquement dans la lutte contre l'Anglais.

Rappelons aussi qu'en 1440 fut supplicié Gilles de Rais, seigneur du château de Tiffauges, qui, pendant près de trois longues années, dit la légende, avait semé la terreur dans le pays par ses meurtres, les tortures infligées à ses victimes et surtout par ses hécatombes d'enfants.

En 1469, Louis XI a une entrevue sur la Sèvre Niortaise, au passage de Braud, avec son frère, le duc de Guyenne. Il couche à Puyravault et se rend ensuite à Fontenay, dont l'industrie était alors considérable. Deux ans après, il érige cette ville en commune et lui permet de nommer un élu annuel et trente conseillers, parmi lesquels devaient être choisis onze échevins.

Louis XI, accompagné de Philippe de Commines, seigneur de Curzon,

visite aussi les Sables-d'Olonne, et il est très frappé de l'admirable
situation de ce port, dont les marins, hardis flibustiers, font aux ennemis
de la France une guerre sans merci.

Avec la *Réforme*, pénètre en Vendée l'esprit de libre examen, mais
le choc des passions religieuses va l'ensanglanter pendant bien des
années. En vingt-cinq ans, cette pauvre ville de Fontenay est prise et
reprise huit fois. Les protestants s'en emparent, grâce à la connivence de
Grelier, capitaine du château. Chassés quelque temps après, ils reviennent
sous le commandement de La Noue et, malgré la défense courageuse du
maire Nicolas Rapin, la ville tombe en leur pouvoir. C'est à l'attaque de
la porte Saint-Michel qu'un coup d'arquebuse brise le bras de La Noue.
Un ouvrier de La Rochelle lui fabrique un bras en fer, d'où le nom de
La Noue-Bras-de-fer que ce chef a dans l'histoire et qu'on a donné à
l'une des rues de Fontenay, non loin de l'endroit où il fut blessé.

En 1534, une fille protestante des Essarts, Marie Gaborit, qui avait
lutté publiquement contre un franciscain, est brûlée vive : les populations
s'exaspèrent et l'hérésie prend une nouvelle extension. Mais en 1574,
sous Henri III, les catholiques, sous les ordres du duc de Montpensier,
font une expédition en Vendée, prennent Fontenay d'assaut et livrent
encore une fois cette malheureuse ville au pillage et au massacre.

Les calvinistes n'étaient pas hommes, toutefois, à renoncer à la
revanche. Sous les ordres d'Henri de Navarre, ils envoient de La Rochelle
des expéditions qui font tomber
entre leurs mains Maillezais,
Saint-Maixent et Fontenay, dont
la perte leur avait été très sensible. Henri dirige lui-même le
siège de Fontenay, et de là va
s'emparer de Beauvoir-sur-Mer.
La mort d'Henri III et les vic-

UNE PORTE DE LA ROCHELLE

toires d'Henri de Navarre mettent enfin un terme à cette abominable
guerre, dont les traces se retrouvent encore aujourd'hui à chaque pas en
Vendée.

Alors pourtant Fontenay brillait d'un vif éclat au point de vue
littéraire comme au point de vue scientifique. Nulle part, à aucune
époque, si petite ville produisit à la fois si belle et si nombreuse pléiade
de penseurs, d'écrivains et de savants. Fécondité d'autant plus prodigieuse,
que Fontenay, cité obscure, était éloignée de tout centre d'études !

Pierre Brissot, médecin célèbre, y naquit en 1478 ; le jurisconsulte

Tiraqueau, vers 1480 ; Barnabé Brisson, autre jurisconsulte éminent,
en 1531 : Collardeau et Nicolas Rapin, l'auteur de la *Satire Menippée*,
l'illustrèrent également. Mais la grande gloire de cette petite ville est
surtout Viète, qui naquit vers 1540 et appliqua le premier l'algèbre à la
géométrie. Rabelais, dans les premières années du xvi⁰ siècle, vécut aussi
à Fontenay et entra comme novice au couvent des Frères mineurs. Son
influence contribua beaucoup, dit-on, au mouvement intellectuel que nous
venons de signaler.

FRANÇOIS VIÈTE

Ajoutons qu'à Luçon, à la même époque, Pierre Garnier était réputé
le plus savant homme de son temps.

Viète, qui n'était pas simplement mathématicien, mais aussi linguiste
distingué, suivait Henri IV et avait pour mission de déchiffrer les lettres
interceptées par les soldats français. La cour d'Espagne vit là un acte de
sorcellerie, fit savoir au Pape qu'Henri IV était servi par le diable, et Rome
mit aussitôt le grand mathématicien en demeure de comparaître à son
tribunal comme sorcier et *nécromant*. Viète ne s'en émut guère et, en
homme d'esprit, rit simplement de l'incident.

Henri IV meurt, la France est en proie aux troubles qui agitent la minorité de Louis XIII, et Condé, le chef des mécontents, cherche des appuis en Poitou. C'est à Fontenay qu'ont lieu les conférences qui aboutissent plus tard à la *paix de Loudun*. Richelieu, qui de son évêché de Luçon, avait pu étudier facilement la situation des partis dans la région, assiège La Rochelle, tandis que Soubise, chef protestant, s'empare des Sables-d'Olonne. Les choses se gâtent au point que Louis XIII croit devoir marcher lui-même contre les rebelles qui viennent de piller Luçon, le siège de l'évêché. Il remporte de brillants succès dans un pays où des armées régulières pouvaient difficilement manœuvrer, et la prise de La Rochelle met fin aux troubles religieux.

Toutefois, l'édit de novembre 1787, « concernant ceux qui ne font pas profession de la religion catholique », amène seul l'apaisement et met un terme au régime abominable auquel étaient soumis les protestants.

Pourquoi ceux-ci ne sont-ils pas plus nombreux dans un département où ils ont si longtemps tenu tête à des armées ? Comment le fanatisme catholique a-t-il pu, en 1793, soulever le pays, alors que la doctrine du libre examen avait tant d'adeptes dans la région ?

Le nombre des protestants avait été considérable, en effet ; mais c'est dans le Poitou que le commissaire départi, René de Marillac, avait inventé « les missions bottées », et c'est le successeur de René de Marillac, Lamoignon de Basville, qui avait régularisé les dragonnades. Nulle part les conversions à main armée, nulle part le pillage, l'assassinat, le viol, les enlèvements d'enfants ne s'étaient pratiqués avec plus de férocité. Aussi l'émigration protestante avait-elle été considérable : elle avait été favorisée d'ailleurs par le voisinage des côtes. Le Gouvernement s'en aperçut avec joie quand il procéda à la confiscation des biens des fugitifs.

« *La Terreur de la Révocation*, dit Chassin, en sa période aiguë de 1661 à 1685, a duré autant d'années que de mois la Terreur de la Révolution ». Mais la première était sans excuse ; la seconde pouvait être justifiée par l'autre. C'est dans les édits contre « ceux de la R. P. R. (1) », contre « les Fugitifs », contre les « Nouveaux convertis », que les légistes de 1793 ont trouvé le texte des lois contre les Emigrés et contre les Suspects. Ces édits ont été appliqués pendant un siècle avec une rigueur patiente, réfléchie et froide, dont on trouverait difficilement des exemples dans l'histoire.

_____

(1) Religion Prétendue Réformée.

Comment s'étonner que les protestants aient déserté la Vendée et abandonné le pays aux catholiques ?

Après l'édit de 1787, les femmes, filles détenues dans les couvents sont rendues à leurs familles ; les prisonniers incarcérés pour leurs opinions religieuses sont élargis ; les poursuites pour les « assemblées au désert » sont suspendues. Mais la Régie des biens sequestrés n'est pas abolie, mais les biens des « Fugitifs » ne leur sont pas rendus, mais l'exercice de tout autre culte que celui de la religion d'Etat reste interdit, mais les protestants restent incapables de tout acte en nom collectif.

Le Poitou, toutefois, commençait à réparer les pertes que lui avaient causées tant de luttes contre l'étranger, tant de guerres civiles et religieuses, quand éclata la Révolution. L'un des actes les plus tragiques, les plus douloureux de la tourmente révolutionnaire devait se passer en Vendée. Nous allons l'exposer, l'étudier et le commenter avec l'impartialité qu'il convient d'apporter au récit de faits déjà lointains. Notre étude n'aura que cet avantage sur les nombreuses histoires des guerres de la Vendée, c'est qu'elle aura été écrite plus de cent ans après les événements, alors que beaucoup de haines étaient éteintes. Puisse-t-elle mettre dans le cœur des Français l'horreur de la guerre civile, l'amour de la Patrie et le respect des institutions librement consenties !

III

LA NOBLESSE VENDÉENNE

« La noblesse du Poitou est la plus méprisable du royaume, disait
le régent (1). »

« Cette noblesse, dit aussi le frère du grand Colbert, intendant de
la généralité de Poitiers, dans un rapport au Roi (2), est en réputation
d'être assez remuante et inquiète ; elle voudrait prendre connaissance des
affaires et s'en mêler ; elle souffre avec peine que l'on paie la taille et les
droits du Roi dans les biens où elle a le pouvoir. Dans le désordre, elle
est toujours prête à tout brouiller et s'est assemblée facilement ; elle
avait des principaux gentilshommes qui s'appelaient cantonniers et qui
avaient soin d'un canton du pays. Elle n'a guère fourni de gens au Roi
durant les guerres, et, quand ils y allaient, ils s'en lassaient bientôt, se
contentaient d'une ou deux campagnes, qu'ils ne laissaient pas de faire
valoir dans les occasions, comme s'ils n'avaient fait d'autre métier...

« Nous avons découvert quelques lieux et maisons fortes, où l'on nous
assure qu'il se fait de la fausse monnaie par divers ouvriers ramassés de
plusieurs endroits et protégés par des hommes et des gentilshommes,
les plus considérables du pays. Ce qu'ayant voulu approfondir, nous
avons même commencé une information qui nous a appris de grandes

----

(1) *Etat du Poitou sous Louis XIV.* — DUGAST-MATIFEUX, p. 481.
(2) *Etat du Poitou sous Louis XIV.* — DUGAST-MATIFEUX, p. 130, 198, 199.

particularités et l'histoire de ce qui s'est passé pour le fait de la fausse
monnaie depuis quinze années en cette province, ce qui peut avoir de
très grandes suites contre plusieurs personnes considérables qui paraissaient les moins suspectes... Nous avons mis cette affaire en état d'être
poussée plus avant, quand il plaira à votre Majesté de l'ordonner au
commissaire qui nous succédera, n'étant pas une affaire qui doive être
confiée aux juges des lieux. »

« Sur douze cents qui se disaient nobles, ajoute le frère de Colbert,
il n'y en avait pas plus de deux cents. (*Etat du Poitou*, p. 194.) »
Beaucoup d'ailleurs furent poursuivis et condamnés « comme faux nobles »,
ce qui ne les empêcha pas de reprendre les titres usurpés, dès qu'un
pouvoir moins vigilant parut disposé à fermer les yeux.

Mercier du Rocher, parent cependant avec grand nombre de nobles
poitevins, n'a pas été plus tendre pour eux, et « ses notes, dit Chassin,
ne pourraient être toutes publiées sans scandale pour la postérité de
plusieurs. Pour ne citer qu'un exemple, il a écrit la biographie d'un
Montmorency, le duc d'Olonne, né le 31 mai 1731, maréchal de camp
dès 1748, emprisonné à Pierre-Encise pour complicité dans l'assassinat
d'un de ses créanciers par son domestique ; compromis, durant son
emprisonnement à Lyon, dans une affaire de viol compliqué de mort ;
vivant enfin disgrâcié à Fontenay jusqu'à ce que la petite vérole
l'emportât, au mois de juillet 1777, après avoir commis d'incroyables
escroqueries, ayant eu pour prêteur jusqu'au bourreau de la ville ! Mercier
lui a fait cette épitaphe :

> Ci-gît un pauvre duc qui mourut insolvable
> Et, toujours empruntant, jamais rien ne rendit ;
> Qu'il soit au ciel ou chez le diable,
> Il n'y peut être qu'à crédit. »

« Entendrai-je toujours parler de la noblesse du Poitou ? » disait
Louis XIV.

On le voit, cette noblesse avait bien mauvaise réputation. La méritait-
elle réellement ?

Non. Agitée ? Oh ! oui ; on la trouve partout où l'on fait de l'opposition. Elle fournit des chefs aux huguenots, aux frondeurs, aux chouans, à
tous les mécontents, et partout où il faut jouer de l'épée, elle est prête.

Elle a une qualité : elle est indépendante. On ne l'avait point vue dans
les salons de Versailles, et ceux qui briguaient l'honneur d'entrer dans la
valetaille du roi étaient assez rares. On avait, parmi cette noblesse

attachée au sol natal, quelque mépris pour les « valets du roi », et l'on appelait « licou » le cordon que le souverain jetait en récompense aux nobles qui s'attachaient à sa personne.

Aucune intelligence ; le cerveau du noble vendéen était inculte autant que celui du paysan.

Aucun raffinement dans l'habitation, ancien repaire de condottiere plutôt que maison de campagne.

Point de luxe, si ce n'est celui de la chasse ou celui de la cave. Beaucoup manger, boire davantage, chasser souvent, dormir beaucoup, telle était la vie du noble vendéen. Mais, comme en somme il associait le campagnard à la plupart de ses plaisirs, surtout à la chasse, comme il buvait le vin blanc avec lui dans les auberges, comme, en échange de quelques services, il fermait les yeux sur le braconnage et le pillage des forêts, il s'était établi entre paysans et gentilshommes une sorte de familiarité qui décida plus tard les premiers à prendre pour chefs les seconds.

Car il y avait malgré tout, entre nobles et paysans, le fossé qui sépare le serf du détenteur de la terre et l'esclave du maître. Regardez le campagnard conduisant sa charrue ; il appelle *nobliet* le bœuf le plus à la portée de l'aiguillon, le plus rétif, le plus mauvais. Il est fort probable que si la question religieuse ne s'était pas posée entre la Révolution et lui, ou plutôt s'il n'avait pas cru qu'elle se posait, le paysan vendéen eût pris parti contre les nobles.

Quelle fut, en effet, l'attitude des populations vendéennes au moment de la convocation des Etats généraux ? Quelle fut celle de la noblesse ?

L'assemblée du département de Fontenay-le-Comte, sur la convocation des Etats généraux, se prononce sans hésitation pour le doublement du Tiers.

L'assemblée municipale de la paroisse de Saint-Gilles-sur-Vie émet les vœux suivants :

1° Que la province continue à être administrée par une assemblée provinciale ou des Etats provinciaux ;

2° Que le Tiers Etat y soit admis, ainsi qu'aux Etats généraux, en nombre égal aux Ordres du Clergé et de la Noblesse réunis, et que les voix y soient comptées par tête et non par Ordre ;

3° Que les curés soient admis dans l'Ordre du clergé ;

4° Que le droit de franc fief soit entièrement supprimé ; que les autres droits des Domaines et Contrôles soient modérés et perçus d'une manière moins tyrannique ;

5° Que l'impôt pour les travaux publics soit également supporté par les trois Ordres ;

6° Que l'impôt de la taille soit supprimé ou converti dans un impôt également réparti sur les trois Ordres, en proportion des facultés de chaque individu ;

7° Que les droits d'entrée, don gratuit et inventaire des vins qui se cueillent et se consomment dans notre paroisse soient supprimés, ainsi que le droit du pied fourchu, etc., etc.

Le jour même où les lettres royales de convocation ouvraient la période électorale des États généraux, la Mairie privilégiée des Sables-d'Olonne demandait les États du Poitou sur le modèle de ceux du Dauphiné, tels que les réclamait d'ailleurs quelques jours avant la ville de Fontenay, et les différents corps et corporations de la ville lui adressaient un mémoire dans lequel ils disaient :

« Autrefois, quand le clergé tirait sa subsistance du revenu casuel des autels et des aumônes des fidèles, qu'il était réduit au nécessaire et ne possédait aucun fonds, qu'il était exempt des charges publiques, alors, rien n'était plus juste qu'il ne payât pas l'impôt ; mais, depuis que nos pères, par des générosités aussi malentendues que poussées trop loin, lui ont donné une grande et la plus belle partie des terres du royaume, quel titre a-t-il à ne pas payer les impôts en raison de ses superbes et immenses possessions ? »

Et à la Noblesse :

« Quel est le vôtre à jouir d'immunités si onéreuses au Tiers État ?

« Nous dirait-elle qu'elle a dû sa naissance aux services rendus à la Patrie ? Ah ! que cette réponse serait éloignée du vrai ! S'il y a des nobles dont les auteurs aient mérité de la Patrie, combien (et c'est le plus grand nombre) ne doivent leur noblesse qu'à la possession de charges que les besoins (de l'État) ont multipliées ou rendues vénales ! Mais, quelle que soit la cause de leur noblesse, ils ne doivent pas moins, à raison de leurs possessions, contribuer aux charges, puisque leur état primitif est celui de citoyens ; et ils cesseraient même de mériter ce dernier si, en devenant nobles, ils voyaient avec indifférence la classe la plus nombreuse, la plus indigente et pourtant la plus utile à l'État, accablée sous le poids des impôts, qu'ils doivent partager.

« Oui, Messieurs, l'ordre du Tiers est de tous le plus utile. C'est par lui que les terres sont cultivées, c'est lui qui fait le commerce, c'est lui enfin qui exerce tous les arts et métiers. Il défend l'État, il l'enrichit, il instruit ses concitoyens et leur procure les commodités qu'ils ont. Cependant il est surchargé d'impôts, qu'il est forcé de prélever sur son plus urgent nécessaire. Cette classe d'hommes si précieux pourrait dire, d'après Montesquieu : « Les impôts ne doivent être perçus que sur le surperflu des citoyens ; cependant, je n'ai point de superflu, mais même souvent je manque du plus indispensable nécessaire. C'est sur les superbes et immenses possessions du Clergé et de la Noblesse, c'est sur le superflu dont ils regorgent que doivent être pris les besoins de l'Etat. »

« Le maire des Sables-d'Olonne, dit Chassin, n'aurait pas osé revêtir de la sanction officielle le « Mémoire de la commune », si les nobles de la région maritime, les Robert de Lézardière, les Loynes de la Coudraye, les Vaugiraud, les Duchaffault ne s'étaient déclarés, comme les gentilshommes de Bretagne, en rébellion contre les lettres royales de convocation des Etats généraux. »

En effet, le 28 janvier 1789, une trentaine de gentilshommes s'étaient réunis à Fontenay, dans le couvent des Cordeliers. Le 10 février, assemblée plus nombreuse, dans laquelle deux cent quarante nobles signent le procès-verbal suivant :

« 1° Que les gentilshommes renonçaient à tout privilège et à toute exemption pécuniaire ;

« 2° Qu'ils protestaient contre toute atteinte qui serait portée aux autres droits et privilèges attachés à leur qualité de gentilhomme ;

« 3° Qu'ils protestaient également contre tout ce qui pourrait être fait ou entrepris pour donner au Tiers Etat un nombre de députés aux Etats généraux égal à celui des deux autres Ordres réunis ;

« 4° Qu'ils s'opposaient à ce que les suffrages aux Etats généraux fussent recueillis par tête et non par Ordre ;

« 5° Que leur protestation serait déposée entre les mains du Roi, auquel il serait en conséquence écrit une lettre et envoyé une expédition du procès-verbal ;

« 6° Que les gentilshommes du Poitou seraient invités à adhérer à tout ce qui avait été fait ;

« 7° Enfin que des copies du procès-verbal seraient envoyées à *M. le comte d'Artois*, à *M. le duc de Chartres*, à *M. le prince de Condé*, à *M. le prince de Conti*, à *M. le duc de Luxembourg*, etc. »

L'expédition de ce procès-verbal aux princes du sang, aux premiers gentilshommes, est faite sous l'enveloppe du prince de Condé, ce qui, dit Chassin, indique, « au début même de la Révolution, la liaison intime des contre révolutionnaires du Bas-Poitou avec les auteurs du fameux *Mémoire des princes* contre les concessions du Roi au Tiers Etat et « les dangers qui menaçaient la Monarchie » ; en particulier, avec les plus actifs conspirateurs contre les Etats généraux et les premiers chefs de l'émigration armée aux portes de la France pour les ouvrir à l'étranger. »

Le cahier de la sénéchaussée de Fontenay-le-Comte, qui résumait les cahiers primitifs des campagnes, respire au contraire le plus large libéralisme :

« La liberté fut dans tous les temps, dit-il, la base et la mesure de la prospérité des empires. Si, pendant plusieurs siècles, la France a langui dans l'ignorance, l'anarchie et la confusion, ces siècles furent ceux du régime féodal où les seigneurs se jouant de l'autorité qu'ils avaient usurpée, écrasèrent, sous une égale servitude, les biens et les personnes.

« Les temps odieux de la servitude personnelle sont enfin disparus, ou si dans quelque parti du royaume le droit de mainmorte exerce encore son empire, ce droit, flétri dans l'opinion publique et que le Roi lui-même a déjà proscrit dans ses propres domaines, ne peut manquer de bientôt disparaître à son tour. »

La noblesse poitevine, loin de céder au mouvement qui entraîne le pays et de jeter du lest, propose aux Etats provinciaux du Bas-Poitou la reconstitution intégrale de la province du Poitou ; elle charge les députés « d'employer tout leur pouvoir pour faire revivre la charte du mois d'août 1436, par laquelle Charles VII fit union des comté de Poitou, ville et cité de Poitiers, à la couronne de France ».

Elle revendique la liberté individuelle, la liberté de la presse, la responsabilité des ministres, l'indépendance des administrations locales dirigées par des Etats provinciaux et des conseils municipaux élus, le droit pour la nation de consentir l'impôt, mais elle veut imposer à ses députés le vote par Ordre, et elle se prononce contre l'innovation « insolite, inadmissible pour l'avenir » de la représentation du tiers en nombre double de celui accordé aux deux autres Ordres de l'Etat.

Elle renonce aux privilèges pécuniaires dont elle jouit, mais elle demande à « être maintenue et conservée dans tous ses autres droits, prééminences, prérogatives, distinctions et propriétés, tels qu'ils avaient été sanctionnés par les autres Etats généraux et les Ordonnances des Rois, comme étant son plus précieux patrimoine, le gage de son amour et de sa fidélité pour ses princes, et liés nécessairement à la Constitution du royaume, puisque, sans Noblesse, il ne peut y avoir de Monarchie, et que, sans prééminences et distinctions, il ne peut y avoir de Noblesse ».

Aux Etats généraux, la noblesse du Poitou est la plus opposée aux essais de conciliation et la dernière à subir la transformation en Assemblée nationale.

Elle se rend, par « pure déférence aux ordres de sa Majesté », dans la salle commune des Etats généraux, mais refuse de participer aux délibérations de l'Assemblée. Le 22 juin 1891, elle signe une protestation contre le décret du 19 juin, par lequel la Noblesse héréditaire est abolie. Elle proteste également contre toutes les réformes religieuses, judiciaires, civiles et politiques, contre la déclaration par laquelle la Constituante s'était refusée à reconnaître la religion catholique, apostolique et romaine seule et exclusive religion de l'Etat. Parmi les signataires se retrouvent les noms de ceux dont les ancêtres calvinistes avaient combattu à Jarnac et à Moncontour pour la Réforme contre le Roi et le Pape.

« Les protestations de la Noblesse, dit Chassin, ne restèrent pas d'ailleurs platoniques ; ceux qui les firent ne cessèrent de se mêler, de près ou de loin, à tous les complots contre-révolutionnaires du comte d'Artois, avant le 14 juillet, de Favras pour Monsieur à la fin de 1789, de Maillebois en 1790, de la Rouerie en 1791 et 1792. »

Lorsque furent désignés les vingt-et-un gentilshommes chargés d'entretenir la correspondance entre les députés envoyés à Versailles et les membres de l'ordre de la Noblesse dispersés dans la province, les nobles vendéens réussirent d'ores et déjà à organiser les cadres de l'armée contre-révolutionnaire :

A Fontenay, Grimouard de Saint-Laurent ;
A la Châtaigneraie, Moreau-Duplessis ;
A Châtillon, le marquis de la Rochejaquelein ;
A Mortagne, Sapinaud de la Verrie ;
A Luçon, le marquis de la Coudraye ;
Aux Sables-d'Olonne, le marquis de Vaugiraud de Rosnay ;
A Montaigu, le chevalier de la Roche-Saint-André ;
A Challans, Imbert de la Ferrière.

C'est d'ailleurs au début même de la Révolution, le 12 octobre 1789, que la noblesse entame des négociations avec les puissances étrangères pour lancer sur son pays les armées de l'invasion.

A cette date, le comte d'Artois écrit à Joseph II pour lui peindre l'état de la France, et termine ainsi sa lettre :

« Je supplie votre Majesté de me permettre une seule réflexion : c'est que la cause du roi de France est non seulement celle de tous les souverains, et qu'ils doivent tous redouter un pareil sort, s'ils ne délivrent pas celui auquel on ne peut reprocher qu'un excès de bonté et de douceur.

. . . .

« C'est au nom du sentiment le plus tendre, au nom de l'honneur même, enfin, j'ose le dire, au nom du plus fort intérêt de votre Majesté, que je lui demande avec confiance non seulement ses conseils, mais *les secours les plus actifs et les plus pressants...* »

La réponse de l'empereur est un modèle de dignité, de bon sens, de raison et de patriotisme :

« Je prie votre Altesse Royale de considérer que, quelque fâcheux que soient les événements qui sont nés depuis quelques mois des Etats généraux, au sujet de la Constitution, et pour arranger principalement les finances de l'Etat, il n'y a néanmoins aucune plainte, aucune réclamation de la part du Roi qui, s'il voulait, en aurait tous les moyens; bien au contraire, tous les papiers publics prouvent qu'il est parfaitement d'accord avec la Nation sur tous les articles qui ont été déjà réglés et publiés. De quel droit donc un troisième pourrait-il faire la moindre démarche ou élever sa voix contre tout ce qui a été décidé et sanctionné par l'autorité la plus incontestable au monde, savoir : par le Roi réuni avec la Nation, représentée légalement par ses députés ?

« Je ne suis certainement ni démocrate, ni aristocrate, je n'en ai, je crois, ni la réputation, ni le jeu ; mais je ne puis m'empêcher de convenir que ces vérités sont sans réplique, et que votre Altesse Royale, avec tous les princes qui ont cru devoir se retirer de la France, ne sont que des citoyens, à la vérité très distingués, mais qui ne font ni corps, ni ont aucun autre droit de ne pas se soumettre à tout ce que le Roi avec la Nation trouvera bon de statuer. Si vous aimez le bonheur de la France, le Roi, la Reine et tout ce qui en dépend, comme j'en suis bien sûr, et que votre lettre me le prouve à l'évidence, ne manquez pas le seul moyen de leur rendre à tous tranquillité et bonheur, en vous réunissant tous pour faire cesser cette espèce de parti d'opposition qu'on appelle aristocrate, je ne sais pas pourquoi, mais qui faible par lui-même et hors de mesure de pouvoir faire le bien qu'il entrevoit et désire, n'a encore de consistance que pour faire le mal ; c'est de cet esprit de parti, on ne peut se le cacher, que sont nés tous les inconvénients, tous les désastres qui ont accablé le royaume et les individus. Le renvoi des ministres, l'assemblée des troupes auprès de Paris ont fait imaginer les projets atroces qu'on a eu la malice d'imputer à ce parti et dont le peuple a été et est encore effrayé et outré ; cela a fait précipiter à l'assemblée nationale le choix des moyens dont elle reconnaît elle-même la difficulté ; cela a mis en suspens l'autorité exécutive, en tolérant la plus horrible licence. Ces démarches non préparées ont été la cause de la séduction et de la défection scandaleuse des gardes et d'une partie de la troupe ; toutes les cruautés et injustices atroces commises contre des individus seulement soupçonnés en sont nées : les provinces ont été en partie dévastées, les revenus de l'Etat suspendus ; enfin, cela a fait éprouver au Roi, à la Reine et à toute la famille, à différentes reprises, des situations aussi désagréables que peu méritées, et dont leur bon esprit seul les a tirés, car le bon esprit est d'avoir celui qui convient aux circonstances.

« Serait-ce dans une guerre civile de provinces contre provinces ou de provinces contre la capitale, de troupes contre troupes, de citoyens contre citoyens, que vous imagineriez de réparer les maux de votre Patrie et de soulager la situation du Roi ? Quelle erreur ! Vous les perdriez tous, si même le parti était sûr de réussir ; car à quel prix obtiendrait-il le bien qu'il imagine et que peut-il espérer actuellement dans sa faiblesse ? Croyez-moi, monsieur mon frère, et écoutez la voix de votre ami, de celui du Roi et de la Nation, quelque injuste qu'elle soit à mon égard ; qu'aucune démarche ne vous coûte pour faire cesser ces maux, pour vous rapatrier avec tous les autres princes et pour effacer de l'opinion publique toute idée de l'existence d'un parti soi-disant aristocratique en vous réunissant tous à concourir au bien de l'Etat, et en soumettant votre façon de l'envisager à celle du grand nombre qui fait autorité. Les formes sont si peu de choses lorsqu'il s'agit du bien général, et le temps, qui éclaircit tout et qui seul affaiblit les passions et les préjugés, remettra peu à peu tout dans l'ordre qui lui convient, quelque éloignées que vous en paraissent les apparences.

« Pardonnez-moi la franchise et la sincérité de mon langage ; mais je ne puis rendre de service plus réel et donner une plus grande preuve de mon attachement au Roi et à ma sœur, à toute la France et à vous, mon cher frère, qu'en vous conjurant de bien peser ce que je vous marque et d'agir en conséquence. Le contraire ne peut que faire beaucoup de mal à tout le monde et principalement à vous et à ceux qui vous sont attachés... »

Quelle leçon ! Quels malheurs la noblesse française eût évités à son pays, si elle avait écouté Joseph II !

Deux hommes dans l'Ouest furent l'âme des premières conspirations, réunirent dans un même faisceau les résistances éparses, servirent de lien avec l'étranger et Coblentz : La Rouërie en Bretagne et Vendée, Puysaye dans le Maine.

C'était un personnage peu recommandable que ce marquis Armand Tuffin de la Rouërie qui, champion d'abord de tous les mécontents contre la Royauté, puis défenseur de l'indépendance américaine, tourna ensuite son activité contre la liberté, couvrit neuf évêchés d'un réseau de conspirations et appela tant de désastres sur sa Patrie.

Officier dans les gardes françaises, il avait eu une jeunesse orageuse et ne s'était signalé que par des scandales qui avaient fait quelque bruit. Il avait voulu épouser une actrice célèbre, la Beaumesnil, s'était battu en duel pour elle avec le duc de Bourbon-Busset, qui était resté le préféré, puis s'était empoisonné, avait été sauvé par les soins de ses amis et s'était jeté à la Trappe.

On le retrouve en Amérique sous les ordres de Rochambeau, luttant pour la liberté, puis il revient faire la guerre à la Cour et aide ardemment aux premières manifestations de la Révolution.

« Avide de révolution, dit de Beauchamp, il vit avec joie celle de 1789. Mais, bientôt mécontent de n'y point figurer à son gré, il s'indigne de voir la noblesse bretonne succomber sans appui sous une majorité plébéienne. »

La Rouërie se crée bientôt des intelligences dans tout l'Ouest ; il y est puissamment aidé par un homme dont l'intelligence et l'instruction font une exception dans son parti, par le baron de Lézardière, qui joua un rôle prépondérant dans l'organisation de l'insurrection.

En secret, ils organisent des compagnies royales, dont les chefs se font nommer au commandement des gardes nationales. Des comités insurrectionnels sont créés pour répandre l'argent de Londres et de Saint-Pétersbourg, « séduire, dit de Beauchamp, les milices nationales et les troupes de ligne ».

Puis, quand le plan de l'insurrection vendéenne et de la grande confédération nobiliaire est dressé, La Rouërie va le porter au comte d'Artois et l'on prend les dernières dispositions. Il est entendu qu'on glissera des agents royalistes dans toutes les administrations. « Il fut arrêté, dit de Beauchamp, qu'en sacrifiant une année de son revenu, on obtiendrait un sauf-conduit, tant pour soi que pour ses propriétés, dans tout le cours de la guerre civile, et que, dès lors, on serait autorisé à se joindre en apparence aux révolutionnaires. Les associés, qui jouissaient de ce privilège, étaient invités à se *marier avec les autorités constituées.* »

Les pouvoirs de La Rouërie furent rédigés dans les termes suivants :

« Les princes, frères du Roi, informés de la position où se trouvent en Bretagne les citoyens demeurés fidèles à la Religion et au Roi, exhortent le marquis de La Rouërie à continuer d'entretenir ces bons sentiments, à les confirmer de plus en plus et à attendre avec confiance le moment *où l'action prochaine des forces extérieures* offrira aux bons Français la possibilité de manifester ouvertement leur loyauté et leur courage. Les princes feront paraître incessamment un manifeste qui fera connaître que leurs vœux ne tendent qu'au rétablissement de l'ordre et annoncer l'esprit d'équité qui dirige toutes leurs démarches.

« Ce manifeste, *soutenu par les armées des puissances confédérées*, sera tel qu'il puisse éclairer la nation sur ses véritables intérêts, dissiper les fausses inquiétudes qu'on lui a imprimées, la rassurer contre la crainte d'être surchargée d'impôts ou privée d'une liberté légitime ; mais, en même temps, il présentera tout ce qu'ont à craindre les factieux révoltés contre le gouvernement paternel d'un roi, dont ils ont indignement méconnu la bonté, et il fera trembler les plus audacieux, en leur faisant voir la vengeance due à leurs forfaits suspendue sur leurs têtes.

« La prudence dont jusqu'à présent le marquis de La Rouërie nous a donné des preuves nous persuade qu'il évitera toute explosion prématurée ; mais si la violence d'une secte sanguinaire attentait à la vie et aux propriétés des citoyens, nous autorisons M. de La Rouërie à repousser en ce cas la force par la force, et nous ordonnons à tous Français fidèles de lui prêter assistance, de seconder son zèle, de l'aider de tout leur pouvoir, nous reposant entièrement, pour les moyens d'exécution, sur la sagesse et la modération du dit marquis de La Rouërie.

« A Coblentz, le 15 juin 1792.

« Signé : Louis-Stanislas-Xavier CHARLES-PHILIPPE. »

On ne pouvait plus clairement autoriser La Rouërie à prêcher l'insurrection. Aussi y déploya-t-il une activité digne d'une meilleure cause. « Une femme le secondait puissamment, dit de Beauchamp. Thérèse de Moélien, de Fougères, jeune, belle, courageuse, attachée à son chef par les liens du sang et de l'amour, parcourait avec lui les campagnes ; elle portait, cousus dans ses habits d'amazone, les pouvoirs donnés à La Rouërie par le comte d'Artois, et lui gagnait partout des partisans. Dans leurs courses hardies, ces deux amants, qui n'avaient qu'une même âme et une même existence, partageaient les mêmes dangers. »

De quels éléments se servent-ils ? Quels sentiments agitent-ils ? Quelles cordes font-ils vibrer ? M. de Beauchamp nous l'apprend lui-même, et l'aveu est précieux à retenir en face des affirmations royalistes, qui attestent que la noblesse n'a pas pris l'initiative des guerres de la Vendée et qu'elle a dû marcher malgré elle, entraînée par les populations rurales.

« Ignorant et crédule, dit-il, le Vendéen est doué cependant d'une certaine mobilité d'imagination qui le rend propre à recevoir les impressions fortes... Un assemblage inconcevable de défiance et de crédulité, un attachement invincible aux anciennes habitudes, un entier asservissement aux superstitions, une résignation mystique, voilà les mobiles dont la politique s'est habilement servie pour le précipiter dans la guerre civile.

« La Révolution se déclare ; les royalistes avaient besoin d'un théâtre où leurs opérations militaires fussent à l'abri de la vigilance républicaine, et ils choisirent le bocage de la Vendée...

« Le prince de Talmont commandait dans la Mayenne ; dans l'Avranchin, le marquis de Saint-Gilles ; Lahaie-Saint-Hilaire, entre Dol et Rennes ; Duboisguy, à Fougères ; La Bourdonnais, de Silz et de Lantivy, dans le Morbihan ; vers l'embouchure de la *Vilaine*, les Dubernard et Caradeuc ; Palierne et Laberillais, dans le pays nantais ; Dubeaubril-Dumoland, près Montfort ; le baron Dampherné, au Finistère, et Charles Boishardy, dans les Côtes-du-Nord. Chaque chef d'arrondissement avait sous lui des chefs secondaires chargés d'organiser militairement les cantons qui leur étaient confiés. »

On reproche à la Convention d'avoir agi avec une trop rude énergie ! On s'étonne qu'elle ait vu partout des suspects, qu'elle ait entendu sonner sans cesse à ses oreilles l'or de Pitt et de Cobourg, qu'elle ait eu recours aux moyens désespérés !

Qu'on le sache bien ! La noblesse et le Roi lui-même en étaient arrivés à solliciter le démembrement de la France pour prix de la restauration des Ordres privilégiés et du pouvoir absolu.

« A cette époque, il n'était pas d'usage de faire la guerre pour un parti, pour une idée, sans chercher à en tirer un bénéfice immédiat, un avantage solide. La cour de Vienne, en prenant les armes pour rétablir Louis XVI et plus tard son fils dans la plénitude de l'autorité royale, espérait y trouver une occasion de s'agrandir aux dépens de la France. M. de Breteuil connaissait trop les idées qui régnaient dans toutes les chancelleries pour espérer obtenir le concours des puissances sans leur promettre des cessions de territoire, et *il avait fini par déterminer Marie-Antoinette et Louis XVI à se résigner à ce sacrifice*. Toute la question était de savoir quelle serait l'étendue des provinces à céder aux alliés.

M. de Breteuil, en septembre 1793, paraissait fait à l'idée de la perte
des Pays-Bas français : Artois, Flandres, Hainaut et Cambrésis ; mais il
espérait encore que l'Empereur s'en contenterait et ne porterait pas ses
vues sur la Picardie. Qu'aurait-il dit s'il eût connu exactement les projets
que formaient M. de Mercy et les serviteurs de la maison de Halsbourg ?

« A cette époque, l'ancien ambassadeur impérial était exaspéré contre
la France, qu'il rêvait de réduire à l'impuissance pour le reste des siècles.
Il ne s'agissait de rien moins que d'*étendre les Pays-Bas autrichiens
jusqu'à la Somme ; des sources de cette rivière, la frontière devait aller
rejoindre la Meuse vers Sedan ou Mézières. La Lorraine et l'Alsace devaient
être aussi enlevées à la France et être échangées contre la Bavière, qui serait
réunie à l'Autriche* (1). »

On le voit, les idées de l'empereur d'Autriche s'étaient singulièrement
modifiées.

Ce que nous devons constater, c'est que, dès le début de la Révolution, l'alliance de la noblesse avec l'étranger était bien indéniable. Dès
ce moment, les nobles auraient dû être considérés et traités comme
traîtres à leur Patrie ; cependant nous verrons la Constituante hésiter
encore longtemps, espérant toujours l'apaisement, ne pouvant croire à la
trahison.

---

(1) Introduction à la correspondance secrète du comte de Mercy-Argenteau, p. LXIII-LXII,
d'après le journal du comte de Fersen, à la date du 7 septembre 1793, et la lettre de
M. de Mercy, du 15 juin 1793.

IV

LE CLERGÉ VENDÉEN

A l'aurore de la Révolution, il semblait que le clergé se laissât
emporter lui-même par le torrent. N'avait-on pas vu, le 5 mai, à la
réunion des Etats généraux, à Versailles, quatre curés poitevins passer
au Tiers Etat en disant :

« Nous venons, précédés par le flambeau de la raison, conduits par
l'amour du bien public, nous placer à côté de nos concitoyens, de nos
frères ! Nous accourons à la voix de la Patrie, qui nous presse de rétablir
entre les ordres la concorde et l'harmonie, d'où dépend le salut de
l'Etat. »

Puis aux évêques, qui traitaient de désertion cette réunion au Tiers
Etat, les curés répliquaient :

« Ici, Messeigneurs, nous osons dire que nous sommes vos égaux :
nous sommes citoyens comme vous... Nous ne levons pas l'étendard de
la rébellion, nous ne faisons qu'user du pouvoir que nous tenons de la
nation elle-même, qui nous a choisis pour la représenter. Aussi, Messeigneurs, avant de réprouver notre conduite, commencez par justifier
la vôtre. »

L'évêque de Luçon, Mercy lui-même, hésita longtemps à se prononcer
contre la constitution civile, qui réalisait en grande partie les vœux
exprimés dans les cahiers par le clergé inférieur de son diocèse.

Mais ses hésitations disparurent dès que la Constituante voulut restreindre « le jardin dépendant de la cure », et surtout lorsqu'elle comprit le serment civique dans la constitution civile du clergé.

Le prêtre vendéen avait pour son jardin un amour de paysan ; il aimait la terre.

Il ne comprit pas davantage qu'on demandât aux membres du clergé un serment qu'on n'exigeait pas des autres fonctionnaires.

SERMENT DU JEU DE PAUME (d'après le tableau de David)

La suppression de certains évêchés que l'Assemblée nationale fit disparaître pour réaliser sur tous les points l'unité administrative et pour qu'il n'y ait qu'un seul évêque par département, lui parut aussi une atteinte portée à la discipline ainsi qu'aux droits ecclésiastiques.

L'Assemblée nationale avait voulu dissoudre l'armée de Rome, en faisant rentrer les prêtres dans les rangs des fonctionnaires soumis à l'autorité centrale. Elle aurait dû savoir que le prêtre n'a qu'un chef, le pape, et qu'une patrie, l'Eglise.

Les bonnes dispositions du clergé pour la Révolution ne durèrent donc point longtemps.

L'évêque de Tréguier donna le signal de la révolte et lança le premier appel à la guerre civile (14 octobre 1790). Dans un mandement passionné et violent, il représenta la Révolution qui s'opérait « comme la subversion de tout ordre, la tolérance comme une impiété, la liberté comme une révolte et l'égalité comme une monstrueuse chimère. Il exhorta les prêtres à détromper le peuple... (1) »

Ils n'étaient que trop disposés en Vendée à suivre de tels conseils. Placés au milieu de populations fanatiques dont ils étaient issus, sortis de villages perdus dans les genêts, les forêts ou les roselières des marécages, bien convaincus par leurs professeurs de séminaire de la nécessité de l'immobilisme clérical, ignorants de tout ce qui se passait en dehors des limites de leur paroisse, ils en étaient restés aux traditions du moyen âge. Beaucoup furent de bonne foi dans leur haine contre la Révolution ; ils n'avaient pas été préparés à une lumière si subite et si éblouissante ; comme les êtres habitués à vivre dans les ténèbres, ils y retournaient instinctivement.

Dans son beau livre sur les guerres de la Vendée, M. Bonnemère raconte que l'abbé Blain, professeur de rhétorique au collège de Baupréau, eut la conversation suivante avec quelques paysans des environs de Jallais :

— Quel est votre état ? demanda-t-il à l'un d'eux.

— Je suis maçon, répondit-il.

— Et vous ? demanda-t-il à un autre.

— Je suis maçon aussi.

— Et vous ? insiste-t-il auprès d'un troisième.

— Maçon aussi. Je sommes à peu près tous maçons dans le village.

— C'est étonnant, alors, dit l'abbé, que votre village soit si mal bâti. Mais, dites-moi, que faites-vous de vos garçons quand ils n'ont pas assez d'esprit pour être maçons ?

— Monsieur l'abbé, répond l'un d'eux, quand un garçon n'a pas assez d'esprit pour être maçon, je nous cotisons et je le poussons prêtre.

« L'épigramme était d'autant plus sanglante, dit M. Bonnemère, que le mot était vrai. »

(1) BEAUCHAMP, 31.

L'action politique de ces prêtres était facile, d'ailleurs.

L'homme qui a connu le mieux la Vendée du temps de la Révolution, Savary, juge à Cholet en 1793, écrit en parlant des Vendéens :

« La crédulité de ces hommes simples et bons, doux, hospitaliers, fidèles à leur parole, égale leur ignorance. Ils sont le jouet de tous les charlatans ; les sorciers et les devins exercent sur leur imagination un empire absolu. Leur religion est un tissu de superstitions grossières ; ils pardonneraient plutôt un blasphème contre la divinité qu'une plaisanterie contre l'image attachée à l'arbre qu'ils révèrent ou placée au-dessus de la fontaine à laquelle ils rendent un culte, qui date peut-être du temps des druides... On retrouve leur portrait exact dans les Celtes de Tacite. »

Et Bodin d'Angers dit :

« Le Vendéen ne croit et ne tient pour certain que ce que lui disent ses prêtres... Vers le milieu du XVIe siècle, des ecclésiastiques qui avaient toute sa confiance, ayant embrassé la secte de Calvin, il suivit leur exemple, et bientôt on le vit briser les statues des saints, renverser les autels et se porter à tous les excès sous le spécieux prétexte de régénérer les mœurs du clergé et de réformer les abus de la religion. A la fin du XVIIIe siècle, on a vu le même peuple, conduit par des prêtres catholiques, prodiguer avec enthousiasme son sang pour le maintien de cette religion, que deux siècles auparavant il avait voulu détruire. »

« C'est que chaque jour, comme le dit ingénuement un écrivain royaliste, M. de Bourniseaux, de nouveaux miracles, de nouvelles apparitions, de nouveaux sujets de terreur, d'adoration et de pèlerinage, tenaient en haleine les paysans de l'Anjou et du Poitou. »

Aussi le respect appartenait exclusivement au prêtre, non pas que le paysan respectât l'homme sorti de ses rangs, mais il craignait le distributeur de grâces et d'indulgences, le représentant du Dieu, qui peut punir et distribuer à sa guise les maux, les calamités et la mort.

Un ancien élève des jésuites, Louis-Marie Grignon, surnommé de Montfort, du lieu de sa naissance, après s'être promené en apôtre mendiant dans les campagnes, après s'être fait nommer « missionnaire apostolique en France » par le pape Clément XI, avait fondé un couvent à Saint-Laurent-sur-Sèvre et créé les associations des *Filles de la Sagesse* et des *Prêtres missionnaires du Saint-Esprit*. Ces bonnes sœurs et ces « mulotins » furent les principaux instruments du fanatisme en Vendée. Toujours en mission, habiles dans l'art de simuler les miracles, dirigés et inspirés par l'ordre des jésuites, ils firent ériger à tous les carrefours, à l'entrée des villages, au milieu des bois, dans tous les lieux vénérés depuis l'époque druidique et païenne, des calvaires qui devinrent des lieux de rendez-vous pour l'exercice du culte réfractaire à la Constitution civile du clergé.

« Otez le prêtre, le noble disparaît », a écrit Savary. Rien n'est plus vrai, et la situation de nos jours n'a pas changé. Le noble le sait si bien que, malgré sa répugnance à recevoir chez lui ce fils de paysan, il fait du prêtre le commensal habituel du château, impose parfois silence à ses sentiments voltairiens, va régulièrement à la messe et remplit ses devoirs religieux pour donner le bon exemple et s'assurer l'appui du presbytère.

Le clergé vendéen avait-il à se plaindre de la loi des 2 et 3 novembre 1789, qui avait mis tous « les biens ecclésiastiques à la disposition de la nation, à la charge de pourvoir d'une manière convenable aux frais du culte, à l'entretien de ses ministres et au soulagement des pauvres, sous la surveillance et d'après les instructions des provinces ? »

Voici l'état comparatif du montant des fermages et loyers des biens nationaux ci-devant ecclésiastiques, perçus et disponibles au 1ᵉʳ janvier 1791, avec le montant par aperçu des traitements ou pensions payables à la même époque :

DÉSIGNATION DES DISTRICTS	MONTANT par aperçu DES TRAITEMENTS OU PENSIONS payables au 1ᵉʳ janvier 1791	MONTANT des LOYERS OU FERMAGES disponibles au 1ᵉʳ janvier 1791	INSUFFISANCE de FONDS	EXCÉDENT de FONDS
	l. s. d.	l. s. d.	l. s. d.	
Fontenay	86.650 » »	40.968 8 1	45.681 11 11	»
La Roche-sur-Yon	120.000 » »	26.605 10 10	93.394 9 2	»
Montaïgu	140.000 » »	14.868 16 9	125.131 3 3	»
Challans	118.954 » »	46.986 4 7	71.967 15 5	»
La Châtaigneraie	58.000 » »	12.723 5 »	45.276 15 »	»
Les Sables	30.000 » »	11.497 10 6	18.502 9 6	»
Totaux	553.604 » »	153.649 15 9	399.954 4 3	»

Le clergé n'avait donc point été lésé dans ses intérêts. De plus, les délibérations des Directoires de districts prouvent avec quelle régularité, il faudrait dire avec quelle générosité étaient servies les pensions légales des moines sortis des couvents et liquidés les comptes souvent compliqués des anciens curés. Les prêtres qui se déclaraient contre la Constitution civile étaient payés comme les autres.

Le serment imposé était-il une nouveauté ? Non. La formule n'était que la reproduction de celle du serment que les évêques de l'ancien régime prêtaient au Roi.

« Je jure le très saint et très sacré nom de Dieu, Sire, et je promets à Votre Majesté que je lui serai fidèle sujet et serviteur ; que je procurerai son service et le bien de son Etat de tout mon pouvoir ; que je ne travaillerai en aucun conseil, dessein ni entreprise au préjudice d'iceux et, s'il en vient quelque chose à ma connaissance, je le ferai savoir à Votre Majesté. »

Sans doute la Constituante eût agi avec plus d'habileté en n'obligeant pas les ecclésiastiques à jurer de « veiller sur les fidèles du diocèse (ou de la cure) qui leur était confié, d'être fidèles à la Nation, à la Loi et au Roi, et de maintenir de tout leur pouvoir la Constitution décrétée par l'Assemblée nationale et acceptée par le Roi », mais on ne peut s'empêcher de remarquer que pas une protestation ne s'éleva quand, dix ans plus tard, Bonaparte imposa au clergé cette formule d'asservissement : « Je jure et promets à Dieu, sur les saints Evangiles, de garder obéissance et fidélité au Gouvernement établi par la Constitution de la République ; je promets aussi de n'avoir aucune intelligence, de n'assister à aucun conseil, de n'entretenir aucune ligue, soit au dedans, soit au dehors, qui soient contraires à la tranquillité publique ; et si, dans mon diocèse et ailleurs, j'apprends qu'il se trouve quelque chose au préjudice de l'Etat, je le ferai savoir au gouvernement. »

Cinq évêques seulement consentirent à prêter le serment, et le premier évêque constitutionnel fut celui des Deux-Sèvres, Jallet, le vaillant curé de Chérigné, dont l'influence patriotique ne put malheureusement s'exercer longtemps dans le Poitou, car il fut emporté le 13 août par une attaque d'apoplexie.

Les prêtres de la ville de Fontenay, appelés à jurer les premiers dans la Vendée, déclarèrent qu'ils s'en tiendraient à la formule suivante : « Je jure d'accepter la Constitution, excepté dans les choses qui dépendent de l'autorité spirituelle. » Un seul se soumit, le curé de Saint-Jean, Sabouraud.

De plus, des prédications violentes, excitant les fidèles au mépris de la loi, furent faites dans les églises de Fontenay, par un prêtre inconnu,

Pour la Patrie et Pour la Liberté
JACQUES JALLET
Curé de Cherigné
Né à la Motte S.t Heraye en Poitou.
l'un des 3 Curés de cette Province qui les p.rs
passerent à la Salle Nationale le 13 Juin
Député du Poitou.
à l'Assemblée Nationale de 1789.
Perrin del.
Courbe Sculp.

venu de Niort. Ces manifestations ne furent pas réprimées, et cette première faiblesse de l'autorité départementale, qui devint systématique, encouragea la révolte.

« L'Assemblée nationale, dit Mercier du Rocher, n'eut pas la sagesse d'imiter la conduite des philosophes révolutionnaires de l'Amérique septentrionale en dépouillant le clergé des propriétés qu'il avait extorquées à l'aveugle piété de nos pères, en lui enlevant la puissance civile qu'il avait usurpée sur tous les actes du Gouvernement, et en déclarant ne pouvoir légiférer sur aucune matière ecclésiastique ou religieuse.

« La Constitution civile, œuvre du janséniste Camus qui, s'il n'eût été un cagot, aurait été plus sage que Caton, fut réellement, comme disait l'abbé Maury en présence du patriote van Meen, *une mèche allumée sur un baril de poudre.*

« Les premières fautes de la Constituante en entraînèrent d'autres de plus en plus graves. Toute loi qui ne porte pas avec elle la peine de son infraction, est une loi illusoire. L'Assemblée ne comprit pas cette vérité... Au lieu de prononcer tout de suite la déportation des réfractaires, elle se contenta d'ordonner leur remplacement ; elle les laissa tranquillement exercer leurs fonctions jusqu'à ce que les assemblées électorales leur eussent donné des successeurs ; elle eut même la faiblesse d'accorder des pensions de 300 livres aux curés et de 10.000 aux évêques ; c'était bien récompenser la désobéissance en raison du mal qu'elle opérait. Du moment qu'on avait fait et qu'on maintenait la Constitution civile, il était d'une nécessité absolue de déporter tous les prêtres qui refusaient de la reconnaître. »

Nous aurons bien d'autres fois l'occasion de constater la longanimité des assemblées de la Révolution. Nous verrons les autorités locales signaler en vain, et à maintes reprises, les prédications séditieuses, les complots, la préparation non dissimulée de la guerre civile, insister pour la répression, prédire la révolte et les massacres. Nous verrons concurremment les pouvoirs publics faire appel au bon sens des populations, espérer qu'elles ouvriront enfin les yeux à la raison, refuser l'envoi de troupes, réduire à l'impuissance le pouvoir départemental ou celui du district, recommander toujours et trop longtemps la conciliation, laisser l'insurrection couver et grandir sans entraves et sans crainte de répression. Nul doute que des mesures énergiques au début eussent étouffé la chouannerie.

La noblesse vendéenne s'empressa naturellement d'entretenir et d'exciter le mécontentement du clergé ; elle n'ignorait pas que seule elle ne soulèverait jamais les paysans. « Les églises, presque vides naguère, dit Mercier du Rocher, se remplissaient à tous les offices de ci-devant nobles, qui avaient passé leur vie dans la débauche la plus effrénée, s'approchant souvent des sacrements, eux qui avaient dans tous les temps traité ces cérémonies de farces ridicules. » Les jolies femmes de l'aristocratie ne dédaignaient pas non plus d'exercer leurs séductions ou leurs menaces sur ces pauvres curés, fils de paysans, autrefois si mal vus des nobles.

L'évêque de Luçon ne tarda pas à suivre l'évêque de Tréguier, et il donna le signal de la résistance en adressant, en janvier 91, à tous les curés et desservants de son diocèse, le Mandement et l'Instruction pastorale de Jean René, évêque de Boulogne, en les adjurant, au nom de la Religion, de ne pas adhérer à la Constitution civile, en leur donnant ordre formel de ne pas répondre aux injonctions qui leur seraient adressées de prêter le serment, sans toutefois quitter leur cure.

L'Instruction pastorale disait :

« Demeurez-nous attachés comme à votre seul véritable Evêque ; car de même qu'il n'y a qu'une seule chaire de Notre-Seigneur, un seul autel, un seul calice, aussi n'y a-t-il qu'un seul Evêque dans chaque église ; et ceux qui ne sont pas envoyés par la puissance ecclésiastique et canonique, mais viennent d'ailleurs, ne sont pas ministres légitimes de la parole et des sacrements. Vous ne pouvez donc reconnaître aucun autre évêque que nous...

« Demeurez aussi inviolablement attachés à vos Pasteurs actuels, qui veillent, sous notre conduite, pour le bien de vos âmes : vous ne pouvez en reconnaître d'autres, à moins qu'ils n'aient reçu la mission canonique de nous, ou de nos Successeurs légitimes, ou de nos Supérieurs dans l'ordre de la hiérarchie. »

L'agitation commence aussitôt. La municipalité des Sables, pour calmer les esprits, est obligée de faire afficher une proclamation dans laquelle elle dit :

« Qui peut exciter les injustes réclamations des prélats, qui accusent l'Assemblée nationale ? Le voici :

« Quelques évêchés étaient trop petits, d'autres trop étendus ; l'Assemblée nationale a décrété qu'ils seraient à peu près tous égaux, et pour faire marcher de front l'administration ecclésiastique et l'administration civile, que chaque département aurait le sien.

« Elle a décrété que les administrateurs des départements, de concert avec leur évêque, supprimeraient les cures trop près les unes des autres, et en répartiraient les fidèles dans les paroisses circonvoisines.

« Elle a décrété que les ministres du culte, placés par les cabales de la cour ou le caprice des évêques, seraient désormais élus par le peuple, comme ils l'étaient autrefois.

« Citoyens, trouvez-vous là quelque chose contre la Religion? Trouvez-vous là rien qui touche le spirituel de cette religion, ou que les évêques de France ne puissent accepter?

« Il faut le dire à la honte de cette religion sainte dont ils sont les ministres, il faut soulever le voile qui masque leurs coupables projets.

« En criant qu'on attaque la religion, ils comptent armer le fanatisme, ils comptent que vous serez les vils instruments de leur vengeance et de leur ambition ; ils espèrent allumer parmi vous une guerre civile, qui renversera la Constitution avant que vous ayez pu en recueillir les fruits et en apprécier les avantages; ils cherchent surtout à arrêter la vente des biens du clergé, ces chers objets de leur sollicitude, mais qui ne sauraient être mieux employés qu'à acquitter les dettes de l'Etat et prévenir une banqueroute aussi ruineuse que deshonorante pour vous. »

Les affiches publiant la loi relative au serment ecclésiastique sont déchirées, et l'agitation allant croissant, la municipalité sablaise réclame du Directoire du district cent hommes de troupes de ligne « pour maintenir la sûreté publique et empêcher le désordre dont la ville est menacée. »

Le Directoire déclare que « si les murmures étaient réprimés, cela pourrait occasionner une fermentation dangereuse », et il retarde les élections des curés constitutionnels jusqu'après l'installation de l'évêque départemental. Les curés des Sables et de la Chaume continuent à pousser au refus de serment, malgré les ordres et les avertissements sévères du Conseil général de la commune.

La nomination de l'évêque qui devait remplacer Marie-Charles-Isidore de Mercy, « dont le refus de serment requis par la loi du 26 décembre précédent avait rendu le siège vacant », se fait cependant régulièrement et sans incidents à Fontenay, sous la présidence de Goupilleau de Montaigu, qui prononce, en ouvrant la séance, un très beau discours.

Jean Servant, supérieur de l'Oratoire de Notre-Dame de Saumur, est élu, mais il n'accepte que pour le cas où M. de Mercy persisterait à ne pas se soumettre à la loi. Celui-ci considère la démarche de Servant comme une injure, et lui adresse une lettre imprimée répandue immédiatement en Vendée, et dans laquelle il dit :

« L'Eglise m'avoue, elle me retient, elle vous méconnaît, elle vous repousse... Ah ! c'est à mon tour de vous conjurer de ne pas provoquer tous ses anathèmes !... Vous m'épargnerez la douleur de m'armer contre vous de toute la sévérité de l'Eglise pour punir un attentat auquel elle m'ordonne, autant pour sa gloire que pour le salut de mon troupeau, de résister avec toute la force de l'autorité qu'elle m'a confiée. »

Servant, circonvenu par les prélats réfractaires, prend peur de l'opposition qui l'attend dans son diocèse et adresse sa démission aux administrateurs de la Vendée. Les électeurs sont de nouveau convoqués pour le 1er mai.

L'agitation redouble alors d'ardeur et tout est mis en œuvre pour empêcher de nouvelles élections, « tout, dit Chassin, tout, jusqu'à des attentats contre des prêtres assermentés et à des soulèvements ruraux, que les conspirateurs nobles auraient fait tourner en insurrection générale, si la fuite du roi avait réussi le 20 juin ».

Une lettre trouvée à Challans par un sergent du 7e d'artillerie, prouve surtout la culpabilité de l'évêque de Mercy. Adressée au curé de Sallertaine, elle pousse le clergé à la résistance : « Quand la liberté vous sera ôtée d'exercer vos fonctions publiquement, dit-il, sans doute vous devrez les exercer en secret ; vous resterez toujours pasteurs et seuls légitimes ; toutes vos obligations à l'égard de votre troupeau vous resteront, mais vous ne les remplirez que de la manière que Dieu vous rendra possible, et il est juste que je vous adresse toutes les facilités qui dépendront de moi. Sûrement, tous les secours qui vous seront nécessaires, je les rapprocherai de vous, ils vous seront communiqués ; bientôt vous aurez un plan de conduite et d'instructions convenables. »

Ni les instructions, en effet, ni les secours ne manquent. Les curés soumis à la loi reçoivent, aux mois de mars et avril 1791, une brochure intitulée : *Il est encore temps*, et les missionnaires de Saint-Laurent-sur-Sèvre mettent en circulation un *Catéchisme à l'usage des fidèles dans les circonstances actuelles*.

En vain les prêtres constitutionnels font entendre le langage de la logique et de la raison, en vain l'un des plus distingués, Cavoleau, l'auteur de la *Statistique du département de la Vendée*, publie une lettre qui est un chef-d'œuvre de clarté, de modération et d'esprit, en vain Benjamin Gauly, curé de Saint-Vincent-du-Fort-du-Lay, réfute le nouveau catéchisme.

« Je ne vois, disait Cavoleau, que des modifications extérieures, étrangères à l'essence de la religion. Je ne vois pas qu'il y ait rien de changé dans le dogme, l'instruction, les rites, les cérémonies, l'administration des sacrements, enfin tout ce qui constitue véritablement la religion... Je soutiendrai toujours qu'une société peut négliger l'exercice de ses droits, mais qu'elle ne peut jamais les résigner d'une manière irrévocable et qu'elle peut toujours les réclamer quand elle veut... Ce n'est pas au xviii⁰ siècle qu'il faut venir dire qu'une société doit souffrir dans son sein une classe d'hommes indépendante des lois. »

Gauly prouvait d'abord que la définition de « l'intrus » par le pape Boniface VIII ne pouvait s'appliquer aux prêtres constitutionnels élus et consacrés sans cabale, ni simonie. Il s'élevait contre l'épithète de *jureurs*, donnée aussi à ces prêtres. Il rappelait aux évêques d'ancien Régime qu'ils juraient eux-mêmes, « par le très saint et très sacré nom de Dieu, de bien espionner le peuple, d'éterniser le despotisme des rois et des ministres », sans quoi, ajoutait-il, « eussent-ils pris possession de leur évêché ; la puissance civile les en aurait chassés pour avoir refusé le serment. »

Quant à la raison qui éloignait les fidèles des prêtres assermentés, il la donnait en ces termes : « Demandez à ce domestique, à ce journalier, à ce métayer, à cet artisan, pourquoi ils n'assistent pas à la messe, pourquoi ils ne s'adressent pas pour la confession à leur prêtre qui a fait serment, ils vous répondront ingénument : « Je n'y avais pas d'éloignement, je n'en ai même pas à présent ; je ne voudrais pas que cela fût redit : si je n'y vais pas, c'est que j'ai besoin de gagner ma vie. Celui chez qui je suis, celui dont je fais valoir les domaines, celui qui me fait travailler est ennemi de la Révolution, parce qu'il y perd, et je sais de bonne part, il me l'a dit à moi-même que, si j'allais à l'office d'un prêtre assermenté, il me mettrait dehors ou que je ne travaillerais jamais pour lui !... »

« Au nom du Dieu de paix, vous allumez la guerre dans le sein des familles, vous mettez aux prises l'épouse avec l'époux, le fils avec la mère, le frère avec la sœur... Cruels ! vous ne vous contentez pas de déchirer le sein de l'Eglise, vous déchirez celui de votre patrie, pour ce peu de bien dont vous ne deviez prendre qu'une portion nécessaire à une honnête subsistance, que la patrie paye si généreusement. »

La guerre, en effet, était allumée, et le martyre des curés constitutionnels allait commencer.

Les brochures de Gauly et de Cavoleau n'avaient pu être répandues dans le bocage, car les curés réfractaires avaient réussi à s'en emparer.

Tout ce que le fanatisme le plus grossier peut inventer pour agir sur
des âmes ignorantes est mis en œuvre.

« A l'aide de prestiges, dit M. de Beauchamp lui-même, les prêtres
émurent les esprits déjà disposés à l'enthousiasme et au merveilleux.
On ne parlait que de miracles. Ici la Vierge était apparue en personne
pour sanctifier un autel provisoire élevé dans les bois, là, c'était le fils de
Dieu, qui était descendu lui-même des cieux pour assister à une bénédiction de drapeaux. A Chemillé on avait vu des anges parés d'ailes
brillantes et de rayons resplendissants, annonçant, promettant la victoire
aux défenseurs de l'autel et du trône.

« Chaque jour de nouveaux miracles, de nouvelles apparitions,
de nouveaux sujets de terreur, d'adoration et de pèlerinage, tenaient
en haleine les paysans du Poitou et de l'Anjou... Des prêtres, espèce
de missionnaires, parcouraient les campagnes, accompagnés de religieuses ambulantes connues sous le nom de *Filles de la Sagesse*, soulevant
les esprits contre les innovations religieuses et le serment ecclésiastique.
La garde nationale Nantaise et Angevine dissipa des processions nocturnes
grossies de plusieurs milliers de paysans. »

Le prêtre constitutionnel, comme le lépreux du moyen âge,
était pour les populations un objet d'horreur. Les enfants fuyaient
en l'apercevant, et criaient : « *C'est le jureur !* » Personne ne lui parlait,
personne ne voulait lui vendre ; il aurait en vain cherché un serviteur.
Il ne pouvait célébrer la messe, parce qu'aucune maison ne consentait à
fournir le charbon pour l'encensoir. L'église demeurait vide, et, si
quelque fidèle y rentrait, c'était pour entourer la croix d'un crêpe funèbre.

L'insermenté au contraire était l'objet d'une profonde vénération,
et c'était pour une famille un grand bonheur que de pouvoir le cacher,
car lui seul était le représentant de Dieu et avait le don de faire des
miracles.

Dans les ravins profonds, au milieu de clairières perdues au milieu
des grands bois, les insermentés convoquaient les paysans. Mystérieuse-
ment des hommes allaient la nuit de village en village, de porte en
porte, et disaient : « Demain, à minuit, à la *Pierre levée*, au carrefour de la
Dorne de la fée. » Et silencieusement, sous les taillis, à travers ajoncs
et genets, dans les sentiers couverts se glissaient le lendemain vieillards,
femmes, enfants, hommes armés de faux.

Tête nue, chapelet en mains, un genou en terre, sous le ciel étoilé,
devant une croix ou simplement devant le vieux chêne druidique, la
foule répétait les prières enflammées que soufflait la haine des prêtres.

Elle jurait de mourir pour l'Eglise persécutée, de rétablir les pasteurs légitimes, de ne respecter que les lois indiquées par le Pape ou par le Concile. Le prêtre, monté sur un tas de bois au pied d'un chêne, implacable comme les Druides, secondé par des nonnes aussi fanatiques que les prêtresses de Teutathès, distribuait les indulgences, terrorisait les hésitants, multipliait les miracles.

A Châtillon-sur-Sèvre, les missionnaires du Saint-Esprit suscitent l'idée de renfermer un chat noir dans le tabernacle d'un prêtre assermenté. Au moment où celui-ci disait sa messe, le chat furieux s'élance du tabernacle et toute l'assistance de se sauver en criant : « C'est le diable qui a fait pacte avec le jureur. » Près des Epesses, grâce aux lanternes magiques du jésuite Guichet, les paysans voient très nettement les anges et les saints descendus du ciel.

Des gardes nationaux d'Angers, qui faisaient une perquisition dans « l'arsenal de la contre-révolution », chez les Missionnaires de Saint-Laurent-sur-Sèvre, saisissent toutes les brochures destinées à prêcher la guerre civile et arrêtent deux missionnaires, mais les administrateurs de la Vendée ordonnent de les mettre en liberté.

Traîtres ou timorés, on ne sait trop quelle épithète appliquer à ces administrateurs, surtout à Pichard, procureur général syndic. Ce qui est hors de doute, c'est que Pichard, par sa négligence affectée à payer régulièrement les prêtres assermentés alors qu'il était plein d'égards pour les réfractaires, par sa bienveillance exagérée pour les Nobles agitateurs, par son refus maintes fois constaté d'envoyer des troupes dans les communes en révolte, fût l'un des principaux auteurs de l'insurrection vendéenne. Inconscience ou trahison ?

Un autre homme, celui-là taré, cruel, débauché et cynique eut une influence néfaste sur les campagnes vendéennes, c'est l'abbé Bernier.

« Ce fut le Pierre l'Hermite de la croisade ! s'écrie lyriquement M. Crétineau Joly. Son rôle fut sublime ! Il fut l'apôtre de l'insurrection... Pour soulever les peuples, l'abbé Bernier n'eut qu'à parler. Sa voix fut une puissance. »

Mais Mme de La Rochejaquelein qui l'avait vu à l'œuvre faisait de lui un portrait plus exact, quand elle disait :

« Le respect et l'estime qu'on avait pour lui allait toujours en s'affaiblissant, et après la guerre, les Vendéens lui reprochaient, à tort ou à raison, des désordres de mœurs, une âme intéressée, une ambition effrénée et même des crimes qui ne laissent par d'avoir quelque probabilité. »

Quoi qu'il en soit la déclaration de Crétineau Joly est précieuse à retenir, et, quand nobles et amis viennent dire que les paysans se sont soulevés de leur propre mouvement, on peut leur opposer l'aveu même de leurs historiens.

Ecoutez aussi M. de Beauchamp :

« N'est-il pas dans l'ordre des choses humaines, que la noblesse et le clergé, *comblés de richesses et d'honneurs,* dépouillés, puis *nivelés au rang du peuple,* résistent à la subversion ? Doivent-ils, peuvent-ils s'immoler eux-mêmes ? Le prétendre serait méconnaître étrangement le cœur de l'homme. Que les évêques, les prêtres, les nobles ; que les mécontents, *pour défendre leurs privilèges, leurs richesses,* leur rang, leur opinion, enrôlent des soldats, prennent les armes ; que dans l'espoir de se soustraire à la vengeance, à la haine du peuple, ils aient recours au moyen extrême et désespéré de la guerre civile, ce moyen redoutable suppose de l'élévation, de l'énergie ; il n'y a que les peuples usés qui leur préfèrent l'ignominie... Dans tous les temps, *le succès légitima la victoire.* »

Il est donc bien entendu que nobles et prêtres déchiraient la patrie et la livraient à la guerre civile pour défendre *leurs privilèges.* Ils persuadèrent aux paysans qu'il ne s'agissait que de la religion ; or, la religion n'était pas menacée ; M. de Beauchamp lui-même ne parle que des *privilèges* et des *richesses.*

V

LES FEMMES VENDÉENNES

Les femmes vendéennes ont joué, dans les guerres de la Vendée, un rôle si important qu'elles méritent bien quelques pages. Leur héroïsme, leur rage fanatique, leur exaltation d'illuminées, indiquent à quel point les prêtres s'étaient emparés de leurs âmes.

« On vit, dit le général Turreau dans ses mémoires, de nouvelles Camilles, de nouvelles Penthésilées affronter tous les dangers, porter l'effroi et la mort jusque dans les rangs de l'armée républicaine, et après la victoire, assister avec une joie barbare aux longs et sanglants supplices qu'on faisait subir aux malheureux prisonniers. »

« Elles accouraient hurlantes, furieuses et la hache à la main, dit Bonnemère, pour renverser les arbres de la liberté, elles, les éternelles opprimées. Pareilles aux mères de Sparte, elles chassaient devant elles leurs fils au combat, si bien que l'on vit jusqu'à des enfants de sept ans apprendre d'elles le carnage, et souiller comme elles leurs lèvres au hideux banquet de la mort. »

Il était défendu aux femmes de suivre l'armée royaliste, mais elles trompaient la surveillance des chefs, et beaucoup combattaient dans les rangs mêmes des insurgés. « Une petite fille de 13 ans, dit Madame de La Rochejaquelein, était tambour dans le corps d'armée de d'Elbée. »

« Quelque temps avant l'affaire de Thouars, dit-elle aussi, un soldat m'avait abordée à la Boulaye, en me disant qu'il voulait me confier un secret. C'était une fille ; elle désirait changer sa veste de laine pour une des vestes de siamoise que l'on distribuait aux soldats les plus pauvres. Craignant d'être reconnue elle s'adressait à moi, en me suppliant de n'en rien dire à M. de Lescure. Je sus qu'elle s'appelait Jeanne Robin, de Courlay.

« J'écrivis au vicaire de la paroisse. Il me répondit qu'elle était fort honnête fille, mais que jamais il n'avait pu la dissuader d'aller se battre. »

Jeanne était bergère des ouailles de son père, un nommé Robin des environs de Pouzauges, resté veuf depuis la naissance de cette fille et fermier de M. de Lescure ; c'était, disait-on dans le pays, une *feuille bé megnonne, bé galande.*

On pouvait lui appliquer ces vers du fameux chasseur vendéen Jacques du Fouilloux :

> Mignonne bergère
> Ayant le teint et la couleur si claire,
> Car point n'avoit de fart ne de civette,
> Mais tout ainsi que nature l'a faire !
> Point de tourets n'avoit à son sommeil,
> Fors seulement la clarté du soleil,
> Elle n'estoit cherement enfermée,
> Ains aux fureurs des vents abandonnée.
> Elle n'avoit ambre, musc, ny odeurs,
> Sa douce haleine luy servoit de senteurs.
> Point ne portoit fleur, benjoyn, gnacelle,
> Oncques parfums elle ne porta sur elle ;
> Mais elle alloit quand le temps estoit gay,
> Entre les fleurs et rosée de may.
> Point ne portoit gans de chamois, mitaines,
> Ains en tout temps à descouvert ses veines.
> Ne portoit point de calçons ne patins,
> L'esgail lavoit ses pieds tous les matins.
> Point ne trompoit le monde de ses cheveux,
> Mais les siens vrais lui tomboient sur les yeux.
> Pour se coeffer ne luy faut point d'empois,
> De miroüer ny de teste de bois.
> N'avoit carquans, velours, ne chapperons,
> Qu'un couvre-chef tout plié à grillons ;
> Ny busc encore de soye violette,
> Qu'un codillon de simple laine verte.
> Elle n'avoit au lieu de faux manchons,
> Qu'un linge blanc sur ses petits bras blonds.

Le père Robin avait reçu l'ordre de M. de Lescure de se trouver, avec tous les gens de la paroisse de Courlay, au rendez-vous général de l'armée royaliste dès qu'on lui aurait remis l'ordre de réquisition et que

les moulins des Alouettes et de Saint-Michel-Mont-Mercure annonceraient
le rassemblement.

Jeanne, vêtue d'habits empruntés à son frère, suivie de son fidèle
chien Chanzeau, prit un fusil et, malgré les prières de son père, se joignit
aux gars. Fiancée au courrier de M. de Lescure, elle marcha résolument,
infatigable, sans souci du danger, derrière son père, entre son frère et
son fiancé.

A la déroute de Doué, le père Robin fut frappé mortellement et
Jeanne résolut de le venger. Elle combattit si vaillamment à Thouars
que Lescure la salua du nom de Jeanne d'Arc.

Atteinte d'une balle à la main, elle refusa d'aller à l'ambulance, reçut
une autre balle en pleine poitrine et, sentant venir la mort, demanda un
prêtre pour bénir son mariage *in extremis*.

Ayant creusé une fosse au pied du chêne auquel ils l'avaient adossée,
le frère et le fiancé y déposèrent le corps de la vierge des batailles. Quand
le lendemain, ils revinrent prier sur cette fosse, Chanzeau, qui n'avait
pas voulu abandonner le cadavre, était mort à son tour.

Les grandes dames aussi étaient héroïques. Les unes accompagnaient
leurs maris, d'autres leurs amis ; les tentes étaient devenues des boudoirs.
Talmont, Charette, Lintiniac avaient, autour d'eux, des cours d'amour.
Thérèse de Moélien, Madame de Beauglies, Madame de La Rochefoucauld
cavalcadaient gaillardement autour des chevaliers de leur choix, excitaient
leur courage et leur amour-propre. « C'est surtout dans le camp de
Charette, dit Crétineau-Joly, que l'on voit des femmes jeunes et belles,
attirées là par sa réputation de galanterie et d'audace toutes françaises.
Elles tiennent autour du général une espèce de cour voluptueuse. Chaque
jour amène un nouveau divertissement, chaque nuit un nouveau bal.
Plongé dans cette ivresse des sens qu'il est heureux de partager,
Charette oublie les combats. Il semble avoir fait deux parts de sa vie : l'une
est consacrée au danger, l'autre au plaisir ; l'une se dévoue au *martyre*
et à la gloire, l'autre s'écoule dans les fêtes. Aujourd'hui il endure, avec
un stoïcisme digne d'un sage de la Grèce, les privations, les insomnies et
les longues marches ; demain, le péril disparu, il ne restera plus de tant
d'énergie qu'un sybarite se couvrant de soie comme un page de François Ier, et faisant des moindres détails de sa toilette une sérieuse affaire.

« Au milieu de ces femmes, dont le courage égale toujours la beauté,
et qui, amazones vendéennes, ne le cèdent en intrépidité à aucun soldat
de l'armée, apparaît d'abord Mme de La Rochefoucauld. Par ses grâces et
par une élégante intelligence des affaires, Mme de La Rochefoucauld a

conquis tous les cœurs. C'est Aspasie avec la foi royaliste, mais Aspasie à laquelle la tradition, née des bruits de la foule, prête les plus merveilleuses histoires de combats. Mme de La Rochefoucauld, que Charette était fier d'entourer de ses hommages, voltigeait un jour à cheval sur le flanc des colonnes. Thomasseau, un simple paysan, son fermier, l'accompagnait, et depuis longtemps Thomasseau l'aimait de toutes les puissances de son âme. Tous deux sont enveloppés, pris par les Bleus ; tous deux sont conduits aux Sables et condamnés à mort ; tous deux meurent en regrettant la vie.

« Mme de La Rochefoucauld pleurait son sort. Thomasseau, lui, n'eut de larmes que pour sa noble et belle maîtresse, qui, seulement, quelques secondes avant d'être frappée par le bourreau, apprit dans les adieux du paysan, la respectueuse passion dont elle était l'objet.

« Mme de Beauglies fut plus heureuse. Entraînée par le tumulte des camps, on l'avait vue se jeter dans la division de Joly. Pendant plusieurs campagnes, cette femme, douée de tous les avantages de la nature et de l'éducation, suivit l'armée des Sables à la tête d'un escadron de chasseurs qu'elle avait organisé. Au commencement du combat, on la voyait toujours à l'avant-garde, chargeant la première ; mais, au moment où la retraite devenait nécessaire ou périlleuse, Mme de Beauglies s'élançait pour la protéger. Elle connut Charette sur le champ de bataille. Sa réputation de galanterie et de bravoure était faite. Mme de Beauglies déserta le camp un peu sauvage de Joly pour régner au quartier général de Légé. Ce fut un soin qu'elle partagea avec Mlle de Charette, sœur du général. »

Nous dirons, au cours de ce récit, ce que furent deux autres femmes admirables épouses et mères, celles-là qui, à elles seules, suffiraient à relever la noblesse vendéenne : Mmes de Bonchamp et d'Elbée. Nous pourrions en citer bien d'autres : Mlles Aimée et Sophie de Sapinaud, qui donnèrent l'exemple du dévouement filial le plus admirable ; Mlle Angélique des Mesliers, qui inspira un amour profond au général Marceau ; la marquise de la Roche-Saint-André, qui, des fenêtres de sa prison, voyant ses trois fils marcher au supplice, leur cria : « Courage, mes enfants ! Bientôt, je vous rejoins. Sachez mourir en Vendéens » ; puis Mme Grimouard de Saint-Laurent qui, à Fontenay, sauva quinze cents prisonniers républicains.

Mais, à côté de ces vaillantes, combien se sont faites complices des terribles représailles exercées par les chouans et des horribles supplices infligés aux républicains. Des femmes du peuple ramenaient au combat les combattants fatigués ou terrifiés, mais elles se jetaient aussi au milieu des plus atroces boucheries, éventraient les cadavres, brisaient les têtes et faisaient souffrir mille morts aux prisonniers.

Elles forcèrent parfois les républicains à oublier que les jours d'une femme sont sacrés, et, comme dit Bonnemère, « que le fer de la loi lui-même doit se détourner de celles qui ont reçu de Dieu la mission sublime de donner la vie. »

Les mœurs ne gagnaient rien non plus à ce rôle actif joué par les femmes. Plus d'une piquante aventure égaya cette tragédie, et derrière les haies, les combattants oubliaient souvent les fatigues de la journée. Robes de prêtres et robes de femmes se déchiraient aux mêmes ajoncs ; on se sauvait la vie le matin, et le soir on se perdait ensemble ; après avoir défendu la religion, chouans et paysannes, nobles et grandes dames se damnaient de compagnie. Dénouement inévitable de cette vie d'aventures et de chevauchées nocturnes, au milieu de camps improvisés.

Amour, héroïsme, grandeur d'âme, cruautés, horreurs, vertus et vices exaltent et dégradent à la fois les combattantes de la Vendée. Leur tempérament de femmes pousse tout à l'excès, défauts comme qualités ; instruments du prêtre, elles exécutent toujours avec exagération, selon leur nature et leur éducation, les ordres du confesseur.

VI

LES PREMIERS MOUVEMENTS INSURRECTIONNELS

Pendant les années 1789 et 1790, l'insurrection se fait la main et fomente sourdement.

Le 6 septembre 1790, des bandes de femmes à Angers demandent le désarmement des Patriotes. C'est le signal de soulèvements à Beaufou, aux Lucs et au Poiré contre la garde nationale de Saint-Etienne-du-Bois. Ces tentatives de rébellion demeurent impunies.

A la même époque, le procureur général syndic, Pichard du Page, reçoit une lettre d'une mère qui entend faire de ses fils « de bons citoyens » et veut « contribuer à sauver la France des horreurs d'une guerre civile, qui s'annonce sourdement ». Cette lettre dit :

« *M. de Lézardière*, ci-devant gentilhomme poitevin, entretient depuis longtemps une *correspondance secrète avec le comte d'Artois...*

« *Ses fils et d'autres émissaires de son parti ont parcouru toutes les maisons nobles des environs et même des départements voisins.* On sonde les esprits et les dispositions des individus ; et, lorsqu'on croit s'en être assuré, on exige le serment d'honneur de ne point révéler le secret...

« Tous les jeunes gens nobles et les pères de famille qui se sont engagés dans cette conspiration doivent *se tenir prêts à marcher au premier ordre et à se rendre dans un lieu qui leur sera indiqué.*

« Le moment approche où cet ordre détestable doit être donné. Les fils de M. de Lézardière doivent être partis eux=mêmes pour *s'aboucher avec les chefs des autres provinces*, afin de réunir toutes leurs forces à la fois et de lever l'étendard de la révolte au même instant dans toutes les parties de la France.

« Il paraît que le clergé joue un grand rôle dans ce projet. On a fait voir à plusieurs gentilshommes des lettres de députés mêmes de l'Assemblée, qui annoncent que *le moment de l'attaque n'est pas éloigné...*

« *Je crois que le plus grand secret peut conduire à la découverte de ce complot...* »

Le secret est si peu gardé que les conspirateurs se hâtent de faire disparaître armes et papiers, cachés dans les châteaux des du Chaffault, la Lézardière, la Salle et de Loynes.

Pichard du Page, qui continue à trahir, et le procureur syndic Degounor, des Sables d'Olonne, ami personnel de la famille de la Lézardière, ferment les yeux. Seul, Goupilleau (de Montaigu) veille, mais, il ne communique plus ses renseignements qu'au Comité des recherches de l'Assemblée nationale. Le 30 novembre il signale l'envoi d'une grande quantité de fusils chez M. du Chaffault, et il ajoute :

« Ici, une ligue sourde semble nous menacer ; les nobles se réunissent aux prêtres pour tâcher de persuader au peuple que, par le décret du 27 novembre, la religion est perdue. *Tout annonce une grande machination, et nous n'avons rien pour nous défendre.* Notre garde nationale refuse de faire le service parce qu'elle n'a ni armes, ni fusils... »

Toujours le même refrain : pas d'armes, aucune force publique, aucune répression.

A Avrillé, du Chaffault excite les habitants contre un sieur Royer, officier municipal, qui avait osé se porter acquéreur aux enchères publiques des dépendances du prieuré. La vie de celui-ci est menacée, et la ville des Sables est obligée de le prendre sous sa sauvegarde.

Le Conseil général de cette ville informe de nouveau le Comité des recherches de l'Assemblée nationale et les députés de la gravité de la situation ; il réclame une garnison de troupes de ligne. On envoie cent hommes du régiment de Perche-Infanterie, mais l'esprit des officiers est tel que la municipalité elle-même en demande ensuite le départ.

Au mois d'avril 1791, c'est dans les districts de Challans, la Roche-sur-Yon et les Sables qu'éclatent des émeutes. Le sang coule, on maltraite les « intrus », on tire sur eux, on casse et brûle les bancs des « patriotes » qui suivent les offices constitutionnels. A Saint-Jean-de-Monts, le vicaire assermenté, Pierre-Louis Laroche, est blessé d'un coup de feu. A Apremont, émeute très violente à propos de la fondation d'un

Club des vrais amis de la Constitution, dont le vicaire assermenté et le juge de paix avaient pris l'initiative. A Saint-Christophe-de-Ligneron, à la suite d'un sermon dans lequel le vicaire Regain prêchait la résistance à la Constitution civile et excitait les fidèles à prendre *la défense* des prêtres non assermentés, la gendarmerie est assaillie et les gendarmes blessent deux rebelles. Les dragons-Conti du district de Challans viennent dégager les brigades de gendarmerie prisonnières : quatre ou cinq paysans sont tués dans la décharge que dragons et gendarmes doivent faire pour se dégager d'une foule furieuse, armée de fusils et de faux.

Le 3 mai, le tocsin sonne à Coex, à Saint-Révérend, à l'Aiguillon et à Saint-Maixent-sur-Vie. Des nobles, de Guerry, de Boisjoly, de Rorthais, marchent à la tête de troupes de rebelles, mais une trentaine de cavaliers suffisent pour faire avorter l'expédition.

Pichard du Page et l'administrateur Majou des Groix sont chargés par le directoire du département de conduire dans la région troublée cent trente hommes de la garde nationale de Fontenay, avec vingt-cinq cavaliers du régiment en garnison dans cette ville ; d'autre part, trois cents hommes de la garde nationale de Nantes se rendent à Challans. « Mais, raconte le curé Musset dans sa déposition sur l'insurrection, Pichard, constant dans ses principes, prend la route la plus longue et n'arrive à Challans que le 6 mai, c'est-à-dire trois jours après la défaite et la mise en déroute des révoltés. On pouvait penser que Pichard aurait du moins approuvé les mesures prises par le directoire du district pour arrêter l'incendie dont il était menacé ; il blâma au contraire l'administration d'avoir demandé des forces dans un département étranger et occasionné par là des déplacements très dispendieux. Après une simple apparition à l'assemblée générale du district de Challans, le sieur Pichard se retira, visitant sur la route les nobles, Mauclerc de Marconnay et autres ennemis reconnus de la Révolution. De retour à Fontenay, Pichard ne proposa au département aucun moyen de réprimer les désordres qui avaient eu lieu et d'en empêcher le renouvellement ; au contraire, instruit que le nommé Salerac, lieutenant de gendarmerie, au lieu de marcher à la tête de sa troupe pour arrêter la révolte, s'était contenté d'attendre dans les maisons suspectes le résultat du combat, loin de provoquer la destitution de cet officier perfide, il souffrit qu'il fût élevé à la place de lieutenant-colonel de la gendarmerie. C'est d'après cette conduite de Pichard que les aristocrates et tous les ennemis de la Révolution dans la Vendée conçurent l'espoir de tout oser impunément. Les nobles se réunissaient sous les yeux de Pichard sans être inquiétés. »

Quoique Pichard se vantât d'avoir fait couler les larmes des « égarés », la paix civile et religieuse était loin d'être rétablie. Pourtant les gardes nationales sont rappelées et le camp de Challans est levé.

La nomination du nouvel évêque constitutionnel Rodrigue, curé de Fougeré, a lieu à Fontenay, le 2 mai, sous la présidence de Goupilleau de Montaigu, qui donne lecture d'une lettre assez curieuse des élèves du séminaire-collège de Luçon, dans laquelle ceux-ci disent : « Sans parler des fausses bulles du Pape et des libellés diffamatoires dont ils cherchent sans cesse à falsifier nos esprits, nos indignes supérieurs ont encore osé nous rendre les complices de leur exécrable perfidie en nous faisant transcrire des lettres faites pour soulever tous les esprits du diocèse. » Le nouvel évêque est sacré le 3 juin à Notre-Dame de Paris, en présence des députés de la Vendée, et, le 11, il prend possession de son évêché, accueilli par une manifestation très hostile de femmes et de paysans, mais escorté par la municipalité et une délégation des *Amis de la Constitution*.

Nous retrouverons souvent l'action de cette société des *Amis de la Constitution*, qui avait été fondée à l'Oie le 19 février 1791 par un groupe de patriotes, et à laquelle avaient adhéré les trois députés de la Vendée à l'Assemblée nationale, Bouron, Goupilleau (de Fontenay), l'abbé Ballard, puis les municipalités de Luçon, de la Roche-sur-Yon, de Saint-Michel-en-l'Herm, du Vieux-Pouzauges, des Sables, de Montaigu, de Réaumur, de la Vineuse, du Langon, des Essarts, de la Châtaigneraie, d'Angles, de la Ferrière, ainsi que la plupart des gardes nationales et presque tous les curés constitutionnels. La société s'était elle-même affiliée à celle des *Jacobins* de Paris ; elle avait eu pour fondateurs : Girard de Villars, président de l'administration départementale, plus tard membre de la Convention ; Deladouespe, futur administrateur du département de la Vendée ; Moulins, ancien militaire du corps royal de l'artillerie ; Fayau, qui siégea parmi les montagnards de la Convention, et Rouillé, secrétaire-greffier de la commune des Sables.

L'évêque nommé, les districts patriotes se hâtent de convoquer les assemblées primaires, afin qu'elles désignent, conformément à la loi, les fonctionnaires ecclésiastiques destinés à « remplacer ceux qui persistent à l'insermentation ».

Ces nominations se font pacifiquement, malgré la *lettre circulaire du grand vicaire de l'évêque de Luçon* (de Mercy), qui excite les prêtres à la désobéissance et leur donne des instructions pour la résistance. Le chanoine André de Beauregard s'en reconnaît l'auteur, mais prévenu par

Pichard du Page, il ne peut être arrêté. En vain des pétitions sont envoyées par les municipalités et les gardes nationales, en vain les avertissements les plus énergiques sont adressés à Pichard ; celui-ci continue à protéger les prêtres insermentés, à fermer les yeux sur les actes de rébellion, à assurer l'impunité à tous les factieux.

La nouvelle de la fuite et de l'arrestation du Roi, le 21 juin 1791, augmente l'agitation en Vendée. Des rassemblements de nobles sont signalés dans diverses communes et les municipalités redoublent de surveillance. Le 4 juillet, est saisie une lettre envoyée le 19 juin, de la Rivière, près de Saint-Martin-sous-Mouzeuil, par le marquis de Loynes la Coudraye à M. de Chabot, aux Coulendres-en-Mouzeuil ; on y lit :

« M. le chevalier Baudry m'écrit de Bressuire que l'avis des gentils-hommes de ce pays-là et de toute la Gâtine est d'assigner un rendez-vous général à *Châtillon, afin de donner la main à la noblesse de l'Anjou et à celle du Haut-Poitou, liguées avec celles de la Marche et du Berry...* Je suis assez de cet avis, mais il ne faut pas se dissimuler qu'un rassemblement aussi lointain que Châtillon ne sera pas du goût de beaucoup. Il ne faut pas compter, au surplus, que *les paysans nous suivraient jusque-là, puisqu'on a de la peine à les faire sortir de leurs paroisses.* M. le chevalier Baudry a écrit dans le même sens à M. de la Burcerie pour *qu'il s'entende avec MM. de Lézardière et de la Salle.* On dit que ce dernier est d'avis de se réunir à Luçon. »

On voit le cas qu'il faut faire des affirmations de la noblesse, quand elle déclare qu'elle a été entraînée par les paysans.

Mᵐᵉ de La Rochejaquelein dit dans ses *Mémoires,* au chapitre III : « M. de Lescure était alors (juin 1791) d'une coalition qui s'était formée en Poitou et dans les provinces adjacentes. Elle était fort importante et aurait pu disposer de trente mille hommes ; presque tous les gentils-hommes du pays en étaient et l'on pouvait compter sur une grande partie des habitants de la province, comme la suite l'a bien prouvé. Il y avait deux régiments gagnés, dont l'un formait la garnison de la Rochelle et l'autre était à Poitiers. Au jour donné, on devait supposer des ordres ; les régiments se seraient mis en marche, chacun aurait pris les armes ; on aurait opéré une jonction avec une autre coalition qui devait s'emparer de la route de Lyon et attendre les Princes, alors en Savoie. La fuite du Roi et son arrestation déconcertèrent tous les projets. »

Il résulte, en effet, de diverses correspondances saisies et reproduites par Chassin que, si le Roi avait réussi à gagner la frontière, la Vendée se serait soulevée dès juin 1791.

A la même époque, on signale de divers points de la côte des navires suspects qui font des signaux. Le maire de Saint-Jean-de-Monts déclare, dans une lettre aux administrateurs du district, que quatre embarcations sont en face de ce bourg, qu'elles ont tiré plusieurs coups de canon du côté de Saint-Gilles. « Il paraît qu'on leur avait promis de se trouver à leur débarquement et qu'elles n'attendent, depuis cinq ou six jours qu'elles sont dans le même endroit, qu'un signal de terre qui leur annonce l'endroit où elles doivent débarquer. »

Le 27 juin, le directoire du district des Sables reçoit une lettre signée par le baron de Lézardière, au nom des gentilshommes réunis au château de la Proutière, offrant la paix si on leur laisse leurs armes. Le district arrête que les attroupés commenceront par remettre les armes et découvrir les mines pratiquées, et qu'ils se rendront avec la troupe aux Sables pour y être maintenus en état d'arrestation, sauf les femmes et les enfants. Un corps de cinq cent soixante-quatre hommes se dirige sur la Proutière, mais le rassemblement, au nombre duquel étaient les sieurs du Chaffault, de la Salle, de Vaugiraud, les chevaliers de Loyne et de Malte, quelques ecclésiastiques, des dames et trois cents paysans, s'était décidé à marcher sur les Sables. Ayant appris en route que quatre cents gardes nationaux de Nantes venaient d'arriver dans cette ville, il s'était dispersé. Le château est envahi par la troupe, et un garde national des Sables, d'autres disent un vagabond étranger au pays, y met le feu.

Pichard du Page arrive aussitôt aux Sables, mais il en repart promptement après avoir rédigé un réquisitoire, non contre les nobles conspirateurs, mais contre le maire patriote Gaudin et les gardes nationales.

Malgré lui, on parvient toutefois à arrêter le baron de Lézardière et ses trois fils. Un certain nombre de ses complices s'étaient embarqués pour se réfugier à Guernesey, mais leur chaloupe est surprise en vue de Noirmoutier et trente-six accusés de la conjuration Lézardière-de-Loynes se trouvent ainsi réunis dans la prison des Sables. L'amnistie votée par la Constituante, le 15 septembre 1791, les fit mettre en liberté. Un contemporain déplorait dans ces termes cette mesure de clémence :

« Ces conspirateurs, il eût fallu les frapper du glaive de la loi. Leur impunité est un malheur qui en a produit bien d'autres.

« Ah ! si ces châteaux sur le sort desquels Pichard s'apitoyait, si ces repaires de l'aristocratie avaient été tous incendiés, si les tigres qui les habitaient eussent été impitoyablement mis à mort dès que la nation a déclaré qu'elle était libre, ce beau territoire n'aurait pas été en proie aux horreurs de la guerre civile, les cabanes des laboureurs n'auraient pas été brûlées ; ils cultiveraient leurs champs en paix. Cette belle population, dont les mœurs étaient dignes de l'âge d'or, n'aurait pas été égarée ; le fanatisme n'aurait pas fait couler des torrents de sang, depuis les rives de la Loire jusqu'aux bords de l'Océan ; l'innocence ferait encore notre bonheur ; tout est perdu pour longtemps ! »

DUMOURIEZ

Ce contemporain était certes excessif dans les mesures qu'il préconisait, mais il faut avouer que les pouvoirs publics ont apporté la même exagération dans les mesures de clémence : leur mansuétude a sans nul doute encouragé les factieux.

Dumouriez est envoyé en Vendée et fait prêter aux troupes des Sables-d'Olonne le serment prescrit par le décret du 21 juin 1791, après un beau discours prononcé au club des amis de la Constitution. Un dîner de 314 couverts a lieu dans la prairie du couvent des capucins et est suivi d'une farandole des convives, qui se rendent sur la place de la Liberté, autour de l'autel de la Patrie brillamment illuminé. Le général est séduit, dit le docteur Marcel Petiteau, des Sables, « par l'expansion subite, passionnée, irrésistible des Sablaises. »

Le 29 juillet arrivent à Fontenay les deux commissaires civils, Gensonné et Gallois, envoyés par le pouvoir exécutif, sur la demande du directoire du département. Ils se rendent compte immédiatement de la gravité de la situation, malgré les faux rapports de Pichard. Dans un rapport au Ministre de l'Intérieur, ils disent :

« La situation du département est très alarmante. — Les prêtres non conformistes ont séduit la très grande majorité de ses habitants, déjà disposés depuis longtemps par leur ignorance et leur confiance aveugle dans leurs prêtres, à recevoir les impressions les plus superstitieuses. Heureusement le défaut d'énergie, qui constitue le fond de leur caractère particulier, a jusqu'à présent prévenu les effets de cette ignorance et de cette séduction, mais il *pourrait arriver*, et c'est l'opinion des divers corps administratifs que nous avons consultés, *que ces hommes une fois sortis des bornes naturelles de leur caractère se portassent avec plus d'ardeur à des mesures dangereuses, qu'il serait alors plus difficile d'arrêter...* »

Cependant la gendarmerie nationale n'est pas encore organisée.

Au député Gallot, Gensonné écrit :

« Nous attendons avec la plus vive impatience le *décret de l'Assemblée sur les prêtres réfractaires*, et quelque attaché que je sois aux principes de tolérance qui ont dicté l'arrêté du département de Paris et le décret qui l'approuve, je vous avoue que je ne conçois pas comment on pourra rétablir l'ordre dans votre département, si on n'en expulse pas les prêtres non assermentés... »

A cette même date du 27 août 1791, un citoyen de Fontenay écrit au *Moniteur* : « ... Ailleurs les prêtres non assermentés redoutent la persécution ; ici, ce sont les prêtres constitutionnels qui sont persécutés. Les anciens pasteurs que la Constitution a déplacés emploient la ruse et tous les artifices de la superstition pour chasser l'évêque et les ministres que le patriotisme a fait élire. Ailleurs la force publique protège, au nom de la loi, les ecclésiastiques qui n'ont pas cru pouvoir prêter serment ; ici, la force publique a besoin de déployer toutes ses ressources pour défendre contre les fureurs de la haine ceux mêmes que l'élection populaire a placés au nom de la loi.

« Quelle a donc été la raison du Ministre de la Guerre *pour ôter à ce*

département deux régiments de cavalerie et deux bataillons d'infanterie ?
C'est où l'esprit de la Constitution est le plus faible qu'il faut opposer
une plus forte résistance à ses ennemis. Nous autres patriotes de la
Vendée, nous y sommes les plus faibles... en nombre seulement, et nous
comptons encore sur un officier patriote, qui commande ici ; un officier
général dans le sens de la Révolution vaut plusieurs bataillons ; je crains
bien que l'on en ait la preuve. »

Cet officier général, c'était Dumouriez, qui de son côté ne cessait de
prévenir son ministre de la gravité de la situation et de réclamer des
troupes. « Messieurs les Commissaires civils, dit-il, m'ont dit vous avoir
écrit pour demander d'augmenter les forces militaires. Je vous déclare
que rien n'est plus instant ; que le fanatisme fait des progrès effrayants
et que, sans vouloir persécuter, les administrations ne peuvent garantir
l'exécution des lois ni éviter d'être elles-mêmes persécutées, qu'en ayant
des forces suffisantes, qui manquent absolument dans les trois
départements de la Loire-Inférieure, des Deux-Sèvres et de la Vendée. »

En marge de cette lettre, on lit de l'écriture du Ministre du Portail :

*« Répondez à M. Dumouriez, qu'on désirerait bien pouvoir augmenter ses
forces, mais que les circonstances ne le permettent pas, et qu'il est bien
intéressant de se contenter de ce qu'il a. »*

Ainsi donc au moment même où l'insurrection va éclater, ceux qui
sont chargés de la réprimer sont désemparés et n'ont pas de troupes ; la
gendarmerie elle-même n'est pas encore organisée.

Les prêtres sont de plus en plus ardents. « Ils glissaient à l'oreille des
femmes, raconte Mercier du Rocher : « Si un intrus, un huguenot vient
me remplacer, chassez-le à coup de pierres du lieu saint ! » Aux hommes,
ils disaient en 1791, sauf à dire le contraire en 1792 : « N'acceptez jamais
de place dans les municipalités, ce sont des inventions du diable, et vous
seriez à lui pour jamais. »

Le 13 septembre 1791, un décret proclame l'amnistie générale sur
les faits politiques et militaires de toute nature, et abolit le passeport,
supprimant ainsi les obstacles au droit de tout citoyen français de voyager
librement dans le royaume et d'en sortir à sa volonté.

Loin de ramener à la patrie la noblesse, ce décret augmente les
recrues de l'armée de Condé et facilite les conspirations.

Les élections pour la Constituante ont lieu le 30 août 1791. Sont élus
Goupilleau (de Montaigu) ; Morisson, administrateur du département ;
Maignen, administrateur du district de La Châtaigneraie ; Gaudin, maire
des Sables ; Thiériot, administrateur du département ; Perreau,

administrateur du département, et l'abbé Gaudin, tous patriotes. « Les assemblées politiques de citoyens, dit Mercier du Rocher, étaient dans les bons principes lorsque les aristocrates ne voulaient pas s'y montrer, les uns par cagotisme, les autres par mépris pour le nouvel ordre de choses. »

Pichard n'avait pas été élu malgré sa vive campagne et l'opposition acharnée qu'il avait faite aux candidats patriotes.

Le 10 novembre 1791, à Châtillon-sur-Sèvre, où sera établi en 1793 le Conseil supérieur de l'insurrection catholique et royale, la municipalité prend officiellement et publiquement un arrêté, contenant des menaces non dissimulées de guerre civile, si les prêtres insermentés n'obtiennent pas liberté entière d'exercer leur mission. « Les murmures et les plaintes, dit cet arrêté adressé au Roi, augmentent avec les difficultés et *ne manqueraient de produire un effet funeste.* » A Bazoges-en-Pareds, délibération semblable. « Quelque doux et paisible que soit le peuple, dit cette délibération, pourrait-il *négliger le droit sacré de l'insurrection?* »

Le Conseil général du département se réunit le 15 novembre. La majorité déclare que la tolérance optimiste du directoire du département, — Mercier et Fayau disent « sa complicité aristocratique » — ne saurait être supportée plus longtemps. Dès qu'il connaît la nouvelle du refus de la sanction royale au décret enjoignant aux ecclésiastiques qui avaient refusé le serment prescrit par la Constitution civile du Clergé de prêter le serment civique imposé à tous les fonctionnaires, ainsi qu'au décret relatif aux émigrés, il proteste énergiquement : « Nos alarmes sont bien vives, écrit-il au Roi : la Patrie est en danger, des traîtres conspirent contre elle ; les uns sont en armes sur nos frontières, les autres secouent les brandons du fanatisme et de la guerre civile au sein de nos campagnes ; tous nous menacent de leurs fureurs... et ils se disent les amis du Roi. »

Le district de Challans envoie lui aussi une adresse : « Nous avons été à même, dit-il, plus que les administrateurs du département de Paris, d'apprécier la sagesse du décret du 29 novembre ; ils n'ont pas été comme nous, témoins des désordres occasionnés par des prêtres rebelles à la loi ; ces fanatiques ne feraient pas de progrès dans les grandes villes : le peuple plus éclairé que dans nos campagnes est en garde contre eux. Aussi avons-nous vu nos contrées en proie aux fureurs du fanatisme, tandis que les villes voisines jouissaient d'une paix parfaite. Les maux qu'ont faits les prêtres dans ce pays sont très grands, le sang de nos frères a coulé, il demande vengeance ! »

Pichard, à la suite du vote du Conseil général, se décide à se retirer ;

il est remplacé le 3 décembre 1791 par Pervinquière ; Mercier du Rocher est nommé substitut du procureur général syndic.

Traduit devant le tribunal révolutionnaire de Paris, Pichard fut condamné à mort le 28 avril 1794 (9 floréal an II) avec trente-deux autres accusés reconnus « complices d'une conspiration contre la liberté et la souveraineté du peuple ».

Les gardes nationales sont enfin organisées dans les trop peu nombreuses et trop petites villes de la Vendée. Dumouriez avait même réussi, dans un département où le citadin est aussi attaché au sol que le paysan, à former un bataillon de Volontaires destiné à être employé aux frontières de l'Est et du Nord : les dames de Fontenay offrent un drapeau à ce bataillon le 10 décembre et une fête enthousiaste réunit tous les patriotes fontenaisiens. — Deux généraux célèbres sortiront de ce premier bataillon de la Vendée : Belliard et Bonnamy.

Le premier, général de division de Bonaparte, devint gouverneur du Caire où il reçut une blessure grave, en défendant la ville contre les Turcs et les Anglais ; il se distingua dans l'Etat-Major de Murat, fut chef d'état-major général de l'armée d'Espagne et plus tard, en 1831, ambassadeur à Bruxelles où il a sa statue. Il naquit à Fontenay.

ÉGLISE DE MAILLEZAIS

Le second était de Maillezais. Son nom est resté attaché à l'un des plus brillants exploits de notre armée : l'enlèvement par le 30e régiment de ligne, à la Moskowa, de la redoute d'où quarante canons russes mitraillaient l'armée française, redoute qui ne put être reprise que lorsque Bonnamy eut perdu son dernier homme et que lui-même fut percé de vingt coups de baïonnettes. — Il prit part à presque toutes les campagnes de Bonaparte et fut nommé général sur le champ de bataille le jour de l'occupation de Rome. Il était à Marengo, mais l'ardeur de son républicanisme et sa popularité déplurent au premier consul qui le réforma sans traitement le 11 juillet 1800. Devenu maire de la Flocellière en Vendée, il alla saluer l'Empereur lors de son passage à la Roche-sur-Yon, y fut remarqué, remis en activité de son grade et il fit la campagne de Russie. Après l'affaire de la Moskova, on le croyait mort, mais il guérit de ses nombreuses blessures, et rentra en France après vingt-deux mois de captivité. Il mourut à la Flocellière en 1830.

Toute l'année 1792 se passe en mouvements séditieux, en difficultés militaires et administratives de toutes sortes ; c'est d'abord le complot des cinq paroisses (Saint-Mars-la-Réorthe, les Epesses, Saint-Mâlo, Chambretaud et la Flocellière) ; c'est l'indiscipline de certains régiments, parmi lesquels la noblesse du pays prêche le refus de serment et l'émigration, c'est ensuite l'insurrection des femmes de l'île d'Yeu, l'agitation de Noirmoutier, et l'opposition rurale au recrutement militaire, ce sont les assemblées nocturnes.

Le département prend enfin des mesures contre les prêtres réfractaires, puis tout à coup la guerre est déclarée ; *la Patrie est en danger* (20 avril 1792).

Les Patriotes des villes de la Vendée accueillent la nouvelle avec enthousiasme, et c'est au milieu des cris de : « Vive la Patrie ! » qu'est lu l'acte du Corps législatif, proclamant que « la Nation française, fidèle aux principes consacrés par sa Constitution, ne prenait les armes que pour la défense de sa liberté et de son indépendance, et que la guerre qu'elle était obligée de soutenir n'était point une guerre de nation à nation, mais la juste défense d'un peuple libre contre l'injuste agression d'un roi. »

Dans les campagnes, il en est tout autrement. « La Déclaration de la Patrie en Danger, disent les administrateurs de Challans, a fait dans la majeure partie des esprits une impression opposée aux vues de l'Assemblée nationale ; *tout semble présager un avenir d'autant plus effrayant que l'absence de toute force publique ne laisse aucun moyen de le prévenir,* puisqu'à la nouvelle du danger de la Patrie, en plusieurs endroits du district, des sentiments d'allégresse se sont manifestés, dans l'espoir d'un moment qu'ils osent envisager comme heureux, celui d'une contre-révolution qui, avec l'ancien ordre de choses, leur rendrait leurs prêtres, qu'ils n'ont pas oubliés et qu'ils n'oublieront que lorsque les ennemis de la Constitution auront disparu. »

La grande insurrection ne commence toutefois qu'après le 24 février 1793, quand est connu le décret de la Convention, qui appelle trois cent mille hommes aux frontières. Les organisateurs de la révolte avaient attendu ce décret parce que, sachant la répugnance invincible des populations vendéennes pour le service militaire, ils pensaient soulever plus facilement ces populations. « Le moment de recrutement, dit M. de Beauchamp, qui coïncidait avec le plan médité, parut favorable : il fut choisi. »

Au moment où Monsieur et le comte d'Artois, frère du roi de France, décidaient enfin le roi de Prusse à envahir leur Patrie, ils se vantaient d'avoir préparé au moins huit foyers d'insurrection royaliste et catholique : en Bretagne et Vendée, en Languedoc et Provence, en Dauphiné et à Lyon, à Bordeaux, dans l'Orléanais et la Normandie, même en Franche-Comté et Bourgogne. Un seul devait répondre à leurs espérances.

Calonne, futur premier ministre de la Restauration, entraîné dans leurs rêves, disait chez madame de Polastron, la favorite du comte d'Artois :

« Les deux tiers de la France sont pour les Princes, nous avons des intelligences partout ; nous entrerons en véritables chevaliers français ; dès que nos trompettes sommeront les villes de se rendre, les portes s'ouvriront, les murailles tomberont ; nous arriverons à Paris au milieu des acclamations et des hommages. »

Nous avons dit que le chef commissionné de la conspiration de Bretagne était la Rouërie. Il avait ordre d'organiser non seulement la Bretagne, mais les provinces limitrophes, dont faisait partie le Poitou.

Il était pressé d'agir et dans la nuit du 31 mai au 1er juin, au château de la Rouërie, les conjurés s'étaient distribué les commandements en vue d'une prise d'armes très prochaine. Mais, de Coblentz, le 13 juin, Monsieur et le comte d'Artois, en le félicitant de « maintenir la Bretagne fidèle à la Religion et au roi », lui commandaient « d'attendre avec confiance *le moment où l'action prochaine de forces extérieures* offrirait aux bons Français la possibilité de manifester ouvertement leur loyauté et leur courage. »

Mais déjà La Rouërie avait enrôlé des hommes impatients comme lui, tous ces hardis contrebandiers qui, sur les limites de la Bretagne, se livraient au commerce frauduleux du sel et vivaient de père en fils dans une guerre éternelle avec les soutiens du fisc. La suppression de la Gabelle les avait ruinés, comme elle avait réduit à la misère les employés de la Gabelle eux-mêmes. La Rouërie sut s'emparer des uns et des autres : grâce à leurs habitudes guerroyantes, ils devaient tous faire d'intrépides soldats. « L'intérêt, dit Crétineau-Joly, avait divisé les contrebandiers et les gabelous ; le mécontentement les réunit sous le même drapeau, leur attribua le même chef et, par des motifs différents, leur inspira la même haine de la démocratie. »

A l'occasion de l'appel des volontaires, un grand nombre de communes des districts d'Ernée, de Château-Gontier, de Craon et de Laval se soulèvent. A Saint-Ouen-des-Toits, les jeunes gens d'une commune qui viennent pour s'enrôler, sont assaillis et assommés à coups de bâtons aux cris de : « Vive la Religion ! vive le Roi ! » Le chef des révoltés était Jean Chouan, qui a donné son surnom à tous les insurgés de la Vendée.

Ce Jean Chouan, de son vrai nom Jean Cottereau, n'était qu'un repris de justice. Il faisait la contrebande du sel. Ses compagnons l'appelaient : « Il n'y a pas de danger ! » à cause de son audace, ou encore : « Le gas mentoux », à cause de ses ruses. Tous les gens de sa famille étaient surnommés *Chouans*, parce que dans leurs courses dangereuses et presque toujours nocturnes, ils annonçaient l'apparition des gabelous en imitant le cri du chat-huant et de la chouette. Il avait été poursuivi pour avoir assommé à coups de pieds et de pinte un camarade qui l'aurait dénoncé aux gabelous, et il avait séjourné plusieurs fois dans les prisons de Laval, de Saumur et d'Ernée, comme faux-saunier. Impliqué dans l'affaire du meurtre d'Olivier Jagu, agent des gabelles, il eut la bonne fortune de n'être pas reconnu par les témoins cités, et seul son compagnon Jean Croissant fut pendu à Laval. Nous le retrouverons souvent au cours de notre récit.

Parlant des compagnons de Jean Chouan, Chassin dit : « Huit mois avant « la guerre sainte » de Vendée, cette étrange chevalerie des bois commença ses expéditions nocturnes, arrêtant les courriers au passage, enlevant l'argent transporté par les voitures publiques, s'attaquant méthodiquement à quiconque exerçait une fonction, avait une part d'autorité, depuis le curé constitutionnel jusqu'au juge de paix, recueillant les déserteurs et excitant à la désertion, empêchant les subsistances d'arriver aux villes, coupant les convois militaires, percevant chez les fermiers, la plupart complices, les rentes en nature ou en argent dues aux acquéreurs de biens nationaux, et mêlant à ces « actes de foi » toutes sortes de déprédations et de vengeances personnelles. »

Le mouvement insurrectionnel du Maine-et-Loire et de la Mayenne devait avoir rapidement son contre-coup dans les Deux-Sèvres. Le 21 août, sous le commandement du ci-devant Baudry-d'Asson, les paysans s'emparent de Châtillon, mettent à sac la maison où siègent la municipalité et le district, détruisent tous les registres et papiers publics, suivant une méthode préméditée, qui fut suivie rigoureusement dans toutes les insurrections royalistes, puis le rassemblement marche sur Bressuire et saccage la maison du curé constitutionnel de Rorthais, mais il est arrêté par les troupes envoyées de Cholet. Les rebelles étaient au nombre de six mille, alors que le secours de Cholet ne comptait que quatre-vingt-cinq combattants.

Le 24 août, nouvelle et vaine tentative sur Bressuire, nouvelle défaite des insurgés. Le 26, ils s'emparent d'un chirurgien de Parthenay, Baubeau, et l'assassinent, puis s'élancent une troisième fois sur Bressuire ; mais, les troupes républicaines tiennent bon. Pendant ces trois journées, les rebelles avaient laissé sur le terrain deux cents morts, et quatre-vingts avaient été faits prisonniers ; les pertes des patriotes n'étaient que de quinze morts et vingt blessés.

La désillusion des bocains avait été vive après la défaite. Ils avaient constaté avec stupeur, en effet, que pas un de leurs morts n'était ressuscité comme l'avaient prédit leurs prêtres ; puis ils avaient appris l'emprisonnement du roi au Temple. Aussi furent-ils plus difficiles à mettre en mouvement, quelques mois plus tard, lors de l'insurrection générale. Il fallut, pour les décider, la popularité et l'énergie du jeune Henri de la Rochejaquelein, l'influence considérable des Lescure et des Donnissan.

A la suite de ces mouvements séditieux, les nobles sont-ils inquiétés ? Pas le moins du monde. « Il ne semble pas, dit Chassin, que dans la partie patriote, la persécution légale se soit montrée cruelle. On ne trouve rien dans les délibérations des districts des Sables, de Challans, des communes de Saint-Gilles ou des Sables, qui indique de mauvais traitements à l'égard des familles d'émigrés. » Ces derniers réapparaissent tout à coup dans leurs châteaux, après le 10 août, suivant le mot d'ordre des Princes, et ne sont pas recherchés. Seule la municipalité des Sables arrête Veillon de Boismartin et Servauteau de la Brunière comme soupçonnés d'être des « chevaliers du poignard », échappés des Tuileries au moment de la victoire du peuple de Paris. Le premier est relâché sous caution immédiatement ; l'information contre le second, ancien officier au régiment Royal-Dauphin, ancien commandant de la garde nationale des Sables, ne paraît pas avoir eu de suites. D'autre part, bien que le clergé eût publiquement donné ordre de profiter du renouvellement général des corps administratifs pour élire des officiers municipaux à la dévotion des « bons prêtres » et des anciens seigneurs, les insermentés, échappés à l'expulsion ordonnée par le décret du 26 août, deviennent plus insaisissables qu'auparavant, et, dans les deux tiers du territoire vendéen, les lois contre les émigrés demeurent inexécutées.

Mercier du Rocher raconte qu'à la fête civique qui suivit l'assemblée électorale départementale de Montaigu, les habitants des campagnes de ce district insultaient les électeurs au passage, et ceux de la ville fermaient les portes et les fenêtres de leurs maisons... « Le feu couvait sous la cendre, dit-il, *il me semblait entendre le bruit d'un volcan sous mes pieds.* »

Ce volcan n'allait pas tarder à vomir le carnage et la mort. En vain, le Conseil général de la Vendée, qui siégeait en permanence, prend enfin des mesures sévères pour la recherche des prêtres réfractaires et des émigrés ; en vain, il multiplie les visites domiciliaires ; en vain, le directoire du département, malgré « l'improbation du ministre de l'intérieur Rabaud », maintient l'arrêté portant que « tous ceux qui, absents et suspects d'émigration, étaient rentrés depuis le mois de juin 1792, consigneraient une somme de 3.000 livres à employer au paiement de la force armée, si la tranquillité des communes qu'ils habitaient était troublée » ; en vain, il ordonne que les patrons de barques et maîtres d'équipages, en abordant les côtes de la Vendée, « seront tenus de présenter aux municipalités des lieux de débarquement les rôles de leurs bâtiments et de faire connaître les noms, professions et domiciles des gens qu'ils ont à leur bord » ; en vain, il décide d'appliquer aux pères d'émigrés en masse et à ceux de leurs parents et autres contre-révolutionnaires, qui seraient signalés comme dangereux, la mesure de l'appel et de l'internement au chef-lieu, qui avait été employée pour enlever des campagnes les prêtres réfractaires, rien ne pouvait plus empêcher de sonner l'heure convenue entre les conjurés. La Rouërie était mort, mais le réseau de la conspiration qu'il avait si patiemment tissé lui survivait. Tous les chefs étaient à leur poste, les armes et les munitions étaient aux endroits assignés, et les paysans n'attendaient plus que le signal.

Toutefois, la mort de la Rouërie et la découverte de la conspiration de Bretagne prévinrent, sans nul doute, une explosion qui eût embrasé l'Ouest, de la Normandie à l'Aunis. « Si la prise d'armes, manquée lors de la première invasion, dit Chassin, se fut opérée en même temps que la seconde, il eut été possible à la contre-révolution de saisir sur les côtes de l'Océan assez de points accessibles à la descente de dix mille émigrés enrégimentés de Jersey et Guernesey, à la fourniture incessante des armes, munitions, secours de l'étranger, et même d'ouvrir aux flottes ennemies Brest, Lorient, Saint-Malo, comme fut livré Toulon.

« La mort de la Rouërie n'aurait pas rendu ses plans inexécutables, si elle était restée secrète jusqu'à ce qu'il lui eût été substitué un chef capable de prendre la tête de ses comités et de continuer sans interruption les correspondances établies dans le Maine, l'Anjou et le Poitou. » Mais la Rouërie, mort d'une fluxion de poitrine chez l'un de ses adhérents, dans un château situé à l'extrémité de la forêt de la Honaudais, et enterré secrètement dans un bois, fut publiquement exhumé par ordre du commissaire Laligant-Morillon ; ses papiers, enterrés également, furent saisis, et tous les fils de la conspiration se trouvèrent ainsi entre les mains de l'autorité.

Thérèse Moëlien, de Fougères, fut condamnée à mort avec onze autres complices de la Rouërie. Elle était accusée d'avoir fait « des distributions d'argent pour séduire les citoyens et les entraîner dans le parti de l'Association ». Or, ce n'était pas elle, mais sa belle-sœur qui avait versé des sommes. Avec une belle grandeur d'âme, elle s'abstint de relever l'erreur ; seulement, avant d'aller à la mort, elle écrivit à celle qu'elle sauvait pour lui recommander ses deux fils. Laligant voulait la faire évader, dit-on, mais elle refusa les offres déshonorantes de ce policier.

Nous sommes à la veille de la grande insurrection. La Bretagne reste paralysée par la mort de la Rouërie ; la rébellion va se localiser dans la Vendée, les Deux-Sèvres, le Maine-et-Loire, une partie de la Loire-Inférieure et du Morbihan.

VII

INSURRECTION GÉNÉRALE, LA LEVÉE DES TROIS CENT MILLE HOMMES

Le 24 février 1793, la Convention rendait le fameux décret, qui
appelait trois cent mille hommes aux frontières. Les directoires des
départements, vingt-quatre heures après réception de l'ordre ministériel,
étaient tenus de répartir le contingent départemental entre les districts
et ceux-ci devaient à leur tour faire la répartition dans le même délai
entre les communes. Les Municipalités avaient ordre d'ouvrir un registre
pour recevoir, pendant trois jours, les noms des volontaires qui voulaient
servir la patrie. Si l'inscription ne donnait pas le nombre d'hommes exigé,
les citoyens convoqués en assemblée communale devaient parfaire le
contingent, « suivant le mode par eux estimé le plus convenable, à la
pluralité des voix. » Ce complément ne pouvait être pris que parmi les
garçons ou veufs sans enfants. On pouvait se faire remplacer.

Il n'était point question de *tirage au sort*, mais le mot avait été prononcé
pendant les débats, et les agitateurs de l'Ouest l'avaient saisi au vol.
Un cri retentit aussitôt de Fontenay à Angers, de Vannes à Saumur :
« Pas de tirement. » Pendant la nuit, on écrit sur tous les murs : « Malheur
à qui annoncera la milice ! »

C'est à Cholet, le dimanche 3 mars, que les jeunes gens commencent
à refuser de concourir aux réunions proposées par les districts, afin de
discuter les moyens de choisir les hommes réclamés pour le service
de la patrie. « On ne tirera pas ! crient-ils. Aux habits bleus de partir ! »

Le commandant de la garde Nationale, Poché-du-Rocher, et le capitaine
des grenadiers Combault, avec une patrouille de cinq hommes, veulent
apaiser les mutins. Le commandant a le gras de la jambe scié avec
son propre sabre ; le capitaine est frappé d'un coup de poignard. Le
poste accourt, trois des révoltés sont tués, huit autres blessés, et le
rassemblement chassé de la ville, parcourt pendant plusieurs jours
la campagne, pillant, tuant les officiers municipaux, les curés constitutionnels, coalisant quarante paroisses pour « détruire le district, couper
le cou à tous les patriotes et raser Cholet. »

Le Directoire du département de la Vendée sachant combien les
habitants de ce département sont attachés au sol natal, demande aussitôt
que les citoyens soldats de la Vendée, soient employés dans l'armée
des côtes. Si une décision en faveur du maintien dans le pays des recrues
vendéennes, avait été prise la semaine précédente, peut-être eût-on
restreint l'étendue de la rébellion ? Le 6 mars, il était déjà trop tard :
la guerre civile était allumée dans la plus grande partie du département
et elle ne pouvait plus être réprimée que par la force.

Le 10 mars, à Saint-Florent-le-Vieux, sur les bords de la Loire,
tous les jeunes gens des paroisses voisines étaient réunis sur la place
pour la conscription. Pas un seul ne répond à l'appel de son nom.
La troupe s'avance. Un nommé Forêt, revenu depuis quelques jours dans
le pays après avoir suivi en émigration son maître, le marquis de
Chanzeaux, auprès duquel il avait combattu dans l'armée des princes,
lève son bâton, et s'écrie : « En avant mes gas, en avant ! » Les soldats
sont assommés à coups de bâtons, les papiers du district sont lacérés,
la caisse est volée.

De Fontenay à Nantes, les mêmes scènes se renouvellent : pas une
commune ne se soumet au recrutement.

On apprend à la fois que dans toutes les communes du district de
Montaigu les paysans massacrent les patriotes, et que l'une des premières
victimes a été le président du Directoire, Beaumier, curé constitutionnel
de Mormaison ; que vers Challans, l'insurrection, maîtresse de plusieurs
communes, approche de la ville, que les gars de Cathelineau se sont
emparés des Herbiers et de Mortagne, que la garde Nationale de Fontenay
a été battue à Saint-Fulgent, que les rebelles occupent ce bourg et
qu'enfin Montaigu est tombé en leur pouvoir.

« L'insurrection se propagea comme une traînée de poudre, dit
M. de la Boutetière, l'un des écrivains royalistes les plus érudits, dans
la trentaine de paroisses qui formaient autrefois les Marches communes

de la Bretagne et du Poitou ; à leur tocsin répondit le tocsin de la Loire-
Inférieure et de la Vendée.

« Çà et là se forment des rassemblements qui grossissent, s'étendent
et se dirigent au gré des multitudes enflammées de colère. Ils vont aux
gros bourgs, aux chefs-lieux de canton et aux districts. Tous les prêtres
assermentés qui leur tombent entre les mains sont fusillés sans rémission...
Tout ce qui résiste est mis à mort. »

« Ils étaient tous mal vêtus, dit Mme de Sapinaud, la plupart marchaient nu-pieds, leurs vêtements étaient déchirés, et leurs figures
n'inspiraient pas une grande confiance. Les piques, les haches et les
faux, dont ces paysans étaient armés eussent effrayé les plus braves.
Ils ne parlaient rien moins que de détruire les patriotes. Ils m'écoutèrent ;
cependant, j'eus la douleur d'apprendre que M. Bouchet, notaire,
et M. Moisgas (deux pères de famille) avaient été massacrés. »

A Montaigu, la garde Nationale et les Administrateurs du district
s'étaient réfugiés dans le château.

« Sur les trois heures, dit le rapport de l'Administration du district,
les chefs de l'insurrection chargèrent une femme de la ville (Mme la Motte)
d'aller au château annoncer qu'ils respecteraient les personnes, si l'on
voulait leur envoyer une députation à laquelle ils feraient connaître
leur intention. L'assemblée désigna pour cette mission périlleuse, un des
administrateurs, auquel se joignirent volontairement le Président du
tribunal et un autre citoyen. A peine les députés paraissent devant
le rassemblement qu'on se saisit de leurs personnes, on les maltraite,
on les traîne près de la halle. Là, un homme furieux, qui portait sur la
poitrine l'image d'un crucifix et s'était armé d'une hache, s'adressant au
chef de la députation : « A genoux ! lui crie-t-il ; regarde ce crucifix et
demande pardon à Dieu ! » La hache levée tombait déjà sur la tête du
député, lorsqu'heureusement le coup fut écarté par un voisin moins féroce
ou moins fanatique... Le président du tribunal avait la figure couverte de
sang.

« On se porte au château... On convient que de part et d'autre on
fera une décharge générale des armes ; ce qui s'exécute. Mais aussitôt les
révoltés s'emparent des armes et restent maîtres de la vie des citoyens
désarmés.

« Une voix homicide se fait entendre : « Chargeons nos armes et
tuons les tous ! » Le conseil fut suivi et le massacre commença. »

« A Tiffauges, les paysans révoltés se rendent à l'église pour assister à
la messe et faire bénir leurs armes. Guy Guerry, l'un des chefs, remet à

l'un d'eux une fourche de fer emmanchée dans un bois de six pieds de long, et lui dit devant l'autel, avant l'*Ite missa est* : « Tenez, vrai défenseur de la foi, allez et poursuivez les démons jusqu'à l'enfer. »

Mais le massacre le plus épouvantable des débuts de cette insurrection, de cette guerre qu'on va bientôt qualifier de « sainte », c'est celui de Machecoul.

Les habitants de cette petite ville dormaient encore dans la plus parfaite sécurité, quand le soleil levant montra la campagne couverte de masses noires et compactes de paysans. Leurs armes, faux, couteaux de pressoirs, fourches, jetaient un éclat effrayant. Ils faisaient entendre des cris sauvages.

En quelques instants, les bourgeois arrachés de leurs lits, traînés hors de leurs domiciles, sont amenés sur la place où cent bras armés s'agitent pour leur donner la mort. La tuerie dure plusieurs jours, puis on la régularise. Les prisonniers sont enfermés dans la maison religieuse, dite des Calvairiennes, et les assassinats continuent avec des simulacres de jugements.

On a attribué à l'avoué Souchu tous ces assassinats prémédités et accomplis froidement, longtemps après la fièvre de la bataille. Souchu fut en effet président de l'apparence de tribunal, qui jugea les victimes. Mais la vérité, c'est que Souchu obéissait à des ordres, c'est que Charette présent à cette boucherie ne chercha pas à l'empêcher. Le fils de l'un des bourgeois massacrés, Germain Bethuis, avocat sous la Restauration, puis juge d'instruction à Nantes, où il était très estimé, raconte ainsi la mort de son père : « Mon pauvre père eut le sort de toute la garde nationale dans cette fatale matinée du 11 mars. Il vint se cacher dans sa maison, dont la situation au faubourg Sainte-Croix lui permit d'éviter la poursuite acharnée des paysans. La prudence lui conseillait de profiter de la nuit pour fuir : il ne le voulut pas.

« Fort de sa conscience, il reparut chez lui. Une foule de paysans, dont il était aimé, vinrent former une espèce de garde autour de lui pour le protéger ; mais les menaces sourdes proférées contre lui, les inquiétudes de tous les instants, la nouvelle du massacre de ses amis, altérèrent sa santé ; il fut obligé de garder le lit. Le jour fatal arriva ; six sbires vinrent, le jour de Pâques, l'arracher de sa demeure, et le conduisirent au Calvaire.

« Resserré rigoureusement, il ne lui fut pas permis de voir son épouse, ni ses enfants... Plus tard, il fut mis aux fers, c'est-à-dire les mains fortement liées ensemble par des chaînes de fer. Ce dernier degré de férocité altéra son courage. Une fièvre ardente s'empara de lui, et dans

GROSSE TOUR DU CHATEAU DE TIFFAUGES

une nuit de désespoir, il se précipita par la fenêtre de sa maison, et vint se briser les jambes sur le pavé.

« Un de ses amis, du nom de Musset, chirurgien, fut instruit de l'événement. Il envoya prévenir secrètement ma mère qu'il était prêt à lui donner le secours de son art, si Charette le lui permettait : qu'elle eût conséquemment à faire des démarches près de lui pour obtenir cette autorisation.

« Ma pauvre mère ne perdit pas un instant, et accompagnée de mon frère et de moi, elle se rendit à la demeure du général Charette. Nous fûmes introduits tous les trois dans un salon à manger, où le déjeuner était servi. Charette s'y trouvait debout, le dos appuyé contre la cheminée.

« À peine ma mère lui eut-elle exposé l'objet de sa visite, que Charette répliqua sèchement ou plutôt durement :

« Un homme destiné à mourir dans quelques heures n'a pas besoin de médecin. »

« Ma mère fut repoussée avec ses enfants par les domestiques jusque dans le vestibule.

« Dans la même soirée, à l'heure de la prière, mon malheureux père fut conduit au *chapelet*, et achevé par les cannibales aux ordres du soi-disant héros plein d'humanité. »

Les commissaires de la Convention envoyés dans le département de la Loire-Inférieure disent dans leur rapport :

« Les plus cruels étaient les vieillards, les femmes et les enfants : les femmes criaient : « Tue ! tue ! » ; les vieillards assommaient et les enfants chantaient victoire. Un de ces monstres courait les rues avec un cor de chasse : quand passait un citoyen, il sonnait *la vue*, c'était le signal de l'assommer ; puis, il revenait sur la place sonner l'*hallali* ; des enfants le suivaient en criant : Victoire ! Vive le Roi ! »

« Le curé constitutionnel Le Tort fut saisi. Les barbares ne l'assommèrent pas, ils le firent périr à coups de baïonnette dans le visage. Son supplice dura environ dix minutes. Un des monstres qui l'avait assassiné disait encore en s'en allant : « Ce bougre de prêtre n'a cependant pas vécu longtemps. »

On arrêta le citoyen Pinot, avec son fils âgé de dix-sept ans : « Renonce à la Nation, lui disent les brigands, et nous ne te ferons point mal ! — Non, je mourrai fidèle à ma patrie : vive la Nation ! « Et on l'assomme. Les bourreaux se retournent ensuite vers son fils : « Tu vois le sort de ton père. Sois des nôtres, crie : vive le Roi ! vivent les aristocrates ! Nous ne te ferons point de mal. — Mon père est mort fidèle à sa patrie, je mourrai de même : vive la Nation ! Et on l'assomme.

« Le citoyen Paynot, juge de paix, mourut lui aussi, en criant : « Vive la Nation ! »

« Deux citoyens, le père et le fils, offrent cinquante louis à ces brigands pour avoir la vie ; ils les prennent, exigent encore qu'ils déclarent où est le reste de leur argent ; ils le disent, et les barbares répondent : « Ce n'est pas assez, il nous faut encore la vie ! » Et ils les assomment.

« Une femme, dont on venait d'assassiner le mari, le frère et un des ouvriers, fut forcée, par ces barbares, de prendre un bout de la civière sur laquelle se trouvait le cadavre de son mari, pour le porter en terre.

« On ne fit aucun mal aux prisonniers jusqu'à l'arrivée de Charette, commandant général des brigands. Il arriva à Machecoul le 14, et se rendit aussitôt sur la place où il harangua sa troupe...

« Dès le soir, tous les ouvriers furent occupés à forger des menottes, tranchantes au point qu'en remuant, les malheureux prisonniers se coupaient les poignets.

« Parmi les paysans et habillés comme eux étaient des ci-devant nobles des deux sexes, beaucoup de prêtres réfractaires, entre autres un ancien vicaire de Machecoul, nommé Priou. On l'invite à dire la messe dans l'église. — « Non, dit-il, elle n'a pas été purifiée depuis que le curé constitutionnel en est sorti. » Mais que fait-il ? Il fait dresser un autel dans l'endroit même où l'on avait massacré presque tous les citoyens ; il y dit la messe, les pieds dans le sang qui coulait encore ; le bas de son aube était sanglant, et il finit par le *Domine, salvum fac regem !*

« ... Charette écrivait des lettres qu'il s'adressait à lui-même : tantôt c'était de Nantes, tantôt c'était de Paris. La veille de Pâques, il lut en public une de ces lettres prétendues, dans laquelle on lui marquait que tous les prêtres sexagénaires, détenus dans la ville de Nantes, venaient d'être saignés à la gorge. Dès le lendemain, cette ruse barbare eut l'effet qu'il en attendait. On se porte aux prisons ; vingt-quatre de nos malheureux frères sont assassinés le matin, et cinquante-six le soir, et ces anthropophages disaient en soupant : « Nous nous sommes bien décarêmés aujourd'hui. »

« Ils n'assommaient plus ; mais ils attachaient les prisonniers à une longue corde qu'on leur passait sous le bras (les brigands appelaient cela leur *chapelet*) ; puis on les menait dans une vaste prairie où on les faisait mettre à genoux devant un grand fossé. Ils étaient fusillés : ensuite, des

piquiers et des assommeurs se jetaient sur ceux qui n'avaient pas reçu de
coups mortels...

« Ces barbares ont enterré des hommes vivants. Un jeune homme de
dix-sept ans, nommé Gigault s'est soulevé de dessus les cadavres
enterrés avant lui ; mais, n'ayant pas assez de force pour aller loin, il fut

CHARETTE

bientôt repris et assommé. On voyait encore, le 23 avril, dans cette prairie
qui a servi de tombeau à tant de braves et malheureux citoyens, un bras
hors de terre, dont la main, encore accrochée à une poignée d'herbes,
semblait celle d'un homme, qui avait voulu sortir de la tombe.

« Ces monstres avaient assommé dans Machecoul cinq cent quarante-
deux citoyens, et tant de victimes ne suffisaient pas encore à leur fureur.
Ils voulaient détruire les femmes et, pour y parvenir, Charette s'écrit

encore une lettre de Nantes, où on lui mande que sa femme vient d'être massacrée dans cette ville. Aussitôt toutes les femmes citoyennes sont conduites en prison ; mais le moment n'était pas venu, on les fit sortir.

« Ces scélérats se partageaient déjà les propriétés des citoyens. L'un d'eux disait un jour à sa femme : « Tu te plaignais de faire ta métairie à moitié ; eh bien ! je te la donne, je viens de tuer le propriétaire. »

« Ils disaient qu'ils combattaient pour la foi, et les prêtres, pour les encourager, leur persuadaient qu'ils iraient droit en Paradis s'ils mouraient en combattant et, en enfer, si c'était en se sauvant, et que, d'ailleurs, s'ils avaient de la foi, les balles ne les atteindraient pas.

« Charette et l'ancien vicaire de Machecoul, sachant que l'armée de Beysser était en chemin, craignaient que cette nouvelle ne jetât l'alarme parmi leurs troupes ; ils imaginèrent un moyen pour arrêter la désertion. Le prêtre crie au miracle ; il s'associe un vieillard, sur lequel il avait fait tirer quinze coups de fusil à poudre, et ces deux scélérats courent de rue en rue en disant qu'une prieure de la communauté, morte depuis plusieurs années, leur est apparue et leur a parlé. On les questionne ; le prêtre dit que la sainte a recommandé qu'on ne tuât plus personne qu'au combat et qu'elle a assuré au vieillard, au-devant duquel elle s'est placée lorsqu'on le fusillait, que tous les Bleus mourraient dans la journée du 22. Le commandant Charette fait allumer des cierges autour de la tombe de la prétendue sainte ; on se met à genoux ; le prêtre pose la main sur la pierre tombale, et il s'écrie qu'il *la sent se soulever*. Aussitôt on crie au miracle, on fait des prières, et cette fanatique cérémonie finit par une invitation à revenir le lendemain chercher les paroles de la sainte, écrites derrière une petite vierge nichée dans le mur. Quelles étaient les paroles de la sainte ? La liste de toutes les femmes patriotes qu'on devait assassiner avec leurs enfants dans la nuit du 22 avril. Mais l'armée de Beysser arriva. Un jour plus tard, il ne restait plus aux brigands de crime à commettre à Machecoul... »

Un écrivain royaliste, Alfred Lallié, qui a cherché à excuser les massacres de Machecoul, dit que les insurgés, d'un coup de couteau de pressoir, ont « rabattu le crâne sur les yeux du chef des gendarmes ». Il ajoute qu'au son du cor de chasse, les femmes ont poursuivi, traqué, dépecé les patriotes et les curés constitutionnels.

Le 24 mars, la troupe catholique, qui avait pris Pornic et en avait été chassée, pille Bourgneuf au retour, tue tous les gens soupçonnés de républicanisme, parmi lesquels Mme Salaun, coupable d'avoir un perroquet, qui criait : « Vive la Nation ! Passe, bougre d'aristocrate ! »

Mourain reçoit la décharge du pistolet de la Cathelinière, et comme il respirait encore, il est achevé à coups de pelle par deux misérables, Renaud, son jardinier, dont il avait souvent aidé la famille dans le besoin, et le nommé Rabaud, dit Pilon. Une trentaine de prisonniers sont conduits à Machecoul et tués à l'entrée de la ville. Le vieux curé constitutionnel, Marchesse, avait été traîné les mains attachées à la queue d'un cheval; il ne franchit pas le seuil de la maison où on le conduit; on lui écrase la tête entre la porte et le mur.

Comme à un signal donné, les mêmes mouvements, les mêmes massacres se produisent partout. Le 11 mars 1793, les trois corps administratifs de Nantes envoient une dépêche au général La Bourdonnaye, chargé de la défense des côtes, et disent : « Nous avons plus de vingt mille séditieux à réprimer, plus de cent mille hommes encore chancelants à contenir, et nous n'avons, pour résister à tant d'ennemis coalisés, que *la seule garde nationale de Nantes. Que serait-ce, citoyens, si l'ennemi de l'extérieur venait joindre ses forces à ces brigands et effectuait en ce moment une descente ?* »

La Bretagne presque toute entière, en effet, essaye de se soulever. A la Roche-Bernard, une foule furieuse se précipite dans la ville, massacre les citadins qu'elle rencontre, achève les blessés, envahit la salle du directoire du district, brûle tous les papiers, arrache de leurs sièges le président Sauveur et le syndic Le Floch.

Le syndic veut parler; on l'abat d'un coup de fusil; il tombe et se relève, mais après avoir été frappé d'une autre balle, il est percé de plusieurs coups de pique.

Sauveur est conduit par les rues, insulté, frappé. Un coup de pistolet à poudre lui est tiré dans la bouche; tout son corps n'est bientôt plus qu'une plaie. On veut qu'il crie : « Vive le Roi ! » avant de mourir. Il crie : « Vive la République ! »

En passant devant la croix, on lui dit de faire amende honorable ; il crie encore : « Vive la Nation ! » Alors on lui arrache l'œil gauche. On le conduit plus loin en l'accablant d'opprobres; il demeure debout, tranquille, les mains jointes. On lui ordonne, avec d'horribles imprécations, de recommander son âme à Dieu et, au même instant, un coup de feu l'atteint. Il tombe et se relève en pressant à ses lèvres la médaille, insigne de ses fonctions. Un autre coup de feu le renverse ; il se traîne encore auprès d'un fossé, un genou en terre, et s'écrie, toujours digne et calme : « Mes amis, achevez-moi, ne me faites pas tant languir : Vive la Nation ! »

La Convention, en l'honneur de ce martyr, décréta que la Roche-Bernard prendrait le nom de la Roche-Sauveur.

Les mêmes bandes ravagent Savenay, égorgent le curé constitutionnel et le citoyen Chaudet, administrateur du district, puis se portent sur Pont-Château et sur Guérande ; ces deux villes sont livrées au pillage et les massacres continuent.

A Bain, à Redon, à Vitré, à Lesneven, à Morlaix, à Pontivy, à Lamballe, à Dinan, à Saint-Pol-de-Léon et jusqu'aux portes de Brest, mêmes scènes. On comprend l'immensité du danger qu'aurait couru la République sans la mort de la Rouërie, ou si seulement cette mort avait été tenue secrète, si ses lieutenants, au lieu de fuir dans les îles anglaises, étaient restés à leur poste, si les projets de descente des émigrés sur les côtes bretonnes avaient pu se réaliser à l'heure opportune, si l'un des grands ports de guerre de l'Ouest, Brest ou Lorient, avait été, suivant des complots plusieurs fois ourdis, livré aux Anglais.

Sans l'énergique action de l'adjudant général Beysser, Nantes, la grande cité de l'Ouest, serait tombée entre les mains des rebelles. Le 15 mars, toutes les communications étant rompues par terre, le président du tribunal, Beaufranchet, expédiait cette dépêche désespérée :

« ... Demain, sans doute, Nantes sera livrée au pillage ; une troupe immense de brigands nous enveloppe. Ils sont maîtres de la rivière, depuis Paimbœuf jusqu'à Ingrandes ; tous les chemins sont fermés, aucun courrier n'arrive jusqu'à nous, nos subsistances sont pillées, la famine est sur le point de nous assaillir. »

Dans la Basse-Vendée, dans les districts de Challans, de la Roche-sur-Yon et des Sables-d'Olonne, la plupart des paroisses étaient en état permanent d'insurrection depuis le mois d'avril 1791. Les massacres commencent en même temps que ceux de Machecoul. A Légé, le maire et vingt-neuf patriotes sont égorgés ; à Saint-Etienne-de-Corcoué, trente et-un prisonniers sont mutilés et les femmes subissent les plus abominables tortures. Noirmoutier tombe aux mains des rebelles. Pornic est pris par les Vendéens, repris par les patriotes, qui luttent un contre trois, commandés par le curé constitutionnel de Clion, aidés par un jeune matelot de seize ans, Etienne Reliquet, seul artilleur d'un unique canon qu'il tire avec une adresse merveilleuse.

Les insurgés, ces hommes, qui avaient refusé leurs services à la patrie, se livrent à de véritables opérations stratégiques, combattent en sauvages sans doute, mais toujours en braves, suivant un plan bien arrêté, méthodique et habile. Invariablement, leurs premières attaques se portent

sur les chefs-lieux, où ils détruisent les papiers et égorgent les administrateurs ; puis, les routes sont coupées, les ponts sont détruits pour
barrer le passage aux défenseurs de la République.

Véritables précurseurs du système employé cent ans plus tard par les
grandes armées, leur ordre de bataille est toujours le même ; ils marchent
en ordre dispersé, en tirailleurs. « Egaillez-vous, les gars », crient les
chefs, et ils se répandent dans les chemins creux, dans les ajoncs, dans les
genets. Les patriotes ne trouvent d'abord devant eux aucune résistance,
puis tout à coup l'ennemi surgit de tous les côtés à la fois : chaque arbre
cache un adversaire, chaque trou de haie contient un canon de fusil,
chaque genet dissimule une faux.

Les républicains, moins nombreux, doivent disséminer leurs forces ;
mais, dès qu'ils combattent en petits groupes, ils sont perdus. Les
chouans bondissent, les entourent, les assomment à coups de bâtons.
« Rembarrez-les, les gars ! rembarrez-les ! » crient les chefs.

Lorsque les patriotes ont des canons, les Vendéens se couchent à
plat ventre pour empêcher le boulet de *faire du mal*, puis ils se relèvent,
se précipitent en hurlant sur les canonniers surpris et leur brisent le crâne.

En cas d'échec, le chouan a partout une retraite ; le républicain, nulle
part. L'armée catholique vit sur le pays, elle ne s'embarrasse ni de vivres,
ni de matériel de couchage, ni de solde. Les Bleus traînent avec eux tout
ce qui est nécessaire à une armée en campagne ; dans le marais, leurs
convois ne peuvent franchir les fossés ; dans les chemins du bocage, ils
s'embourbent. Vaincus, les républicains perdent tout, munitions, armes,
vivres, vêtements ; les blancs, dans la déroute, ne laissent sur le terrain
que quelques sabots, jetés pour accélérer leur fuite ; les armes sont cachées
dans des fourrés épais, où ils les retrouvent plus tard.

Connaissant bien le pays, les rebelles choisissent à leur guise le
terrain du combat, insaisissables si l'ennemi est en force ; forcenés s'ils
ont affaire à une troupe faible.

Tout leur sert de signal ou de moyens de correspondance, les ailes des
moulins élevés, les grands arbres, les clochers. Les Bleus, au contraire,
trompés par les guides, toujours en défiance, toujours trahis par les
populations, toujours surpris, dans l'impossibilité d'expédier des courriers
et de communiquer entre eux, sont dans un isolement complet.

Les chouans ont surtout des espions précieux dans les femmes, plus
fanatisées encore que les hommes. Mme de Lespinay de La Roche,
transmet les nouvelles, fausses ou vraies ; Mme Suzanne Poictevin,
femme de Jacques-Louis de La Rochefoucauld, a une garde de trente à

quarante paysans, qui détroussent tous les patriotes pour grossir la caisse catholique ; Mme de la Touche Limousinière, femme du comte Pierre-Marie de La Rochefoucauld, belle créole de trente ans, ardente à la politique, enjôleuse et habile, se charge des enrôlements dans l'armée royale et des perquisitions chez les patriotes. Le pistolet à la main, elle les oblige elle-même à dire où est leur argent : « Les écus des brigands bleus, dit-elle, serviront à payer les écus du Roi. » Elle encourage les massacres.

Madame Bulkeley « surveille les femmes patriotes et ordonne leur arrestation ». Elle fut l'une des reines de la cour de Légé où, dit un apologiste de Charette, se « mêlaient les myrtes de l'amour avec les lauriers de la victoire ».

On a attribué à Cathelineau l'initiative de l'insurrection des Mauges en Anjou. On a créé la légende du tisserand-colporteur-voiturier-aubergiste, s'interrompant de pétrir son pain pour prêcher la guerre sainte, entraînant avec lui les gars de l'Anjou, formant en quelques instants le noyau de l'armée chrétienne, allant lui-même ou envoyant les paysans chercher les nobles, qui avaient servi, pour les mettre à la tête des insurgés.

La vérité, c'est que cette partie de l'Anjou, qui a tant d'analogies avec le bocage vendéen, et en est d'ailleurs la continuation, était travaillée depuis longtemps, comme la Vendée, par les nobles et les prêtres insermentés. L'insurrection y éclata partout à la fois à l'occasion des opérations du recrutement, parce que là aussi les jeunes paysans avaient la plus grande répugnance à quitter le sol natal.

Quant à la thèse de la contrainte exercée sur les généraux vendéens, thèse qu'on cherche aujourd'hui à remettre en faveur, elle a été réfutée au lendemain de la chouannerie, par le biographe même de Bonchamps, le docteur Chauveau :

« Plusieurs écrivains recommandables disent que Bonchamps, d'Elbée et La Rochejaquelein furent arrachés de leurs châteaux et portés au commandement. Si l'on juge des dispositions de ces célèbres généraux d'après leur dévouement invincible à la cause qu'ils ont si glorieusement défendue, on sera bien persuadé qu'il ne fut pas nécessaire de les contraindre à prendre les armes pour la défense de leur Dieu et de leur Roi; qu'ils brûlaient de servir et pour laquelle ils ont versé jusqu'à la dernière goutte de leur sang. »

Nous avons parlé de la rébellion de Saint-Florent-le-Vieux, le 10 mars 1793. Une partie de ce rassemblement se rend au château de la Baronnière et acclame Bonchamps comme chef. A Beaupréau, des paysans proclament aussi d'Elbée général. Les révoltés de Pin en Mauges, ayant à leur tête Cathelineau, le maréchal-ferrant Chesné et l'ancien contrebandier et galérien Pierre Grimaud, prennent Jallais, s'emparent d'un canon qu'ils surnomment « le Missionnaire », et attaquent Chemillé. Après un combat meurtrier, la ville reste au pouvoir des insurgés, ainsi qu'un grand nombre de prisonniers, trois couleuvrines, des fusils et de nombreuses munitions.

« L'abbé Boinaud, curé de Notre-Dame de Chemillé, dans les reliques duquel ses paroissiens avaient peu de foi, dit Grille, ancien préfet de la Vendée, avait promis de faire le serment ; mais il ne le fit point, et quand vinrent les brigands, pour se recommander à eux, il vociférait en chaire contre les Bleus : « Plus vous en tuerez, plus vous irez droit au paradis ! » Membre du comité, il dit tout crûment en y prenant place : « Effaçons le mot de pardon ! » Boinaud était d'ailleurs peu estimé, et la chronique du pays s'égayait souvent à ses dépens. »

Le curé de Saint-Lezin était grand et maigre ; il avait le corps diaphane comme Saint Bernard. Déguisé en chaudronnier, il suivait les brigands, les exhortait à se battre et à ne point faire de quartiers aux réprouvés. Souvent on le vit la nuit, sur le champ de carnage, achevant de son grand crucifix de fer les Bleus qui, blessés trop grièvement, ne pouvaient se sauver. Il leur cassait la tête, leur crevait les yeux et se livrait sur eux à des horreurs et des cruautés, que nous ne pouvons raconter. Un petit gascon, nommé Laussat, vicaire de Saint-Paul-des-Bois, avait imaginé de faire communier les patriotes malades avec des hosties empoisonnées.

Le lendemain de la prise de Chemillé, l'abbé Barbotin, aumônier de l'armée catholique, « imagination de cannibale » dit Grille, donna en bloc aux Blancs l'absolution de leurs péchés.

Un garde chasse du comte de Maulévrier, du nom de Stofflet, ancien soldat dans un régiment suisse, avait rallié une cinquantaine de forgerons. Il les entraîne et cette bande fait sa jonction avec celle de Chemillé. Un autre garde chasse, sans emploi, Tonnelet, se joint à eux, à la tête de cent cinquante jeunes gens. Parmi eux, Crouston, un enfant de douze ans, monté sur un cheval blanc, frappe sur un tambour accroché à l'arçon de sa selle, puis apparaît Six-Sous, plus tard chef de l'artillerie, un tigre parmi ces bandits.

Sur les instructions de d'Elbée, tous marchent sur Cholet, point de ralliement des paroisses révoltées.

Le 14 mars, à midi, une sommation de « livrer leurs armes aux commandants de l'armée chrétienne, forte de trente mille hommes »,

sommation signée de Stofflet, commandant, et de Barbotin, aumônier,
est portée aux administrateurs de la ville par un prisonnier de Chemillé,
détaché de la chaîne des patriotes. Les administrateurs hésitent, car ils
n'ont que quatre-vingt dragons et trois cents gardes nationaux. « On ne
délibère pas quand l'ennemi est aux portes, dit le ci-devant marquis de
Beauvau, procureur syndic ; des républicains marchent où le danger les
appelle ; ils vont au-devant des rebelles ; suivez-moi ! »

L'armée chrétienne ne comptait pas trente mille hommes, mais de
quinze à dix-huit mille. Elle a vite raison de la garnison de Cholet. De
Beauvau, qui commande l'artillerie, tombe le premier sous le feu
ennemi, les reins brisés par un biscaïen.

Beaucoup d'autres succombent après lui. Réfugiées au château, les
troupes républicaines ne se rendent que lorsque l'incendie menace de les
dévorer et que les munitions sont épuisées. Un certain nombre de Bleus
descendent par une échelle dans un fossé et gagnent la campagne ; les
autres ont les mains liées derrière le dos et sont gardés durant toute la
nuit sous les halles, après scrupuleuse visite de leurs poches par Six-Sous,
qui fait une bonne journée.

Il serait difficile de décrire les horreurs qui attristèrent Cholet pendant
deux jours : la tourbe victorieuse, enivrée de vin, grisée par les succès,
fait, rue par rue, maison par maison, une vraie chasse à courre, assommant
les vieillards, femmes et enfants, sabrant les blessés, incendiant les
maisons, déchirant, mutilant à coups de sabre et de pique les prêtres
constitutionnels, liant les patriotes deux à deux, les conservant vivants
pour qu'ils servent de remparts contre les boulets de l'ennemi, de
palissades, selon l'expression de Barbotin.

« Je ne parle pas, dit Grille, des patriotes qui tombèrent dans le
combat ; Beauvau, les Briodeau, les fils de Crolle et trente braves ; je
parle des tués, assassinés, mutilés, lardés après la trève. L'Espinasse,
directeur de la poste est tué à sa porte. Ravinel, fabricant, qui était dans
son lit, blessé, est tué à coups de sabre. Moricet, négociant, est brûlé
dans ses magasins avec sa femme et sa sœur. La famille Talot, martyrisée,
n'échappe qu'à la faveur de la nuit, et non pas toute. »

Le juge Savary qui s'était caché chez un ami, avait repris le chemin
de la ville, pour ne pas exposer son hôte, et s'était constitué prisonnier.
« Un jour, dit-il, un bon paysan, armé d'une pique, vint me prévenir que
M. l'abbé... allait paraître ; il ajouta d'un air pénétré : « *Monsieur, je
vous aimons bien, vous nous avez fait tout le plus de bien que vous avez pu ;
je sommes bien fâchés de vous voir ici, je ne nous soucions point des nobles,*

je ne demandons point de roi ; mais je voulons nos bons prêtres, vous ne les aimez point... » — « J'aime les prêtres qui prêchent l'union et la paix, répondis-je, et je déteste ceux qui prêchent la guerre et font verser le sang... » — « *Tout de même, Monsieur,* reprit-il, *confessez-vous, je vous en prions, confessez-vous ; car, tenez, j'avons pitié de votre âme, et il faudra bien que je vous tuions.* » Cet entretien fut pour moi un avis salutaire. M. l'abbé, sous l'habit de meunier, entra, parla de repentir, de réconciliation, enfin, il arriva à l'article de la confession. Je le remerciai de son attention, ajoutant que je n'étais point préparé, qu'il fallait du temps pour cela, et que je le ferais prévenir, lorsque je serais bien disposé. Il se retira fort heureusement sans donner l'absolution ».

Un négociant, Ballard, tout jeune, d'un grand courage, d'une gaîté inaltérable, avait réussi à se cacher après le combat ; il est découvert. On espérait sa grâce et l'on était rassuré sur son sort, lorsque, le Jeudi saint, on voit arriver trente à quarante cavaliers, précédés de l'abbé Barbotin et de Six-Sous. Ils vont droit à la maison où se trouvait Ballard. L'abbé ordonne de lui lier les mains.

Des femmes accourent, criant grâce, font appel à la clémence du ministre du Dieu de paix, qui n'avait qu'un mot à dire pour sauver la tête de l'infortuné jeune homme ; Barbotin reste inflexible.

Ballard marche au supplice jusque sur la place du château, et, au pied de l'arbre de la liberté, il attend la mort.

Les brigands veulent le faire trembler ou crier grâce ; on tire sur lui un coup de pistolet chargé à poudre : Ballard reste droit, immobile. Alors Six-Sous lui appuie lentement un pistolet sur l'oreille, et tire. Quelques instants après, l'arbre de la liberté tombait à côté de la victime.

Ballard était accusé d'avoir contribué à dissiper des processions nocturnes à l'époque des pélerinages miraculeux.

François Melouin, curé d'Andrezé, dit : « *Brûlé* fils, de Beaupréau, tira les deux premiers coups de pistolet dans les reins de Ballard, et le nommé *Bruneau,* dit *Six-Sols,* du May, tira ; et de suite, il fut tiré sur ce malheureux plus de 150 coups de fusil. »

Martineau, maire et curé de Notre-Dame des Gardes, écrivait aux administrateurs de Maine-et-Loire : « Les outrages qu'on m'a faits, comme curé, sont inouis, mais sont communs avec nos malheureux confrères... Je vous donnerai une autre fois les détails des outrages que nous avons essuyés dans nos prisons, sans pain souvent, sans eau et sans paille, exposés à l'embouchure du canon de nos frères, le fer et le plomb de ces barbares, continuellement sur nous... Le plus tendre des pères et un des plus zélés patriotes, enchaîné avec moi à l'embouchure du canon, a tombé sous les coups du fanatisme. Un cousin double-germain, également attaché avec son père, a été victime de leur fureur... Parents, fortune, j'ai tout perdu... Vengez, citoyens, la nature outragée : vengez sur ces barbares les enfants de la patrie, indignement égorgés en haine d'elle ! »

Après la prise de Cholet, l'armée des insurgés comptait de vingt à trente mille hommes, vingt canons, dont une seule pièce de huit, sept montés sur des affûts, et les autres, des couleuvrines, traînés sur des charrettes. Cent soixante à deux cents cavaliers éclairaient les colonnes.

Cette armée se dirige vers Vihiers et Châlonnes, qui sont pris sans grande résistance, n'ayant pour se défendre que quelques poignées de patriotes.

Nous sommes à Pâques. « Les chouans, ont dit les écrivains royalistes, se sont dispersés pendant quinze jours pour aller accomplir chez eux leurs dévotions ». C'est inexact : les victoires catholiques dans l'Anjou furent interrompues seulement par la peur des secours annoncés aux autorités républicaines. L'affirmation est plus fausse encore pour la Vendée maritime, car c'est précisément le jour des Rameaux et le Vendredi saint, que fut attaqué, sans succès, le port des Sables.

Mais un échec plus grave et plus retentissant devait atteindre bientôt les troupes républicaines. Le général Marcé s'était porté avec deux mille deux cents hommes d'infanterie, cent cavaliers et huit pièces de canons, à Pont-Charrault, pour défendre le passage. Le 17, les brigands paraissent sur les hauteurs de Chantonnay ; trois coups de canons suffisent pour les disperser. Le 19, Marcé se met en marche, s'enfonce dans des chemins creux et fangeux, où il ne peut déployer ses colonnes, ni se servir de son artillerie. Les insurgés surgissent alors des bois, et harcèlent les Bleus qui, la nuit venue, se débandent. Marcé est contraint de battre en retraite, recule jusqu'à La Rochelle, et laisse à la merci des brigands toute la région de Chantonnay à la Charente-Inférieure, c'est-à-dire, Fontenay, Luçon, Niort, Marans, ainsi que les subsistances de la Plaine et du Marais méridional. La terreur s'était emparée des deux camps, car l'armée catholique n'osa pas profiter de sa victoire. Il paraît aussi que les Bleus, trompés par les accents de la Marseillaise, apportés par la brise, avaient pris le rassemblement des brigands pour la garde nationale de Nantes, qui était attendue.

Les Blancs chantaient bien l'air de la Marseillaise, mais ils avaient

transformé les paroles en cantique contre-révolutionnaire. L'auteur de ce
cantique était un prêtre, l'abbé Lusson.

> Allons, les armées catholiques,
> Le jour de gloire est arrivé !
> Contre nous de la République,
> L'étendard sanglant est levé !
> Entendez-vous, dans ces campagnes,
> Les cris impies dos scélérats ?
> Gle venant jusque dons vos bras
> Prondre vos feilles et vos femmes !
>
> . . . .
>
> O Sainte Vierge Marie,
> Condis, soutiens nos bras vengeurs !
> Contre ine sequelle annemie
> Combats avec tes zélateurs !
> A nos étendards la victoëre
> Est premise de quiau moument,
> Et le régicide expirant
> Voïc teu triomphe et notre gloëre !
>
> Aux armes, Poitevins ! Formez vos bataillons !
> Marchez ! Le sang des Bleus rougira vos sillons !

Traître ou coupable, de Marcé fut traduit, quelque temps après sa
défaite, devant le tribunal révolutionnaire, et condamné à la peine de
mort.

La déroute du Pont Charrault cause, dans toute la Vendée méridionale, de Chantonnay à Niort et à Marans, une panique indescriptible.
A Fontenay, c'est l'épouvante. Le transport à Niort des papiers du
département, effectué dans la matinée du 20, augmente l'inquiétude,
sans cesse ravivée par le passage des fuyards. Un grand nombre d'habitants, des administrateurs eux-mêmes quittent la ville. Bouron, qui
avait été nommé procureur général syndic à la place de Pervinquière,
abandonne aussi son poste. Seul le maire, Biaille-Germon, reste à
Fontenay, raillant les administrateurs, qui avaient déclaré d'abord
« qu'ils attendraient la mort sur leurs sièges, comme les sénateurs
romains, quand les Gaulois s'emparèrent de leur ville. » Il est vrai que
ce maire qui, à l'approche des rebelles, avait fait mettre les suspects en
liberté, n'avait rien à craindre de l'armée catholique.

Mercier du Rocher et Pervinquière avaient été chargés, par les conseils généraux de la Vendée et du district de Fontenay-le-Peuple, de se rendre, avec un délégué des Deux-Sèvres, à la Convention nationale, pour demander des armes et solliciter des secours de la Vienne, de l'Indre-et-Loire, du Loir-et-Cher, du Loiret.

Bientôt, en effet, arrivent à Fontenay, venant de Paris, deux bataillons, l'un composé de Girondins, l'autre de Marseillais. Exaspérées par les succès des rebelles, ces troupes attaquent aussitôt la maison des prêtres non déportés pour cause de vieillesse ou d'infirmité, mais l'administrateur du département, Cavoleau, se place résolument devant la porte de la prison et, après des efforts inouïs, empêche le massacre.

Les deux représentants en mission en Vendée, Carra et Auguis, s'étaient eux aussi repliés sur La Rochelle. Ils reviennent en apprenant l'arrivée de deux bataillons et engagent les citoyens de Fontenay à ouvrir leurs maisons aux braves troupes de la République, venues *pour les défendre et les guérir de la peur.* « Si quelqu'un, s'écrie Mercier du Rocher, avait besoin d'être guéri de la peur, c'était Carra, c'était Auguis, qui avaient été se cacher à La Rochelle avec le général de Marcé. »

Pourquoi l'armée catholique ne profita-t-elle pas de sa victoire inespérée ? Elle n'en soupçonna pas l'importance, ou bien son objectif était la saisie d'un port sur l'Océan, par lequel aurait pu se produire le concours tant attendu des puissances maritimes.

Les Sables, en effet, sont attaqués, les 24 et 29 mars, par Joly, qui commandait l'armée de droite des côtes. Heureusement, le fils du Chaffault, qui avait le commandement de l'armée de gauche, n'arrive pas à temps devant la ville assiégée. Joly, à qui Charette avait voué une haine qui devait devenir mortelle, rendit du Chaffault responsable de l'insuccès et l'accusa même d'avoir volé la caisse. Dès le début de l'insurrection, de cette insurrection *si spontanée,* au dire des royalistes, toutes les armées vendéennes avaient des caisses.

La victoire des patriotes sablais sauva peut-être la Patrie et la République, car, si notre principal port vendéen était tombé aux mains des rebelles, si les troupes de Nantes et des Sables, combinant leur action avec l'escadre de Villaret-Joyeuse, n'avaient pu reprendre Saint-Gilles, Noirmoutier et la côte, la Vendée aurait été immédiatement ouverte à l'émigration, fournie abondamment d'armes, de munitions, pourvue d'officiers supérieurs et de troupes régulières envoyées par l'étranger.

Guerry (René-Augustin), président du comité de Tiffauges, avait été,

en effet, chargé par d'Elbée et Sapinaud de remettre aux chefs militaires
de l'un des ports d'Angleterre et d'Espagne des billets les « priant de
leur procurer, dans le plus court délai, des munitions de guerre et des
forces imposantes de troupes de ligne. »

Le capitaine Lefebvre, de la garnison royaliste de Noirmoutier, a dit,
dans l'interrogatoire que lui fit subir le procureur syndic des Sables, le
25 mai 1793 : « L'armée catholique voulait faire la contre-révolution et
elle attendait des troupes anglaises et espagnoles. » La résistance de
Nantes, de Paimbœuf et des Sables empêcha les communications espérées
avec l'extérieur.

Dans sa lettre d'offre de secours, le cabinet de Londres parlait de
Rochefort, La Rochelle ou *Lorient;* mais, dans leur réponse, délibérée en
conseil supérieur, au château de la Boulaye, et copiée de la très fine et
lisible écriture de Mme de Lescure, les royalistes constataient « qu'*il était
difficile de s'en emparer* ». Le conseil supérieur insistait aussi pour que
« le débarquement fût commandé par un prince de la maison de Bourbon,
et composé d'émigrés en grande partie ».

Le chevalier de Linténiac fut chargé de faire passer à Monsieur et au
comte d'Artois une adresse chaleureuse, dans laquelle les chefs royalistes
exprimaient le vif désir de voir l'un d'eux dans la Vendée. Mais, ni
Monsieur, ni le comte d'Artois n'avaient envie de se rendre dans la
fournaise vendéenne.

Catherine de Russie s'efforçait de stimuler le plus jeune des frères du
roi de France, qui recevait à Saint-Pétersbourg une superbe hospitalité et
s'endormait dans les délices de la capitale russe. Elle lui donna un million
pour qu'il s'embarquât à bord d'une frégate qui devait le conduire en
Vendée, et son ambassadeur à Londres devait aller jusqu'à quatre millions
en faveur de l'entreprise. En présence de la cour, elle lui offrit une épée
portant cette inscription : « Donnée par Dieu pour le Roi. » — « Je ne
vous la donnerais pas, dit-elle, si je n'étais sûre que vous périrez plutôt
que de différer à vous en servir. » — « Je prie votre majesté de ne pas en
douter », répliqua solennellement le prince. »

Il partit. Débarqué à Hull, il écrivit à l'ambassadeur Woronzoff pour
savoir s'il pourrait se rendre à Londres. On lui répondit que la capitale
de l'empire britannique lui était interdite en raison des dettes qu'il y
avait contractées et pour lesquelles il serait saisi dès son arrivée. Avec un
million, deux vaisseaux russes, l'épée de l'impératrice, rien n'était plus
facile que de débarquer en Vendée. Il congédia les marins de Catherine
et alla rejoindre à Hamm le comte de Provence.

Il fallut l'effroyable désastre de Quiberon, éprouvé par l'émigration française, pour que le comte d'Artois, devenu Monsieur, depuis que le comte de Provence s'était proclamé Louis XVIII, consentît à honorer de sa présence une seconde expédition anglaise. Un émissaire fut envoyé à Charette, de sa part et de celle du gouvernement anglais ; mais cet émissaire se contenta de présenter des lettres de créance sur une maison de commerce de Nantes pour toucher dix mille livres sterling. Charette répondit avec hauteur :

« C'est de la poudre, des armes, et *surtout un prince pour être à la tête des armées royales qu'il nous faut*. Je ne suis habitué à payer mes soldats, qu'à coups de bâtons, quand ils ne font pas leur devoir, et je ne veux pas leur donner une habitude différente qui les gâterait... Si j'ai des armes à distribuer et un prince à notre tête, il aura, dans deux mois, deux cent mille hommes à ses ordres. »

Le 25 août 1795, le comte d'Artois s'embarqua cependant sur la frégate anglaise *Le Jason* et arriva sept jours après à l'île d'Yeu, mais après de longues hésitations, il pensa qu'il n'était pas de sa dignité de « chouanner ». Il remonta sur *Le Jason*, le 18 novembre, méritant ce qu'écrivait Charette à Louis XVIII : « Sire, la lâcheté de votre frère a tout perdu... Son retour en Angleterre a décidé de notre sort. Sous peu, il ne nous restera plus qu'à périr inutilement pour votre service. »

Le seul prince qui ait eu le courage de se mettre à la disposition de l'armée royale fut le prince de Talmont. Il sut bien mourir et fut exécuté dans la cour de son château de Laval, mais il eut, à son heure suprême, un mot terrible pour la cause qu'il défendait. « Amis ou ennemis, dit-il à Rossignol dans son interrogatoire, *les puissances étrangères et nous, nous servions la même cause.* »

Les Alliés ont-ils trahi la cause royaliste comme ils en ont été accusés par les chefs vendéens ? Il est bien certain que, dès que la République régicide fut la plus forte, les puissances étrangères n'hésitèrent pas à traiter avec elle, sans souci des grands principes pour lesquels elles avaient pris les armes. Mais cette trahison n'excuserait pas ceux qui ne cessèrent de solliciter le secours de l'étranger, et de frapper la patrie dans le dos pendant qu'elle devait faire face à l'invasion.

VIII

LES CHEFS DE LA GRANDE ARMÉE CATHOLIQUE

Quels étaient, au point où nous en sommes rendus, les chefs qui commandaient la grande armée catholique. Quel lien avaient-ils entre eux ?

A la tête de l'armée du bocage, Cathelineau, La Rochejaquelein, d'Elbée, de Lescure, Bonchamps, Stofflet. A la tête de l'armée du marais, Charette, Joly.

Jacques Cathelineau, le Saint de l'Anjou, n'était, nous l'avons dit, qu'un des nombreux exaltés qui se mirent à la tête de bandes, et levèrent dans leurs communes l'étendard de l'insurrection. De Genoude, l'auteur de la *Vie du premier généralissime des armées royales et catholiques* de la Vendée, dit qu' « il s'était de bonne heure distingué par sa dévotion à la Sainte Vierge ». Lors de miraculeuses apparitions dans un vieux chêne, près de l'ancienne chapelle de Saint-Laurent de la Plaine, ce fut lui qui suscita l'idée d'envelopper d'un crêpe noir « les croix et les bannières des paroisses qui avaient des curés « intrus ».

Sa carrière militaire fut courte : trois mois et demi ! Pendant ces trois mois et demi, il passa des derniers rangs de la société à la tête d'une armée de cent mille hommes.

Pourquoi le pieux colporteur fut-il improvisé généralissime des armées catholiques et royales ? c'est qu'il paraissait aux prêtres l'homme le plus propre à maintenir les campagnards dans l'entraînement, c'est qu'il en imposait par sa piété plus que le noble détesté au fond par les

populations vendéennes. Ces paysans révolutionnaires avaient profondément ancrés en eux les principes d'égalité, à ce point qu'ils obligèrent
leurs chefs nobles à marcher à pied comme les autres combattants. Le
chouan se battait par insoumission ; il se battait chez lui pour ne pas aller
se battre où l'ordonnait la Convention ; il se battait contre la liberté, et
pourtant il en était fanatique.

Voilà pourquoi Cathelineau, le colporteur, le voiturier, fut choisi
comme généralissime. Lui seul pouvait avoir de l'influence sur les masses
chouanes. Les chefs nobles ne l'ignoraient pas ; ils étaient d'ailleurs eux-
mêmes en rivalité et savaient bien que Cathelineau ne serait qu'un
instrument entre leurs mains.

Gigot d'Elbée n'était point noble bien qu'il ait pris la particule, et il
avait quitté le régiment où il servait parce que sa naissance ne lui
permettait pas de franchir le grade de lieutenant. Il s'était retiré auprès
de Beaupréau, dans sa propriété de la Loge, et comme il avait épousé
Mlle de Hauterive, la fille du gouverneur de l'île de Noirmoutier, comme
son père avait été maréchal de camp au service du roi de Pologne, il
avait une haute situation sociale.

Agé de quarante-cinq ans, au moment des guerres de la Vendée,
d'Elbée, qui était doué d'un amour-propre excessif et qui avait cruellement
souffert d'être obligé de quitter l'armée, ne comprit pas que la Révolution
venait précisément de renverser les obstacles qui s'opposaient à son
passage dans les grades élevés de l'armée. « Il avait un peu d'ambition,
mais bornée, comme toutes ses vues », dit Mme de La Rochejaquelein.

Les généraux républicains l'ont mieux apprécié : « A un physique
agréable et distingué, a dit Turreau, d'Elbée joignait les talents nécessaires
à un chef de parti. Militaire consommé, il avait formé les Vendéens à la
manière de combattre la plus convenable à la localité et au génie de ce
peuple.

« Convaincu que le succès de la plupart des batailles dépend de la
violence du premier choc, par conséquent que les chances sont en faveur
d'une attaque impétueuse, surtout dans un pays haché et couvert, où il
est presque impossible de rallier une armée rompue, il ménageait presque
toujours aux rebelles les avantages de l'agression. Jamais il ne se laissait
attaquer, même dans une position favorable à la défense. C'est l'art avec
lequel il combinait et dirigeait ses attaques, qui était sa force ; il savait
donner à la charge de ses troupes une impulsion si rapide qu'elle était
pour ainsi dire irrésistible, quoiqu'il se battît presque toujours en ordre
parallèle ; c'est à son habileté à tourner et à combattre l'ennemi, à éviter

l'engagement de sa cavalerie, toujours trop faible pour s'en promettre le
succès, à la placer en seconde ligne, et à rendre par ses dispositions la
nôtre inutile ou contraire, à employer peu d'artillerie, à prévoir et à
calculer si bien les suites d'une affaire, que la défaite lui causât peu de
pertes, et que la victoire lui procurât des avantages considérables ; enfin,
c'est à son système d'agir toujours en masse contre l'armée républicaine,
que les circonstances et quelquefois l'ignorance de ses généraux ne
faisaient agir que par fraction, qu'il doit d'avoir pu remporter vingt
victoires signalées ».

On l'appelait le « général Providence », parce qu'il avait toujours le
mot Providence à la bouche, faisant plutôt des sermons que des harangues,

BONCHAMPS

affichant une piété, poussée jusqu'au charlatanisme, portant toujours
ostensiblement des images pieuses.

« Ce qui selon moi fait honneur à d'Elbée, a dit aussi le général
Turreau, c'est qu'il était mécontent des secours étrangers qu'imploraient
les émigrés, qu'il n'estimait pas. Quand il a envoyé en Angleterre, peu
de jours avant sa mort, un officier pour se procurer des moyens que
Charette et ses partisans lui refusaient, c'est qu'il avait vu que son parti
était perdu ».

Bonchamps, l'une des grandes figures de l'insurrection vendéenne, était
de haute noblesse. « Ses ancêtres, dit sa veuve, avaient glorieusement
combattu dans les guerres de religion contre les huguenots ».

L'affirmation de Mme de Bonchamps est le contraire de la vérité, car, par les femmes, Bonchamps descendait d'une famille protestante persécutée lors de la révocation de l'Edit de Nantes, et il eût été plus logique, s'il s'était rangé parmi les défenseurs de la liberté, puisque ses aïeux avaient souffert de l'oppression.

Il fut réellement le héros de l'insurrection vendéenne, car il avait de brillantes qualités militaires, unies à une véritable noblesse de caractère, à une grande intelligence et à une magnanimité à laquelle ses ennemis eux-mêmes ont su rendre justice.

Comme d'Elbée, il était officier démissionnaire, et avait pris une part glorieuse à la guerre de l'indépendance américaine, sous les ordres du duc de Damas.

Trop intelligent pour ne pas prévoir l'issue de la lutte contre le pouvoir établi, Bonchamps, quand les paysans vinrent le prier de se mettre à leur tête, tenta d'éclairer les insurgés et leur refusa d'abord son concours, mais ils revinrent, et il comprit que s'il résistait, les colères se tourneraient contre lui-même et contre sa famille.

« Je consens à marcher, dit-il, mais à une condition : vous allez jurer avec moi sur les saints Évangiles, pas de représailles, grâce et pitié pour les vaincus ». On le força à marcher à pied. « L'exigence de ces paysans me parut d'un mauvais augure » dit Mme de Bonchamps. C'était en effet à la condition de leur obéir que Bonchamps les dirigeait. Il partit en disant à sa femme :

« Nous ne devons pas même prétendre à la gloire humaine ; les « guerres civiles n'en donnent pas ».

De *La Rochejaquelein* avait vingt-un ans ; il fut tué à vingt-deux.

« Mes amis, dit-il à ses paysans, en se mettant à leur tête, si j'avance, suivez-moi ; si je recule, tuez-moi ; si je meurs, vengez-moi ».

De La Rochejaquelein ne recula jamais. Il jouait avec le danger, se battait avec une intrépidité chevaleresque. Il rendit un jour son sabre à un hussard qu'il venait de désarmer et recommença à croiser le fer avec lui.

Il n'entendait rien à la politique. C'était un soldat et surtout un chef qui, par son impétuosité, excellait à entraîner les masses.

De *Lescure* au contraire, le premier mari de Mme de La Rochejaquelein, était austère, froid, réfléchi ; c'était un sage. On l'appelait le *saint du*

D'après le tableau de Le Blant.   HENRI DE LA ROCHEJAQUELEIN.   (Extrait du *Monde illustré.*)

Poitou, comme Cathelineau était le saint de l'Anjou. Sa bravoure était résolue, mais sans élan.

Bernard de Marigny, ancien officier de marine, ne manquait point de courage, mais c'était un féroce. Il aimait tuer, non pas seulement dans le combat, mais après la bataille, froidement, par calcul, peut-être par goût ; il ordonna souvent le massacre.

Stofflet, garde-chasse du château de Maulévrier, eut l'initiative principale dans la préparation de la guerre de la Vendée et la prise de Cholet. Ayant quelque peu voyagé, il avait appris certains tours de prestidigitation, s'occupait de médecine et de nécromancie, et exerçait ainsi une réelle influence sur les paysans, qui le considéraient comme sorcier. Il voulut monter en grade et devenir prophète. Il prédit les grands combats et les victoires pour le rétablissement de l'Eglise. On venait de très loin le consulter sur l'avenir, et toujours il recommandait d'avoir chez soi des armes et des munitions.

Fourbe et dissimulé, il avait voué une haine implacable à la Révolution ennemie de la noblesse qui le faisait vivre, mais il cacha longtemps ses sentiments. Quand le tocsin sonna et appela les paysans aux armes, Stofflet parut ; il eut bientôt douze mille hommes sous ses ordres, déclara aux nobles que la religion rendant les hommes égaux, il n'avait point à leur céder le commandement qu'il tenait du libre consentement des gars du bocage, et cet ancien garde-chasse donna ses ordres à la noblesse vendéenne. Il prit part à « cent cinquante combats » et ne tomba entre les mains de l'ennemi qu'à la suite d'une trahison de l'abbé Bernier.

Dans le marais vendéen, les chefs sont *Charette, Joly*, et d'autres plus ignorés. Dans notre chapitre sur les femmes vendéennes, nous avons montré *Charette* faisant de sa tente un boudoir, ayant autour de lui une sorte de cour voluptueuse. Aujourd'hui un héros et un sage, dur à lui-même, intrépide, infatigable ; demain un sybarite vêtu de soie, comme un page, un Don Juan, un débauché et un fêtard. Enivré par ses premiers succès, succès faciles, car il n'avait devant lui que quelques gardes nationales mal armées, Charette, autrefois humble et modeste, se couvre de broderies, se garnit de dentelles, se pare de plumes voyantes. Il ne supporte aucune autorité, agit seul, et ne consent à une action commune avec les autres chefs vendéens que lorsque tout est perdu. Il est féroce, cruel, dur pour les siens, terrible pour l'ennemi. Lorsque les paysans vont le prier de se mettre à leur tête, il leur dit : « Vous m'y forcez, soit, je marcherai ; mais songez à m'obéir ou attendez-vous aux traitements les plus sévères. »

« Je crains moins pour toi l'arrivée des Bleus qu'une visite de Charette » disait Savin à sa femme.

Il avait été lieutenant de vaisseau, et s'était lancé dans le parti royaliste, moins par conviction que par ambition. Il ne s'était converti qu'en 1793, comme les autres nobles, et poussait le zèle religieux jusqu'à faire jeûner ses troupes la veille des batailles et à réciter avec eux le chapelet avant d'aller au combat.

Joly, ancien sergent au régiment de Flandre, chirurgien-sorcier, horloger, peintre, architecte, cordonnier, forgeron, tailleur, procureur de la Chapelle Hermier, était d'un caractère violent et personnel. Aucun autre ne fut plus habile à fomenter l'insurrection, sans se faire arrêter, et à former des corps de troupes royales, prêtes à marcher au moment favorable.

La violence de son caractère était telle qu'il exécutait, de sa propre main, ses soldats indisciplinés et qu'il brûla la cervelle à un commandant d'artillerie qui lui refusait des munitions. Ses deux fils combattaient l'un parmi les Bleus, l'autre dans l'armée royaliste. On lui apprend que celui qui est parmi les rebelles vient d'être frappé d'un coup mortel. Il descend de cheval et vole vers lui, mais au même instant on l'informe que son autre fils vient d'être fait prisonnier et on lui demande ce qu'il faut en faire : « Qu'on le fusille ! » dit-il froidement, sans détourner les regards de celui qui meurt dans ses bras. Jamais il ne voulut se considérer comme le subordonné du « vice-roi de Légé », qui l'accusa de trahison et détacha de lui ses troupes. Massacré à Saint-Laurent-sur-Sèvre par les royalistes eux-mêmes, des cavaliers furent envoyés à La Roche-sur-Yon, pour arrêter sa femme, qu'ils fusillèrent. « Joly est mort, s'écria-t-elle au moment de l'arrestation ; Charette n'eût pas osé, lui vivant, toucher un seul cheveu de ma tête. »

Il y avait aussi le *prince de Talmont*, généralissime d'une cavalerie qui n'existait pas ; le *marquis de Donissan*, beau-père de Lescure, grand donneur de conseils, prétentieux et nul, gouverneur de pays conquis, qui ne furent jamais gouvernés ; *Forestier*, fils d'un cordonnier de la Poumeraye (Maine-et-Loire), âgé de 18 ans, à qui les nobles donnèrent un commandement pour satisfaire les aspirations démocratiques qui, malgré tout se faisaient jour dans l'armée royaliste ; puis, les *d'Autichamp*, les *Sapinaud, de Fleuriot, Royrand, de Vaugiraud, Baudry d'Asson, Verteuil, Clabat du Chillou,* etc.

A côté des chefs militaires, les chefs religieux.

En première ligne, l'*abbé Bernier*, le Pierre l'Ermite de l'insurrection, esprit retors, insinuant, habile à rédiger les proclamations des chefs militaires et à enflammer les foules. Ce fut lui qui suggéra l'idée d'un conseil supérieur, pour mettre fin à l'anarchie qui régnait dans les délibérations des chefs, mais la première résolution qu'il fit adopter par ce conseil fut un arrêté de proscription contre toutes les autorités civiles et militaires, et même contre leurs familles. Par un second arrêté, dont il fut également l'initiateur et le rédacteur, les républicains restés en Vendée furent contraints au serment de fidélité au roi. De plus, il rétablit la dîme, et ordonna l'emprisonnement de tous les républicains et de tous les calvinistes, sans en excepter les femmes.

Ce n'est pas tout. Bernier persuada au Conseil de fabriquer des faux assignats, qui avaient cours comme les autres ; il fit décider aussi que l'Edit de Nantes était toujours bel et bien révoqué, et de ses propres mains déchira l'édit de Louis XVI, permettant aux protestants du Poitou d'exercer librement leur religion.

Il en fit trop. Semant la division parmi les chefs pour les dominer tous, les rebelles finirent par l'accuser d'intrigues et d'ambitions personnelles. Seul personnage important, qui ne périt pas sur les champs de bataille, uniques endroits où il montra de la prudence, ce fougueux royaliste devint un zélé partisan de Bonaparte. Sa grande fidélité au nouveau régime lui valut l'évêché d'Orléans.

L'abbé Barbotin, fils d'un tailleur de pierre de Fontenay-le-Comte, est l'une des plus tristes figures de la chouannerie. Moitié prêtre, moitié soldat, on le trouve partout où il y a un massacre à faire. A Cholet, il est parmi les assassins de Ballard. A Fontenay, le pistolet d'une main, le sabre de l'autre, il se rend chez l'un de ses anciens bienfaiteurs, le sieur Cloussy. Celui-ci cherche à lui démontrer combien son rôle est peu évangélique. Il ne parle pas longtemps : Barbotin lui fend la tête d'un coup de sabre.

Il inventa, dit-on, la *palissade*, c'est-à-dire le rang de prisonniers républicains, que les chouans mettaient devant eux pour recevoir les premières décharges de l'artillerie. Il montrait aux paysans des boulets qu'il prétendait avoir saisis au vol : « Voilà, mes amis, disait-il, les œuvres de la charité. Si vous avez de la foi, il n'est rien dont vous ne soyez capables ; nous triompherons des embûches des patriotes ; leurs foudres sont impuissantes contre celui qui défend avec courage la religion de ses pères ».

En 1846, Barbotin vivait encore ; il avait quatre-vingt-cinq ans. Il écrivit la lettre suivante à Etienne Arago, qui dans son roman *Les Bleus et les Blancs*, avait fait de lui une peinture fort fidèle :

Tallud, près Parthenay (Deux-Sèvres), le 4 septembre 1846.

Monsieur le Rédacteur,

J'ai lu ces jours derniers dans un feuilleton des *Villes et Campagnes*, un article extrait de votre excellent journal *La Réforme*, qui me fait cependant jouer aux jours de lamentable mémoire le « tout petit rôle » d'un insensé fanatique. Cette « gentillesse » de votre part m'a tant soit peu surpris.

Il est vrai que le coryphée de l'école philosophique du dernier siècle invitait jadis ses adeptes à mentir non pas timidement, non pas pour un temps, mais hardiment, et toujours...

Mais où vais-je ? laissons Voltaire « où il est, surtout s'il s'y trouve bien », et revenons à la petite « galanterie », que, dans votre « bonté », vous avez bien voulu me faire...

J'ai la conviction, Monsieur le Rédacteur, que chez vous le malin de l'esprit et du cœur n'est pour « rien » dans les petites « niches » qui me viennent de votre plume « badine »; seulement vous avez de l'esprit en « diable », et vous l'avez exercé « à ravir » sur ces pauvres « blancs » que vous avez rendu « noirs » comme ma soutane, quoiqu'en réalité, ils soient aussi « blancs » à mes yeux que mes cheveux de neige.

M. Arago répondit :

Monsieur l'Abbé,

Je ne vous croyais plus de ce monde ; je pensais en vous stigmatisant, ne faire qu'un acte de justice posthume. Vous vivez, j'en suis heureux, car je puis clouer à votre front les noms qui vous sont dus...

Je vous salue avec la considération que vous méritez.

L'abbé *Ferré*, ancien vicaire de Beaulieu, était lui aussi d'humeur batailleuse. Il caracolait en tête de la cavalerie, deux pistolets à la ceinture, le sabre au poing; les cordons blancs de son aube servaient à maintenir le fourreau de ce sabre à ses reins.

L'ex-bénédictin *Jagault* était l'*alter ego* de Bernier et exerçait auprès du conseil supérieur les fonctions de secrétaire général.

Mais la figure la plus étrange de cette époque où l'on remua avec tant d'habileté le vieux fond de fanatisme de nos paysans, fut celle de l'*évêque d'Agra*.

STOFFLET

Guyot de Folleville, autrefois prêtre à Dol, avait d'abord prêté serment à la Constitution, puis il avait quitté sa paroisse et s'était rendu à Poitiers. Là, montrant sa carte d'affilié au club des Jacobins de Paris, il alla discourir à la Société des amis de la Liberté et de l'Egalité; puis il se dit évêque d'Agra, ayant reçu du Pape tous les pouvoirs apostoliques pour les diocèses de l'ouest de la France. L'abbé Coudrin lui fit quelques visites, mais eut quelques doutes, car de Folleville ne lisait jamais son bréviaire. Un jour sa Grandeur dansait au moment où entra l'abbé Coudrin. Surpris et décontenancé, il allégua qu'il agissait ainsi pour dissimuler son caractère sacré, mais le lendemain il avait quitté la ville avec la garde nationale chargée d'aller défendre Thouars.

Il se cache pendant le combat, puis se présente au moine Jaguault, qui, persuadé que la présence d'un évêque parmi les fanatiques réchauffera leur zèle, lui souffle ce rôle trop grand pour sa taille.

Les généraux vendéens l'accueillent avec enthousiasme. On lui fabrique une crosse en bois doré, et on l'accoutre de vêtements indiquant son haut rang dans l'Eglise. On le montre dans toutes les circonstances graves. A Fontenay, il passe la revue avant l'attaque, suivi processionnellement de nombreux prêtres. « Race antique et fidèle des serviteurs de mon roi, dit-il, pieux zélateurs du trône et de l'autel, enfants de la Vendée, marchez, combattez et triomphez ; c'est Dieu qui l'ordonne ! »

« Singulier spectacle, dit Choudieu, dont je douterais encore si je ne l'eusse vu de mes propres yeux ! l'évêque d'Agra parcourut les rangs de l'armée vendéenne, la fit mettre à genoux et lui donna sa bénédiction. Il me semblait voir le cardinal de Guise bénissant les poignards de la Saint-Barthelémy. »

Il officie à la cathédrale d'Angers, promet, au nom de Dieu, la prise de Nantes ; l'exaltation des royalistes est poussée jusqu'au délire par « l'apparition du Saint-Esprit, sous la forme d'un pigeon blanc, pendant la célébration de la messe archiépiscopale ».

Le pape Pie VI adresse au clergé un Bref, par lequel il déclare « qu'il n'existe pas d'évêché d'Agra », et que, « l'intrus qui en a pris le titre, en y ajoutant celui de vicaire apostolique, n'est qu'un pseudo évêque, usurpateur de dignités et de fonctions qu'il ne peut remplir sans crime abominable ». Peu importe ! de Folleville continue à jouer son rôle avec la même imperturbabilité. Il devient président du Conseil supérieur, il signe toutes les grandes proclamations, les lettres diplomatiques pour le gouvernement Anglais et les princes français. On

le trouve sous les murs de Granville, excitant les paysans à l'assaut ; à
Dol, parmi ses anciens paroissiens stupéfaits de tant d'audace, au Mans
où les généraux délibèrent sous sa présidence. Partout il étale sa nullité
et son impudence, partout les chefs vendéens, prévenus pourtant par le
Bref du pape, se rendent complices de sa supercherie, d'accord d'ailleurs
avec les missionnaires de Saint-Laurent, instruits par le très vénéré abbé
Coudrin, de Poitiers.

Laissé sur la rive droite de la Loire, pendant que La Rochejaquelein
et Stofflet gagnaient l'autre rive, redoutant la violence de Bernard de
Marigny, qui commmandait les restes de l'armée catholique refoulée sur
Savenay, Guyot de Folleville se livra à une patrouille républicaine. Il
essaya de dissimuler son nom et sa qualité, mais reconnu, il fut jugé,
condamné à mort et exécuté sur la place du Ralliement à Angers.

Le comité de Salut public ne fut pas informé de la manœuvre qui
servait à entretenir le fanatisme et le zèle des paysans de la Vendée. S'il
l'avait connue, il aurait eu en mains une arme plus terrible que les
colonnes infernales pour terminer l'insurrection.

IX

DE SUCCÈS EN SUCCÈS

Les vendéens marchent de succès en succès, sauf aux Sables-d'Olonne, où les républicains repoussent trois attaques successives des brigands. L'héroïsme de cette petite ville lui vaut un décret de la Convention, disant *qu'elle a bien mérité de la patrie* ; en empêchant les insurgés d'avoir un port sur l'Océan, elle fit toujours obstacle, en effet, à l'action combinée de l'étranger et des rebelles. Boulard, dans la région maritime, est également toujours vainqueur des blancs ; mais, successivement, Parthenay, Thouars, Fontenay, Saumur, tombent en leur pouvoir.

Le 17 avril, le général Leïgonier envoie soixante-cinq grenadiers volontaires de Saumur et quatre-vingt-deux de Montreuil-Bellay, au Bois Grolleau, près de Cholet, pour défendre ce poste. Sans vivres, ils résistent pendant soixante-cinq heures à toute l'armée royale, commandée par Cathelineau et de La Rochejaquelein, qui emploient contre eux des boulets rouges. Epuisés, ils capitulent lorsque leur dernière cartouche est tirée.

Le commandant Jérémie Tribert rend son épée à La Rochejaquelein : « Gardez, monsieur, dit le chef vendéen, les armes dont vous vous êtes servi avec tant de courage ».

Les prisonniers appartenaient presque tous à des familles notables de Saumur et de Montreuil ; ces familles étaient dans la plus grande anxiété. Mais, le 1ᵉʳ mai, deux d'entre eux, Huguet et Frémery, arrivent à Doué, porteurs d'une demande d'échange de prisonniers ; ils avaient donné leur parole qu'ils reprendraient leur captivité, si les propositions des blancs étaient repoussées.

En vain, Leïgonier écrit à la Convention : la réponse n'arrive pas. Le 12 mai, Huguet et Frémery retournent partager le sort de leurs camarades. Rendus à la liberté sous promesse de ne plus prendre les armes contre les blancs, tous les prisonniers, un seul excepté, gardèrent fidèlement la foi jurée, et pour ne pas combattre leurs libérateurs, s'éloignèrent lors de l'approche de l'armée vendéenne.

L'armée royale marche sur Bressuire qui est évacuée par les troupes républicaines, et où elle trouve cent vingt mille cartouches, des munitions, des vivres, et deux de ses principaux chefs, de Lescure et de Marigny, prisonniers, mais traités avec les plus grands égards par Quétineau. Thouars tombe à son tour entre les mains des rebelles, et Quétineau se rend à discrétion. Lescure, usant de réciprocité, le laisse prisonnier sur parole, et lui montrant la guillotine qui attend les généraux vaincus, insiste pour qu'il rentre dans les rangs des royalistes. Quétineau refuse et réclame des juges : « Monsieur, dit-il à Lescure, si vous me laissez en liberté, je retournerai me consigner en prison. Je me suis conduit en brave homme, je veux être jugé. Si je m'enfuyais, on croirait que je suis un traître, et je ne puis supporter cette idée. D'ailleurs en vous suivant, j'abandonnerais ma femme et mes enfants et on les ferait périr. Tenez, Monsieur, voilà mon mémoire justificatif. Vous savez la vérité, voyez si je ne l'ai pas dite. »

A Thouars, les blancs trouvent quatre mille fusils, six mille paires de pistolets, deux mille sabres, dix pièces de canon, des assignats, des chevaux, des vivres. Ils font cinq mille prisonniers, après avoir tué cinq à six cents hommes.

La Convention s'émeut enfin. Elle vote la levée à Grenoble de huit bataillons, pris sur l'appel de trois cent mille hommes, pour être dirigés vers les départements de l'Ouest, aussitôt qu'ils seront organisés.

Mais l'armée catholique précipite sa marche ; elle s'empare en courant de Parthenay, et pille La Châtaigneraie. Les paysans vont porter leur butin chez eux, puis reviennent, s'arrêtent à Vouvant qu'ils mettent à sac et marchent sur Fontenay-le-peuple.

« Le passage des vendéens est comme celui de la lave, écrivait au ministre de la guerre le général Dayat ; il frappe de dévastation et de mort ! »

Une sanglante défaite les attendait toutefois à Fontenay, où ils perdent six à sept cents hommes, vingt-cinq pièces de canon, dont la fameuse *Marie-Jeanne*, à laquelle ils semblaient lier leurs destinées, des munitions, des vivres, du matériel, et où d'Elbée est grièvement blessé.

Comme une nuée d'oiseaux, ils se dispersent, gagnant leur bocage. Mais les chefs ordonnent de nouveau le rassemblement. On sonne le tocsin dans toute la Gâtine, on montre le nouvel évêque d'Agra, on le promène en procession, les prêtres crient comme au temps des Croisades. « Dieu l'ordonne ! Dieu le veut ! », et les paysans, certains dorénavant de la félicité éternelle, s'avancent de nouveau vers Fontenay en chantant le *Vexilla regis prodcunt*, ou en modulant les litanies de la Vierge.

Tous les citoyens de Fontenay, en état de porter les armes, vont au combat avec l'armée républicaine, mais ils succombent rapidement sous le nombre. Fillon, colonel de la garde nationale du district, est tué des premiers. Le porte-drapeau, Jean-Baptiste Fesque, gantier, refuse de se rendre et meurt en criant : « Vive la Nation ! ». La déroute est affreuse. Les chemins tout autour de la ville sont couverts de cadavres. Les vendéens rentrent en possession de leur *Marie-Jeanne* avec une joie qui tient du délire, s'emparent de toute l'artillerie des Bleus et de cinquante mille fusils, se livrent à un pillage effréné, brûlent tous les papiers du département, s'emparent de la caisse du receveur-général, et font un nombre énorme de prisonniers. On a évalué à quarante mille le nombre des insurgés, qui pénétrèrent dans la ville.

Les administrateurs du département fuient à Niort avec les représentants.

Bonchamps reçoit un coup de fusil au moment où sur la *place* trois mille deux cent cinquante patriotes, enveloppés, posaient les armes. C'est le signal des massacres, qu'excite Bernard de Marigny, et auxquels Lescure a grand'peine à mettre fin.

La *Marie-Jeanne*, couverte de fleurs et de rubans est conduite à Notre-Dame, où un *Te Deum* est chanté au milieu des acclamations les plus enthousiastes.

Les paysans se font des papillotes avec les assignats des caisses publiques. Les chefs s'en aperçoivent et en sauvent pour neuf cent mille livres, qui, rendus à la circulation, avec contre-seing au nom du roi, forment le premier fond de la caisse catholique, entretenue plus tard par la fabrication de « bons royaux payables à la paix », sans compter les faux assignats.

« .Les vainqueurs, dit Mercier du Rocher, se répandirent dans les maisons ; il n'y avait pas de citoyen qui n'en logeât au moins soixante.

« Accoutumés à la vie la plus dure, ils se couchaient sur la terre, et ils n'abandonnaient jamais leurs fusils et leur chapelet. Tout leur équipement consistait dans une ceinture pleine de cartouches. Ils ne portaient avec eux ni havre-sacs, ni souliers, ni chemises. Ils prirent chez les particuliers les vêtements dont ils avaient besoin... »

« Le soir, dit Benjamin Fillon, une partie des caves vidées, ils s'en allaient en « houpant » et criant : « En v'là-t-au daus brigands ! »

L'administrateur Pervinquière allait être massacré, mais sa femme se précipite, entourée de ses enfants en larmes, et crie au paysan qui lève son arme : « Malheureux ! Tu n'as donc pas de mère ! » La brute se calme aussitôt.

Les chefs logés dans la riche maison de Grimouard de Saint-Laurent, organisent à Fontenay le fameux *Conseil supérieur*, qui s'établit quelques jours après à Châtillon-sur-Sèvre, et de ce jour date la transformation de l'insurrection contre le service militaire et pour le rappel des prêtres, en guerre civile *organisée* pour la restauration de l'ancien régime.

Tous les habitants de la ville sont contraints d'assister à la messe militaire d'actions de grâces, dite à Notre-Dame. On rend les honneurs funèbres aux morts pour la cause sainte alors que les patriotes sont enfouis sans aucune cérémonie. Stofflet va à l'hôpital pour voir les blessés : « Mon frère et mon père sont bien plus heureux que moi, dit l'un d'eux ; ils sont tombés à mes côtés ; ils sont sûrs de rentrer chez nous dans trois jours. »

Citons la belle conduite de Mme Grimouard du Vignaud, qui se jeta devant les armes des royalistes pour sauver quatre républicains réfugiés chez elle : « Tuez-moi plutôt que d'ôter la vie à ces jeunes gens, s'écria-t-elle », et les patriotes furent sauvés.

« La femme de Grimouard de Saint-Laurent, dit Mercier du Rocher, chez qui logeaient les chefs, fit auprès d'eux des démarches pressantes pour empêcher que les soldats se livrassent à des excès envers les prisonniers. A sa sollicitation, ils furent traités avec la plus grande humanité ; on se contenta de leur couper les cheveux et de leur faire prêter serment à Louis XVII. »

Mais il était difficile aux chefs vendéens de se maintenir longtemps à Fontenay, car les patriotes accumulaient des forces à Niort, et les paysans avaient hâte de retourner chez eux. Déjà, faute de garnison, les blancs avaient dû évacuer Cholet, Bressuire, Thouars, Parthenay.

« L'expédition finie, dit le général Turreau, l'activité cessait pour les
paysans qui, vainqueurs ou vaincus, rentraient dans leurs foyers. Il n'était
pas rare qu'on les retînt deux ou trois jours sous les drapeaux ; jamais
on n'a pu les retenir plus longtemps. Mais on les rassemblait avec facilité
dès le lendemain, s'il était nécessaire. Il y avait dans la plupart des
villages, des relais préparés pour les courriers qui portaient les ordres du
Conseil supérieur et des généraux. Ces courriers circulaient avec la
plus grande facilité, tous les points du commandement étant rapprochés
et les communications libres : le Vendéen, au moindre signe, au premier

Thouars en 1793.

avertissement, quittait sa houe pour son fusil, et se trouvait au rendez-
vous général, toujours plein d'audace et de confiance.

« On allait au combat comme à une fête ; des femmes, des vieillards,
des prêtres, des enfants même de douze ou treize ans (j'ai vu de ces
derniers tués dans les premiers rangs de l'armée), excitaient, partageaient
la fureur des soldats. Ce fut une espèce de délire et d'enthousiasme comme
celui qui, dans des temps de ténèbres et d'ignorance, emporta nos
premiers croisés dans les plaines brûlantes de l'Afrique et de l'Asie. »

Les chefs ne quittèrent pas Fontenay toutefois sans créer un conseil
provisoire local, qui bientôt fut fait prisonnier, sur l'ordre des représentants Bourdon, Auguis et Goupilleau (de Fontenay), puis traduit
devant le tribunal révolutionnaire et acquitté.

Le 28 mai à midi, l'armée catholique se mit en marche, précédée de ses tambours à cheval. Elle chantait des cantiques. Elle emmenait comme otages, un millier de prisonniers, parmi lesquels les administrateurs Pervinquière, Cavoleau et le juge Beurrey-Chatcauroux, relâchés à la Forêt-sur-Sèvre quelques jours après.

Pendant que les brigands portaient ainsi la terreur et la ruine dans les régions de l'Ouest, la Convention s'illusionnait toujours et croyait, tant elle était pénétrée de la justice de sa cause, qu'elle pouvait encore convaincre les égarés. Au lieu d'en finir avec l'insurrection, ou bien d'opposer aux rebelles des troupes républicaines en nombre suffisant, au lieu d'écouter les cris d'alarme qui lui parvenaient de tous les pays dévastés, elle adressait le 26 mai, la proclamation suivante aux citoyens des départements troublés :

« Citoyens ! vous jouissez des bienfaits de la Révolution ; la loi, faite en votre nom, par vos représentants, appliquée, exécutée par vos propres agents, veillait efficacement à la sûreté de vos propriétés, et tout à coup vous prenez les armes pour piller, pour égorger vos frères ! Quel autre crime ont-ils commis envers vous, sinon d'avoir conquis cette liberté que vous partagez ? Les ci-devant nobles, les chefs qui vous séduisent, ne demandent un roi que pour rétablir par sa main toutes les servitudes sous lesquelles vous gémissiez.

« Vous désirez conserver votre religion ; mais qui a tenté de vous l'enlever, de gêner vos consciences ? Vous a-t-on proposé de rien changer dans votre croyance, dans les cérémonies de votre culte ? Non, on vous a privés de ceux que vous regardiez comme les seuls ministres légitimes ; mais n'ont-ils pas justifié par leur conduite cette rigueur trop nécessaire ? Ces hommes, qui vous prêchent aujourd'hui le meurtre et le pillage sont-ils les véritables ministres d'un Dieu de paix ou les vils satellites des despotes ligués contre votre patrie ? Ce ne sont point vos prêtres qu'on a éloignés de vous, ce sont d'hypocrites et sanguinaires conspirateurs.

« Infortunés ! comme on vous trompe ! Les prêtres, qui se disent les seuls catholiques, sont payés par l'or de l'Angleterre protestante. Le prodigue-t-elle pour venger votre religion, qu'elle persécute et qu'elle méprise ? Non, c'est pour que la France se déchire de ses propres mains, pour que votre sang coule pour la cause de l'esclavage, et le nôtre pour celle de la liberté ; c'est toujours du sang français. Montrez-vous dignes de reprendre le nom français ; alors vous ne trouverez plus que des frères dans la République entière, qui s'arme à regret pour vous punir ;

qui, prête à vous écraser de sa toute puissance, pleurerait sur des succès
achetés au prix de votre sang. »

Cette proclamation, on le comprendra sans peine, ne put parvenir
jusqu'aux paysans ; ils n'auraient d'ailleurs pas compris ce noble et
patriotique langage.

Qu'on le compare avec cet arrêté de Lescure daté du 1er juin, en
réponse sans doute aux paroles de paix de la Convention :

« Comme l'intention de Sa Majesté Très Chrétienne n'est pas de faire
participer aux récompenses destinées à ceux qui se sacrifient pour sa
cause, les personnes lâches et indifférentes qui ne contribuent en rien
aux efforts que font les autres pour rétablir la religion et la monarchie,
il sera formé une liste des habitants de chaque paroisse qui marchent, non
pour un jour ou pour deux, mais constamment. D'après cette liste et le
nom de ceux qui la composent, les commandants généraux jugeront de la
bonne volonté des habitants des différentes paroisses, et les familles qui
seraient reconnues de mauvaise volonté et ne pas se donner avec le même
zèle que les autres au soutien de la même cause, seront assujettis sur le
champ au paiement des impositions de 1792, parce qu'il n'est pas juste
que ceux qui ne partagent pas les dangers partagent les récompenses.

« Dans le cas même où il y aurait des habitants d'une mauvaise
volonté bien reconnue et qui détourneraient les autres de servir le roi,
leurs impositions seraient augmentées progressivement. Voulant aussi,
autant qu'il dépendra de nous, rétablir la religion catholique et la rendre
florissante, nous invitons Messieurs les curés et vicaires restés en place,
qui n'ont pas les pouvoirs de leurs évêques légitimes, de s'adresser, dans
le courant de la semaine qui commence demain 2 juin, à Monseigneur
l'évêque d'Agra, vicaire apostolique, résidant à Saint-Laurent-sur-Sèvre,
afin qu'il règle leur conduite. Et nous ordonnons que tous ceux qui
n'auront pas, dimanche prochain 9 juin, une attestation de Monseigneur
pour n'être pas inquiétés, soient arrêtés par les conseils de paroisse et
conduits en prison à Châtillon. »

X

LA PRISE DE SAUMUR

Saumur commandait à la fois la route d'Angers à Nantes, et celle de Paris. Maîtres de cette ville, les vendéens pouvaient, par une tentative hardie, marcher sur la Convention et restaurer le trône. De plus, Saumur avait dans son château un dépôt considérable d'armes et de poudre.

L'armée catholique résolut de s'en emparer, ce qui était facile d'ailleurs, car la ville n'avait que huit mille défenseurs, et renfermait beaucoup de traîtres.

Le dimanche 9 juin, les rebelles descendent les hauteurs de Bournan, franchissent le Thouet. Malgré des prodiges de valeur, les patriotes sont tournés : Menou reçoit une balle en pleine poitrine ; Berthier a son cheval tué sous lui ; Chaillou, colonel des cuirassiers de la légion germanique, est grièvement blessé.

Le drapeau blanc flotte bientôt sur le pont Fouchard, où les vendéens ont réussi à établir une batterie d'artillerie. Le général Coustard, à qui le cinquième bataillon vient de refuser l'obéissance, le menaçant, le plaçant même à l'embouchure d'un canon, s'avance avec un détachement de cuirassiers aux ordres d'un héros, Weissen. Il ordonne à celui-ci d'enlever la batterie. — « Où nous envoyez-vous ? dit le commandant. — A la mort ! répond Coustard ; le salut de la République l'exige. » Weissen se précipite, emporte la batterie, mais l'infanterie ayant refusé de le soutenir, les intrépides cavaliers périssent presque tous. Weissen revient couvert de blessures.

Héroïsme inutile ! A huit heures du soir, l'armée catholique envahit la ville. Mais, grâce à la nuit les fuyards peuvent s'échapper.

Plusieurs représentants du peuple avaient vaillamment pris part à la lutte, notamment Choudieu, blessé au genou d'un coup de biscaïen, et Bourbotte qui, faisant des efforts surhumains pour rallier les bataillons saisis de panique, se trouva un moment, par la chute de son cheval, livré aux assaillants.

« Un jeune soldat de la Légion germanique, nommé Marceau, raconte Choudieu, voyant tomber le cheval de Bourbotte, saute précipitamment à bas du sien et lui dit en le lui faisant prendre : « Citoyen, il vaut mieux qu'un soldat comme moi soit fait prisonnier qu'un représentant du peuple ! » Bourbotte lui répond : « Si tu marches à pied, je marcherai comme toi ! » Aussitôt, Marceau jette la bride sur le cou de son cheval et saute lestement en croupe du capitaine de la même légion, qui depuis a été aide de camp du maréchal Augereau, nommé Richet ».

Les onze mille prisonniers ramassés à Doué, à Montreuil, où avaient eu lieu des combats sanglants, et à Saumur, sont tondus et pourvus de laissez-passer, sous promesse de « ne plus servir contre la Religion et le Roy », suivant la formule adoptée à Thouars et à Fontenay.

Comme à Fontenay les vendéens organisent un conseil d'administration choisi parmi les citoyens de Saumur dévoués à la cause royaliste, puis ils décident qu'ils conserveront Saumur, et rédigent une proclamation pour annoncer leur importante victoire.

De plus, afin de mettre fin aux rivalités qui affaiblissaient le commandement et donner plus d'unité à leur action, ils décident qu'ils nommeront un général en chef.

« Ce jourd'hui 12 juin, l'an Ier du règne de Louis XVII, nous soussignés, commandant les armées catholiques et royalistes, voulant établir un ordre stable et invariable dans nos armées, avons arrêté qu'il sera nommé un général en chef de qui tout le monde prendra l'ordre. D'après cet arrêté, tous les vœux se sont portés sur M. Cathelineau, qui a commencé la guerre et à qui nous avons voulu donner des marques de notre estime et de notre reconnaissance. En conséquence, il a été arrêté que M. Cathelineau serait reconnu général de l'armée et que tout le monde prendrait l'ordre de lui :

Fait à Saumur, en conseil, les jours et an que dessus.

LESCURE, DE BEAUVOLLIER, MARIGNY, STOFFLET, DE LAN-
GRENIÈRE, DE HARGUE, DE LA VILLE-BAUGÉ, DE LA
ROCHEJAQUELEIN, D'ELBÉE, DUHOUX-D'AUTERIVE, DE
BOISSY, DESESSARTS, TONNELET, DE BONCHAMPS. »

« C'était, dit Madame de La Rochejaquelein, une démarche politique de nommer un simple paysan, pour général en chef, au moment où l'esprit d'égalité et un vif sentiment de jalousie pour la noblesse contribuaient, en grande partie, au mouvement révolutionnaire. »

« C'est donc bien, ajoute Bonnemère, la lutte de la veste contre la carmagnole, des Sabotiers contre les Va-nu-pieds sublimes de la République ; c'est l'égalité chrétienne contre l'égalité républicaine. Ils le savent, et confessent en la subissant, la toute puissance de l'idée qu'ils combattent. »

Ajoutons que le paysan du Pin-en-Mauges ne devait être qu'un instrument entre les mains du chef de l'insurrection.

« Toujours humble, dit Crétineau-Joly, ne franchissant jamais la distance que la naissance et la fortune ont placée entre les gentilshommes et lui, Cathelineau se contente d'être en tout le plus intrépide et le plus modeste. »

Pour satisfaire ce sentiment d'égalité qui emporte les chouans eux-mêmes et nivèle jusqu'aux royalistes, le Conseil supérieur nomme aussi général en chef de la cavalerie, le fils d'un cordonnier, Henri Forestier, un enfant de dix-huit ans, puis, comme il fallait une position à une nouvelle recrue, le prince Philippe de Talmont, qui arrivait à l'armée catholique, après une folle jeunesse, on décide sans peine Forestier à lui céder son commandement et à se contenter du second rang.

Les vainqueurs de Saumur auraient pu, poursuivant leurs succès faciles dans un pays presque dépourvu de troupes, marcher sur Tours, achever la désorganisation des services militaires et administratifs des patriotes, compléter leur victoire, puis, peut-être continuer leur marche rapide jusqu'à Paris, fondre sur la Convention, où ils auraient trouvé pour alliés involontaires sans doute, mais forcés, tous les Girondins victimes de la Montagne. « Si, profitant de leur étonnant succès, déclare Napoléon, Charette et Cathelineau eussent réuni toutes leurs forces, c'en était fait de la République. Rien n'eût arrêté la marche triomphante des armées royales, le drapeau blanc eût flotté sur les tours de Notre-Dame avant qu'il eût été possible aux armées du Rhin d'accourir au secours de leur Gouvernement. »

Mais les bocains auraient difficilement quitté leurs ajoncs et leurs genêts ; puis les chefs avaient toujours pour objectif l'action commune avec l'Angleterre.

« La Bretagne nous appelle, dit Bonchamps. *Les Anglais nous offrent des secours*, marchons, agrandissons nos destinées... Maîtres d'un port sur l'Océan, nous donnerons la main à *nos alliés* et à nos princes. »

D'ailleurs, trois jours après la prise de Saumur, les vainqueurs, comme à Fontenay et à Thouars, avaient regagné leurs chaumières, et c'est à grand peine que les chefs avaient pu retenir quelques bandes pour s'emparer de Chinon, courir jusqu'à Loudun, scier dans la région les arbres de la liberté et planter le drapeau blanc sur les clochers.

PRISE D'ANGERS, MARCHE SUR NANTES

Il fallut donc abandonner Saumur ; les conquêtes des rebelles ne leur donnaient que des armes et du butin. La Rochejaquelein, chargé de garder la ville, ne put conserver les hommes nécessaires à la défense et il fut heureux de se trouver au milieu d'une population aussi pacifique.

C'est en vain qu'avec quelques chefs il parcourt la ville, faisant battre les tambours et sonner les trompettes pendant la nuit pour faire croire à des forces imposantes ; il doit fuir lui-même après avoir précipité ses canons dans le Thouet, n'ayant ni chevaux pour les traîner, ni soldats pour les défendre.

De Lescure aussi était parti, s'était dirigé sur Parthenay, ville patriote, et, incapable de s'y maintenir, avait entraîné, prisonniers jusqu'à Châtillon, les femmes, pères, enfants des administrateurs en fuite.

Mais, après quelques jours de repos, le tocsin sonne de nouveau dans le bocage vendéen, les insurgés du Marais eux-mêmes qui détestaient les bocains, s'unissent à eux, et plus de quarante mille rebelles marchent sur Angers. La population affolée, nullement défendue, presque sans troupes, paraissait disposée à contraindre les autorités républicaines à une capitulation honteuse. Dans la crainte d'y être réduites, les autorités militaires et civiles décident de se retirer et quittent la ville le 13 juin, avant que l'ennemi ne se soit montré.

Le 20 juin 1793, les royalistes y font leur entrée sans difficultés. Le faux évêque d'Agra dit la messe dans la cathédrale, bénit solennellement les drapeaux, et réussit, en sortant triomphalement de la ville à travers l'armée, à soulever l'enthousiasme et à réveiller le fanatisme pour la marche sur Nantes.

Mais là, l'insurrection allait se heurter à des patriotes ardents. La ville, cependant, n'était pas sans inquiétude, car, ouverte de toutes parts, sans fortifications, sans défenses, sans troupes, la résistance était difficile. C'est à peine si Nantes pouvait opposer dix mille hommes, commandés par Canclaux, Beysser et Coustard, aux quarante mille vendéens aguerris par leurs succès. Mais le patriotisme du maire Baco électrise les citoyens : S'adressant à une partie de la garde nationale qui élève des réclamations pour la solde :

« Nantais, s'écrie-t-il, l'ennemi est à vos portes ; il menace vos asiles, vos femmes, vos enfants, et vous marchandez vos services ! Des étrangers pères de famille, ont sacrifié leurs intérêts commerciaux, ont tout abandonné pour venir défendre vos foyers, et, au milieu de vous, leur valeur reste isolée ! Nantais, nous sommes contraints de l'avouer en succombant à notre douleur, la renommée va publier à la France et à l'Europe, que nous sommes indignes de la liberté ! Oui, on le redira dans tous les départements : ces Nantais ne savent s'inquiéter que de leurs fortunes particulières. Votre ville va donc devenir une nouvelle Nîmes, une nouvelle Arles !... Oh ! Nantais ; oh ! nos chers compatriotes, non, non, vous n'appellerez point sur vous les vengeances de la République ; non, vous serez encore dignes de la liberté. »

Les généraux hésitaient pourtant et ne croyaient pas à la possibilité de la défense ; les représentants allaient partir. « Guillemet, l'un des jacobins les plus braves et les plus exaltés, suivi de trois de ses camarades, dit Guépin, se présente au domicile des conventionnels. Les chevaux étaient à la voiture ; il donne ordre de les dételer ; trouvant que les choses n'allaient pas assez vite, il coupe les harnais et monte ensuite chez les dictateurs. Loin de se laisser intimider par leur présence, il tire ses pistolets, et déclare qu'il vient de son propre mouvement, au nom des comités populaires, qui ne le désavoueront pas, pour s'opposer à ce qu'ils abandonnent la ville. « Votre place est ici, leur dit-il, vous triompherez ou vous mourrez avec nous ! » Les représentants étaient très mécontents, mais ils comprirent que Guillemet et ses trois camarades étaient en réalité les représentants de l'opinion publique ; ils cédèrent donc et s'entendirent avec les autorités municipales pour les mesures à prendre. »

Beysser rivalise de zèle et de patriotisme avec Baco. « Citoyens de Nantes, s'écrie-t-il, je vivrai avec vous ou je périrai avec vous ! Des Français ne peuvent plus exister que libres. Avec le concours des bons citoyens, je crois pouvoir répondre de la sûreté de la place. Mais si, par l'effet de la trahison ou de la fatalité, elle tombait au pouvoir des ennemis, je jure qu'elle deviendrait leur tombeau et le nôtre, que nous les ensevelirions avec nous sous ses ruines et que nous donnerons à l'univers ce grand et terrible exemple que peut inspirer à un peuple la haine de la tyrannie, l'amour de la liberté. »

Nantes est déclarée en état de siège.

Le 24 juin, deux prisonniers nantais sont envoyés en parlementaires par les chefs royalistes et remettent à Baco une sommation portant que le drapeau blanc sera immédiatement arboré sur les murs de la ville, que la garnison mettra bas les armes et livrera ses drapeaux, que les caisses publiques, approvisionnements et munitions seront abandonnés à l'armée catholique sans délai, que les représentants de la Convention en mission à Nantes seront remis comme otages. En cas de refus, la ville serait livrée par les royalistes à une exécution militaire et la garnison passée au fil de l'épée. « Nous périrons jusqu'aux derniers ou la liberté triomphera ! répond Baco. Allez le dire à ceux qui vous envoient. » Et le maire de Nantes garde la sommation dans sa poche.

Le 27 juin, les rebelles attaquent Nort où était un poste avancé Pendant quatorze heures, les Nantais soutiennent le feu dévorant d'une nuée d'ennemis. Réduits à une cinquantaine d'hommes, ils résistent toujours, emportent leur drapeau, se replient sur Nantes, où dix-sept seulement peuvent parvenir. La longueur du combat avait fait diversion aux forces de l'ennemi et permis au général en chef de sauver six millions deux cent mille cartouches et vingt-cinq milliers de poudre.

Le commandant Meuris, échappé par miracle à la mort, rapporte à ses compatriotes les exploits de ses capitaines tombés à ses côtés, et ce mot héroïque d'O'Sullivan : « Nous restons ici, nous mourrons pour la liberté ; dites aux Nantais d'en faire autant. »

Le 29, dès sept heures du matin, l'action s'engage de toutes parts ; elle dure jusqu'à dix heures du soir. Toute l'armée catholique et royale est là, elle s'est augmentée de nouvelles bandes ; on l'a évaluée à soixante-quinze mille hommes. Cathelineau, d'Elbée, Stofflet, Fleuriot, d'Autichamp,

Talmont commandent à droite ; la gauche est sous les ordres de Charette et de Lyrot. Des prêtres suivent, s'efforcent d'arrêter les déserteurs, exhortent les combattants, promettent le ciel ou la résurrection au bout de trois jours à ceux qui seront frappés, faisant entrevoir un riche butin.

Les Nantais, qui avaient à défendre une ville largement ouverte et accessible par quinze issues au moins, font des prodiges de valeur. Baco a la cuisse brisée par une balle ; on le met sur un tombereau pour l'éloigner du combat : « C'est un char de triomphe que tout patriote doit m'envier », dit-il, en faisant retourner au combat ceux qui se pressent autour de lui pour le plaindre.

Un jeune soldat, voyant qu'un canonnier ennemi ajuste un caisson, le couvre de son corps afin de recevoir le boulet et d'empêcher l'explosion.

« Un canonnier parisien, qui était malade, dit Guépin, saute hors de son lit, dès qu'il entend la canonnade, se rend à Pont-Rousseau, dirige deux coups de sa pièce sur les rebelles et démonte la leur ; un biscaïen lui perfore le petit intestin ; il s'entoure le ventre de son mouchoir et revient à l'hôpital à pied, disant « qu'il est heureux d'avoir fait son devoir. »

« Un garde national a les deux mains coupées et la figure brisée par l'explosion d'un caisson ; les chirurgiens parviennent à lui ouvrir la bouche : « Vive la République ! murmure-t-il ; les brigands sont-ils battus ? »

« Le prêtre Gambard, de service dans la garde nationale, voyant un père de famille trop exposé, lui dit : « Retire-toi ; c'est à moi d'affronter le plus grand danger ! » du bras, il l'écarte, prend sa place et est tué aussitôt. »

Désiré Dubreuil, sergent au onzième bataillon de Seine-et-Oise, abat d'un coup de sabre un chef vendéen, qui le couchait en joue, prend son fusil et son chapeau orné d'une bande de gaze et d'un chapelet, laisse à ses camarades cinquante louis trouvés dans la poche du rebelle et refuse d'en accepter la moitié.

Les brigands qui combattent aussi avec courage commencent à plier. Cathelineau fait appel aux gars du Pin-en-Mauges et de la Poitevinière. Il est déjà sur la place Viarmes où a lieu une mêlée effroyable. « Tu t'exposes trop, lui dit Pierre Humeau ; tu vas attraper du mal ! » Une balle en effet frappe aussitôt le généralissime au bras gauche et pénètre dans la poitrine. C'était fini ; la mort du Saint de l'Anjou convainc les

royalistes que Dieu les abandonne ; ils n'ont plus qu'à fuir : les autres
chefs, en effet, ne peuvent les ramener au combat.

L'ennemi s'enfuit en déroute, passe la Loire avec précipitation, laissant
plus de cinq mille hommes sur le terrain.

La Convention nationale décrète que les Nantais ont bien mérité de la
patrie.

Dès lors la guerre de la Vendée entre dans une nouvelle phase. Plus
de prisonniers, les chouans furieux combattent en désespérés et égorgent

CATHÉLINEAU

tout. Ils reprennent Châtillon, dont s'était emparé Westermann, et
massacrent trois cents prisonniers. Les femmes et les enfants assomment
les fuyards égarés et blessés.

De son côté, la Convention comprend enfin qu'elle n'obtiendra rien des
rebelles par la clémence.

« Il faut, s'écrie Barrère, à la Convention, que le même jour, vous
frappiez l'Angleterre, l'Autriche, la Vendée, le Temple et les Bourbons...
Les espérances de la Vendée reposent au Temple !... Plus de Vendée,

plus de royauté, plus d'aristocratie ; plus de Vendée et les ennemis de la République ont disparu. C'est là qu'il faut frapper. »

La Convention décide qu'elle supprimera le foyer même de l'insurrection, qu'elle rayera la Vendée de la carte de France.

« Il sera envoyé par le ministre de la guerre, décrète-t-elle, des matières combustibles de toutes sortes pour incendier les bois, les taillis et les genêts. Les forêts seront abattues, les repaires des rebelles seront détruits, les récoltes seront coupées par des compagnies d'ouvriers pour être portées sur les derrières de l'armée et les bestiaux seront saisis. Les femmes, les enfants et les vieillards seront conduits hors de la contrée ; il sera pourvu à leur subsistance et à leur sûreté avec tous les égards dus à l'humanité. Les biens des rebelles de la Vendée seront déclarés appartenir à la République. Il en sera distrait une portion pour indemniser les citoyens qui sont demeurés fidèles à la patrie, des pertes qu'ils auraient soufTertes... »

Par qui seront exécutés ces ordres implacables ? Par des généraux improvisés, hommes du peuple, montagnards farouches, par le brasseur Santerre, par Rossignol, par Ronsin.

En même temps, sur la proposition de Choudieu et de Ronsin, la Convention décide une levée en masse dans les départements voisins de la Vendée, puis elle envoie des représentants chargés de préparer les approvisionnements pour des forces nombreuses et de soulever les populations.

Ces troupes improvisées avaient surtout pour but de mettre à sac la pauvre Vendée. Elles s'en acquittèrent trop bien, mais dès qu'elles se trouvèrent en présence des rebelles, qui combattaient pour défendre leurs foyers et étaient déjà habitués aux durs combats, elles prirent la fuite ; beaucoup disparurent sans même avoir vu l'ennemi.

« Comment, dit Bonnemère, saisir, combattre et détruire un adversaire qui est partout et que l'on ne trouve nulle part ? Tout village où l'on pénètre est inhabité, morne, désert. Le logis est clos, l'étable vide, chaque puits est dégarni de sa corde et de son seau. Et cependant la litière est fraîche, et la fumée qui sort de la cheminée indique que le feu achève de s'éteindre dans l'âtre. Il semble qu'un génie invisible leur a révélé l'approche des Bleus ; ils ont disparu et se sont évanouis comme la fumée du foyer abandonné. Si l'on rencontre quelques paysans, ce sont de paisibles laboureurs, tout entiers à leur travail ; ils n'ont pas entendu les coups de fusil que l'on vient de tirer, ils ignorent même qu'il y ait des révoltés dans le pays. Mais leurs mains sont noires de poudre, leur carabine est cachée au plus épais de la haie, et les Bleus sont à peine passés, que le laboureur est redevenu un brigand armé.

« C'est un immense drame à travestissement, une féerie sanglante dans laquelle chaque touffe de genêt devient un ennemi, chaque arbre creux tire des coups de fusil, chaque buisson de houx allonge les piquants de ses feuilles comme des fourches et des faux. Vainqueurs, les Bleus n'ont devant eux que des paysans inoffensifs, des femmes, des enfants qui les saluent et que la pitié leur commande de ne pas égorger ; vaincus, ces paysans les harcèlent, se ruent sur les ambulances, sabrent et fusillent blessés, mourants et chirurgiens avec des cris de Hurons et de Caraïbes, tandis que ces femmes et ces enfants assomment à coups de pierres les traînards égarés dans les détours de cet inextricable dédale. »

Des troupes régulières et exercées, des généraux possédant la science militaire, pouvaient seuls surmonter les difficultés que présentait la Vendée. La capitulation de Mayence, qui venait de rendre à la République une armée, sous condition de ne pas servir pendant une année contre les alliés, permit à la Convention de disposer de telles troupes et de tels généraux. Elle décida que l'armée de Mayence serait transportée en poste. Ses chefs s'appelaient Kléber, Haxo, Beaupuy, Aubert du Bayet. Dès lors, c'en était fait de la Vendée.

XII

LES MAYENÇAIS

Combien étaient-ils ? quinze mille environ, sortis de Mayence, tambours battants, enseignes déployées, avec leurs armes, après quatre mois de blocus et trente-deux jours de tranchée ouverte, après des exploits devenus légendaires, admirés de l'ennemi lui-même. Ils n'ont plus de souliers, leurs vêtements sont en loques. On couvre tant bien que mal leur nudité et comme on reconnaît l'impossibilité de les transporter tous en poste, ils marchent sur trois colonnes jusqu'à Orléans, où ils se concentrent.

Les catholiques royalistes profitent de la trève forcée par cette concentration, pour donner au quadrilatère vendéen, pourvu de défenses naturelles qui le rendaient presque impénétrable, la plus forte organisation militaire possible.

D'Elbée, qui dirigeait en réalité Cathelineau, avait été désigné pour le remplacer comme généralissime, et l'unité, malgré quelques jalousies de rivaux, avait été à peu près reconstituée parmi les chefs royalistes. La Vendée militaire avait été subdivisée en quatre grands commandements : la partie de l'Anjou riveraine de la Loire sous Bonchamps, le reste de l'Anjou sous La Rochejaquelein, le haut pays poitevin sous Lescure, le Bas-Poitou sous Charette. Puis, d'Elbée avait transporté son quartier général à Cholet, où le conseil de guerre avait arrêté qu'on ne ferait plus de prisonniers, qu'on interdirait aux combattants de crier : « Rendez

vous ! Grâce ! » les soldats sortis de Mayence étant des parjures à la capitulation consentie par les alliés du Roi.

Les Mayençais font d'abord leur apprentissage ; ils sont battus à Pont-
Barré, Coron, Montaigu, Torfou, malgré des prodiges de valeur.

A Pont-Barré, sept cents citoyens d'Angers sont exterminés ; une rue
de cette ville, après la bataille, ne fut peuplée que de veuves.

A Torfou la lutte est plus acharnée encore. Quarante mille royalistes
se précipitent sur les deux mille hommes de l'avant-garde des Mayençais,
commandée par Kléber. Un chemin creux qui conduit à un pont est

KLÉBER

obstrué par un caisson renversé qui arrête la marche de l'artillerie
républicaine. Kléber s'adresse au commandant du bataillon de Saône-et-
Loire, Schewardin. « Garde ce pont avec tes chasseurs ! — Oui, mon
général ! — Arrête l'ennemi, ne fût-ce qu'une heure, et tu sauves tes
camarades. — Oui, général ! — Fais-toi tuer, mais ne recule pas. — Oui,
général. » Ce commandant met à mourir juste le temps nécessaire au
salut de l'avant-garde des Mayençais.

Bouïn de Marigny, rallie dans un carré ceux qui, désespérés crient :
« Nous sommes coupés ! » La fusillade terrible qui éclate d'un inextricable
fouillis de taillis et de buissons ne peut arriver à ébranler ce carré.

Kléber, l'épaule fracassée d'un coup de feu dès le début de l'action, à
neuf heures du matin, ne fait panser sa blessure qu'à cinq heures du soir,
après avoir ramené à Gétigné son avant-garde plus que décimée.

L'adjudant général Decaen, chargé d'une reconnaissance sur la ligne de retraite pour relever les blessés, dit :

« Nous ne vîmes que des cadavres sur ce chemin jusqu'à l'endroit où nous avions la veille poursuivi à notre tour les rebelles ; mais au-delà et jusqu'au village de Boussay, d'où nous revînmes sur nos pas sans avoir eu de nouvelles, ce chemin offrait un affreux spectacle. *Tous les cadavres qu'on y rencontrait étaient allumés et en partie réduits en cendres ; on avait mis le feu à leurs vêtements.* Il est probable, et bien d'autres horreurs commises nous portèrent à le présumer, *qu'on n'avait pas attendu que les victimes eussent cessé de vivre pour assouvir sur elles, par tant de barbarie et de cruauté, une rage fanatique.* »

Ce n'est pas tout ; Beysser est battu à Montaigu par d'Elbée : les royalistes remplissent de patriotes vivants un puits de cent vingt pieds, situé dans le château de cette place et coupent en morceaux les braves grenadiers de Blosse ; les femmes de ces cannibales, elles-mêmes, mutilent affreusement les soldats républicains.

Beysser est arrêté, conduit à Paris, condamné et exécuté. Il meurt en brave, souriant aux dames assises près de lui dans la fatale charrette, fredonnant des couplets qu'il avait composés le matin.

Au Pallet, Bonchamps tombe sur les charriots d'ambulance : chirurgiens, blessés, malades et charretiers, tout est massacré, mais Kléber commandait, et Bonchamps, qui attend en vain le secours de la grande armée, comme cela était convenu, est mis en déroute... *Cette journée,* raconte Kléber, *a peut-être changé les destinées de la Vendée.*

XIII

L'HEURE SUPRÊME

Il fallait en finir : de part et d'autre on savait que la lutte allait devenir
décisive. Une certaine lassitude d'ailleurs se manifestait chez les rebelles,
et les chefs royalistes sentaient bien qu'ils ne pourraient pas longtemps
conserver l'enthousiasme qui entraînait leurs troupes. Vers Luçon, La
Châtaigneraie, un grand nombre de paysans avaient déjà fait volontairement leur soumission.

Les généraux républicains adressent aux révoltés un dernier appel :
« Des nobles et des prêtres, au nom d'un Dieu de paix et de bonté, vous
excitent au meurtre et au pillage ! Que veulent ceux qui vous dirigent ?
La royauté, l'esclavage, tous les anciens abus qui naguère pesaient sur
vos têtes. Ils veulent la dîme, les aides, les gabelles, la banalité, la chasse,
la corvée. Ils veulent vous attacher de nouveau à la terre comme le bœuf
qui trace vos sillons. Nous, au contraire, que voulons-nous ? Nous voulons
que tous les hommes soient égaux, qu'ils soient aussi libres que l'air qu'ils
respirent. »

« Je ne puis m'empêcher de gémir, écrivait à ce moment Kléber, sur
le sort de ces infortunés habitants qui, de paisibles citoyens qu'ils étaient,
égarés et fanatisés par leurs prêtres, devinrent autant de forcenés altérés
de sang humain, et qui, repoussant d'une main rebelle les bienfaits qu'un
nouvel ordre de choses venait leur offrir, couraient à leur ruine et à leur
destruction certaines. »

Au moment où la lutte va se poursuivre avec une nouvelle violence, les représentants, d'accord avec les généraux, s'efforcent d'empêcher le pillage. Le 24 septembre 1793, les représentants, en mission à Nantes, Cavaignac, Reubell, Turreau, Philippeaux, Merlin, prennent un arrêté de la plus extrême sévérité contre les pillards. « Qui sort des rangs, s'écrie le général Bard, est un lâche, qui vole est un scélérat. Soldats ! frappez vous-mêmes celui qui vous déshonore. Domptez l'ennemi par la discipline et la vertu, autant que par le courage. J'ai l'œil sur vous. » — « Personne n'a le droit de mettre le feu aux maisons, dit le général en chef, si ce n'est le général. »

Quant à Kléber, « il ne veut pas, dit Savary, que le soldat ressemble au paysan ; il ne veut pas qu'il tue hors du combat, et à Saint-Philbert, à Montaigu, partout on l'a vu en colère des excès commis devant lui, malgré lui, par d'autres troupes que les siennes. » Mais il était bien difficile d'empêcher les soldats de répondre aux violences par la violence. Les atrocités qu'ils avaient chaque jour sous les yeux n'étaient-elles pas de nature à les exaspérer ? « Nous étions tous des loups, Brigands ou Bleus, dit Grille ? » On allait devenir implacable du côté des républicains comme du côté des royalistes, malgré les chefs, malgré les représentants, malgré les administrateurs.

Les généraux royalistes demandent un dernier sacrifice aux brigands : « Accourez, pieux Vendéens, dit d'Elbée ; levez-vous, courageux royalistes, pour défendre ce que vous avez de plus cher : votre Dieu, votre roi vous appellent ; venez couronner vos efforts. Les puissances *généreuses* qui combattent pour le rétablissement de l'ordre sont aux portes de Paris, et sous peu de jours, notre bon roi remontera sur le trône. C'est en son nom que je promets aux braves défenseurs de l'autel et de la monarchie des récompenses et l'exemption du payement des contributions. S'il était parmi vous des lâches qui se refusassent à marcher pour une cause aussi sainte, je déclare qu'ils seraient non seulement assujettis au payement rigoureux de leurs impositions, mais qu'ils seraient aussi regardés comme complices de la Convention nationale et punis comme tels. »

« Pas de prisonniers, s'écrient les chefs ; les Mayençais doivent être considérés comme violant la capitulation dans laquelle la Vendée se trouvait implicitement comprise. »

Qu'on compare ce langage avec celui des chefs patriotes ! C'était bien d'ailleurs s'avouer du parti de l'étranger, que de s'indigner contre des soldats armés pour étouffer une insurrection et qui avaient simplement juré de ne plus combattre les Alliés.

Tout ce que l'imagination peut rêver de plus horrible, de plus monstrueux, et souvent de plus sublime, nous allons maintenant le trouver à chaque pas. Mais quoiqu'en disent les écrivains royalistes, l'héroïsme se trouve aussi bien dans le camp des républicains que dans celui des Blancs, et s'il fallait faire le bilan des belles actions et des traits de dévouement, sans doute le compte des patriotes l'emporterait sur l'autre.

Les blancs, qui peu à peu voient s'évanouir leurs espérances, en arrivent aux atrocités les plus épouvantables.

« Vers le milieu de juillet, dit Bonnemère, il se trouvait à Saumur une cinquantaine de prisonniers vendéens de toute condition, entassés sur la paille dans l'antique église des Cordeliers. Une maladie contagieuse, le typhus, se déclare parmi eux et les décime. Mais ils n'allaient point mourir sans vengeance, car ce foyer pestilentiel menaçait la ville toute entière.

« Que faire en cette extrémité ? Les rendre à la liberté n'était que changer leur genre de mort, en même temps qu'ils en eussent semé les germes sur leur passage... On était dans ce siècle, qui avait vu le parlement de Provence rendre, le 3 juillet 1720, un arrêt défendant, *sous peine de mort*, aux habitants de Marseille, que décimait la peste, de communiquer avec le reste de la province, justifiant d'avance ceux qui tiraient en effet sur les malheureux qui tentaient de s'échapper de la ville. On eut recours à un moyen suprême, effroyable. On entraîna ces infortunés dans une vaste prairie où ils furent fusillés tous et laissés sur place...

« La Révolution était bien loin d'avoir porté ses fruits, et les paysans de France étaient encore ce que les avaient faits les quatorze siècles de monarchie absolue qui avaient éternisé la misère sur les campagnes. Les femmes des villages de Souzay et de Parnay, qui avoisinaient le lieu de cette horrible exécution, vinrent dépouiller les cadavres avant qu'ils fussent ensevelis.

« Le châtiment ne se fit pas attendre. Le typhus se déclara dans toutes les maisons, et en deux ou trois semaines de temps, quarante ou cinquante personnes de tout âge et de tout sexe moururent dans ces deux malheureuses communes. »

Un témoin oculaire raconte en ces termes le spectacle qui s'est déroulé sous ses yeux : « Je ne vis pas un seul homme à Saint-Hermand, à Chantonnay, ni aux Herbiers ; quelques femmes avaient échappé au feu. Tout ce que je pus voir de maisons de campagne et de chaumières, sur la route et dans les bois riverains, était la proie des flammes. Le ciel était obscurci de fumée. Quantité de cadavres répandus çà et là commençaient à infecter l'air. Les troupeaux n'osaient approcher de leurs étables incendiées ; les bœufs, les génisses, les taureaux égarés faisaient retentir les échos de leurs mugissements prolongés. Je fus surpris par la nuit : mais loin que ses sombres voiles vinssent me dérober les ravages de la guerre, le reflet des incendies, qui éclairait ma marche incertaine, me les reproduisait avec plus d'horreur. Au bêlement des troupeaux, aux beuglements des taureaux se joignirent les croassements des corbeaux et les hurlements des animaux carnassiers qui, du sein de leurs retraites obscures, venaient dévorer les victimes éparses des combats. Enfin j'aperçus dans le lointain et dans la direction de la route que je tenais, une colonne de feu qui grossissait à mesure que j'avançais : c'était Mortagne qui brûlait. Qu'on se fasse une idée, si l'on peut, des désastres de cette ville où je ne trouvai que quelques femmes éplorées et occupées à retirer leurs effets du milieu des flammes... »

Le 6 octobre, Canclaux et Kléber rencontrent la grande armée vendéenne à Saint-Symphorien. Les soldats s'écrient : « Nous n'avons pas de canons ! — Non, répond Kléber, mais nous allons ensemble chercher ceux que nous fûmes contraints d'abandonner à Torfou ! » Les républicains chargent l'ennemi à la baïonnette et le mettent en déroute.

La Convention exaspérée sévit contre ses meilleurs défenseurs : Canclaux est destitué ; Kléber est nommé général en chef provisoire. « J'ignore, dit le général Turreau dans ses mémoires, les motifs de la destitution ; mais assurément il fallait qu'il y en eût de bien puissants pour y décider, et *elle ne pouvait arriver plus mal ;* mais devait-on lui ôter le commandement, devait-on l'éloigner de l'armée au moment où son absence pouvait retarder les opérations et même en compromettre le succès ? Heureusement le nouveau général en chef, l'Echelle, incapable, disait-on de commander, eut le bon esprit de suivre la marche tracée par son prédécesseur. L'armée conserva toute son énergie ; et *cet événement, qui pouvait avoir des suites funestes, ne fit que différer de peu de jours nos progrès et nos victoires.* »

Le 11 octobre, les soldats de Westermann, pris de panique, fuient et laissent les brigands entrer à Châtillon, où « *selon leur coutume,* dit Beauchamp, ils se chargent de butin et se gorgent d'eau-de-vie. » Westermann réussit à arrêter ses hommes et leur crie : « Y a-t-il cent braves parmi vous qui veuillent venir avec moi reprendre Châtillon ? » Tous se présentent. Il choisit cent hussards, qui prennent chacun un grenadier en croupe. Ils étaient donc deux cents ; les Vendéens étaient trente mille. Ils rentrent dans Châtillon, sabrent les brigands à moitié ivres, et en « hurlant la *Marseillaise* » sortent tranquillement le lendemain de la ville, laissant les rues couvertes de cadavres. Frappés de stupeur, les Vendéens n'opposent aucune résistance à Chalbos, qui rentre tranquillement dans Châtillon ; le lendemain les patriotes enlèvent Mortagne ! « Les Vendéens, dit Beauchamp, y laissèrent quatorze à quinze cents prisonniers républicains, qui recouvrèrent la liberté. L'horreur et l'infection des cachots les avaient changés en autant de spectres. »

Pendant ce temps, Charette prenait Noirmoutier, et faisait massacrer les malades républicains trouvés à l'hôpital. Huit cents prisonniers, suspects de patriotisme, sont transportés à Bouin où Pageot, après leur avoir fait subir des traitements horribles, les fusille tous. Il propose à un jeune homme de dix-sept ans, Richer, d'entrer dans l'armée royaliste et lui promet la vie sauve, s'il crie : « Vive le roi ! » — « Non, réplique Richer, mon père est mort républicain ; je veux mourir comme lui ! Vive la République ! Fusillez-moi ! Voilà dix francs pour ceux qui sont chargés de mon exécution ; je les prie de bien m'ajuster. »

L'heure de la débâcle allait toutefois sonner pour les Vendéens. Toute l'armée des brigands réunie à Cholet sentait bien que le moment suprême était arrivé, et dans la possibilité d'une défaite, d'Autichamp et Talmont avaient été détachés pour garder Varades et Ancenis et ménager à l'armée royale le passage de la Loire.

Au camp républicain, on n'était pas moins anxieux. Kléber veillait, prenant les dernières dispositions pour le combat du lendemain, quand Marceau entra, brûlant de faire connaissance avec son chef. « Vous n'auriez pas dû quitter votre poste, s'écria Kléber. Retournez-y promptement ; nous aurons le temps de faire connaissance une autre fois. »

Lutte de titans ! que cette bataille de Cholet, où des deux côtés se révélèrent des héros. « Les rebelles combattaient comme des tigres, écrivait Kléber à la Convention, et nos soldats comme des lions. » Lescure, Bonchamps, d'Elbée tombent mortellement atteints. La vue des chefs mourants anéantit les vendéens. La déroute commence bientôt, déterminée surtout par Marceau qui, au centre, laisse se produire, dit Kléber, une charge « de la horde fanatique jusqu'à une demi-portée de fusil, et démasquant son artillerie, renverse des files entières avec sa mitraille. »

Les brigands fuient vers Beaupréau : Beaupuy, malade et excédé de la fatigue d'un combat de quatre heures, soumet aux officiers généraux républicains, la question de savoir si l'on continuera, pendant la nuit, la marche sur Beaupréau, ou si l'on rentrera à Cholet chercher les vivres et les munitions qui manquent. La marche sur Beaupréau est décidée à l'unanimité. Quelques soldats murmurent : « Nous n'avons plus de cartouches, disent-ils. — N'avez-vous pas des baïonnettes ? réplique Beaupuy, et des grenadiers ont-ils besoin d'autre chose ? » A une heure après minuit, les républicains rentrent à Beaupréau et brisent les fers des prisonniers patriotes.

Dans une fuite éperdue, cent mille vendéens, enfants, femmes, vieillards, blessés, mourants, prêtres, se précipitent vers la Loire, que beaucoup ne devaient plus revoir. Ils étaient là, attendant des moyens de passage, désolés de leur défaite, prêts à se livrer aux pires représailles, anxieux, craignant l'arrivée des républicains dont la marche victorieuse était signalée par la fumée des villages incendiés.

C'est alors qu'eut lieu, dit Bonnemère, « une de ces scènes sublimes qui, au milieu de tant de tableaux d'horreur, réconcilient avec l'humanité et font pâlir ces hauts faits de l'antiquité, qu'un enseignement traditionnel a légués à notre complaisante admiration. »

Dans les batailles autour de Cholet on avait fait de part et d'autre de nombreux prisonniers. Ces prisonniers étaient surtout un grand embarras pour les vendéens prêts à passer la Loire ; les chefs royalistes résolurent d'en demander l'échange. Ils chargèrent de cette mission un jeune négociant nantais, Haudaudine, qui jura de revenir se constituer prisonnier s'il échouait dans sa mission. On le prévint que les cinq mille soldats républicains, restés aux mains des rebelles, seraient impitoyablement massacrés s'il manquait à son engagement ou s'il ne réussissait pas, et que dans ce dernier cas, lui-même partagerait le sort de ses camarades qui allaient être conduits à Saint-Florent, sous la garde de Cesbrons d'Argognes.

Haudaudine arrive à Nantes devant le commissaire du Gouvernement : « Les prisonniers royalistes, dit-il, à cause des noms que portent plusieurs d'entre eux, ont pour les Bleus une importance beaucoup plus grande que celle que les prisonniers patriotes peuvent avoir pour les royalistes. D'ailleurs toute transaction avec les révoltés serait un acte de faiblesse et doit être écarté. Tant pis pour ceux qui se sont rendus ou laissé prendre ; c'est l'inévitable destinée des batailles de livrer au jeu du hasard la vie des combattants. Si les prétendus défenseurs de la cause de Dieu et de la religion osent mettre leur menace à exécution, cette cause est déshonorée à jamais, et la République grandit encore par l'abaissement de ses adversaires... »

Les commissaires prêchent l'humanité ; Haudaudine reste inflexible, reprend avec plus d'énergie encore ses arguments et décide les commissaires du Gouvernement à refuser l'échange.

« Maintenant que j'ai réussi, dit-il, je n'ai plus qu'à aller faire connaître votre décision aux chefs des insurgés. »

Sa famille intervient, ses amis insistent, les administrateurs raillent sa loyauté avec les brigands, déclarent le relever de son serment, vont jusqu'à le menacer de le traiter en émigré et en complice des rebelles.

« La morale que vous me prêchez-là, dit-il, n'est pas celle de ma conscience. Quel que soit le sort qui m'attende, je retournerai d'où je viens et je n'autoriserai pas par un manque de foi le massacre de mes compagnons d'armes. »

C'en est fait des cinq mille prisonniers. Les Vendéens, furieux, les entassent dans l'église de Saint-Florent, et braquent devant le grand portail onze pièces de canon, qui vont vomir la mort. Les captifs la bravent en entonnant la *Marseillaise*.

Un roulement se fait entendre. Est-ce le signal du massacre? Non, c'est une proclamation de Bonchamps. Bonchamps mourant ne veut pas que son parti reste au-dessous de l'héroïsme d'Haudaudine : « Camarades, dit-il dans sa proclamation, vous m'avez obéi jusqu'à ce jour, qui est le dernier de ma vie ; en qualité de votre commandant, je vous ordonne de pardonner à mes prisonniers. Si l'ordre d'un chef mourant n'a plus de pouvoir sur vous, je vous en prie, au nom de l'humanité, au nom de Dieu pour lequel vous combattez ! Camarades, si vous dédaignez mon ordre et ma prière, je vais me faire porter au milieu des prisonniers et vos premiers coups tomberont sur moi. »

De tous côtés, on crie dans l'armée royaliste : « Grâce ! Grâce ! Sauvons les prisonniers. Bonchamps le veut, Bonchamps l'ordonne. »

Les prisonniers sont mis en liberté.

On a contesté l'acte d'humanité de Bonchamps. Que les prisonniers aient dû la vie à Bonchamps ou à d'autres chefs vendéens, peu importe. Ils furent épargnés, et l'histoire impartiale doit enregistrer avec orgueil l'action généreuse de l'un des chefs insurgés.

Quelques jours après, Madame de Bonchamps est elle-même arrêtée, conduite à Nantes, condamnée à mort.

Haudaudine jure de la sauver. « Il imagina, dit-elle, pour y parvenir, de faire signer par un grand nombre de prisonniers de Saint-Florent, une pétition adressée à la Convention, dans laquelle il était dit que c'était surtout à mes sollicitations que les prisonniers de Saint-Florent avaient dû la vie. M. Haudaudine savait parfaitement que je n'avais pris aucune part à cette action, puisque je n'étais pas même avec mon mari lorsqu'il mourut ; mais il crut pouvoir se permettre un mensonge officieux pour me sauver. Afin de couvrir la pétition d'un plus grand nombre de signatures, cet homme généreux alla dans différents ports de mer, où il savait qu'il trouverait de ses compagnons d'infortune qui n'hésiteraient point à signer sa pétition. Toutes ces démarches bienfaisantes furent couronnées de succès, ma grâce fut accordée, et je me plais à rendre justice à la vérité en disant que j'ai dû la vie à la reconnaissance d'un républicain. »

Haudaudine obtint donc la grâce de Madame de Bonchamps, mais comme les portes de sa prison tardaient à s'ouvrir, elle envoya sa fille, jolie enfant de six ou sept ans pour demander ses lettres de grâce au terrible tribunal révolutionnaire de Nantes.

« Citoyens, dit l'enfant, s'avançant toute tremblante, je viens vous demander la lettre de grâce de maman. »

On embrasse l'enfant. Un juge, pour la rassurer, tout en causant avec elle, l'invite à chanter. Elle ne se fait pas prier et entonne aussitôt la *Marseillaise* des Vendéens :

Vive ! vive le roi !
A bas la République !

Le tribunal éclate de rire, les redoutables juges embrassent l'enfant et lui remettent la lettre de grâce de sa mère.

La vie d'Haudaudine fourmille de traits qui peignent sa grandeur d'âme. A vingt ans, il quittait Narbonne où il était né et où il venait de perdre son père et sa mère. Il abandonnait à sa sœur tout l'héritage paternel disant que le devoir d'un homme est de se suffire à lui-même, et il se faisait simple commis chez un négociant dont il devint l'ami et l'associé.

Il achète, pendant la Révolution, un bien appartenant à une dame émigrée de Montaigu. Il se met à sa recherche, la découvre en Angleterre où elle vit misérablement, lui écrit qu'elle peut revenir, lui restitue sa propriété dont il avait considérablement augmenté la valeur, n'accepte que le remboursement du prix d'acquisition, et remet le montant des revenus, ainsi que les titres des placements qu'il avait faits.

David d'Angers a immortalisé Bonchamps, son adversaire politique, faisant grâce aux prisonniers républicains. Comment les Nantais n'ont-ils pas encore songé à élever un monument à Haudaudine, ce Régulus moderne ?

XIV

LE PASSAGE DE LA LOIRE

L'Echelle, pendant la bataille de Cholet, s'était honteusement caché au château de la Tremblaie, où il se plaignait, lui, général en chef, d'être abandonné de tout le monde : « Va au feu ! tu y trouveras bonne compagnie », lui cria Dembarrère, le commandant de l'artillerie. Aussi incapable que poltron, l'Echelle n'avait pas songé à faire garder la Loire.

Cent mille vendéens la traversèrent sans être inquiétés. Il y avait parmi eux beaucoup de vieillards, de femmes et d'enfants, puis venaient en nombre considérable des voitures portant les bagages, des troupeaux de bœufs, deux cents charrettes de transport. L'armée royaliste n'occupait pas moins de quatre lieues de longueur. Rien n'était plus facile que d'en finir avec la Vendée, et d'arrêter cette expatriation en masse qu'on a comparée à l'exode du peuple d'Israël.

Quelques coups de canons seulement furent tirés par les Bleus de l'esplanade de Saint-Florent, ce qui fit croire aux royalistes que les cinq mille captifs, mis en liberté, avaient montré leur reconnaissance en retournant contre leurs libérateurs les canons auxquels ils venaient d'échapper.

La vérité, c'est que le représentant Choudieu qui commandait l'avant-garde républicaine, arrivant à Saint-Florent, s'informa de la direction prise par l'armée royaliste et apprit qu'elle avait abandonné ses canons sur l'esplanade de l'église. A la tête d'une escorte de chasseurs, il partit aussitôt dans la direction de l'église, et fit pointer les canons encore chargés sur le village de la Meilleraie, situé de l'autre côté de la Loire, où s'apercevaient des groupes d'insurgés, et leur envoya quelques volées de mitraille. Dans ce village avait été transporté Bonchamps mourant : il rendit le dernier soupir dans une misérable cabane de pêcheur.

Qui donc entraînait hors de leur pays les vendéens, si attachés pourtant à leurs foyers qu'on ne pouvait les garder plus de trois jours après la prise d'une ville, et qu'ils perdaient ainsi, chaque fois, tous les avantages de la victoire ?

La plupart des grands chefs étaient opposés au passage de la Loire. D'Elbée, le généralissime, blessé grièvement, avait blâmé cet exode. Lescure, blessé également, descendu contre son gré sur le rivage devant Saint-Florent, puis transporté en bateau à Varades, et mis en voiture avec sa femme et l'évêque d'Agra, dit que « s'il se fût bien porté, il eût empêché de toutes ses forces cette déplorable expédition ». Il répondit à Bréchard qui lui demandait comment il se portait : « Très mal, mon ami ; s'il me restait encore des forces, je m'en servirais pour brûler la cervelle au jeanfoutre qui nous a fait passer la Loire ».

D'Elbée, transporté à Noirmoutier et interrogé par le général Turreau, qui avait repris possession de l'île, dit quelques jours plus tard : « MM. d'Autichamp et Talmont voulaient passer la Loire : le premier pour s'emparer d'un port de mer ou marcher sur Paris ; le second pour s'établir dans ce qu'il appelait ses Etats de Laval, et devenir chef de parti. Ces projets étaient extravagants. C'est l'ambition de ces deux officiers généraux qui a causé tous nos désastres... Et, pour comble de malheur, nous perdions à Cholet M. de Bonchamps, le meilleur officier de l'armée ».

C'était en effet une faute impardonnable que de dépayser les rebelles. Le « mal du pays » devait les prendre vite au cours de la campagne d'Outre-Loire et, dit Chassin, « c'est en reconduisant de force vers le Bocage natal leurs chefs incapables de les diriger, après l'échec de Granville, qu'ils précipitèrent eux-mêmes la fin effroyable de cette folle aventure ».

L'hiver approchait d'ailleurs. On était en octobre ; la pluie défonçait les routes et l'énorme matériel de l'armée royaliste avançait péniblement. Les enfants grelottaient de froid, criaient souvent la faim sur le bras du père alors que la femme, ruisselante de pluie, suivait avec peine, portant le fusil. Quel courage attendre d'hommes combattant dans de telles conditions ?

Il fallait un nouveau généralissime ; on choisit La Rochejaquelein. Intrépide et brave, il était trop jeune pour imposer son autorité et l'unité de commandement.

La discorde était d'ailleurs déjà parmi les chefs. Bonchamps avait été frappé à mort, selon sa propre déclaration, par l'un des siens. Charette, qui un instant avait agi de concert avec la grande armée catholique, était retourné dans ses marais et faisait bande à part. Bernard de Marigny, comme Joly, devait être fusillé par ses coreligionnaires, sur les ordres de Stofflet et de Charette, eux-mêmes rivaux acharnés.

La Rochejaquelein, qui, pas plus que d'Elbée, Lescure et Bonchamps avait été d'avis de traverser la Loire, aurait voulu se porter rapidement sur Nantes et Angers, puis de regagner le bocage. Mais d'Autichamp et Talmont imposèrent leur volonté, le premier voulant traverser la Bretagne pour faire jonction avec le parti royaliste normand et prendre Saint-Malo « où, dit de Beauchamp, le gouvernement britannique préparait un débarquement » ; le second, hanté toujours par l'idée d'entraîner l'armée dans ses Etats de Laval, où il espérait voir grandir son importance personnelle, et où, affirmait-il, tous les paysans se soulèveraient à sa voix. »

Pour donner satisfaction à ces opinions contradictoires, on décide qu'on marchera vers Rennes, mais en passant par Laval.

L'armée catholique s'empare en courant de Condé et de Segré, et bat à Entrammes les troupes de l'Echelle, grâce à l'ineptie de ce dernier et à la fougue imprudente de Westermann. Un bataillon républicain, qui avait mis bas les armes et s'était rendu, est tout entier massacré par les chouans.

De nouveaux éléments grossissent les rangs de l'armée vendéenne : ce sont ces faux sauniers, dont nous avons déjà parlé, et qui, sans ouvrage, depuis que l'Assemblée nationale avait supprimé la gabelle, voulaient trouver dans le butin une compensation à leurs anciens profits.

Habitués à tous les dangers, audacieux, sans scrupules, durs à la fatigue, ignorants et cruels, ils furent de précieux auxiliaires pour la Contre-Révolution. Le vendéen martyrisait le républicain par fanatisme de même qu'au moyen-âge le prêtre torturait l'infidèle pour l'envoyer plus sûrement au ciel ; le Manceau, qui fut le vrai *chouan*, se moquait, lui, de Dieu et du roi : il égorgeait pour voler.

Jean Cottereau (Jean Chouan), dont nous avons déjà conté la vie peu édifiante, était le chef tout désigné de ces bandits. Fils d'un bûcheron et d'une mère, qui s'était laissé enlever et avait semé ses six enfants au hasard des travaux de la forêt, il était devenu tout naturellement royaliste, comme Stofflet, parce que la Révolution avait supprimé son vilain métier, et s'était mis à la tête de bandes de faux sauniers, de réfractaires, de déserteurs, et même de gabeleurs supprimés avec la gabelle.

Sa bande, connue sous le nom de bande de Royal-Carnage, répand la terreur dans tout le Maine, saccage, tue sans raison, incendie, si bien que les communes sont obligées de former une ligue pour leur défense.

Thiers a dit de ces brigands : « Ils ne formaient pas comme les Vendéens, des rassemblements nombreux, capables de tenir campagne ; ils marchaient en troupe de trente et cinquante, arrêtaient les courriers, les voitures publiques, assassinaient les juges de paix, les maires, les fonctionnaires républicains et surtout les acquéreurs de biens nationaux. Quant à ceux qui étaient, non pas des acquéreurs, mais fermiers de ces biens, ils se rendaient chez eux et se faisaient payer les prix des fermages. Ils avaient ordinairement le soin de détruire les ponts, de briser les routes, de couper l'essieu des charrettes, pour empêcher le transport de subsistances dans les villes... Ne pouvant pas occuper militairement le pays, leur but évident était de le bouleverser en empêchant les citoyens d'accepter aucune fonction de la République, en punissant l'acquisition des biens nationaux, et en affamant les villes. »

Contrairement aux Vendéens, ils opéraient la nuit. Le jour ils restaient cachés dans les forêts, dans la forêt de Misdon principalement, où ils avaient creusé des trous habilement dissimulés dans des fourrés épais. Souvent les Bleus, envoyés à leur recherche, passaient sur ces trous sans les remarquer, et les Chouans, souffrant de la faim, s'y tenaient pendant plusieurs jours.

Ils avaient tous des sobriquets, étant habitués à cacher leurs noms à la police et surtout à la douane : Frisé, Belle-Viande, Vol-au-Vent, Sabre-Tout, Brise-Bleu, Nul s'y frotte, Fend l'Air, Frappe à Mort, Petit-Profit, Vif-Argent, etc.

Jean Treton, dit *Jambe d'Argent*, mendiant, colporteur, batelier, aide-charlatan, devint promptement le digne compagnon de Jean Chouan, mais le plus redoutable fut sans contredit Coquereau, vaurien abandonné par sa famille, qui était dans l'aisance. Mousqueton et lui faisaient assaut de cruautés. « Tout l'extérieur de ce dernier, dit Duchemin-Descépeaux, semblait fait pour justifier l'effroi qu'il inspirait ; ses jambes cagneuses rendaient sa démarche embarrassée ; ses manières brusques, son teint tour à tour livide ou enflammé, l'expression sinistre de ses yeux louches et hagards, tout manifestait, dès le premier aspect, la disposition de son naturel irascible, farouche et sanguinaire. Sa voix ordinairement rauque et sourde, quand il était aux prises avec l'ennemi, faisait entendre des sons inarticulés, semblables à des rugissements. Les combats, le sang et le carnage faisaient sa jouissance. « Quand il faut tuer un *pataud*, disait-il, ce n'est pas pour moi une affaire, je m'en fais un plaisir. » Il se montrait non seulement impitoyable envers les républicains, mais aussi complètement insensible au sort de ses camarades.

Saint-Paul, garçon de charrue, presqu'un enfant, ne faisait jamais grâce à ses ennemis, alors même qu'ils se rendaient : « Il n'y a que Dieu qui ait raison de faire grâce, disait-il, car Dieu seul voit dans le cœur des coupables et connaît le vrai repentir. » Il permettait toujours à ses hommes de torturer un républicain, mais jamais ne tolérait qu'ils jurassent le saint nom de Dieu.

Tels étaient les nouveaux soldats de l'armée catholique et royale, tels étaient les hommes avec lesquels correspondaient et traitaient les chefs de la noblesse de France.

Le Comité de Salut public exaspéré par la défaite d'Entrammes, par les atrocités de ces nouvelles recrues de la Contre-Révolution, par les négociations anglo-royalistes, remplace l'incapable l'Echelle par Rossignol et donne l'ordre d'en finir avec la Vendée. L'armée de l'Ouest est réunie à l'armée des côtes de Brest et à une partie de celle de Cherbourg. Elle a mission d'attaquer vigoureusement les rebelles à Laval ; puis Granville et Cherbourg sont mis en état de siège, car le Comité n'ignorait pas que la prise d'un port était toujours l'objectif principal de l'insurrection.

Maîtres de Laval, les Vendéens étaient fort en peine et ne savaient quel nouveau plan de campagne adopter. Ils tiennent un conseil militaire : les uns veulent revenir en Vendée, d'autres pousser jusqu'à Paris, *pour donner la main aux Autrichiens*, dit l'écrivain royaliste Bourniseaux, d'autres se porter sur Rennes. L'entente paraissait difficile, quand arrive le jeune malouin Prigent, qui était porteur de lettres des chefs de l'émigration dans les îles anglaises de la Manche, et des gouverneurs de Jersey et de Guernesey, annonçant la préparation d'une expédition anglaise, dans le but de seconder l'armée vendéenne, si celle-ci réussissait à s'emparer d'un port. Prigent affirmait avoir vu à Portsmouth la flotte anglaise prête à mettre à la voile.

Cette nouvelle décide les royalistes à marcher vers la Manche.

XV

LA MARCHE SUR GRANVILLE

Les rebelles se dirigent vers Dol, s'emparent de Mayenne, d'Ernée et de Fougères, où meurt Lescure, blessé à Cholet.

« Pendant la route de Fougères à Dol, dit M. de Beauchamp, se forma la *bande noire*, ainsi appelée par ceux qui en faisaient partie, lesquels portaient en signe de ralliement un crêpe noir au bras gauche. Cette troupe de pillards était conduite par La Bigotière et les frères Toutant, de Loudun, transfuges du parti républicain. Il s'y était joint des Allemands et d'autres déserteurs étrangers. Ils commirent tant d'excès qu'il fut souvent question de les traduire devant un conseil de guerre. Mais les circonstances étaient si critiques, que les généraux se virent dans l'impuissance d'ordonner cet acte de rigueur salutaire. On les força seulement de déposer dans la caisse de l'armée quinze mille francs qu'ils avaient volés à un curé, après l'avoir massacré. »

« Ils ont tué deux administrateurs du département, écrit le citoyen Goulette, commissaire de Saint-Denis-d'Arques, au comité du Mans ; ils ont massacré beaucoup de particuliers, sans distinction. En assommant ces malheureux, ils essayaient de leur faire proférer le cri sacrilège de : *Vive le roi !* et paraissaient fort contents lorsqu'ils avaient forcé ces tristes victimes de leur rage de déshonorer ainsi leur dernier moment... Pendant qu'on les assassinait, des prêtres leur donnaient l'absolution et posaient sur leur

tête des mains dégoûtantes du sang des patriotes. Plusieurs prêtres assermentés ont été massacrés, entre autres le citoyen Drille, qu'ils ont jeté
dans la rivière et qu'ils ont fusillé dans l'eau. Le citoyen Tellot, fils d'un
officier municipal, fut également assassiné au milieu d'une rue. On leur fit
observer que ce malheureux était aveugle : « Tant mieux pour lui, dirent
les scélérats, il n'en verra rien ! » et ils le tuèrent. »

A Fougères, nouveau conseil militaire, auquel est remise la réponse
officielle de l'Angleterre aux négociations entamées par le chevalier de
Tinténiac.

Réunis au mois d'août précédent à Châtillon-sur-Sèvre, les « commandants et officiers du conseil des armées royales du Poitou » avaient écrit
au ministre d'Etat de Sa Majesté britannique :

« ... Recevez, Monsieur, ainsi que Sa Majesté et tous les ministres
de son conseil, nos remerciements au nom de l'humanité et des fidèles
Français de nos contrées. Notre cause est celle de Dieu, des rois et de
tous les amis des hommes de tous les pays de l'univers. Il était digne des
généreux anglais de nous seconder. *C'est à eux que nous devrons la paix,
le bonheur, et notre vraie liberté.* De La Rochejaquelein fils ; Donnissan ;
la Trémoïlle, prince de Talmont ; Lescure ; le chevalier des Essarts ;
† l'évêque d'Agra, président du conseil supérieur ; Lyrot de la Patouil-
lère ; Michel des Essarts, deuxième président ; Royrand ; le chevalier de
Viensi ; le chevalier Edouard de Flavigny ; Fresneau fils ; d'Elbée. »

Le roi Georges II, auquel la lettre des chefs vendéens n'avait pu être
remise qu'en octobre, déclarait dans sa réponse-autographe, contresignée
par ses ministres Pitt et Dundas, qu'il offrait « un généreux et immédiat
concours aux armées royales, dont tous les rois devaient encourager les
efforts monarchiques. »

Aux renseignements donnés verbalement par les envoyés anglais,
Prigent ajouta les instructions écrites qui lui avaient été fournies probablement par du Dresnay, le général en chef déjà désigné par les Princes :

« Je décide donc que l'armée royaliste fasse une attaque sur les
hauteurs de Granville ; l'objet de cette attaque est de protéger le débarquement des troupes anglaises et des provisions qui sont apportées pour
le soulagement de l'armée royaliste. Elle décidera le temps nécessaire
pour sa marche ; elle fixera le jour de l'attaque sur les hauteurs de
Granville et, au point du jour désigné, l'armée royaliste apercevra la flotte
anglaise, à peu près vers la pointe de Saint-Pierre, entre Granville et
Cancale, *si toutefois le vent est favorable.* »

On convient des signaux à échanger : un drapeau blanc, planté en

LES SABLES EN 1780

haut de la citadelle entre deux drapeaux noirs, annoncera la prise de Granville. Le courrier de l'émigration remporte l'adhésion définitive des chefs de l'armée vendéenne, c'est-à-dire le témoignage authentique de leur pacte avec l'étranger.

Il fallait donc sans retard marcher sur Granville. L'armée catholique se remet en marche, grossie de douze mille volontaires bretons, qu'on appela *la Petite Vendée*.

Elle occupe Dol sans combat, mais se livre à un pillage effréné. L'évêque d'Agra, ancien curé de la ville, vole les vases d'argent et les ornements sacrés de son ancienne église ; il dérobe même un cheval à un habitant.

Les rebelles arrivent le 12 devant Granville, et deux chefs adressent aussitôt une sommation aux habitants : « Songez, disent-ils, qu'un feu vengeur arme nos bras ; songez que les indomptables habitants de la Vendée, vainqueurs et destructeurs des garnisons de Valenciennes et de Mayence sont là, et qu'ils peuvent s'ouvrir un passage par le fer et par le feu. » Puis la sommation menace d'exterminer tous les prisonniers qui sont entre les mains des Vendéens, si « dans une heure précise », réponse n'est pas rapportée par les deux prisonniers républicains envoyés en parlementaires.

Dans aucune délibération granvillaise, dans aucun rapport, il n'est question de cette sommation. Il est probable qu'imitant le maire Baco, de Nantes, le commandant, le maire ou le représentant du peuple Le Carpentier, celui à qui put parvenir la lettre des chefs royalistes, s'abstint de la communiquer dans la crainte d'atténuer l'énergie de la défense.

L'enthousiasme des Granvillais est d'ailleurs immense. Les femmes montrent l'exemple, prennent part à la lutte et entraînent les patriotes au combat. Une jeune fille, Mademoiselle Jourdan, vêtue de ses habits de fête, fait le coup de feu pendant deux heures sur les remparts, puis redevenue femme après avoir été soldat, elle reçoit chez elle, défend, soigne, sauve au péril de sa vie les ennemis de la veille. Elle inspire un amour violent à l'un de ceux qui lui doivent la vie, mais elle entend rester fidèle au souvenir de son fiancé, officier républicain, frappé mortellement à côté d'elle sur les remparts.

Les chouans s'étaient emparés des faubourgs et dirigeaient des maisons un feu terrible sur les assiégés ; dans un élan de patriotisme, digne des temps antiques, les propriétaires eux-mêmes de ces maisons, à la suite de vingt-cinq chasseurs, partent pour les incendier, et, sous une grêle de balles, arrivent à en déloger ainsi les brigands.

La poussée des Vendéens est à un moment si ardente qu'elle paraît produire quelque hésitation parmi les canonniers des remparts. Alors apparaît, ceint de son écharpe tricolore, l'officier municipal, Clément Desmaisons. Trouvant une foule de femmes, qui combattent vaillamment, mais commencent à faiblir, il va jusqu'aux canonniers et tombe, atteint à la tête par une balle tirée des fenêtres du faubourg. Son exemple suffit. Il est immédiatement vengé, et les assaillants prennent la fuite, abandonnant dans un fossé leur chef Forestier.

Pendant ce temps la flotte anglaise longeait les côtes de Normandie, attendant en vain les signaux convenus.

Le vent était d'ailleurs défavorable et une tempête s'était élevée le second jour. Au lieu de la flotte anglaise, dont la présence eût pu ranimer le courage des assaillants, ceux-ci n'aperçoivent que deux canonnières de Saint-Malo et de Cancale, qui achèvent leur défaite en balayant la plage.

L'échec de Granville était grave, car les prêtres et l'évêque d'Agra en particulier, multipliant les exhortations, réchauffant le fanatisme, croyaient avoir assuré la victoire. Un souffle de révolte commençait à s'élever ; les brigands criaient à la trahison, reprochaient aux chefs de les avoir arrachés à leur pays, les soupçonnaient de vouloir les abandonner, et d'attendre l'occasion de passer dans les îles anglaises.

A Villedieu, défendue vaillamment par la population et par les femmes elles-mêmes, puis mise à sac par l'armée royaliste, un incident met l'exaspération à son comble. Il est ainsi raconté dans les Mémoires de Poirier de Beauvais :

« MM. de Talmont, de Beauvolliers et autres personnes, au nombre desquelles étaient plusieurs dames, formèrent le projet de se rendre à Jersey. A la nuit close, cette compagnie quitta la Manche pour s'acheminer vers le bord de la mer. Le bruit de cette entreprise étant parvenu à Stofflet, celui-ci, sans hésiter, ordonna à cinquante cavaliers de les suivre et de les ramener par la force. Ce détachement se mit sur leurs traces, mais, la tentative ayant échoué, nos voyageurs revinrent par un autre chemin. Il y eut grand bruit, à ce sujet-là, à leur retour, avec Stofflet ; on apaisa cette affaire, afin de ne pas justifier la nouvelle qui s'était répandue dans l'armée, que les chefs voulaient passer à l'étranger. »

Bonnemère dit que le prince de Talmont avait laissé en Angleterre une amie, lady Brighton, à laquelle il avait juré de tout quitter pour venir la rejoindre, lorsqu'elle lui ferait remettre la moitié d'une bague qu'ils s'étaient partagée à l'heure douloureuse des adieux. A Villedieu, il

reçut la bague dans un billet, qui lui apprenait que deux matelots l'attendaient au rivage avec une barque qui allait le transporter à Jersey, où
lady Brighton espérait son retour.

L'abbé Bernier l'accompagnait, ainsi que d'Autichamp, de Donnissan,
de Solérac et l'un des Beauvolliers. Il fallut que le prince se justifiât
devant l'ancien garde-chasse. « Il avait voulu simplement, dit-il, sauver
Mesdames de Cuissard et de Fay, qui voulaient rejoindre leurs maris en
émigration. » Justification difficile à admettre, car on se demande comment cinq chefs et le principal agent ecclésiastique auraient accompagné
deux femmes se rendant simplement rejoindre leurs maris, et pourquoi
celles-ci se seraient servies d'une barque expédiée par une amante.

On eut beau faire, le bruit de cette fuite se répandit vite ; il était
d'autant plus grave que la caisse royale accompagnait les fugitifs. Dès
lors, il n'y eut plus qu'un cri : « A la Loire ! En Vendée ! » En vain, on
fusille les premiers qui donnent l'exemple de la retraite ; La Rochejaquelein et Stofflet, pour conserver leur armée, doivent eux-mêmes
ordonner le retour. C'en était fait désormais de l'armée catholique ; « ce
n'est plus, dit d'Obenheim, qu'un sanglier blessé, qui avant de périr,
ne froissera que les chasseurs maladroits, qui se trouveront sur son
passage. »

XVI

LE RETOUR

Les vendéens combattent encore toutefois avec l'énergie du désespoir, et avant de regagner sa bauge, le sanglier fera souvent tête.

A Pontorson, le général républicain Tribout se fait battre et ses troupes sont mises en déroute. A Dol, les femmes vendéennes affolées « arrêtent ceux qui fuient. Quand ils résistent à leurs prières et refusent de combattre, elles s'opposent à leur passage. Souvent même, pour leur donner un salutaire exemple, elles saisissent le fusil de quelque mort et répètent avec désespoir: « En avant, les Vendéennes ! » Les prêtres aussi rivalisent de zèle, mais leur influence est plus décisive, car ils promettent le ciel aux braves et l'enfer aux lâches. Ici, l'abbé de Grandmaison les excite ; là, placé sur une élévation et le crucifix à la main, Doussin, curé de Sainte-Marie de l'île de Ré, produit un magnifique effet. » (Crétineau-Joly.)

La déroute se change en victoire et malgré des prodiges de bravoure, Westermann, toujours trop fougueux, trop endiablé et trop indiscipliné, est forcé de battre en retraite.

« Quoique dénués de tout espoir de vaincre et en déroute, dit Billard de Vaux parlant de l'héroïsme des Bleus, les vendéens ne firent pas un prisonnier qui voulût rendre ses armes. Les traits des chevaux coupés, les canonniers abandonnés par les soldats du train aimaient mieux se laisser hacher sur leurs pièces que de crier : « vive le roi ! » C'était réellement frénésie plutôt qu'enthousiasme. L'on vit plusieurs de ces malheureux, dans cette campagne d'Outre-Loire, plus qu'en Vendée encore, embrasser l'avant-train de leurs pièces, à l'imitation les uns des autres, et rendre ainsi le dernier soupir en criant : « Vive la République ! M... pour ton roi ! »

Déjà on avait vu des enfants, soulevés par le patriotisme qui emportait la nation, mourir en héros.

Joseph Bara, de Palaiseau, engagé volontaire, âgé de treize ans, est entouré par les brigands qui lui promettent la vie sauve s'il dit « Vive le roi ! » Il crie : « Vive la République ! » et tombe percé de coups.

Cet enfant nourrissait sa mère avec sa paie et « partageait ses soins, dit Robespierre à la Convention, entre l'amour filial et l'amour de la patrie. »

La Convention décida que les honneurs du Panthéon seraient décernés à Bara, que David représenterait sa belle action, que la gravure de ce tableau serait envoyée à toutes les écoles primaires, et qu'une pension serait accordée à la mère de l'héroïque enfant. Les poètes Marie-Joseph Chénier, Lebrun, Andrieux, chantèrent sa gloire et ses vertus. Grétry composa un opéra intitulé *Joseph Bara*, qui fut représenté sur la scène de l'Opéra-Comique ; rue Feydeau on donna aussi l'*Apothéose du jeune Bara*. Mais, étrange retour de la fortune, le 9 thermidor, c'est-à-dire la veille du jour où devait avoir lieu la fête pour les honneurs du Panthéon à Bara, Robespierre, l'auteur de la proposition, était renversé, et l'ajournement de la cérémonie était prononcé ; il dure encore. Une pierre commémorative ne s'élève même pas dans l'endroit où tomba Bara, près de Saint-Michel-Mont-Mercure, en Vendée.

Désolé des échecs de Pontorson et de Dol, le Comité de Salut public perd la tête. Il nomme Marceau général en chef, puis, quelques jours après il ordonne à celui-ci de suspendre Kléber. Marceau, heureusement, avait lié son sort à celui de son ami ; il tient la dépêche secrète et n'exécute pas l'ordre.

Pendant ce temps, les vendéens atteignent Angers, et, pensant avoir des amis dans la place, ils s'attendent à trouver quelque porte ouverte après un simulacre de défense. Par malheur pour eux, la place est commandée par un homme d'énergie, Ménard, qui assume la responsabilité entière de la défense, d'accord avec les autorités civiles, qu'enflamme le plus ardent patriotisme ; et Danican, sur lequel ils comptaient ne peut accomplir sa trahison. Beaupuy est là, lui aussi d'ailleurs, et les Angevins ont confiance dans son républicanisme et sa valeur militaire.

En vain les chefs royalistes promettent le pillage de la ville aux rebelles, en vain, les prêtres parcourent leurs rangs, un crucifix à la main ; les Angevins imitent les Granvillais, et après quarante-huit heures de siège, l'ennemi s'éloigne.

Où allait-il ? Triste spectacle que cette foule épuisée, affamée, vivant de noix et de pommes ramassées sous les arbres, en proie à la dyssenterie, abandonnant partout derrière elle des cadavres non ensevelis, qui faisaient craindre la peste. La faim, le froid, la misère, terrassaient femmes et enfants. Sans souliers, marchant sur la terre détrempée, les pieds nus et couverts d'abcès, les soldats de la sainte cause allaient vers la Loire, semant l'épouvante et l'horreur.

Ils allaient vers la Loire, et ils l'eussent traversée à Saumur, si Kléber, occupant la levée ne leur eût barré la route. Il fallut remonter vers La Flèche et Le Mans, afin d'essayer de traverser à Blois.

Mais la maladie, ne faisait pas seule son œuvre ; la désertion affaiblissait aussi l'armée royale.

Cependant, soixante mille vendéens rentrent le 10 décembre au Mans. Ils pillent, volent, vident surtout les caves, et l'ivresse s'ajoutant à la fatigue, le 12 au soir, la grande armée catholique dormait quand, comme une trombe, arrive Westermann.

Marceau lui avait donné l'ordre de prendre position pour livrer combat dès le lendemain matin. « La meilleure position, avait répondu Westermann toujours indiscipliné et impatient, est au centre de la ville. Profitons de la fortune et en avant ! » — « Tu joues gros jeu, brave homme ! avait objecté Marceau en lui serrant la main ! N'importe, marche, je te suis. »

Ils étaient cinq à six mille Bleus, contre soixante mille brigands. La lutte avait commencé à la chute du jour, et à neuf heures du soir, les patriotes occupaient la place centrale des Halles.

Kléber, très inquiet, très mécontent de l'imprudence de Westermann qui était blessé, rejoint les vainqueurs ; il trouve toute une ville en proie à l'épouvante ; dans les rues les rebelles courent terrifiés.

Le lendemain matin à sept heures, la bataille recommence, et Kléber enlève à la baïonnette les batteries royalistes, mais déjà la route de Laval était couverte de fuyards, pourchassés par la cavalerie de Westermann et de Decaen, sabrés par les chasseurs francs de Kastel, aux ordres de l'adjudant général Delaage. Quand Kléber peut enfin se reposer à la hauteur du château de Samson, ses troupes et lui n'avaient ni mangé, ni dormi depuis trente-six heures.

« On ne saurait se figurer, dit-il dans ses mémoires, l'horrible carnage qui se fit ce jour-là, sans compter le grand nombre de prisonniers de tout âge, de tout sexe et de tout état. » Il est incontestable que ce fut l'une des plus effroyables boucheries dont l'histoire ait fait mention. Mais, les vendéens étaient des rebelles, et les Bleus défendaient la patrie et la loi : l'art de la guerre n'a pas encore trouvé le moyen de livrer combat sans joncher de cadavres les champs de bataille.

Et d'ailleurs tout ce que l'humanité commande et peut tenter dans de telles luttes, où, en somme, les combattants poursuivent des deux côtés un but d'extermination, fut fait par les vainqueurs; les témoignages dans ce sens abondent de toutes parts et honorent les Patriotes.

Beauchamp dit : « Les soldats d'Aunis et d'Auvergne, auxquels était dû principalement le gain de la bataille, emmenèrent plusieurs Vendéennes de distinction. Sans se prévaloir du droit de conquête, sans se permettre aucun propos indécent, presque tous respectèrent leurs captives, et en arrachèrent beaucoup à la mort certaine, au risque de périr eux-mêmes victimes de leur humanité. »

Renouard, l'un des historiens du Maine, écrit « qu'il y eut beaucoup de femmes vendéennes et d'enfants sauvés. Tous les habitants du Mans furent ce qu'ils devaient être, sensibles et humains... Trois à quatre mois après, toutes les femmes vendéennes enfermées à l'Oratoire furent mises en liberté. »

Aussitôt après la bataille, les vainqueurs font assaut d'humanité. Vivien, le juge de paix, recueille deux orphelines, couvertes de boue et de sang ; l'une d'elles était sourde et muette.

Charles d'Autichamp, blessé, trouve asile chez Madame de Bellemare, chez qui a été également transporté le lieutenant Vidal, du 6e hussards. Vidal lui procure une veste de hussard et l'envoie, ainsi qu'un autre royaliste Bernez, au dépôt de son régiment : Kléber et Marceau informés, ferment les yeux.

Westermann, cet homme que les royalistes disaient altéré de sang, donne un sauve-conduit à Mademoiselle de La Tremblaye. Savary, avec l'aide de l'un de ses officiers, Fromental, sauve, non sans peine, Madame Boguais, d'Angers, et ses trois filles : Mademoiselle Boguais, séduite par la bonté de l'officier, lui donne son amour en échange de sa vie.

Marceau arrache à ses soldats Mademoiselle Angélique des Mesliers, jeune fille de dix-huit ans, qui dans la déroute avait vu tomber père, mère, parents. Il la conduit à Laval dans une maison amie. « On ne vit jamais, dit Kléber, de femme ni plus jolie, ni mieux faite, et, sous tous les rapports plus intéressante. »

Un jour, Mademoiselle des Mesliers apprend que ceux qui cachent des royalistes jouent leur tête : elle s'alarme pour ses protecteurs et va se dénoncer elle-même. Immédiatement arrêtée, elle est conduite à Nantes et condamnée à mort.

Marceau est prévenu, mais il est à la frontière. Il accourt, obtient du Comité de Salut public la grâce de la jeune fille qu'il aime et à laquelle il veut donner son nom. Il se précipite, vole, parvient. Une exécution a lieu à ce moment ; c'est celle de sa fiancée. Agitant au-dessus de sa tête la lettre de grâce, il s'élance sur la place, arrive au pied de l'horrible machine et pousse un cri d'horreur : la tête de Mademoiselle des Mesliers venait de rouler sur l'échafaud.

Il faillit y perdre lui-même la sienne et il eût été condamné sans Bouchotte, qui acquitta ainsi la dette de reconnaissance qu'il avait contractée à Saumur.

Goubin, du Mans, un tout jeune homme, trouve le soir une jeune fille royaliste, mourant de faim, de froid et de peur sous une porte cochère. Il était pauvre ; il gagnait six cents francs par an et n'avait pour tout logis à offrir qu'une chambre avec un lit et une chaise. Il y conduit la jeune fille, lui donne le lit et s'installe sur la chaise. Mais les nuits de décembre sont glacées et un jour, ou plutôt une nuit, Goubin tombe de sa chaise, brisé de fatigue, terrassé par le froid.

Lorsque le pays est pacifié, Goubin, toujours respectueux, conduit sa compagne où elle veut aller, et la jeune fille, de famille riche et noble, offre sa main à son sauveur.

« Non, Mademoiselle, répond Goubin ; je suis républicain, les Bleus doivent rester des Bleus. »

Le soir de la déroute, le général Delaage s'élance le sabre au poing, disperse des hussards au milieu desquels se débattait une jeune fille. Il la conduit en lieu sûr, puis, quelques jours après la confie à l'une de ses tantes, au village de Loiré.

Deux ans après, alors qu'il était à l'armée de Hoche, il est prié, par le comte de Ménard, d'accepter à dîner au château de la Claye. Des jeunes filles lui présentent, au dessert, des bouquets, et il reconnaît à leur tête celle qu'il avait sauvée au Mans, ; elle l'avait servi, pendant le repas, sous le nom de Perrette, sans qu'il la reconnût. Delaage s'arrache à l'attendrissement, à la reconnaissance de cette famille pour retourner au

camp, et, le lendemain, il combat de nouveau les amis de ceux qui,
volontiers, eussent donné leur vie pour lui.

Tels étaient ces hommes de 93, terribles dans la mêlée, stoïques,
insensibles à tout ce qui pouvait amollir l'âme, inébranlables dans leur
foi républicaine, mais toujours humains quand le permettaient les lois de
la guerre.

C'était un général de vingt-quatre ans qui venait d'abattre la Vendée,
mais sa modestie en rejetait tout l'honneur sur Kléber. Marceau n'avait
d'ailleurs accepté le commandement en chef qu'à la condition expresse
que Kléber restât à ses côtés.

« A moi la responsabilité, à toi la gloire ! » avait dit le jeune général.

« Sois tranquille ! avait répondu Kléber. Nous nous battrons côte
à côte, et s'il le faut, nous nous ferons guillotiner ensemble. »

XVII

DERNIER SPASME

Ce qui restait de l'armée vendéenne fuyait vers Ancenis, emporté par la bourrasque. Malgré la fatigue, malgré la faim, le froid, leurs blessures, les rebelles en haillons, pieds nus pour la plupart, font dix lieues en huit heures : armée en débandade, pourchassée par les paysans manceaux, qui, prenant leur revanche, refusent tout asile et tout secours à ces vaincus, les tuent à coup de fourches et entassent les cadavres sur le bord des routes.

Dix mille vendéens périssent le long de la route de Laval ; quantité de femmes et d'enfants sont écrasés dans cette fuite éperdue, broyés sous les roues des charrettes ou foulés aux pieds des chevaux.

Ainsi meurt la mère de Jean Chouan, qui, lui-même, tombait quelques jours après sous une balle républicaine.

Les sœurs de Jean, restées à leur village, avaient été arrêtées, et le frère avait résolu de les délivrer. A la tête d'une bande d'hommes déterminés, il attend, à l'entrée de la nuit, sur le bord de la route qui doit être suivie par les prisonnières. Mais la nuit s'écoule, une pluie violente ne cesse de tomber, et l'eau monte, monte toujours dans le fossé où se cachent Jean et ses compagnons. Ils n'ont pas mangé depuis vingt-quatre heures ; la faim les torture.

« N'est-ce pas, mes gars, dit-il, que vous ne me laisserez pas seul ici ?

« Ne t'inquiètes pas, Jean, répondent-ils ; nous mourrons là avec toi, si tu le veux. »

Pendant qu'ils faisaient le guet, les sœurs, conduites à Laval par un autre chemin, y avaient été guillotinées.

Quelques jours après, la femme de son frère René, sur le point de devenir mère, tombe entre les mains des républicains. Il accourt, la dégage, fait face aux bleus pour lui permettre de fuir, mais il est atteint par une balle et expire entre les bras de René et des siens. Ceux-ci creusent une tombe au plus profond du bois, foulent la terre pour que l'affaissement du sol ne trahisse pas le secret de la sépulture, et la gazonnent soigneusement.

« A Laval, dit Grille, les hommes sont en fuite ; la masse des vendéens leur a fait peur. Mais les femmes restent, et quand elles voient l'état de l'ennemi, son affaissement, ses guenilles, ses maladies, elles se jettent dessus et lui enlèvent ses armes. Les femmes de Laval se rappellent les maux, les meurtres, les outrages des deux précédents passages ; le troisième va payer pour tous. Elles sont implacables ; à elles seules, elles font, en quelques heures, plus de mal aux brigands que n'en ont fait une armée. »

Et les débris de la grande armée catholique passent, passent toujours, se ruant vers la Loire, séparés du sol natal, c'est-à-dire du salut, par le fleuve infranchissable.

Ils devraient inspirer la pitié ; ils n'excitent que la haine et les représailles, parce qu'ils ont trop commis d'excès.

Les chefs eux-mêmes, amaigris, terrassés par la souffrance et les privations sont méconnaissables. Ils sont revêtus d'accoutrements grotesques et de haillons.

« J'étais vêtue en paysanne, dit Madame de La Rochejaquelein. J'avais sur la tête un capuchon de laine verte ; j'étais enveloppée dans une vieille couverture de laine et dans un grand morceau de drap bleu, rattaché à mon cou par une ficelle. Je portais trois paires de bas de laine jaune et des pantoufles vertes, retenues à mes pieds par de petites cordes... M. Roger-Moulinière avait un turban et un dolman qu'il avait pris au spectacle de La Flèche. Le chevalier de Beauvollier s'était enveloppé d'une robe de procureur et avait un chapeau de femme par dessus un bonnet de laine ; Madame d'Armaillé et ses enfants s'étaient couverts de lambeaux d'une tenture de damas jaune. M. de Verteuil avait été tué au combat, ayant deux cotillons, l'un attaché au cou, et l'autre à la ceinture. Il se battait en cet équipage. »

On arrive enfin au fleuve. Hélas ! on est en décembre ; la Loire est grosse et des canonnières nantaises sont sous voile à distance. Pas un bateau. On s'empare d'Ancenis, et l'on pille ; on arrache tout ce qui peut surnager, tout ce qui peut servir à la construction d'un radeau, tonneaux, portes, boiseries, planches, poutres.

Mais les ouvriers sont inhabiles, et tout à coup apparaît l'avant-garde de l'armée républicaine.

Alors la peur paralyse les bras. Sauve qui peut! Le généralissime Henri de La Rochejaquelein, Stofflet, Sapinaud, La Ville-Beaugé, Vaugiraud, de Langerie et quelques autres s'élancent sur l'un des radeaux. La Rochejaquelein tient par la bride son cheval qui suit à la nage. Après une lutte d'une demi-heure contre le courant, les gentilshommes abordent à la rive opposée.

Des cris de malédiction s'élèvent de l'autre rive. Les cris de trahison! trahison! se font entendre de nouveau. Quelques centaines de royalistes veulent suivre leurs chefs, mais beaucoup se noient, et les radeaux sont coulés par les canonnières nantaises.

Il faut marcher, marcher encore, marcher toujours, car le canon tonne derrière Ancenis ; il faut marcher, non pour échapper à la mort, mais pour la retarder.

Il faut marcher au milieu des embûches de toute sorte, car les paysans chassent les pauvres vaincus comme des bêtes fauves.

Plus de généralissime ; plus de vivres ; plus de sabots. La faim, le froid, la fatigue ; il faut marcher quand même.

On traverse Nort, on arrive à Blain, puis à Savenay... pour mourir.

A Blain, on avait remplacé La Rochejaquelein par Fleuriot. Talmont, blessé dans son orgueil, avait fui. Donnissan, Desessart, Pérault, Piron, Rostang avaient aussi abandonné l'armée.

Talmont, déguisé en paysan, errait quelques jours après vers Laval, quand il fut reconnu et livré par la fille d'un aubergiste de Fougères, qui avait été outragée par lui. Il fut exécuté à Laval devant la porte principale du château.

Le 22 décembre, apparaît devant Savenay la cavalerie républicaine. Fleuriot fait occuper, en avant de la ville, deux bouquets de bois, et la canonnade commence ; mais la nuit arrive. Westermann, impatient, veut en finir aussitôt. Prieur (de la Marne) crie lui aussi : « En avant ! En avant ! » Le sage Kléber intervient, et d'un ton qui ne souffre pas de réplique, il dit à Westermann, qui insiste pour le combat immédiat : « Je croyais avoir trop bien commencé cette affaire pour la laisser terminer par un autre. »

Le 23 décembre, l'attaque est engagée dès le point du jour. Affreuse

journée d'hiver, aussi triste que la lutte fratricide qui va s'engager !
Le vent souffle en tempête ; les cloches dans la campagne sonnent comme
des glas.

« Point de quartier ! » crie-t-on de part et d'autre. Un instant, l'un
des corps les plus intrépides, le bataillon des grenadiers réunis, commandé par Verger, bat en retraite. « Nous n'avons plus de cartouches,
crie Verger. » — « Ne sommes-nous pas convenus hier, réplique froidement Kléber, que nous les écraserions à coup de crosse ? » Les grenadiers
chargent à la baïonnette ; le cri de « Vive la République ! » retentit, et
l'élan est tel qu'en quelques instants l'armée républicaine traverse
Savenay. Le carnage est horrible ; ceux qui y échappent se jettent dans
les marais de Montoire, mais les hussards se lancent à leur poursuite et
noient tous ceux qu'ils ne peuvent sabrer.

Cette fois c'en était bien fait de l'armée des rebelles. En douze jours,
une armée de quatre-vingt à quatre-vingt-dix mille hommes avait été
détruite par les soldats républicains. Combien revirent leur bocage, des
cent mille Vendéens, qui avaient traversé la Loire ? trois ou quatre
mille à peine.

Exécrable résultat des guerres civiles ! Beauchamp prétend que, dans
les guerres de la Vendée, six cent mille vendéens, manceaux et bretons,
perdirent la vie, et qu'ils massacrèrent peut-être autant de Patriotes.

« Je les ai bien vus, bien examinés, écrit Kléber à Merlin de Thion-
ville en parlant des vendéens ; j'ai même reconnu de mes figures de
Cholet et de Torfou, et à leur mine et à leur contenance, je te jure qu'il
ne leur manquait du soldat que l'habit. »

Paroles justes, à coup sûr, et qui honorent les Vendéens, mais font
regretter que tant de vaillance et tant de sang n'aient pas été utilisés sur
les frontières.

XVIII

COLONNES INFERNALES

Il était permis d'espérer qu'après l'écrasement de la grande armée catholique, l'apaisement allait se faire ; la plupart des communes d'ailleurs ne demandaient qu'à faire leur soumission. Mais il y avait trop de haines accumulées de part et d'autre.

Si cependant Marceau et Kléber avaient conservé leurs commandements, nul doute que la pacification eût commencé aussitôt ; ces grands cœurs, en effet, avaient pitié de la Vendée anéantie. Mais on était au début de l'année 1794, c'est-à-dire en pleine tourmente révolutionnaire.

Les deux généraux avaient fait une entrée triomphale à Nantes, et on leur avait offert, au milieu d'une foule enthousiaste, une couronne civique.

« Ce sont les soldats qui remportent les victoires, s'était écrié le conventionnel Turreau, ce sont eux qui méritent les couronnes civiques, si des couronnes peuvent être offertes à des hommes libres. »

« — Oui, avait repris Kléber contenant sa colère, les soldats contribuent aux victoires, mais il faut qu'ils soient dirigés par des généraux, soldats comme eux, et chargés de maintenir l'ordre et la discipline, sans lesquels il n'y a pas d'armée. Marceau et moi, nous n'acceptons cette couronne que pour l'offrir à nos camarades et l'attacher à leur drapeau. »

Rossignol dénonce Kléber, Marceau et Westermann ; le général Turreau, frère du conventionnel, est aussitôt désigné pour les remplacer.

12

Et alors les fureurs recommencent. On fait la chasse aux rebelles en fuite : Donissan, Beauvolliers, Mondyon, Tinguy, l'évêque d'Agra, sont exécutés.

Pendant cé temps, La Rochejaquelein, Stofflet, d'Autichamp, de Sapinaud, de Marigny, l'abbé Bernier, recrutent une nouvelle armée. En Bretagne, Cadoudal et Mercier soufflent la révolte ; Charette tient toujours le marais.

La Convention informée envoie les ordres les plus sévères, et Turreau organise ces douze colonnes infernales, dont le souvenir sanglant pèse encore sur la Vendée, et dont les atrocités se racontent toujours dans les veillées d'hiver. Elles devaient marcher droit devant elles, couper la Vendée en douze tronçons isolés les uns des autres, tout détruire, tout brûler, tout massacrer, faire de la région un vrai désert.

L'ordre ne fut que trop bien exécuté. Rigueur inutile au lendemain de la victoire de Savenay ! C'était l'heure, alors que l'ennemi était à terre, d'essayer ces mesures de douceur dont on avait trop usé au début de l'insurrection, et que Carnot préconisait maintenant en vain au Comité de Salut public.

« L'ordre général a été donné, écrit d'Angers le conventionnel Francastel au général Grignon, d'incendier tous les fours et moulins, puis toutes les maisons isolées, les châteaux surtout, afin d'achever la transformation de ce pays en désert, après avoir soutiré les richesses qu'il renferme. Pas de mollesse, ni de grâce dans un pays qui mérite l'indignation et la vengeance nationales... Tu feras trembler en même temps les brigands, auxquels il ne faut point faire de quartier. Des prisonniers dans la Vendée !... Point de quartier !... »

Ce Grignon convenait à tous égards à la besogne qu'on voulait lui faire accomplir ; on avait choisi d'ailleurs, à dessein, des hommes sans pitié.

« Entre tous, et au-dessus peut-être de ces misérables, dit M. de Quatrebarbe, le général Grignon conquit une hideuse célébrité. Elevé tout-à-coup des derniers rangs du peuple à un grade supérieur, dès le premier jour il devint le fléau du pays. Le métier d'incendiaire et de bourreau était le seul qui convînt à sa taille. Sans talent et sans courage, il aimait le sang comme Kléber aimait la gloire. »

Le 21 janvier, douze colonnes incendiaires sont déchaînées.

Sont seulement exceptés de l'incendie, les villes et bourgs de *Saint-Florent, Luçon, Montaigu, La Châtaigneraie, Sainte-Hermine, Machecoul, Challans, Chantonnay, Saint-Vincent, Cholet, Bressuire, Argenton* et *Fontenay-le-Peuple*. Il fallut une lettre du général Bard et l'insistance, en son nom, de Périot, pour faire admettre, à la fin de la liste, le chef-lieu de la Vendée, Fontenay-le-Peuple.

A qui remonte la responsabilité des horreurs, qui vont être commises ?

Turreau avait écrit au ministre : « Mon intention est bien de *tout incendier*, de ne réserver que les points nécessaires à établir les cantonnements propres à l'anéantissement des rebelles. Mais *cette grande mesure doit être prescrite par vous. Je suis l'agent passif du corps législatif* que vous représentez en cette partie. Vous devez également *prononcer d'avance sur le sort des femmes et des enfants* que je rencontrerai dans le pays révolté. *S'il faut les passer tous au fil de l'épée, je ne puis exécuter une pareille mesure sans un arrêté qui mette ma responsabilité à couvert.* »

L'arrêté ne lui est pas fourni.

Cependant les instructions aux généraux commandant les colonnes sont très précises :

« On emploiera tous les moyens de découvrir les rebelles ; tous seront passés au fil de la baïonnette ; les villages, métairies, bois, landes, genets, et généralement tout ce qui peut être brûlé, seront livrés aux flammes...

« Aucun village ou métairie ne pourra être brûlé qu'on n'en ait auparavant enlevé tous les grains battus ou en gerbes, et généralement, tous les objets de subsistance ; et, supposant que l'enlèvement des objets éprouvât quelque retard et empêchât qu'on ne brûlât sur-le-champ les villages et métairies qu'on doit incendier, les colonnes les épargneront pour ne pas différer leur marche ; mais, quelque chose qui arrive, les chefs de chaque colonne ne pourront se dispenser d'être rendus le 27 janvier au dernier lieu qui leur est indiqué. »

Les rapports des chefs de colonnes sont atroces.

Cordellier écrit de Beaulieu, le 22 :

« La municipalité m'a déclaré qu'il n'existait de contre-révolutionnaires que des femmes, dont les maris s'étaient réunis aux brigands ; comme elles me paraissent suspectes, *je leur ferai donner demain leur déjeuner.* »

Le 23, Boucret rapporte à Turreau :

« Lorsque tout sera évacué, je ne veux pas qu'il en reste un vestige, et le pays sera purgé par le fer et le feu. *Il ne m'échappera pas un brigand. Ce matin, j'ai fait fusiller quatorze femmes et filles.* »

Mais, le plus inhumain fut sans contredit Grignon.

« Le général Grignon, a dit au Comité de Sûreté générale le maire de la Flocellière, arrive aux Essarts. Il fait égorger vingt jeunes gens qui s'étaient conformés à la proclamation des représentants du peuple, avaient remis leurs armes, et se comportaient bien. Ils m'avaient, en qualité de commissaire du district, aidé à briser les cloches de dix églises, et à désarmer au moins deux cents brigands. Il fit égorger les officiers municipaux en écharpe, et cela par une erreur de nom qu'il ne donna pas le temps d'expliquer. Dans le reste de la paroisse, il fusilla de toutes mains, sans exception ni formalité... Dix hommes de ma garde nationale furent sabrés, dont deux furent mal tués et en réchappèrent. A la Flocellière, j'offris une liste des grands coupables ; il me dit que c'était inutile. Il fit égorger les hommes de ma commune sans me consulter. La troupa pilla, incendia à tort et à travers. Je ne mentionne pas les cadavres épars faits par les soldats. On coupa un Patriote et sa servante en morceaux, ainsi que deux vieilles femmes dont une était en enfance. »

L'indignation fut unanime à la Convention, quand on apprit les crimes abominables commis par les généraux des colonnes infernales. L'Assemblée décréta aussitôt l'arrestation de Turreau, de Grignon, et « celle du général Carpentier, ci-devant curé de Saumur. »

De même Carrier, qui avait déshonoré la République à Nantes, par ses atrocités et ses horribles noyades, fut traduit devant le Tribunal Révolutionnaire et condamné à mort avec deux de ses principaux complices.

Il faut le dire, à l'honneur de la Convention, qui pourtant n'hésitait pas à envoyer les siens à l'échafaud, et n'avait pas les nerfs trop délicats, chaque fois qu'elle apprit des atrocités commises par les troupes républicaines, elle en punit immédiatement les auteurs. Mais, c'est le propre de la guerre et principalement de la guerre civile, de réveiller chez l'homme la bête endormie et de surexciter les plus mauvais instincts.

Que faisaient pendant ce temps les chefs vendéens ?

La plupart étaient encore fugitifs ; les atrocités de Carrier et des colonnes infernales allaient toutefois leur faciliter un nouveau recrutement. Charette, qui n'avait pas souffert de la campagne d'outre Loire, et avait une armée encore intacte, était le plus redoutable. Turreau décide qu'il débarrassera sans délai la République de cet adversaire dangereux. Il donne ordre à Haxo et à Dutruy, qui menaçaient Noirmoutiers, d'attaquer la ville, dans l'espoir que Charette accourera opérer une diversion ; mais Charette ne paraît pas. La ville est prise et d'Elbée, qui, atteint de quatorze blessures, s'y était réfugié, tombe aux mains des républicains et est fusillé. Il avoue avant de mourir que le plan de d'Autichamp était « de s'emparer d'un port de guerre et de marcher *avec le secours de l'Angleterre* sur la capitale. »

La Rochejaquelein venait de réunir quelques hommes, et déjà il avait remporté quelques succès, quand il tombe, auprès de Fromentine, sous la balle d'un républicain qu'il sommait de se rendre. Stofflet qui le suivait, s'élance sur son cheval et s'écrie : « Bah ! ce n'était pas grand'chose que votre La Rochejaquelein ! »

Il s'empare du commandement, que personne n'ose lui disputer, marche sur Cholet défendue par Moulin, et entre dans la ville. Moulin est blessé et se brûle la cervelle pour ne pas tomber vivant entre les mains de ses ennemis.

Cette pauvre ville de Cholet, sans cesse prise, reprise, pillée, dévastée, n'était pas à bout. Royalistes et républicains y étaient rentrés pêle-mêle, et il s'était fait, le long des rues, de grands massacres. Un soldat du comte de Bruc, à lui seul, avait tué cinq officiers dans une chambre.

Tandis que le général Caffin, qui avait remplacé Moulin, se fait blesser grièvement en ralliant les Patriotes, apparaissent les hussards, et bientôt toute la division de Cordelier, chargeant les brigands, les fait sortir de Cholet plus vite qu'ils n'y sont entrés, malgré l'héroïsme de la comtesse de Bruc, qui combat au premier rang et s'efforce d'arrêter les fuyards.

Le général Alexandre Dumas avait été désigné pour prendre le commandement à la place de Turreau, mais bientôt il offre sa démission en demandant de servir, comme simple soldat, dans une armée « où il soit permis de faire des prisonniers. »

« Qu'eussiez-vous fait, général, lui dit Savary, parlant des excès des colonnes infernales, si de pareils ordres vous eussent été intimés ?

« — Avant d'obéir, répond Dumas, je me serais fait sauter la cervelle ».

La Convention, enfin, se décide à prendre des mesures de conciliation. Trop tard ! les Vendéens, incendiés, ruinés, s'étaient de nouveaux soulevés avec cette fois des apparences de raison, et tenaient la campagne. De bleue, la terreur devient blanche.

Stofflet, tout fier de ses nouvelles fonctions, soulève et maintient sous sa domination toute la région occupée autrefois par la grande armée catholique, c'est-à-dire le bocage.

Bernard de Marigny rentre à Cerizay, Châtillon, Bressuire, Mortagne, et tient tout le centre de la Vendée militaire.

Charette bat Grignon, l'adjudant général Lachenay, et fait un grand nombre de prisonniers qu'il ordonne de massacrer. Son activité est prodigieuse : on le voit partout, et partout il est atroce.

« Ce n'est pas chose facile, écrit Haxo à la Convention qui lui ordonnait une action décisive, de trouver Charette, encore moins de le combattre. Il est aujourd'hui à la tête de dix mille hommes et le lendemain il erre avec une vingtaine de soldats. Vous le croyez en face de vous, et il est derrière vos colonnes ; il menace tel poste, dont il est bientôt à dix lieues. Habile à éluder le combat, il ne cherche qu'à vous surprendre pour égorger vos patrouilles, vos éclaireurs, à enlever vos convois. Je le poursuis sans relâche ; il périra de ma main, ou je tomberai sous ses coups. »

Le 19 mars, Haxo, à la tête de trois cents hommes, arrive en éclaireur aux Clouzeaux, toujours à la poursuite de Charette, qui se dirigeait sur la Mothe-Achard. Ne pouvant engager l'action à cause de l'obscurité, il se réfugie dans l'église et s'y barricade ; mais, à la pointe du jour, il monte dans le clocher, voit qu'il est entouré et cherche de quel côté il est possible de tenter la sortie. Apercevant des uniformes républicains dans le clocher, les rebelles tirent, et une balle, par ricochet, casse le bras de Haxo, qui descend et essaie de faire une trouée.

Il est entouré, s'adosse à un arbre et, le sabre à la main, attend l'ennemi, bien résolu à combattre jusqu'au dernier souffle.

Un brigand s'approche et le somme de se rendre ; pour toute réponse, Haxo l'abat d'un coup de sabre. Cinq cavaliers l'entourent ; il les tient en respect. Alors, un sieur Arnaud, de la Mouzinière de la Genétouze, arme froidement son fusil : « Misérable, s'écrie Haxo, dois-je périr ainsi de la main d'un lâche ? Approche, si tu l'oses ! » Il est percé de trois balles ; il se défend encore, blesse un rebelle de sa dernière cartouche, et, mort, il semble encore tenir ses ennemis à distance.

Charette, encore une fois, restait maître du Marais.

XIX

SOUMISSION DE CHARETTE ET DE STOFFLET

Il ne restait plus que trois chefs vendéens, Charette, Stofflet, Bernard de Marigny, mais ils se détestaient furieusement, car tous voulaient le commandement suprême. Triste et coupable rivalité, alors que tout croulait autour d'eux !

Ils prennent cependant la résolution d'imposer, pour un instant, silence à la haine qui gronde dans leurs cœurs, mais les dévouements pour être efficaces ont besoin d'être sincères. Un homme d'ailleurs était là auprès d'eux qui soufflait la jalousie et cherchait à diviser pour régner, c'était l'abbé Bernier, l'inspirateur obligé de Stofflet, qui était incapable de rédiger seul une proclamation.

L'instant était cependant propice pour les chefs vendéens. Les incendies et les massacres avaient en effet irrité les plus décidés à la soumission, et les patriotes eux-mêmes se répandaient en plaintes, envoyant adresses sur adresses, déléguant députations sur députations pour signaler les dangers de la répression à outrance et les atrocités abominables, dont étaient victimes les communes vendéennes les plus enthousiastes pour la Révolution.

Alexandre Dumas venait d'être remplacé comme commandant en chef par Lazare Hoche. Parlant de la Vendée, le jeune et brillant général disait : « Cette plaie politique se cicatrisera sans sang ». Mais, Hoche était encore dans la période d'observation.

Charette, Marigny, Stofflet et Sapinaud signent un pacte fédératif par lequel ils s'engagent à ne pas se séparer avant d'avoir chassé toutes les garnisons républicaines campées sur les bords de la Loire : ils ne font pas longtemps honneur à leurs signatures.

Le 6 juin, ils se font battre à Challans par une très faible garnison commandée par le général Boussard, qui dit dans son rapport : « Ils se rendraient tous, s'ils ne craignaient pas qu'on les fît mourir. »

Ils avaient retenu, pour assister à la victoire espérée, le chevalier de Tinténiac, envoyé par le gouvernement Anglais et par les Princes : Tinténiac dut remporter une triste opinion des derniers vendéens. Les chefs remercièrent toutefois le ministre anglais et lui donnèrent quelques éclaircissements sur la situation, demandant *un secours de dix mille hommes réglés et entretenus par l'Angleterre, trente bouches à feu de tous calibres, bombes, mortiers, avec des artilleurs pour leurs services et deux cents milliers de poudres, des vivres et des habillements pour la troupe qui commençait à être mal entretenue.* Ils lui indiquaient aussi *pour le débarquement la rade de l'Aiguillon, en Vendée.* On convint aussi *des signaux à faire pour avertir de l'arrivée des secours.*

Mais la défaite de Challans, sous les yeux de l'envoyé des princes français et du roi d'Angleterre, avait exaspéré les chefs royalistes les uns contre les autres. La haine qui couvait en eux éclate subitement.

Dans un conseil de guerre tenu à Belleville par les trois chefs (Stofflet, Sapinaud et Charette), Jolly et Marigny sont condamnés à mort, sous prétexte qu'ils n'ont pas coopéré à l'attaque de Challans. Stofflet envoie ses chasseurs allemands pour tuer Jolly, qui s'échappe, mais qui, errant dans le bocage, tombe quelques jours après sous les coups des royalistes, près de Saint-Laurent-sur-Sèvre.

Quant à Bernard de Marigny, manqué à Cerizay, le 2 mai, lors du passage de Stofflet, Charette et Sapinaud, on le retrouve, le 10 juillet, malade dans son lit, au château de la Grandière. Il traite avec mépris les chasseurs de Stofflet, presque tous déserteurs de la Légion germanique, ainsi que le jugement d'un « brutal valet de chiens » (Stofflet), d'un « imbécile » (Bernard) et d'un « homme de toilette, fourbe sans talent » (Charette). On le traîne hors de sa chambre. Il eût voulu affronter la mort et commander lui-même le feu ; on lui tire dans le dos, on l'assassine.

Les deux chefs survivants, Charette et Stofflet ne devaient pas tarder eux-mêmes à s'entre-déchirer.

Stofflet, dévoré par l'orgueil, détestait les nobles qui l'appelaient *Mispoulet*. Après avoir usurpé le titre de général en chef, il n'avait nommé comme commandants divisionnaires que des paysans, puis avait décrété que tous les habitants de l'Anjou et du haut Poitou seraient soldats du roi de 15 à 50 ans. De là, mécontentement très vif des nobles et des paysans, qui ne marchaient encore que parce qu'ils craignaient les foudres de l'abbé Bernier, inspirateur de Stofflet, potentat religieux, qui nommait aux cures, ordonnait les rassemblements, dirigeait toute une correspondance, s'efforçait d'obtenir des princes émigrés des secours d'argent, principalement la récompense de ses propres services, et tenait, au château de Lavoir en Neuvy, une véritable cour où se rendaient les nobles dames.

Charette, lui, à Belleville, se livrait toujours, entre deux batailles, aux plaisirs les plus mondains. « Il habitait, dit Crétineau, une petite ferme sur une butte, et dépendante de l'ancien château de Harpidame. Là, maître de ses moments, après quelques mois d'une existence si agitée et si remplie de malheurs et de gloire, le général se livra, comme par le passé, à cette vie de plaisir et de luxe qui avait tant d'attraits pour son imagination. Il ne fut plus le terrible chef qui résistait à toutes les forces de la République, et qui la contraignait à lui accorder une paix dont il dédaignait d'accepter les ouvertures. C'était, à Belleville, un homme passionné pour le plaisir, le cherchant sous toutes ses formes, et s'entourant avec bonheur de toutes les distractions. » Une nouvelle amazone, aussi célèbre que Madame de Beauglies, l'avait rejoint dans son Eden et l'accompagnait dans les combats, Madame Dufiet de Saint-Colombin.

Tinténiac revient encore une fois d'Angleterre, apportant une nouvelle déclaration : « L'expédition navale de lord Moira, qui avait été destinée à concourir à l'attaque de Granville et que des circonstances déplorables ont empêché d'arriver à temps, mouille encore devant Jersey ; elle est prête à mettre à la voile, dès que les chefs vendéens se seront emparés d'un port de mer ; elle marchera de concert avec eux et alors s'effectuera le débarquement projeté. »

C'était toujours la même hantise : livrer à l'étranger un port de Bretagne. Heureusement pour notre pays, les villes de la côte étaient toutes patriotes.

Le fossé se creusait d'ailleurs de plus en plus entre Charette et Stofflet. Celui-ci, sous l'inspiration de l'abbé Bernier, qui n'avait dénoncé la supercherie du faux évêque d'Agra que pour obtenir à sa place une délégation de vicaire apostolique du Saint-Siège, crée pour six millions de « bons commerçables, remboursables à la paix » « au nom du roi » et avec la seule signature du général en chef. L'émission ayant commencé, malgré les chefs du Centre et du Bas-Poitou, les opposants se rassemblent à Beaurepaire et décident que le pacte fédératif, enfreint par Stofflet, est rompu, que la qualification de général en chef, qu'il s'était attribuée, est abolie, que chaque armée doit reprendre son autonomie et que l'émission des bons est nulle.

De plus, les chefs vendéens déclarent que le soudoiement des soldats, but de l'émission, n'était qu' « un moyen suborneur, inventé par le plus orgueilleux et le plus vain despotisme », et ils qualifient la conduite de Stofflet « d'infraction à sa parole, de mépris de tout principe d'honneur et de tout ordre. ».

Stofflet réplique par la bonne plume de l'abbé Bernier :

« ... Les soldats de Turenne, de Condé, de Villars, n'étaient-ils pas soldés ? Nos émigrés eux-mêmes ne l'ont-ils pas été pendant longtemps ? Une partie d'entre eux ne l'est-elle pas encore des richesses de Catherine, de Pitt et de la Hollande ? Craignons, Messieurs, que cette discorde ne parvienne à la connaissance de nos ennemis ; ils ont, dans l'intérieur, des émissaires pour la souffler, des agents pour l'entretenir ou la susciter. Quel triomphe pour eux, s'ils y réussissent !... Nul sacrifice ne me coûtera pour procurer une union, d'où dépend le salut public... Elevé par la confiance du peuple à la dignité de général, je soutiendrai ce titre par le même moyen ; mon armée ne deviendra l'asile d'aucun soldat mécontent. Je repousserai mes ennemis ; je punirai les traîtres et les artisans de discorde ; j'accablerai du plus puissant mépris les délateurs et les envieux ; je procurerai le bien public par tous les moyens qui seront en mon pouvoir, et je volerai à votre secours quand vous l'exigerez. »

La lettre de Stofflet est accueillie avec le plus profond dédain par Charette et les autres chefs ; elle reste sans réponse.

Les patriotes eussent eu facilement raison à ce moment d'ennemis, si profondément divisés, mais le Comité de Salut public était tout à la clémence, et disposé à accepter les propositions d'amnistie présentée par les députés de la région vendéenne.

Le 12 frimaire, an III (2 déc. 1794), il faisait en effet décréter par la Convention nationale :

« Art. 1er. — Toutes les personnes connues dans les arrondissements des armées de l'Ouest, des côtes de Brest et des côtes de Cherbourg, sous les noms de Rebelles de la Vendée et de Chouans, qui déposeront les armes dans le mois qui suivra le jour de la publication du présent décret, ne seront ni inquiétées, ni recherchées dans la suite pour le fait de leur révolte.

« Art. 2. — Les armes seront déposées aux municipalités des communes que les représentants du peuple indiqueront. »

En même temps était expédiée une *Proclamation de la Convention nationale à ceux qui avaient pris part à la révolte* :

« ... Le peuple français tout entier veut vous croire plus égarés que coupables ; ses bras vous sont tendus, et la Convention nationale vous pardonne en son nom, si vous posez les armes, si le repentir, si l'amitié sincère vous ramènent à lui. Sa parole est sacrée, et, si d'infidèles délégués ont abusé de sa confiance et de la vôtre, il en sera fait justice.

« Il est temps que les ennemis de la France cessent de repaître leurs yeux du spectacle de nos dissensions intestines... Français ! les liens de la nature sont-ils brisés entre nous ? et le sang des Anglais a-t-il passé dans vos veines ? Massacrerez-vous les familles de vos frères, vainqueurs de l'Europe, plutôt que de vous unir à eux pour partager leur gloire ?... »

Charles Bréchard, ancien commissaire du Conseil supérieur de la Vendée, près les armées catholiques, l'un des premiers, en séance publique du district des Sables, déclare accepter l'amnistie : « J'abjure mes erreurs, dit-il, et j'appelle avec assurance la confiance du peuple sur ma conduite future ; le plus cher de mes vœux est de mourir quitte avec ma patrie. »

Comme il était du pays et que sa famille était estimée, on le charge de faire accepter l'amnistie par les populations ; il se voue avec ardeur à cette propagande.

« Français, s'écrie-t-il dans une proclamation ardente, en abandonnant votre parti, je dois vous en exposer les motifs. Les voici : J'aime vraiment mon pays ; je n'aspire qu'à son triomphe, son bonheur et sa gloire... La patrie aujourd'hui appelle tous ses enfants, elle leur pardonne à tous... Je me précipite dans ses bras et me séquestre à jamais de la classe ingrate et perverse qui pourrait encore conserver le dessein de déchirer les entrailles de cette mère bienfaisante... *Y aurait-il parmis vous un seul homme, assez prodigue du sang de ses semblables, qui, instruit par l'expérience, voulût recommencer la guerre malheureuse que vous avez entreprise ?... Croiriez-vous aux efforts impuissants des rois ligués contre la République, qui, forcés dans toutes leurs places, fuient de toutes parts devant ses étendards ?...*

« ... Croiriez-vous donc servir la cause du ciel par cette horrible guerre ? Quoi ! vous feriez un tel outrage à la divinité ? Le maître de nos destinées a-t-il besoin de nos bras pour exécuter ses décrets ? Ce Dieu qui vous recommande l'amour même de vos ennemis, vous demande-t-il d'être les bourreaux de vos frères ?...

« La paix ou la mort, voilà votre partage, choisissez ; le temps presse, hâtez-vous ; le tonnerre gronde, il va fondre en éclats. Le sein de la patrie vous est ouvert : c'est le seul asile où vous puissiez parer ses coups. »

Les paysans d'alors ne savaient pas lire, mais ils étaient certainement disposés à entendre les proclamations lues et commentées des généraux pacificateurs.

La réaction thermidorienne cependant préféra reprendre les errements de l'ancien régime et employer les plus vils moyens de corruption pour amener les chefs de brigands, qu'on ne pouvait reconnaître comme belligérants, à signer des traités de paix qu'ils avaient l'intention bien arrêtée de ne pas respecter, et qu'ils qualifiaient eux-mêmes de « glorieux », parce qu'ils les jugeaient humiliants pour la République.

Charette résistait toujours. Il attaque le camp retranché de Fréligné, près de Nantes, commandé par le général Prat. Les républicains, inférieurs en nombre, ne peuvent résister. Mermet, lieutenant-colonel, est foudroyé par une balle qui l'atteint au front. Son fils, un enfant de quatorze ans, qui combattait à ses côtés, se précipite sur le cadavre de son père ; les troupes de Charette mettent le feu au camp, et l'enfant périt dans les flammes. « Cette victoire, dit Beauchamp, souillée par le meurtre de plusieurs femmes qui se trouvaient dans le camp républicain, coûta la vie à une multitude de braves : quatre cents périrent du côté des royalistes, et il y eut double de blessés. Peu de républicains échappèrent. Les prières des prisonniers ne purent fléchir les vainqueurs, qui se baignèrent dans le sang. »

Puis, comme il faut endormir les républicains jusqu'au moment où les anglais pourront effectuer la descente sur nos côtes, c'est-à-dire après les grandes marées, comme il est politique d'organiser dans le plus grand silence la prochaine insurrection, Charette prête l'oreille aux paroles de paix qui lui sont portées par Cormatin, agent royaliste, au nom des représentants en mission à Nantes. On décide qu'une conférence aura lieu à la Jaunaye, sur la route de Clisson.

Le 12 février 1795, vers onze heures du matin, les représentants du peuple, Ruelle, Dornier, Lofficial, Chaillon, Menuau, Morisson,

Delaunay, Jary, Bollet et Pomme, sortent de Nantes, accompagnés de cent cavaliers et deux cents fantassins, que commande le général Canclaux, entouré d'un brillant Etat-major. A midi et demie, ils s'installent autour d'une table sous une grande tente dressée au milieu d'une lande.

Charette ne tarde pas à arriver. Il est escorté de trois cents cavaliers, aux larges ceintures blanches et aux panaches de même couleur. Il est vêtu d'une veste couleur chair, avec parements rouges et retroussés, à fleurs de lys. Au bout de sa ceinture flotte une large dentelle noire. Sur la veste, du côté gauche, un médaillon en étoffe où est brodé un crucifix avec cette légende : « *Vous qui vous plaignez, considérez mes souffrances.* » A son chapeau, un panache avec des plumes vertes, noires et blanches, et deux rangs de bourdalous dorés. Les autres chefs portent des petites croix en or au côté gauche.

En face des députés, se placent Charette, Fleuriot, de Couëtus, l'Espinay, Sapinaud, de Bruc, Béjarry.

Charette demande si les républicains veulent offrir l'amnistie, ou bien s'ils désirent traiter avec eux. Delaunay répond que la réunion a pour but une conciliation.

Le général vendéen dit alors qu'il va faire prévenir les commissaires. Quatre individus rentrent. L'un d'eux, qui devait être un prêtre, lit un préambule dans lequel il déclare que ce sont les atrocités de tout genre et les vexations, dont ils ont été victimes, qui les ont forcés à prendre les armes pour conserver leur honneur, leur vie et leur liberté.

Il donne ensuite lecture des propositions des chefs vendéens ; elles contiennent vingt-deux articles.

Art. 1er. — La liberté des opinions religieuses étant un droit imprescriptible, il sera permis aux habitants de la Vendée d'avoir *le libre exercice du culte catholique, dont les frais seront uniquement supportés par ceux qui en feront profession.* La sûreté, la protection la plus spéciale sera accordée *aux ministres de ce culte qui n'ont point prêté serment,* avec faculté de rentrer dans leurs domaines patrimoniaux.

Art. 2. — Les traitements ci-devant accordés *aux religieux et religieuses* seront continués tant à ceux qui existent parmi nous qu'aux autres qui, dispersés par la persécution, voudraient y habiter.

Art. 3. — *Les habitants de la Vendée s'engagent sur leur parole d'honneur à ne jamais porter les armes contre la République...*

Art. 4. — ... La Vendée jouira de l'exemption la plus complète des milices et ne sera sujette à aucune réquisition.

Art. 5. — Si néanmoins une puissance ambitieuse et rivale tentait ouvertement *d'usurper le trône*, les braves habitants de la Vendée n'oublieraient pas *qu'ils sont Français*.

Art. 8. — Tous les habitants de la Vendée rentreront de suite et par le seul fait de la pacification, dans *la jouissance pleine et entière de leurs droits et propriétés...*

Art. 9. — La Vendée sera indemnisée, dans un délai de trois mois, des incendies et toutes autres pertes causées par la guerre désastreuse...

Art. 10. — *Tous les bons*, signés par les chefs, leurs commissaires et délégués... seront remboursés dans le même délai, ainsi que les assignats supprimés par les décrets...

Art. 11. — *Exemption de tous impôts pendant dix ans.*

Art. 12. — *Il sera formé un département pour toute la contrée insurgée.*

Art. 14. — Les membres des établissements (substitués aux communes et districts) seront choisis par les chefs de la Vendée.

Art. 15. — ... il sera formé, dans le plus bref délai, par les chefs de la Vendée et sous leur commandement, un corps de troupes suffisant et à la solde du département.

Art. 17. — *La République retirera ses troupes de tous les postes de l'intérieur de la Vendée.*

Art. 21. — La Convention sera sollicitée d'accorder la faculté de rentrer dans la patrie *aux émigrés et aux ministres du culte catholique déportés.*

Les chefs vendéens, on le voit, avaient la prétention de former de la Vendée un état à part, traitant de puissance à puissance avec la République française.

Une série de conférences eurent lieu. Après d'orageux débats, les représentants finirent par accorder : la liberté des cultes ; des indemnités pour les paysans qui avaient souffert de la guerre ; l'exemption temporaire du service militaire ; la formation d'une garde territoriale, soumise aux administrations locales, et dont l'effectif ne devait pas dépasser deux mille hommes ; l'acquittement sur les fonds de l'Etat des bons signés par les généraux vendéens jusqu'à concurrence de deux millions.

Stofflet se rend à son tour à la Jaunaye et Cormatin vient l'y trouver, mais Stofflet refuse de reconnaître la République. En présence des officiers républicains, il s'élance sur son cheval et part en criant : « Au diable la République ! Au diable Charette ! »

Ecumant de rage, il cherche aussitôt à surprendre au milieu de son camp Sapinaud, qui parvient à s'échapper, livre au pillage son quartier général, se saisit du royaliste Julien Prudhomme et le fait massacrer à coups de sabre.

Quelques jours après, de nombreux chefs de l'armée de Stofflet faisaient leur soumission à la Jaunaye. L'un des royalistes, au nom de l'armée vendéenne, adressait des remerciements chaleureux aux représentants du peuple, qui venaient « d'acquérir les titres les plus flatteurs à la reconnaissance publique, en se montrant les amis de la justice, de l'humanité, de la bienfaisance, et les soutiens de la gloire et de l'honneur de tous les français ». Le compliment se terminait par une invitation à venir, une fois les traces de la guerre effacées, recevoir les « bénédictions de tous les heureux faits par eux ».

Le même jour, à quatre heures, les généraux républicains de l'armée de l'Ouest et les chefs royalistes de la Vendée, Charette entre Canclaux et Beaupuy, faisaient une entrée solennelle à Nantes. Plusieurs salves d'artillerie annonçaient leur arrivée. Ils étaient précédés d'une musique militaire et d'un peuple nombreux ; des chasseurs des deux armées les accompagnaient ; le plumet et la cocarde tricolore ornaient toutes les têtes. La cité retentissait de chants d'allégresse et des cris sans cesse répétés de « Vive la République ! Vive la Convention nationale ! Vive l'Union ! Vive Charette ! »

Après le dîner offert par les pacificateurs aux pacifiés, il y eut spectacle de gala à la salle Graslin et bal chez un riche négociant.

Le lendemain, séance de la Société populaire. Charette y fait un discours et déclare *qu'il ne veut manifester d'autre désir que de sacrifier ses jours pour la République.*

« Le voyage triomphal de Charette, a fait remarquer son secrétaire Auvynet, découvrit aux yeux d'une grande cité la faiblesse de ses moyens ainsi que l'ineptie et la nullité de ses officiers. Ceux-ci se répandirent partout dans les cercles de bon ton et dans les cabarets ; ils y étalèrent autant d'ignorance que de forfanterie, y débitèrent les histoires les plus ridicules et les plus maladroites : quelques-uns donnèrent le spectacle public de la crapulerie et de l'ivrognerie. »

Le 1er mai, Stofflet, qui errait depuis quelque temps dans la forêt de Vezins, se décide à la soumission. Il se rend à un rendez-vous fixé par les représentants, dans un champ entre Saint-Florent et le bourg de Chaudron, et remet la déclaration suivante :

« Nous, général en chef et officiers de l'armée catholique et royale de l'Anjou et du Haut-Poitou,

« Déclarons qu'animés du désir de la paix, nous n'en avons retardé la conclusion jusqu'à ce jour que pour consulter le vœu du peuple, dont les intérêts nous étaient confiés et celui des chefs de l'armée catholique et royale de Bretagne. Aujourd'hui que ce vœu est prononcé, tant dans l'écrit intitulé *Paroles de paix* que dans la déclaration du 1ᵉʳ floréal, nous adhérons aux mesures prises par les représentants pour la pacification des départements insurgés, *en nous soumettant aux lois de la République une et indivisible, promettant de ne jamais porter les armes contre elle*, et de remettre dans le plus court délai possible notre artillerie.

« Puisse cette démarche de notre part éteindre le flambeau des discordes civiles et montrer aux nations étrangères que la France n'offre plus qu'un peuple de frères, comme nous désirons qu'elles ne forment plus qu'une société d'amis.

« Nous invitons les représentants du peuple, qui ont concouru à la pacification, à se transporter à la Convention nationale, pour y *exprimer la sincérité de nos vœux et détruire les soupçons qu'élèvent les malveillants sur la loyauté de nos intentions.*

« Stofflet, de Beauvais, Monnier, Delaunay, Cesbron, etc., etc.

« Pour adhésion : Bernier. »

Plus digne que Charette, Stofflet refuse de faire une entrée solennelle à Angers, mais, républicains et royalistes dînent ensemble, portant tous la cocarde tricolore.

Pures illusions d'ailleurs que ces soumissions ! Les chefs se gorgèrent et se vendirent à prix d'or. Charette toucha deux cent mille francs pour lui et deux millions pour ses fidèles ; Cormatin ne se fit pas allouer moins d'un million cinq cent mille livres ; Solilhac, soixante mille ; l'abbé Bernier, cent mille ; Stofflet reçut de *quoi exister* ; etc., etc. Cet argent servit à la reconstitution de l'armée catholique.

Quelque temps après la conférence de la Jaunaye, Charette recevait, par un agent de Paris, la fameuse lettre écrite de Vérone, le 1ᵉʳ février 1795, tout entière de la main de « Monsieur, Louis-Stanislas-Xavier, régent de France durant la minorité du Louis XVII ». Elle disait :

« Enfin, Monsieur, j'ai trouvé le moyen que je désirais tant : *je puis communiquer avec vous* ; je puis vous parler de mon admiration, de ma reconnaissance, du désir ardent que j'ai de vous joindre, de partager vos périls et votre gloire ; je le remplirai, *dût-il me coûter tout mon sang*.

« Si cette lettre est assez heureuse pour vous parvenir à la veille d'une affaire, donnez pour mot d'ordre *Saint Louis*, pour mots de ralliement *le roi et la régence* ! Je commencerai à être parmi vous le jour où mon nom sera associé à un de vos triomphes. »

Charette était qualifié par le premier des Princes français *second fondateur de la monarchie*. Bientôt après il était régulièrement nommé lieutenant général, généralissime des armées catholiques et royales, et, de plus, décoré du cordon rouge par le comte d'Artois. Il répondit que cette lettre avait « *transporté son âme* », et exprima « *le bonheur qu'il éprouverait de combattre sous son Altesse Royale, pour la plus belle des causes* ».

Dès lors, c'en était fait de la réconciliation et Charette ne songeait plus à ses serments ; il n'avait plus qu'un désir : célébrer tant d'honneurs par une tuerie de républicains.

On en fit autant pour Stofflet. Il fut nommé lui aussi lieutenant général, mais on ne put lui donner le cordon rouge parce qu'il n'était pas noble. On obtint toutefois de Charette qu'il ne portât pas le sien, et qu'il ne prît pas publiquement le titre de généralissime.

Puis, on rapprocha les deux rivaux. A Beaurepaire, dans l'endroit même où s'était faite la rupture, les deux ennemis s'embrassèrent au cri de : « Vive le Roi ! » « Charette, dit Le Bouvier-Desmortiers, oublia tout et se mit en devoir d'agir ; Stofflet promit tout, garda son fiel et ne fit rien. »

Pour cimenter l'union, Stofflet fit mettre à mort le plus ardent excitateur de la brouille, Delaunay, qui en vain découvrit ses blessures, rappela les services qu'il avait rendus, et demanda à voir Charette. Celui-ci averti « donna l'ordre de le faire mourir » et, « un féroce allemand, chargé des exécutions », vint le tuer.

Pendant ce temps, Puisaye, autorisé par le comte d'Artois, soulevait la Bretagne. Mais il y avait deux factions, la faction anglaise, représentée par Puisaye, et la faction espagnole, à laquelle venait de se rallier Charette.

Les deux frères de Louis XVI, en effet, après s'être juré, au château de Hamm, en apprenant la mort du roi, « de ne rien entreprendre que d'un commun accord », aussitôt séparés, étaient retombés dans leur mésintelligence antérieure, sous l'action de leurs deux petites cours, implacablement ennemies. Réfugié à Vérone, où il vivait des subsides du gouvernement espagnol, Monsieur le Régent était brouillé avec le gouvernement anglais depuis que celui-ci l'avait empêché d'aller, à Toulon livré, établir la capitale provisoire du royaume et en faire le centre de l'action du parti royaliste à l'Intérieur.

Il ne voulait admettre maintenant au combat contre la Révolution, que les parents des Bourbons et leurs alliés deux fois séculaires, les Suisses. Il travailla à enlever à l'Angleterre la protection de la guerre civile de l'Ouest et à unifier les mouvements contre-révolutionnaires du dedans sous l'influence espagnole. Il anima de cet esprit l'agence de Paris, qu'il fit subventionner par le cabinet de Madrid ; c'est cette agence qui traita avec Charette.

XX

QUIBERON

L'Angleterre pensa qu'il était temps de donner de nouveaux aliments au feu, bien prêt de s'éteindre.

Puisaye ayant de nouveau passé la Manche pour solliciter des secours du ministre Pitt, celui-ci les accorda sans hésitation.

Au commencement de juin 1795, cinquante bâtiments étaient réunis à Southampton et à Portsmouth, et embarquaient un matériel énorme de guerre, destiné aux royalistes de la Vendée. Une escadre, sous les ordres du commandant sir John Warren, devait l'accompagner ; elle était composée de trois vaisseaux de ligne, six frégates, huit chaloupes canonnières et quelques cutters.

De plus, trois divisions de troupes de ligne allaient s'embarquer, les deux premières composées de quatre à cinq mille émigrés français ; la troisième, de deux mille soldats anglais. Mais, tous les émigrés sur lesquels on comptait ne furent point fidèles au rendez-vous ; il fallut faire sortir des pontons anglais des centaines de prisonniers français, soldats républicains, qui ne virent dans l'expédition que le moyen de se soustraire à une pénible captivité et de retrouver le sol de la patrie : à la fin de juin seulement l'expédition fut prête. Les régiments s'appelèrent Royal-Louis, Royal-Emigrant, Royal-Artillerie.

Pendant ces préparatifs, l'évêque de Dol faisait répandre en

Bretagne, une lettre pastorale enflammée pour exciter et réchauffer le zèle des prêtres restés dans cette province.

Mais il était dit que deux chefs vendéens ne pourraient arriver à s'entendre, et une révolte éclata, qui devait rendre irréalisable le plan de Puisaye.

Quand celui-ci quitta Londres, il était porteur d'un pli cacheté qui ne devait être ouvert qu'en pleine mer. Ce pli contenait ses lettres de service lui attribuant le commandement ·des troupes « après le débarquement ». Mais, d'autre part, d'Hervilly avait une commission, plaçant sous ses ordres toutes les troupes à la solde de l'Angleterre : la querelle s'envenima et fut non pas la cause de la défaite des vendéens, mais tout au moins, une grande cause d'affaiblissement.

L'escadre anglaise croisa sur les côtes de Saint-Malo, attendant que cette ville tombât entre les mains des insurgés ; elle attendit en vain. Elle se dirigea alors sur Quiberon, essayant de prendre Belle-Isle au passage. Bonnet, qui y commandait, répondit à la sommation :

« Monsieur, nous n'avons besoin ni de la protection, ni des vivres du roi, votre maître. Nous ne manquons de rien ici. Il ne tiendra qu'à vous de vous en convaincre. Vivre libre ou mourir en défendant la République une et indivisible, voilà mon vœu ; c'est aussi celui de tous les braves républicains que je commande. Salut. »

A une nouvelle sommation, réplique plus énergique :

« Monsieur, vous voudrez bien ne me plus faire de propositions... Si vous persistez et que vous me mettiez à même, ma réponse sera soutenue par du trente-six. »

Le 25 juin l'escadre anglaise mouillait dans la baie de Quiberon. Puysaye voulait la descente immédiate ; d'Hervilly s'y oppose. Mais, Tinténiac et Bois-Berthelot arrivant avec deux troupes de chouans, on décide que les troupes seront débarquées le 27, non loin de Carnac.

La descente commence à deux heures du matin. Les régiments Royal-Emigrant et Royal-Louis, drapeaux blancs au vent, débarquent les premiers au cri de : Vive le Roi ! Apparaissent presque en même temps, Georges Cadoudal, Mercier-la-Vendée, Lantivy et Jean-Jan, à la tête de huit à dix mille chouans, prêts à tout faire, à piller comme à se battre, indisciplinés, « plus semblables, dit Bonnemère, à des bandits qu'à des soldats ».

Les troupes se rangent sur la plage. Les femmes, enfants et vieillards des campagnes voisines viennent « en procession, croix en tête et chantant des cantiques comme à un pèlerinage ». Ils se précipitent dans l'eau jusqu'au cou, s'attellent aux bateaux pour faire accoster plus vite « les libérateurs », aux cris de : « Vive la Religion ! Vive le Roi ! »

Les émigrés baisent la terre natale, et l'enthousiasme devient du délire, quand apparaît le vicaire apostolique, nommé spécialement par le pape pour cette expédition, entouré de quarante prêtres, tous revêtus de leurs ornements sacerdotaux.

Le 28, a lieu la cérémonie militaire, religieuse et politique de la reconnaissance du nouveau roi. Louis XVIII est proclamé aux cris de : « Le roi est mort ! Vive le roi ! », car, pendant la traversée, on avait annoncé aux royalistes la mort de Louis XVII. Une messe est dite par le vicaire apostolique sur un monticule, au milieu des pierres de Carnac, et les chouans reçoivent leurs drapeaux fleurdelysés.

Quatorze mille paysans sont armés et habillés de vestes rouges anglaises, et pourvus de munitions.

Pendant ce temps, Tinténiac s'empare du poste de Sainte-Barbe, clef de la presqu'île de Quiberon, et Puisaye réussit, par une violation indigne de toutes les lois militaires, à se rendre maître du fort Penthièvre.

C'est en effet au moment même où les officiers-patriotes du fort Penthièvre délibéraient sur une proposition des parlementaires ennemis, alors que l'ordre de cesser le feu avait été donné par les chefs républicains, que l'ennemi débarque et jette quatre mille hommes autour du fort. Le sixième article de la capitulation était en discussion, quand d'Hervilly, qui, en qualité de parlementaire, s'était chargé de faire rembarquer les troupes, arrive, la montre à la main, et somme la garnison, au nom de Louis XVIII, de se rendre à discrétion dans cinq minutes, sinon elle serait passée au fil de l'épée.

Cependant, Hoche s'avançait à la tête de masses profondes. Il rencontre d'abord les chouans de Cadoudal et les repousse en désordre dans la presqu'île.

Les émigrés se mettent en ligne et s'efforcent de rétablir le combat, mais la cavalerie républicaine les laisse approcher, puis démasque une artillerie formidable, devant laquelle reculent les royalistes. Les artilleurs s'avancent si loin qu'ils sont un moment entourés et qu'un grand nombre périssent sur leurs pièces. L'infanterie arrive à son tour et pousse dans Quiberon la masse des insurgés, qui se trouve ainsi bloquée.

Le fort Penthièvre est repris nuitamment, à la lueur des éclairs d'un violent orage, grâce au courage de l'adjudant général Mesnage, de deux cent cinquante grenadiers et de leur guide David, marin français, fait prisonnier par les anglais, et transfuge après avoir subi la peine du fouet pour tentative d'évasion.

Hoche lui avait dit :

« Serais-tu homme à retourner dans la presqu'île ? —Dame, si vous l'ordonnez... Mais je vous préviens que j'y suis connu comme Barrabas ; si j'y reparais, mon affaire ne sera pas longue... — Tu iras en bonne compagnie, avec une de nos meilleures colonnes... Crois-tu qu'on puisse passer par la mer de l'Ouest, la mer Sauvage, comme ils l'appellent ? — J'entends ; vous ne trouverez personne qui se soucie de l'essayer ; eh bien ! je l'essaierai, moi. Comptez sur moi, mon général. »

Le lendemain, à l'aube, le drapeau tricolore flottait sur le fort. Les deux cent cinquante grenadiers, sautant de roche en roche, puis marchant dans l'eau jusqu'à mi-corps dans la mer montante, étaient parvenus au pied de l'énorme bloc de granit, et l'avaient escaladé malgré une furieuse défense.

Hoche achève en quelques instants la victoire de Mesnage. Le camp retranché, puis le dépôt d'artillerie et de munitions des Anglo-Emigrés sont enlevés. Deux colonnes s'avancent, l'une suivant la baie, l'autre longeant la mer Sauvage, Hoche au milieu avec ses sept cents grenadiers.

Les royalistes sentent qu'il n'y a plus qu'à rembarquer. Puisaye fuit vers l'escadre anglaise ; un grand nombre d'insurgés le suivent et se noient en cherchant à regagner les canonnières ; beaucoup périssent sous le feu des Anglais qui tirent au hasard.

La débandade est générale. Les républicains crient aux ennemis de se rendre ; les rebelles mettent bas les armes, mais aucune capitulation, même verbale, n'est consentie.

Acculés à l'extrémité de la presqu'île, les émigrés n'ont plus d'espoir que dans la clémence du vainqueur, qui les aurait tous jetés à la mer s'il l'avait voulu.

Hoche arrive avec ses grenadiers : « Amis, leur dit-il, finissons-en ! — Et toi, s'adressant à un petit tambour qui se trouve à côté de lui, tiens-toi prêt à battre la charge ! — Ah ! général, quelle effroyable boucherie ! lui dit Rouget de l'Isle. — Que voulez-vous que je fasse, explique Hoche vivement ?... Dois-je laisser aux Anglais le temps d'embarquer les émigrés, de faire un mouvement sur mes derrières, peut-être de me couper la retraite ?... Eh bien ! allez leur signifier qu'ils rendent les armes ou que je les jette à la mer... Surtout qu'ils aient à faire cesser le feu de la flotte anglaise ; si je perds un homme, ils sont tous morts. »

QUIBERON — LE PORT-BARA

Mesnage galope vers l'ennemi : « N'y a-t-il que des émigrés parmi vous ? s'écrie-t-il. N'y a-t-il plus de français ? » — A cet appel, un violent hourra éclate. « Oui, oui, il y a des français ! » répondent des centaines de voix. Ce sont celles des soldats enrôlés de force en Angleterre : « Vive la nation ! vive la République ! » disent-ils, et ils s'élancent dans la plaine, se groupent autour de Mesnage.

Hoche s'avance avec les représentants du peuple. De Sombreuil remet son sabre entre les mains de Tallien, après en avoir respectueusement baisé la lame.

Tout l'Etat-major des émigrés, trois cents nobles, deux mille soldats, trois mille cinq cents chouans, défilent en prisonniers au milieu de l'armée républicaine.

Grand nombre de soldats purent s'échapper ; les autres furent enfermés dans une église en attendant que la Convention prononçât sur leur sort. Hoche ne négligea aucun moyen pour obtenir de la Convention la réduction de la répression légale aux strictes nécessités de la politique. Il fit un état des pertes de l'ennemi : les prisonniers y étaient habilement subdivisés en catégories, permettant d'en soustraire le plus grand nombre à la rigoureuse application de la loi.

Officiers émigrés	278
Soldats émigrés	260
Habitants de Toulon (amenés par les Anglais)	492
Français enrôlés de force (sur les pontons d'Angleterre)	1632
Chouans	3600
	6262
Tués dans l'action	150
Noyés	100
	6512

Prisonniers

La Convention inflexible décida que la loi sur les émigrés serait appliquée.

Il y eut toutefois beaucoup d'évasions, et les républicains eux-mêmes aidèrent grand nombre d'émigrés à se dissimuler ou à fuir. Onze mille rebelles environ passèrent devant les commissions militaires : dix mille quarante et un furent acquittés et libérés ; sept cents furent passés par les armes, non loin d'Auray, dans une prairie qui porte encore le nom de Champ des Martyrs, payant de leur tête le crime de s'être enrôlés à la solde des ennemis de leur patrie et la faiblesse d'avoir jeté leurs armes sans capitulation admissible.

Fin lamentable d'une expédition aussi mal conduite militairement que politiquement, dans laquelle l'Angleterre avait joué un bien triste rôle ! Cette déroute anéantissait les dernières espérances des Bourbons et de leurs défenseurs. Quand, quelque temps après, Pitt dit au Parlement anglais qu'à Quiberon le sang anglais n'avait pas coulé, Shéridan s'écria : « C'est vrai, mylord, le sang anglais n'a pas coulé, mais l'honneur anglais y a coulé par tous les pores ».

XXI

FIN DE LA GUERRE
MORT DE STOFFLET ET DE CHARETTE

La Vendée était-elle morte ? Pas encore.

A la nouvelle de l'exécution d'Auray, Charette fait massacrer, à coups de bâtons et de pieux, tous ses prisonniers, amenés dans un bois. « Les cannibales revinrent de cette sanglante expédition, dit Auvynet, en portant comme un trophée les dépouilles sanglantes de leurs victimes. Le reste fut fusillé dans la cour de la prison. Ces deux horribles scènes se passaient un dimanche, au moment où Charette, accompagné d'une partie de sa troupe, entendait la messe. La fusillade eut lieu dans le château de Belleville, et ainsi les cris des mourants et des assassins se mêlaient aux chants que l'on entendait à la louange de la divinité. »

A Carquefou, sur la rive droite de la Loire, cinq mille chouans enlèvent un convoi d'un million en assignats, vingt-cinq mille livres en numéraire, six voitures de farine, deux d'eau-de-vie. Malgré l'inégalité du nombre (trois cents hommes du bataillon d'Arras), « ce bataillon, dit Beauchamp, se bat avec courage, sauve son drapeau, et se fait jour, l'épée à la main, à travers les insurgés, laissant deux cents morts sur place. Aucun prisonnier n'est épargné ; les femmes, armées de faucilles, égorgent elles-mêmes les blessés ».

Tinténiac meurt dans une rencontre. Segré est pris et pillé par les chouans : on égorge tous les prisonniers après le combat.

Le 10 août 1795, l'Angleterre débarque, sur les côtes vendéennes, les armes et les munitions promises à Charette. Le 5 septembre, Puisaye descend en Bretagne pour reprendre la direction de l'insurrection, et le 12, encore à Quiberon, mouille une flotte anglaise de cent vingt-trois voiles, portant enfin Monsieur le comte d'Artois.

Nous avons dit que Catherine II avait donné à ce prince, qui plus tard fut Charles X, une épée enrichie de diamants, en lui disant de la faire servir au rétablissement et à la gloire de sa maison ; nous avons ajouté qu'elle avait de plus mis vingt mille russes à sa disposition. Mais, le comte d'Artois avait vendu son épée pour payer ses dettes, et il était resté à Londres. Subitement il est pris d'un beau zèle, mais il lui était difficile de solliciter de nouveau le gouvernement anglais, qui avait dépensé vingt millions à Quiberon ; de plus, il ne pouvait pousser encore les émigrés vers la Vendée sans faire au moins une fois acte de présence parmi eux.

Il s'embarque sur la frégate, *le Jason*, arrive avec la flotte en rade de Quiberon, descend avec son état-major et sa cour, où les dames ne manquaient point, à l'île d'Houat, et assiste à un service solennel, célébré par Laurencic, ancien évêque de Nantes, qui exerçait dans l'armée anglo-vendéenne les fonctions remplies autrefois par l'évêque de Dol.

Un courrier est dépêché à Charette. « Me voilà enfin près de vous, Monsieur, écrit le comte d'Artois, et, si le ciel le permet, notre réunion va combler nos désirs mutuels... Vous avez indiqué Noirmoutier, c'est à Noirmoutier que nous allons... Il était prudent de vous prévenir de nos desseins et de vous donner le temps d'assurer nos succès, en vous portant à la côte et en empêchant nos ennemis de jeter de plus grandes forces dans Noirmoutier ».

Mais Charette se plaint d'être prévenu trop tard. Il lui faut six jours pour obtenir un rassemblement ; il lui faut enlever d'abord les postes de Saint-Gilles, Challans, Saint-Jean-de-Monts, Bouin, Machecoul ; il demande que le débarquement ait lieu à *la pointe de l'Aiguillon*. L'amiral anglais, Warren, se refuse à aller jusque là.

D'autre part, le vainqueur de Quiberon est sur ses gardes. Il opère une diversion et fait marcher *droit sur Belleville*, le quartier général de Charette. Les troupes du général Delaage, parties de Luçon, rencontrent Charette à Saint-Cyr en Talmondais. Pendant sept heures, deux cents républicains qui s'étaient jetés dans l'église, soutiennent six assauts des brigands, mais les autres colonnes de Delaage arrivent et mille cinq cents républicains mettent en déroute huit à dix mille royalistes. Quelques jours après, Belleville est occupée.

Les anglais n'en font pas moins une démonstration devant Noirmoutier et envoient une sommation au général Cambray qui commande l'île. Cambray demande vingt-quatre heures pour en référer à son général de division. L'amiral anglais refuse ; Cambray répond : « Messieurs, puisque vous refusez de m'accorder les vingt-quatre heures de suspension d'armes que j'ai demandées, vous pouvez m'attaquer quand vous voudrez. Nous périrons tous ou nous serons victorieux. C'est le vœu général de mon armée et celui des habitants qui vous attendent, ainsi que moi, avec le courage de Français libres. »

Les noirmoutrains, peu défendus, s'attendaient au débarquement, mais, le 30 septembre, la flotte anglaise, après avoir envoyé quelques boulets inoffensifs, levait l'ancre et se rendait à l'île d'Yeu, qui n'avait pour toute garnison qu'une compagnie de volontaires.

Le comte d'Artois descend à terre, informe Charette, et lui dit de désigner un point quelconque de la côte de Bourgneuf à l'Aiguillon, où il puisse porter, à jour nommé, un corps de quelques centaines de chevaux. « Je m'y trouverai sans faute, dit-il, avec un petit nombre de personnes ; je m'y réunirai avec votre intrépide armée. »

Mais une dame de la cour du « nouvel Henri IV » tenait aux jours de son Charles-Philippe ; c'était Madame de Polastron.

« Quel est, dit le comte de Contades, le héros qui sait résister aux larmes de la beauté ?.. En comparant le comte d'Artois à Henri IV, Madame de Polastron se trouvait être tout naturellement Gabrielle ; mais le grand Henri ne passait pas tous les jours quinze heures chez sa maîtresse... Si Monsieur le comte d'Artois eût été Louis XIV, Madame de Polastron, aimée et aimante comme Mademoiselle de la Vallière, lui eût fait goûter une longue suite de jours heureux. Mais la position du prince ressemblait plutôt à celle de Charles VII ; c'était une Agnès Sorel qu'il lui eût fallu, et Madame de Polastron ne vivant que pour l'amour, n'avait pas les qualités de ce véritable modèle de maîtresse de roi. »

Et puis, Hoche gardait de mieux en mieux la côte et parlait de venir à l'île d'Yeu enlever son Altesse et sa cour. La prudence conseillait le départ ; c'est ce que fit le comte d'Artois : il résolut de « ne pas aller chouanner » et débarqua bientôt à Portsmouth, où son arrivée inattendue stupéfia le cabinet de Saint-James et indigna lord Granville.

Charette avait répondu à l'émissaire chargé de lui annoncer

l'ajournement du débarquement et le mouillage de la flotte à l'île d'Yeu :
« Dites au prince que vous avez apporté l'arrêt de ma mort. Aujourd'hui
je commande quinze mille hommes, demain il ne m'en restera pas quinze
cents. Je n'ai plus qu'à fuir ou à chercher une mort glorieuse. Mon
choix est fait, je périrai les armes à la main ».

Quand, quelque temps après, il apprit la fuite du comte d'Artois, il
écrivit au prétendu Louis XVIII : « Sire, la lâcheté de votre frère a tout
perdu ».

Que fallait-il maintenant pour terminer la guerre de Vendée ?
S'emparer de Charette et de Stofflet. Hoche, à qui la Convention venait
de confier le commandement suprême des trois armées de l'Ouest, dirigea
de ce côté ses efforts.

L'une de ses colonnes se dirige sur Saint-Denis-la-Chevasse, s'empare
du château de la Brotière, après un vif combat, pendant lequel, parmi les
morts, on relève l'un des frères La Robrie.

Charette s'enfuit et bat l'adjudant général Watrin aux Quatre-chemins,
mais, peu à peu, un cercle de fer l'entoure et se resserre autour de lui :
il ne tardera pas à tomber entre les mains des républicains.

Hoche, pendant ce temps, rassure les populations en donnant des
ordres sévères pour empêcher les excès de l'armée :
« Une armée indisciplinée, dit-il à ses officiers, est le plus grand des
fléaux du pays qu'elle occupe et doit défendre. En conséquence, je rends
les chefs responsables des fautes de leurs subordonnés : c'est à eux à les
prévenir par une bonne police ; je leur recommande de voir un français,
un frère, dans l'homme égaré, séduit ou entraîné par l'erreur ou la
crainte des châtiments, s'il est repentant, si ses intentions sont de vivre
en bon et paisible citoyen. La justice le prescrit et la Convention nationale
l'ordonne. »

Au Directoire, Hoche écrit : « Il eût été à désirer que l'on ne criât
pas sans cesse après les prêtres. La masse des campagnes les veut. Les
ôter tous, c'est vouloir éterniser la guerre... Ces hommes peuvent servir
utilement ; il ne s'agit que de les détacher des nobles et des chefs. Il en
est, dans la Vendée, je dois le dire, qui m'ont parfaitement servi :
Charette les a proscrits ; c'est ce qu'il pouvait faire de plus mal, car tous
les dévots du parti s'en sont détachés en criant au sacrilège... »

Dans tous les villages, il fait publier la proclamation suivante :
« Après avoir juré qu'ils ne porteraient plus les armes contre la
République, vos chefs, par la plus noire trahison, oubliant ce qu'ils
doivent à la patrie, ont fait égorger nos prisonniers. Pensez-vous qu'avides

de sang, nous allions venger des assassinats par des assassinats ? Non !
les vrais républicains ne sont pas cruels ; ils viennent vous arracher à la
tyrannie et non vous égorger ; ne nous fuyez plus, nous saurons respecter
votre faiblesse. Rétablissez vos chaumières, priez Dieu et labourez vos
champs. C'est contre Charette, cet éternel ennemi de votre bonheur, que
je dirige les forces qui me sont confiées par la République. »

En même temps qu'il s'efforçait d'attirer à la République les
populations, par le respect des prêtres, des femmes, des vieillards et des
enfants, par sa clémence envers les repentants, par une discipline
rigoureuse, Hoche créait sur tous les points menacés des petits camps
retranchés, faisait parcourir le pays par des colonnes mobiles, et
ordonnait d'enlever les bestiaux et les récoltes des contrées hésitantes.
Les Blancs attaquent Mortagne ; les républicains les repoussent, mais il
fait placarder cet avis : « La République enlève vos grains et vos bestiaux
pour vous punir de votre perfidie dans l'affaire de Mortagne ; rendez vos
armes et vous aurez vos bœufs. »

Le paysan tient à ses prêtres : Hoche les respectait aussi à la condition
qu'eux-mêmes respectassent la République. Il aime également son bétail :
il préféra livrer ses armes et garder ses bœufs.

La révolte relevait bien la tête par-ci, par-là, mais on sentait la
lassitude et le désir d'en finir. En vain, Puisaye et Cadoudal agitent de
nouveau la Bretagne : Cadoudal est mis en déroute par le général
Lemoine. Dans le Maine, les chouans échouent dans deux attaques contre
le Mans et Mayenne.

Stofflet, plus loyal que Charette, n'avait pas repris les armes depuis la
pacification. « Installé au château de la Morosière en Neuvy, à portée du
Lavoir, où se trouvait son conseiller Bernier, il recevait les hommages
des gentilshommes, les cadeaux des grandes dames, donnait à son tour
des fêtes, et se distrayait aux amours plus ou moins vulgaires, tandis que
les nobles émigrés, accourus d'Angleterre ou d'Allemagne, envahissaient
son conseil et prenaient pied sur ses anciens compagnons d'armes (1). »

Il était nécessaire à la cause royaliste de décider Stofflet à reprendre
l'offensive. C'est alors que le comte d'Artois dépêche vers lui le chevalier
Colbert de Maulevrier pour lui décerner le titre de lieutenant général et le
nommer chevalier de Saint-Louis.

Stofflet hésite ; il veut lui aussi la présence du comte d'Artois, sourd
aux instances de Stofflet comme à celles de Charette. Bernier pèse de

____

(1). C. PORT, *loc. cit.*, V. Stofflet.

tout son pouvoir sur l'ancien garde chasse, qui cède : les billets de convocation sont lancés, et Stofflet adresse une proclamation enflammée aux royalistes :

« Que signifient ces cris de mort, de rage et de vengeance ? répond Hoche. Le ciel ne punit-il donc plus le parjure ? Au nom de quel roi parle-t-on ? A quel Dieu appartiennent ces prêtres, qui rugissent comme des tigres, prêchent le carnage, le vol et l'assassinat ? Je punirai une aussi noire trahison, je saurai arracher les habitants des campagnes à la plus odieuse tyrannie. J'avance à la tête de trente mille hommes pour occuper le pays d'Anjou et du Haut-Poitou, jusqu'à ce qu'il soit entièrement désarmé et soumis aux lois. »

Puis, le général en chef décide d'en finir avec Stofflet. On le savait caché dans la forêt de Maulévrier. Il était en effet dans une hutte, avec son secrétaire Coulon et quatre de ses officiers, mais aucun d'eux n'osait sortir de crainte de laisser des traces sur la neige, et les républicains ne peuvent découvrir leur retraite.

Bernier les fait prendre. Est-ce involontairement ? Trahit-il son chef ? Il lui assigne un rendez-vous dans la ferme de la Saugrenière, où Stofflet arrive le 23 février 1796. Durant la conférence, Bernier envoie chercher du tabac à Cholet : l'homme chargé de cette commission « ne revient pas et n'a jamais reparu en Vendée ». Les républicains sont prévenus ; par qui ? A quatre heures du matin la maison est cernée. Au *Qui vive* des sentinelles, les Bleus répondent : « Royalistes ! » On ouvre ; quatre hommes armés sont dans la salle du rez-de-chaussée : couchés en joue par les grenadiers, ils sont aussitôt faits prisonniers.

Sommation est faite à deux femmes, qui sont avec eux, la fermière et une demoiselle Grignon, paralytique, de révéler l'endroit où est caché le « chef des brigands ». Elles résistent aux menaces d'être « chauffées », et alors Stofflet s'élance du grenier, où il était caché dans un tas d'étoupes, bouscule les soldats républicains et tente de gagner la porte, mais il est jeté à terre, blessé et emporté.

Où était Bernier ? Il n'avait pas attendu le tabac, qu'on devait lui apporter de Cholet.

Stofflet comparaît quelques jours après avec ses compagnons devant le conseil militaire formé à Angers par le général Baillot. Tous, sauf un jeune homme de quatorze ans, sont condamnés à mort ; l'exécution a lieu au Champ-de-Mars d'Angers, le 25 février 1796 à neuf heures du matin.

Mais la calomnie ne respecte pas même le génie, et Hoche est obligé de se défendre devant le Directoire : « L'opération du désarmement écrit-il, se poursuit avec autant de vigueur que de succès, et déjà six mille fusils vendéens ont été déposés dans les arsenaux. Au reste, qui pourrait croire possible de désarmer, pendant l'hiver, un peuple entier aguerri par trois années de combats? Quant aux assassinats partiels, aucune puissance humaine ne saurait aujourd'hui les empêcher. Peut-on se flatter, en effet, qu'après une guerre aussi longue, aussi cruelle, des hommes habitués au sang et au carnage y renoncent tout à coup? Que d'autres fassent vivre pendant les rigueurs de l'hiver, dans un pays ravagé, une armée entière sans magasins. Aurais-je donc à lutter longtemps contre les clameurs de la malveillance? Six cent mille français n'ont-ils pas déjà péri dans la Vendée? Veut-on encore du sang? Il est temps enfin de fermer cette plaie profonde. Je déclare donc que je saurai marcher entre les rigueurs extrêmes et la faiblesse; que je soumettrai les insurgés en les désarmant, et que j'épargnerai le sang humain en poursuivant leurs chefs à outrance. »

Cependant, l'envie ne désarme pas, et le vainqueur de Quiberon écrit de nouveau : « Je puis braver les boulets, mais non l'intrigue. Je demande à me retirer, et vous prie de me nommer promptement un successeur. »

Le Directoire confirme ses pouvoirs à la grande joie des patriotes vendéens, et bientôt les soumissions se font de tous côtés. Les ecclésiastiques eux-mêmes travaillent avec Hoche à la pacification ; les rebelles deviennent de plus en plus rares et les fidèles de Charette l'abandonnent peu à peu.

Le chef du marais fuit, traqué par le général Travot : il lui reste seulement cent cinquante cavaliers et cinquante fantassins. Le vingt-trois mars au matin, il est surpris entre la Guyonière et le Sablond : un combat s'engage, et il est blessé de deux coups de feu. Grâce toutefois au dévouement du déserteur alsacien Peffer, il peut se glisser dans le taillis de la Chabotière : « Mon général, lui crie l'alsacien, prenez mon chapeau et donnez-moi le vôtre. Trompés par votre panache blanc, ils vont me tuer, me prenant pour vous et vous aurez le temps de vous sauver ». Charette accepte, et son sauveur est tué : le général en chef va encore échapper aux républicains.

Mais Travot dirige lui-même les recherches. Il découvre la retraite du chef vendéen, qui est à bout de force, soutenu par deux fidèles, qui se font massacrer en le défendant: Charette se rend à Travot. Quelques jours avant, il avait refusé la proposition de Hoche, qui voulait bien consentir à fermer les yeux sur son passage en Angleterre.

Travot traite le vaincu avec les plus grands égards : « J'ai reçu d'Angleterre, lui dit Charette, une superbe épée ; elle est en nacre enrichie de dorures. Je l'ai envoyée à Paris pour y faire mettre un fourreau d'argent. Si je ne craignais pas de compromettre la personne à qui je l'ai envoyée, je vous en ferais présent. Comme mon vainqueur, vous êtes digne de la porter. »

En route, Charette sonde Travot : « Je vois bien, dit-il, que je ne puis rien avec les baïonnettes, mais de l'argent pourrait bien me tirer d'affaire. » Le général répond : « En vous arrêtant, j'ai servi ma patrie, et jamais je n'ai eu le dessein de la trahir. »

Quelques jours après, Charette, dirigé d'abord sur les Sables, puis conduit à Angers, fait à Nantes une entrée qui contraste singulièrement avec l'entrée triomphale de l'année précédente, alors qu'il revenait de la Jaunaye au milieu de l'enthousiasme populaire, aux cris de : « Vive la République ! Vive l'union ! Vive le héros et le pacificateur de la Vendée ! »

On le promène à travers la ville. Un corps de cavalerie marche en tête du cortège, puis, viennent cinquante tambours, cinquante musiciens, un corps de grenadiers, un autre d'artillerie, les états-majors, Charette à pied au milieu des gendarmes, et les autres troupes de la garnison. Le général vendéen est tête nue, un mouchoir blanc cache la blessure qu'il a reçue au front ; il a un bras en écharpe.

La foule, toujours impitoyable pour les vaincus, l'accable d'outrages. Charette la regarde impassible, sans un pli du visage qui puisse annoncer la colère ou l'impatience. Il prend de temps en temps du tabac dans la tabatière d'un gendarme, et répond de façon fort courtoise aux hommes de l'escorte qui lui adressent la parole.

Le 29 mars, il comparaît devant le conseil militaire pour violation du serment de soumission, provocation à la révolte, intelligences avec l'étranger, égorgement de républicains et exercice du pouvoir au nom de Louis XVIII : il entend son arrêt sans émotion.

Le lendemain matin, à quatre heures, sur la place Viarmes, cinq mille hommes forment un carré. Charette arrive, assisté d'un prêtre, toujours sans chapeau, un mouchoir des Indes bien arrangé autour de la tête. Il traverse la place d'un pas assuré, va se placer à huit pas devant le front du détachement chargé de son exécution, refuse qu'on lui bande les yeux, tire son bras gauche de l'écharpe, et, la tête bien haute, reçoit dix-huit coups de fusil, qui le jettent sur le dos.

La guerre de Vendée était terminée ; elle avait enlevé à la France le meilleur de son sang, ruiné l'une de ses plus belles contrées pour un résultat inéluctable et fatal, qui devait être l'écrasement des rebelles. Pourtant, on se demande ce qui serait advenu si les royalistes, non hypnotisés par l'appui de l'Angleterre et la possession d'un port, s'étaient portés sur Paris au lendemain de la prise de Saumur et d'Angers, ou avaient exercé une action parallèle, quand les sections royalistes de la Capitale marchèrent sur la Convention.

Avouons aussi que la rébellion n'eût pas pris tout son développement et ne fût même peut-être pas née si, dès le début, on avait prêté attention, à Paris, aux avertissements incessants et aux demandes de troupes des patriotes vendéens et de Dumouriez ; avouons que les incohérences de la répression ont singulièrement aidé les succès royalistes ; rappelons la condamnation et l'exécution d'un général habile et diplomate comme Biron, l'incapacité de Rossignol et de Léchelle, les disgrâces imméritées de Kléber et de Marceau ; rappelons les ordres implacables et aveugles de Turreau, à l'heure même où il fallait rassurer les populations, puis, après la chute de Robespierre, la faute contraire, l'excès de clémence, qui fit manquer la paix comme on avait compromis la guerre.

On a beaucoup médit de la Vendée ! Ses campagnes étaient fanatiques, sans doute, mais il faut bien reconnaître que toutes les villes étaient ardemment patriotes. La rébellion ne fut qu'une autre Jacquerie, non plus contre les nobles, mais contre les villes qui avaient embrassé avec enthousiasme la cause de la Révolution.

Sans les patriotes vendéens qui, seuls au début de la guerre, tinrent tête aux rebelles, l'insurrection eût pris une extension plus considérable ; sans la belle défense des ports, elle eût pu tendre la main aux anglais et recevoir des secours d'hommes et d'argent ; sans l'héroïsme de Nantes, l'incendie eût gagné toute la Bretagne.

La Vendée ne mérite donc pas tous les anathèmes dont on l'a accablée. La partie éclairée des villes et des campagnes fut admirable de patriotisme et d'héroïsme ; seuls, les campagnards sans instruction, sans communications avec les villes, fanatisés par leurs prêtres, mal guidés par leurs nobles, se tournèrent contre la Révolution.

Alors que tous les chefs vendéens s'étaient fait tuer, l'abbé Bernier échappa à la mort. Après avoir livré Stofflet, il trahit la cause royaliste elle-même et se rallia à l'Empire. Bonaparte utilisa la souplesse de son esprit pour traiter avec Rome la question difficile et délicate du Concordat. Faisant allusion à la guerre de Vendée, Augereau, après le *Te Deum* chanté à Notre-Dame en l'honneur de ce marché de dupes, dit à Bonaparte :

« Il n'a manqué à la cérémonie qu'un million de français, morts pour la destruction de ce que vous venez de rétablir. »

Il fallut bien du temps à la Vendée pour réparer les malheurs de la guerre civile, mais elle racheta promptement son manque de patriotisme, en combattant glorieusement dans les rangs des soldats français.

Au passage de la Bérésina, c'est en effet un bataillon de vendéens qui forme l'arrière-garde et protège la retraite : « Soldats, dit Napoléon, il faut mourir ! » et presque tous meurent.

« Vendéens, vous êtes des héros ! » s'écrie l'empereur, émerveillé par leur sang-froid et leur courage.

En 1860, lors de l'entrée de nos troupes dans la capitale de l'Empire chinois, un général vendéen, un des héros de Palikao, marche à la tête de l'armée, c'est Colineau, ancien ouvrier chapelier, né aux Sables-d'Olonne.

En 1832, la duchesse de Berry tente de provoquer une nouvelle prise d'armes ; mais, le pays est déjà sillonné de routes, et les idées nouvelles commencent à y pénétrer : elle échoue, malgré son énergie, son ardeur et son courage. Après quelques légères échauffourées à Port-la-Claye, à Saint-Aubin-des-Ormeaux et à la Pénissière, elle fuit, déguisée en paysanne, et se réfugie à Nantes, où elle est découverte et prise derrière une plaque de cheminée, sur la dénonciation du juif Deutsch.

De temps à autre, la Vendée a bien encore quelques crises de fanatisme. Dès qu'elle s'imagine que le gouvernement veut toucher à ses prêtres, elle a un mouvement de recul ; mais le département n'est pas seulement percé maintenant d'admirables routes, il est sillonné de chemins de fer à voies normales et à voies étroites ; la civilisation y pénètre à flots, et il est fort probable que le jour est proche où il suivra le mouvement général du pays.

XXII

LES LÉGENDES VENDÉENNES

Si le style peint l'homme, les légendes, qui sont la littérature orale
d'un peuple, rappellent ses croyances, ses mœurs, ses craintes et ses
désirs ; elles sont l'âme même des populations. Aucune autre contrée en
France n'eut peut-être autant de légendes que la Vendée. Superstitieux à
l'excès, éloignés du mouvement de la civilisation, en proie à tous
les malheurs, irrités contre la réalité, les vendéens se réfugiaient
volontiers dans la fiction.

Tout était, pour eux, sujet à légendes : les astres, la nuit, les forêts,
les fontaines, la mort, l'amour ; il faudrait des volumes pour les narrer
toutes. Chassées par la Science et la Raison, elles disparaissent peu à
peu ; on en trouve encore cependant des traces profondes dans plusieurs
régions du Poitou où elles font toujours le sujet des conversations des
longues veillées d'hiver. Le campagnard n'y croit plus, mais les vieux
aiment à rappeler ces récits, avec lesquels les endormaient leurs mères.

Les grands drames de la nature surtout devaient frapper l'imagination
des premiers hommes. Ils voyaient, dans la succession des saisons, une
lutte entre deux divinités ; ils défiaient tous les éléments naturels et
dramatisaient leurs luttes éternelles. Un grand nombre de légendes sont
d'ailleurs communes à beaucoup de peuples primitifs : parmi les légendes
vendéennes nous retrouvons presque toutes celles des races aryennes et
principalement celles des peuples celtiques et germains.

LA CHASSE GALLERY

C'est ainsi que la légende de la chasse Gallery, dont nous avons déjà parlé au début de ce livre, a une similitude frappante avec la légende germaine de Wuotan, le dieu de l'été, et de Holda, la déesse de l'hiver.

A l'équinoxe du printemps, dans la fameuse nuit des Walpurgis, Wuotan, le héros de la légende germaine, accourt et chasse Holda, la farouche déesse de la Nuit et de la Mort, avec sa lugubre suite d'animaux horribles. Puis il règne en maître jusqu'à la Toussaint, *la tête encore blanchie par les frimas et les neiges dont il sort.* A son tour, Holda revient et poursuit Wuotan.

De même, Gallery est le fantôme de la nuit, et d'après l'idée chrétienne, l'image du Mal et du Diable, mais au lieu de ne se livrer qu'aux époques équinoxiales, la lutte reprend soir et matin entre le jour et la nuit.

Gallery, dit la légende, était un seigneur fort méchant, dur pour le paysan, impitoyable pour ses vassaux, sans respect pour le dimanche. Un jour, pendant la grand'messe, il lance ses chiens à la poursuite d'un cerf, malgré les observations déjà faites par son curé. L'animal se réfugie dans la grotte d'un ermite, au moment même du *Sanctus*, mais l'ermite refuse de livrer le cerf et ordonne au seigneur de plier le genou comme tous les fidèles. Gallery, emporté par sa passion pour la chasse, n'écoute rien, franchit le seuil de la grotte : « Va, Gallery, s'écrie l'ermite ; poursuis le cerf : Dieu te condamne à le chasser toujours du coucher du soleil à son lever. »

Et depuis lors, chaque nuit, Gallery chasse. Le jour il brûle aux enfers ; la nuit, armé d'un sabre de verglas, il court le cerf, combat les ours, les ogres, ou encore les sarrazins, les turcs et les anglais. La Holda germaine semait des cuisses d'hommes ; Gallery poursuit les âmes, et, si par malheur un passant crie : « Une part dans la chasse », l'un des membres de ceux qui prennent part à la chevauchée peut tomber sur l'imprudent.

GARGANTUA

Gargantua n'est pas un personnage inventé par Rabelais. Il l'a recueilli pendant son séjour en Poitou, à Fontenay et à Maillezais : c'est le Wuotan germanique.

Gargantua est un géant aussi haut que les arbres. Il marche toujours, chargé d'une hotte pleine de bûches ou de terreau ; sa tête énorme est recouverte d'une épaisse chevelure blanche comme la neige ; sa barbe est sauvage et hérissée. Il a grand appétit ; les bocains lui *engoulent* la bouillie avec des pelles à froment ou pelles à vannes.

Gargantua a donné lieu à de nombreuses légendes.

Aux environs du gué de Ligaine, ayant grand faim, il rencontre six bœufs attelés à une charrette chargée d'épines ; il avale bœufs, charrette, épines, bouvier, et s'endort. A son réveil, il secoue ses sabots ; la boue de l'un d'eux forme la butte de Montcoué. Puis, le géant se lève, fait une enjambée au-dessus d'Oiron et de Montbrun, secoue son second sabot, et crée la butte de Tourtenay.

Sur les bords de l'Yon, il trouve deux géants comme lui : « Salut, frère, disent-ils, Dieu te tingne en amitié ! Veux-tu que nous joutions en force et en adresse ? » On parie : l'un soulève sur son petit doigt un essieu de cinq cent mille livres ; l'autre joue aux palets avec des meules de moulin ; Gargantua appuie son épaule contre la colline de Rochéreault et la renverse dans la vallée : c'est pourquoi la Gorge-aux-loups est toute encombrée de gros rochers.

Entre Mareuil, Rosnay et la Couture, il sent quelques graviers dans l'une de ses galoches ; il la secoue : l'un des graviers roule sur le bord de la route, et l'autre, haut de trois mètres, reste debout ; ce sont deux *Pierres levées*.

Ayant trop mangé de bouillie, il avale à grands traits l'eau de la mer, mais éprouve aussitôt un grand malaise : « I sais pas ce qu'i ai, soupire-t-il, i crai qui ai avalé un musset. » Un médecin, immédiatement appelé, rentre dans sa bouche, se rend au siège de la douleur et trouve un navire chargé de poudre ; il l'enflamme... vous devinez la suite.

Garguantua plie les grands chênes sur son genou pour attacher des fagots qu'il laisse à la porte des pauvres vieilles : celles-ci ont ainsi du bois pour le reste de leurs jours. Recevant des coups de fusil, il se frotte le visage en disant : « Tiens ! des guêpes. » Il joue avec le diable aux palets, et se sert d'énormes rochers : la pierre Nauline, ou pierre de Gargantua, qui se dresse, haute de quatre mètres, dans le lit de l'Yon, fut lancée par lui. Après cette gigantesque partie, Gargantua met un pied sur la cathédrale de Luçon, l'autre sur la flèche de Fontenay, et, d'une enjambée, saute à La Rochelle.

Les *Trois pierres d'Avrillé*, la *Pierre couchée* de Saint-Benoît-sur-Mer lui servent de « minches ». Il y a aussi des palets de Gargantua à Saint-Sornin et à Saint-Vincent-sur-Jard.

Le Gargantua celtique, l'Hercule grec et le Bacchus romain, font ensemble leurs coups : Gargantua, se promenant un jour dans la forêt de Cherche-Partout, voit venir à lui Hercule, qui lui demande s'il a bon appétit ; il répond qu'il n'a pas mangé depuis trois jours. Alors, Hercule étrangle un bœuf entre le pouce et l'index, déracine d'une seule main un grand chêne, embroche le bœuf et fait rôtir l'animal, que Gargantua avale d'une seule bouchée.

Hercule, craignant qu'il n'éclate, s'enfuit. Il revient un instant après, et trouve le géant en causerie avec l'ami Bacchus, qui avait grand soif, et prie qu'on lui indique une mare : Hercule tranche la terre, une grande mare apparaît, et Bacchus l'avale d'un trait.

L'Eglise, qui s'est assimilé la plupart des légendes d'origine celtique, a aussi sa légende de Gargantua.

Sainte Macrine était montée sur une mule ferrée à l'envers, et fuyait devant Gargantua. Sa monture étant hors d'haleine, elle s'arrête dans l'île de Magné, à quelques kilomètres de Niort, au fond de l'ancien golfe des Pictons. Là, dans un champ, elle voit des paysans qui sèment de l'avoine et leur demande de dire à tous qu'on l'a vue en ce lieu le jour des semailles. Le lendemain, les paysans trouvent leur avoine mûre, et répètent à Gargantua, qui passe, les paroles de Sainte Macrine. Le géant ne croit pas devoir alors continuer sa poursuite ; il s'arrête, mais il secoue ses sabots et forme les buttes de *la Garette* et de la *Chapelle de Macrine*.

Un jour que Gargantua était assis sur la cathédrale de Fontenay, un pied sur celle de Luçon, l'autre sur celle de Niort, il se pencha vers Marans, et but la Sèvre niortaise, la Vendée et l'Autize.

Le Gargantua poitevin n'est donc pas une création rabelaisienne, mais bien le reste d'un ancien mythe ; c'est l'Hercule des grecs. « Les dieux s'en vont ! » disait un ancien. Peu à peu, en effet, Hercule, après avoir été la gloire de l'air, Héraclès, (de *Aer*, air, et *Kleios*, je glorifie), devint le dieu de la *force*, puis le populaire Hercule *Bouphagos*, et enfin, Gargantua dans nos campagnes.

MERLIN L'ENCHANTEUR

Il était né à Noirmoutier (l'île aux sorciers) d'une druidesse, issue elle-même d'un roi breton et d'un démon. Il composa, avec un os de baleine et une fiole de sang, une poudre qui forma Grandgousier et Gargamelle, père et mère de Gargantua. On retrouve là un précieux chaînon du vieux mythe des Aryas, qui a fait descendre Gargantua d'une druidessse.

LE JUIF ERRANT

Le Juif Errant n'est qu'un dédoublement chrétien du héros celtique, Gargantua. Comme le Wuotan germanique, comme Gargantua, il marche toujours.

Un jour, Jésus-Christ était poursuivi par le Juif Errant ; il traverse un gué de l'Arcanson, près du hameau de Nazareth (Vendée), et se cache dans un champ d'avoine : le champ se couvre aussitôt d'épis mûrs.

Dans la vallée de la Combe, entre Chaillé-sous-les-Ormeaux et Nesmy, le Juif Errant apparaît subitement, et dit à un berger : « Je suis le Juif Errant », et il poursuit sa course. L'Yon est devant lui ; il passe sur la rivière sans que la surface de l'eau soit troublée.

LES FÊTES SOLSTICIALES ET ÉQUINOXIALES

Les Gaulois et les Celtes fêtaient les renouvellements de saisons et il en est resté longtemps des vestiges en Poitou. Bien après l'introduction du christianisme, Saint Eloi disait au peuple : « *Nullus dominos solem aut lunam vocet, neque per eos juret.* »

LA COSSE DE NAU

Le soir de la veille de Noël, à Saint-Cyr en Talmondais, on apportait, devant la porte du château, une grosse bûche attachée avec les cordes du puits et dont les deux extrémités étaient pendantes. Les maîtres et les domestiques se divisaient en deux groupes, et, saisissant les bouts de la corde, tiraient en sens inverse : les uns représentaient les esprits protecteurs de la maison, les autres, les esprits méchants. Après une lutte plus ou moins longue, les bons esprits restaient les vainqueurs, et la cosse décorée de *rubans* ou *livrées* était portée dans la grande salle. On la disposait dans l'âtre et après l'avoir religieusement bénite avec le buis, on l'allumait avec un charbon de l'année précédente. Le maître, qui accomplissait gravement ce rite, disait en même temps un *pater* et un *ave*, puis le *grand valet* prenant la pelle du foyer, s'agenouillait et se découvrant devant la cosse, frottait la bûche incandescente avec son outil et la faisait *bretonner* en s'écriant par trois fois : « Bé daux véas ! » Le *grand breger*, suivi de son chien l'*Abri* venait ensuite et, par les mêmes rites, demandait *bé daux gnas ;* la fille de peine implorait la buche et réclamait à son tour *bé daux gorets* et *poué de trues*. Les valets, les tâcherons, tous les domestiques, depuis le *grand gars* jusqu'au *petit-valet de la chevrotaille*, venaient formuler devant la *cosse* les vœux conformes à leurs fonctions. La bûche carbonisée était ensuite éteinte dans une cuve, où il y avait un peu d'eau bénite : la maîtresse de la maison prenait un *carbo* et l'enfermait dans une boîte placée au chevet de son lit et tous les assistants l'imitaient.

La *cosse de Nau* était au moyen âge une redevance féodale. Elle devait être amenée sur une charrette traînée par deux ou trois paires de bœufs, accompagnée d'un roitelet ou roi Breteau (breton, étincelle),

LA COSSE DE NAU

l'oiseau qui apporta le feu sur la terre après l'avoir ravi au soleil. Le roitelet devait être attaché par un gros câble et pouvait être remplacé par l'alouette, reine du ciel d'été.

LA GUILLANU

C'est la nouvelle année (*illo anno novo*) ; elle arrive sur un cheval fantastique sans queue, ni tête.

> La Guillanu, al est dans la méson ;
> I la voyons par la fenaïtre,
> Montée sus in chevaou blanc,
> Qui n'a ni quoue, ni taïte,
> Qu'a les quat' patt' ferré' à nu.
> Donnez-nous, va, la Guillanu.

Les pauvres et les enfants à la Noël et au 1ᵉʳ janvier, s'en vont en joyeuses ribambelles, demander leur guillaneu. On leur donne des noix, des œufs. Ils chantent :

I

> Réveillez-vous, cœurs endormis,
>   Tchiète nitaye ;
> Mettez vos cœurs en Jésus-Christ
>   Et vos pensayes,
> I vous souhaitons la boune annaye.
> Donnez-nous, va, la Guillanu.

II

> La Guillanu, al est là haou
>   Sus la fenaïtre.
> Ol est un petit chevaou blanc
>   Sons quoue, ni taïte,
> I vous souhaitons la boune annaye :
> Donnez-nous, va, la Guillanu.

Dans une autre guillaneu, recueillie à Poiroux, on retrouve toute la légende druidique, le culte de l'arbre sacré, de l'arbre qui porte le gui, de l'*arbre de vie* :

Refrain

> Oh ! bregers et bregères,
> La Guillanu vous faut chanter (*bis*),
> O que entre nous venez danser,
>   Danser sur les fougères.

> Y a-t-un âbre en les fourats
> Qui passe les crètes daux chagnes,
> Queme les vergnes et les fragnes
> Passant l'érande et le garat.

> L'amirollet y fait sin nic
> Au mitan daux flurs les pus belles ;
> Les rabretauds, les arondelles,
> Le ser, y trechant un abric.

N'on y voué poit le Jou daux boais,
Et jamais la mère cossarde :
La grolle, l'ageasse bavarde
N'y fasant entendre leurs vouais.

Notre seigneur en est le trinc,
Les apôtres en sint les bronches,
Chaque ange de ses ales blianches
Fait daux feilles autour sin frint.

De ses peds sacrés doucemont
Devale la source de vie,
Si cliaire qu'o ve donne envie
De ve z'y begner in moumont.

Tchiau qui veut être juste et fort
Det bouère a sa sâ de tchielle aïve ;
Pre li la dolur est in raïve
Et gle n'a pus paou de la mort.

La nuit de Noël, le bétail se met à genoux dans les étables et prie.
Malheur à celui qui le trouble ! Une fois un métayer de la Gâtine entre
dans son étable, vers onze heures, et bouscule un bœuf, en lui disant :
« Tu dors, v'rmine ! « L'animal répond : « Tu mourras demain pr' m'avoir
décorrompu de mon sommeil. » Le lendemain le métayer mourait.

LE GUI DU CHÊNE

C'était dans la nuit de la lune de *zerza* que les Druides cueillaient
le gui du chêne, la plante *omnia sanans*. Les évêques seuls, dit une
légende du bocage, avaient autrefois le droit de la couper.

Avaient-ils hérité de la mission sacrée des druides, ou bien la légende
a-t-elle fait du druide un évêque ? Ce qui est certain, c'est que le gui du
chêne est toujours très recherché. Les campagnards le coupent en
récitant une prière et le vendent, paraît-il, *vingt francs* la livre pour
combattre l'épilepsie, et grand nombre de maladies ; c'est toujours la
plante *omnia sanans*, mais elle est très rare.

LE SOLSTICE D'ÉTÉ — LE BROMEMENT DES PONNES

Naguère, la veille de la Saint-Jean donnait lieu à un bruyant et
original concert, dont il faut probablement rechercher l'origine dans la
célébration des fêtes solsticiales gauloises.

Les Celtes d'ailleurs eux-mêmes avaient choisi le 24 juin pour offrir leurs sacrifices à leur Moloch, leur Baal (peut-être Gargantua).

Ce concert consistait à faire *brondir, rondir, brômer, vezonner,* ou *rôner* la poêle, ou mieux encore brômer la ponne.

La nuit approche ; les feux de joie s'allument. Joyeux gars et rieuses jouvencelles déroulent en lacets capricieux les rondes folles de la Saint-Jean. Le père Renaud, l'un des vieux de Saint-Etienne-du-Bois, s'avance gravement sur la place, chargé d'un grand bassin de cuivre mince, à bords plats, sans anses, une chaudière de buanderie, une *ponne*. Il choisit le point le plus élevé, y installe solidement sa ponne sur un trépied, verse un peu d'eau dans l'instrument et y jette deux clefs. Parfois des personnes généreuses remplacent les deux clefs par des pièces de cinq francs, dont l'une reste à l'instrumentiste.

Dans la journée, le père Renaud a coupé dans la vallée de la Boulogne, quelques joncs, souples, forts quoique menus, de ceux que les botanistes appellent *Arundo phragmites*. Il en prend deux ou trois, qu'il place diamétralement sur la ponne, et qu'un aide tend fortement sans que ses doigts touchent au cuivre.

La foule fait cercle, la nuit est noire, les étoiles s'allument au firmament, et sur les coteaux de la Boulogne, les colonnes de flammes et de fumée des feux de la Saint-Jean se tordent et reflètent dans la rivière leurs teintes sanglantes.

Le père Renaud humecte ses mains dans l'eau de la *ponne*, puis solennel, mystérieux, comme s'il accomplissait quelque rite sacré, il se baisse, saisit fortement les joncs et laisse courir sur eux ses doigts nerveux.

Un son métallique, faible d'abord, s'échappe de l'airain, puis les vibrations s'amplifient, et bientôt une note puissante, un grondement continu, emplit la vallée. Sous les doigts rapides du vieillard, les vibrations pressées rendent des sons aigus et stridents ; ou bien lentes et traînantes, elles donnent parfois un ronflement grave, haletant comme un soupir.

Bientôt tous les villages voisins répondent à l'appel du bourg, les colonnes vibrantes s'élèvent partout dans la nuit, confondant leurs notes dans un chœur fantastique.

Les ponnes brôment !

FEUX DE JOIE

La cérémonie du feu de joie, qui accompagnait toujours le brômement de la ponne, donnait lieu aussi à des pratiques bizarres.

Là, les assistants tournaient trois fois autour du feu avec des branches de noyer à la main. Les pâtres et les gardeuses de troupeaux faisaient griller des morceaux de *molène* ou *bouillon blanc*, pour préserver leurs animaux des maladies et des sorts. Ces morceaux devaient être placés avant l'aurore au-dessus de la porte de l'étable ; quelquefois, on en frottait les bestiaux. C'était sans doute une réminiscence de la baguette magique des druides, sur laquelle la verveine et le sélago se mêlaient au feuillage du chêne.

Ailleurs, les hommes présentaient les reins à la flamme pour se préserver des fatigues pendant les *métives*, et les femmes se ceignaient d'une ceinture d'herbes de la Saint-Jean. D'autres, après avoir grillé des noix, mordaient dans le fruit tout chaud pour se préserver des maux de dents. La foule priait saint Jean *de purifier l'air et de veiller sur les récoltes*. Puis, quand le feu diminuait d'intensité, la jeunesse sautait par-dessus la flamme et ne se mariait dans l'année qu'à cette condition. L'homme le plus robuste roulait au milieu du brasier la plus grosse pierre d'alentour, afin d'avoir dans l'année de grosses citrouilles et de belles *rabes* ou navets. Pour terminer, chacun apportait des petites pierres et entourait d'un cordon continu l'amas de cendres fumantes ; les époux stériles devaient jeter leurs pierres dans la flamme pour obtenir des enfants. Enfin, religieusement, les habitants emportaient des *carbos* pour éloigner la foudre de la maison, ou recueillaient les cendres destinées à détruire la nielle et l'ivraie.

Le lendemain, on trouvait sous les pierres placées autour du foyer des *cheveux de saint Jean ;* mais, un grand malheur menaçait le premier qui enlevait une des pierres qui soutenaient le poteau ou entouraient les cendres.

SAINTE NÉOMAYE

Ayant été l'objet des sollicitations d'un riche et puissant seigneur dont elle ne voulait pas, Néomaye, sainte aquatique, pria Dieu de la rendre difforme, et elle devint moitié femme et moitié oie. Elle est invoquée contre l'épilepsie et on la considère comme la patronne des gardeuses de troupeaux.

Sainte Néomaye aurait vécu vers le v⁰ siècle, près de Saint-Maixent; mais le symbolisme profondément païen de cette légende la rend antérieure à l'évangélisation. Un être humain prenant la forme d'un animal, ou bien, comme dans la légende de Merlin, s'unissant à un être surnaturel pour produire des enfants ayant quelques attributs extraordinaires, c'est bien là la base de toute la mythologie conçue dans les régions aryennes, et dont on retrouve des thèmes variés chez tous les peuples européens.

EFFLERE OCULOS

Il y avait une fois une belle dame et un beau seigneur qui s'aimaient bien et qui avaient douze enfants. Un sorcier changea un jour le seigneur en cerf, que sa propre meute chassa et dévora dans les bois. Au même moment, le sorcier apparut au château sous la forme d'un diable noir et dit en riant : « Belle dame! ton roi est mort et plus ne le reverras! » Alors la belle dame se mit à *crier*, à se lamenter, et elle pleura beaucoup : des rivières sortirent de ses yeux et tombèrent en étangs à ses pieds. Elle pleura ses beaux yeux, puis elle mourut, et son corps tout blanc tomba par morceaux et se fondit comme de la neige dans ses pleurs : elle forma ainsi un grand lac, qui couvrit le château et noya les douze enfants.

L'expression : pleurer ses yeux — *efflere oculos* — existe d'ailleurs dans le patois courant et se dit d'une personne qui pleure abondamment. Une légende galicéenne se rapproche beaucoup de celle que nous venons de rapporter : « *Morska Janna* forme de ses larmes sept étangs où se noient ses sept fils; elle pleure jusqu'à ses yeux, *efflevit oculos*, et finit par se fondre elle-même dans les eaux d'un lac auquel ses vêtements de deuil laissent leur sombre couleur. »

LA DAME BLANCHE DE MORTAGNE

Dans une petite vallée, non loin de Mortagne, il y avait une fontaine que l'on atteignait par une longue allée dallée et qui était toujours pleine d'eau jusqu'aux bords; personne n'y venait puiser à cause de la terreur qu'elle inspirait. Le voyageur mourant de soif n'aurait pas voulu y tremper ses lèvres, car après en avoir fait cinq fois le tour sur le dallage, on voyait apparaître au-dessus de l'eau comme une espèce de vapeur blanche qui prenait la forme imprécise d'une statue de neige;

en outre, on entendait des froissements de toile et des soupirs. La forme
blanchâtre s'agitait ; peu à peu, ses contours se précisaient, et l'on ne
tardait pas à voir se dresser au milieu du bassin une grande dame pâle
aux cheveux clairs comme de l'eau, vêtue d'une grande mante blanche.
Elle vous regardait fixement. Alors, plein d'effroi, on voulait s'enfuir,
mais la grande ombre blanche vous suivait et ne s'évanouissait qu'après
vous avoir prédit, d'une voix bien triste, vos peines et vos deuils.

Et ces prédictions se réalisaient.

LES FONTAINES

Le culte des fontaines, toujours vivace en Vendée, n'est qu'une
réminiscence des cérémonies que les Celtes célébraient en l'honneur
des esprits éponymes des sources, des lacs et des rivières : le christianisme
s'est efforcé de conserver ces traditions.

De nombreuses fontaines ont des vertus miraculeuses.

La *fontaine des Garnes*, nom bien celtique, près de Nieul-le-Dolent,
guérit les fiévreux, si on y dépose un nombre impair de pièces de
monnaie.

La *fontaine de Saint-Gré*, à Avrillé, enlève la *courte haleine* : il faut
boire son eau le 29 juin. Elle jaillit du flanc d'un rocher, à quatre mètres
d'un menhir renversé. Il est à remarquer, d'ailleurs, que la plupart des
fontaines miraculeuses sont dans le voisinage des monuments de l'époque
druidique.

Une autre fontaine de Saint-Gré se trouve près du Champ-Saint-Père,
à la base d'un coteau qui porta naguère le menhir des *Belinières*, appelé
Pierre du Saint ou *Pierre de Saint-Gré*. Dans les années de sécheresse,
les gens du pays s'y rendaient en procession à la suite du clergé ; ils
portaient des croix et la bannière de l'église. On plongeait la hampe de
la bannière dans le bassin, et aussitôt, disent les vieux, le ciel se
brouillait et se couvrait de nuages : « La pluie tombait si abondante et si
drue que les fidèles revenaient trempés jusqu'aux os. »

A Pissotte, les enfants jumeaux étaient autrefois voués à la *dame
blanche de Pissotte*, dont la fontaine s'appelait la *Fontaine de la Dame*.

Les femmes qui n'ont pas assez de lait vont boire l'eau de la fontaine
de *Crée-lait*, au Barbin de Vieillevigne.

A Avrillé, à côté de la pierre branlante de la Cornetière, on voit la
fontaine renommée de l'*Amourette*, où la dame blanche va se désaltérer.

Près de Moutiers-les-Mauxfaits, se trouve la fontaine de *Saint-Bry* qui tous les ans à minuit, à la Saint Bry, jaillit abondamment ; c'était autrefois un lieu de pèlerinage très renommé. On s'y rend encore dans les nuits qui précèdent le 15 août et le 8 septembre : chaque assistant tient à la main une petite bougie et crie : « Bienheureux Saint Bry, guérissez nous du mal de tête, du mal de reins, du mal de dents. » Cela s'appelle *virer ses voyages* et le coût habituel est de deux sous. Les malades se lavent dans le bassin, qui reçoit l'eau de la fontaine.

Le christianisme a mis beaucoup de fontaines sous le vocable de ses saints. Mais, bien des sources ont toutefois échappé aux légendes chrétiennes, et elles sont encore nombreuses celles qui, n'ayant aucun caractère religieux, sont cependant toujours fréquentées, en raison de la persistance des traditions celtiques.

Le *Bras Rouge* n'est que la transformation populaire des anciennes déités aquatiques. C'est un monstre des eaux, très souvent cité dans les légendes des marais de la Sèvre Niortaise, à Damvix, Bouillé-Courdault, Marans. Il est peu connu dans le bocage ; cependant au XVIIIe siècle, Pierre Métayer, curé de Saint-Cyr-en-Talmondais, reprochait à ses paroissiens « *de porter le pied gauche du goret fraîchement tué au Bras Rouge du puits de Fougeré* ».

Dans les marais du sud, les mères menacent du Bras Rouge les enfants, qui s'approchent *trop près* de l'eau.

LE MYTHE MERLUSINIEN

LA MÈRE LUSINE

Le mythe de Mélusine se rattache lui aussi au grand cycle mythique aryen : *une fée, être surnaturel, épouse un être humain ; leur bonheur dure tant que l'être humain tient parole ; un de leurs enfants se distingue par quelque chose d'extraordinaire.* Dans la plupart des pays aryens, en Grèce avec Psyché, en Scythie avec la femme serpent d'Hérodote, en Pologne avec Vanda, en Poitou avec Mélusine, nous retrouvons le même thème. Au moment de la dispersion des races blanches, chacune d'elles a dû l'emporter et le modifier ensuite.

La Mélusine poitevine avait pour séjour la fontaine des Fées, qui coule au pied du coteau de Lusignan. Un jour, un beau chevalier, Raimondin, neveu du comte de Poitiers et fils du comte de Forez, accompagnait son oncle à la chasse au sanglier dans la forêt de Colombier. Un sanglier blessé terrasse le comte de Poitiers : Raimondin en voulant frapper la bête, tue du même coup son oncle.

Affolé, il court à travers la forêt et arrive devant la fontaine des Fées : Mélusine apparaît. D'une beauté divine, elle promet toutes ses richesses à Raimondin s'il veut l'épouser, à condition toutefois qu'il consente à ne jamais s'enquérir de ce qu'elle fera le samedi.

Raimondin accepte et le mariage est bientôt célébré sur le plateau, qui domine la source, sous des tentes élevées par le pouvoir magique de Mélusine, qui construit aussi de la même façon le château de Lusignan.

De cet heureux mariage naissent dix enfants,
dont le célèbre Geoffroy la Grand'dent, mais
Raimondin, soupçonnant sa femme, la surveille
le samedi, malgré son serment, et la surprend
sous la forme *serpente* dans un souterrain du
manoir ; elle était plongée dans l'eau, qu'elle
faisait jaillir avec sa queue.

Raimondin avoue son parjure à sa femme
qui ne l'avait pas vu : Mélusine reprend pour
toujours sa forme serpente, et disparaît par une
fenêtre du manoir, du côté du portail de l'Echelle.

Raimondin fou de douleur, va à Rome et
se fait ermite.

On retrouve cette légende dans diverses

régions de la France.
Mélusine a d'ailleurs
été l'héroïne de romans
de chevalerie : d'après
eux, Mélusine était fille
du roi d'Albanie, Elinas,
et de la fée Pressine.
Elle tua son père, fut
maudite par sa mère
et condamnée par elle à
devenir *serpente* depuis
la ceinture, tous les sa-
medis.

MÉLUSINE

Mélusine (Mère Lusine) avait le pouvoir de construire un château en quelques minutes. Elle édifia les manoirs de Vouvant, du Parc Soubise, de Fontenay, Niort, Maillezais. Elle construisit celui de Vouvant avec *trois dornées de pierres* et *une goulée d'ève* ; elle portait ces *dornées* dans une *devantière* de tulle. *Dorne*, mot celtique, indique bien comme la *galoche* de Gargantua, l'ancienneté du Mythe.

Quand Mélusine construisit le château de Maillezais, elle alla chercher les pierres dans le rocher de Chaillé-les-Marais, mais en traversant la mer entre Vix et Chaillé, sa *dorne* creva et les pierres formèrent le Gué de Velluire.

Mélusine n'est qu'une phase d'un vaste mythe, répandu chez toutes les races d'esprit aryen et que chacune d'elles a développé en recouvrant le même thème de détails et de noms différents. C'est tantôt la reine Vanda, tantôt Holda ; toujours le génie du mal, que le christianisme a transformé en Satan, et de même que Mélusine portait la nuit d'énormes pierres destinées à des travaux gigantesques, de même le diable transporte des menhirs pour construire le fameux *Pont d'yeu*. L'un et l'autre laissent tomber ces blocs, quand ils sont surpris par la vierge ou le chant du coq.

MÉLUSINE AU CHATEAU DE FONTENAY

Biaille de Germon, maire de Fontenay sous la Révolution, a recueilli la légende suivante sur la prise de la ville par Saint Louis :

« Le Borgne de Py-Chabot, l'âme damnée de la Grand'Dent, a enlevé la fille de Thibaut-le-Manchot, vieillard privé du bras droit, perdu à la guerre, ce qui le met hors d'état de tirer vengeance d'un tel affront. Dans sa détresse, l'infortuné père implore le secours du Roi, occupé alors à rosser les Anglais dans le voisinage. Le Roi accourt sans plus tarder, mais le Borgne trouve asile, avec sa proie, dans le château de Fontenay, dont le siège est immédiatement entrepris et poussé avec tant de vigueur, que le chevalier Manchot à la tête de mille bons compagnons, pénètre le troisième dans la forteresse. Déjà les cris de victoire se font entendre, déjà la porte du donjon cède sous les efforts des assaillants, lorsqu'à leurs yeux étonnés s'élève dans les airs la Merlusine, à califourchon sur une *acouette* (manche à balai), emportant en croupe son terrible fils, Py Chabot, et sa captive, les 799 gibiers de potence qui défendaient la place, et son grand matou noir, fort occupé à ressouner (diner) d'un moineau venu trop près de sa griffe.

« L'acouette, rapide comme l'éloise, franchit les coteaux, bois et ravines, et va déposer sa charge sur la motte de Vouvent, où Mérlusine se hâte de ramasser, dans son devanteau de mousseline, une dornée de pierres, dont elle bâtit plus bas, « en virant la main, la grosse tour, pr'y caller, sans bourder, tot le drigail, qu'à trainait dare lé.

« A peine la porte s'est-elle fermée sur le dernier payen, ayant le chat à ses trousses, qu'on voit arriver le Roi à bride abattue. Mieux édifié, cette fois, sur l'espèce d'ennemis qu'il a à combattre, il fait signe à l'armée de s'arrêter. Suivi d'un seul moine avec un bénitier, il s'avance à portée du toit, saisit le goupillon, et sa forte main lance une telle quantité d'eau bénite, qu'elle retombe en pluie furieuse sur la tour, qui s'écroule incontinent et laisse à sa merci hommes et choses, armes et bagages, y compris l'endiablé matou. Quant à la fée, dans sa frayeur des brûlures de l'eau bénite, elle entr'ouvre du bâton la terre et va sortir à la Fumerie-de-Jazeneuil, à treize lieues de là, sous la chaise de Catuche-la-Révêche, qui dormait en triant des mogettes au nez de son voisin Micha. Le choc est si rude qu'il envoie la vieille, avant de retomber à la même place, à côté de son fardeau, passer par dessus la lune, où elle laisse échapper de sa main dans un champ labouré, quatre mogettes, qui fournissent l'espèce à ce pays, réduit jusqu'alors à la gesse de Saintonge et au pois limousin, dont se nourrissent les gorets maigres et les habitants de Bourneau.

« Le Borgne moins avisé est pendu au chêne de la Grand'Rhée, comme s'il était Jacques Bonhommet, le meunier de Pilorge ; le chat noir est brûlé vif devant l'église de Vouvent ; les 799 payens sont livrés aux grolles ; et la Grand'dent, que sa qualité de cousin du Roi protège, se met en route sous l'habit de moine, pour Jérusalem, afin d'y demander à Dieu pardon de ses méfaits (1) ».

(1) Extrait de *Poitou et Vendée.*

LE MYTHE LUNAIRE

C'est au sein des forêts que les Gaulois célébraient Phœbé. Lorsqu'elle
était descendue au milieu d'eux, ils l'acclamaient par des cris et des chants ;
puis, des danses, dirigées par les druidesses s'exécutaient en son honneur :
c'est probablement là l'origine du sabbat. Quand le christianisme eut
proscrit le culte de Friga, les cérémonies prirent un caractère plus mystérieux ; les adeptes devinrent les sorciers réprouvés. C'est sous la forme
d'un chat qu'on se rend au sabbat ; or, le chat était l'animal préféré de
Friga.

LE SABBAT

Le grand père Vincent sortait d'une longue veillée à Malecôte : « Bonne
nuit ! et veillez bien aux sorciers de la *Croisée de la Michelière !* », dit la
fermière.

« Saint Benoit m'en garde ! répondit le paysan Vincent en se signant.
Au revoir ! ».

Il faisait une nuit épouvantable ; on ne distinguait plus rien à quatre
pas dans les ténèbres : le vent soufflait par rafales, faisant fouetter au
visage une pluie glaciale.

Vincent était un paysan solide, mais un peu superstitieux ; il croyait
aux sorciers. Plus d'une fois, paraît-il, les malicieux *fradets* l'avaient
entouré de leurs rondes folles, la nuit, dans les chemins creux de la Gorge
aux Loups.

Ce soir là, Vincent n'était pas rassuré. La pluie redoublait ; le vent
faisait entendre dans la ramure des chênes des mugissements sinistres. En

vain, le pauvre homme se raidissait contre la peur : il tremblait de tous ses membres.

Il appréhendait surtout de passer à la croisée de la Michelière, le rendez-vous des garaches, des fradets et des chiens noirs, car minuit approchait. Des souvenirs effrayants se pressaient dans la mémoire du paysan : Baritaud y avait perdu sa vache ; la mère Jacques y venait voir le diable et signer ses pactes avec lui, et souvent des chèvres blanches s'y rassemblaient la nuit, quand sept garous n'y passaient pas *à la file*...

Soudain du ciel noir descendent des cris sinistres, des frémissements d'ailes, des appels mystérieux, noyés dans un roulement sourd, comme une foulée de chevaux lancés au galop. Les cheveux de Vincent se dressent sur sa tête, il croit sentir s'abattre sur lui toute la chasse Gallery, et, après s'être signé, il se blottit sous un buisson.

Mais un coup de vent furieux emporte la bande infernale et les cris se perdent dans la tempête.

Minuit sonnent au manoir de Montorgueil. Minuit ! chaque coup frappe douloureusement la pauvre tête de Vincent. « Minuit ! Et les garaches et les sorciers ! »

Une *frézaie* lance dans la nuit son gémissement lugubre ; c'est comme le signal attendu. Vincent, cloué par la peur, entend autour de lui des froissements sinistres ; les buissons s'écartent et livrent passage aux sorciers noirs, aux garaches blanches ; des bruits de chaînes traînées glissent sous les arbres.

Une garache bondit sur la croisée : Vincent voit son grand corps sec et décharné, se tordant, traînant un long suaire, lançant un rire aigu, horrible et grimaçant, le rire de la Mort et de l'âme maudite. Puis ce sont les fradets avec leurs queues chargées d'écailles noires et leurs pattes armées de griffes aiguës : les uns rient aux éclats, d'autres hurlent, se débattent comme des fous ou sanglotent comme des esprits damnés.

Un fradet traînant une longue poële dresse un bûcher, et, crachant de sa bouche un jet de flamme, allume le feu, malgré la pluie qui redouble. « Où est-il ? Où est-il ? » crie la bande. Vincent croit sa dernière heure venue, mais il ne s'agit pas encore de lui, car les fradets jettent dans la poële quelque chose, qui remue dans un suaire. Et alors c'est autour du feu une ronde infernale, rythmée de cris horribles, avec des craquements de squelettes, des fracas de ferrailles, des plaintes étouffées. Les suaires noirs bordés de blanc, les robes ensanglantées des garaches, les linceuls des squelettes se mêlent dans un désordre bizarre, et la ronde tourne, tourne toujours, sous la pluie glacée et le vent furieux. Vincent

veut faire son signe de croix, mais il heurte un objet suspendu sur sa
poitrine. « Ah ! mon Dieu, s'écrie-t-il, ma médaille de Saint Benoit ! Je
suis sauvé ! » Et détachant sa médaille, il la jette dans la poële où se
prépare le hideux festin. La médaille lance aussitôt des rayons aveuglants,
et la troupe, poussant des cris d'effroi, s'évanouit dans le vent ; le feu
s'éteint, et la tempête cesse.

LES LIEUX DE SABBAT

Où se tiennent les sabbats ? Généralement aux croisées de chemins,
non loin des monuments mégalithiques qui se dressent sur les coteaux ou
les landes solitaires.

Au *Pré Courtet*, à la *Pierre à Payen*, au dolmen de l'*Herbaudière*, à la
croix de la *Mnisière*, à la croix des *Sorts*, à la croisée de la *croix du
Cheminet*, dans l'île de Noirmoutier ; à la *Pierre du diable*, en Sallertaine ;
à la *croix du Lilais*, en la Garnache ; à la *Tauvernière* du *Tablier* ; à la
Pierre Couchée, de Landevieille ; à la *croix Nérotte*, près de la Chaize-
Giraud ; à *la croisée de Bois Neuf*, près des anciens rochers de *la Rocherie*,
en Saint-Georges-de-Pointidoux : au *pont Sorcier*, près de Chaillé sous
les Ormeaux ; dans la *conche des Sorciers* d'Olonne.

LA LUNE ET LES DEUX ÉTOILES

Deux étoiles voyagent dans le ciel avec la lune. La plus grande
représente le gros propriétaire, qui a du froment à vendre ; la petite est
le pauvre, qui est obligé d'acheter son blé.

Quand, dans sa course à travers l'infini, la petite étoile suit la grosse,
c'est l'acheteur qui court après le vendeur : le blé sera cher ; les pauvres
souffriront. Si la petite se rapproche de l'autre, le pauvre aura grand faim
et demandera l'aumône, mais si elle la dépasse, l'année sera bonne, la
récolte abondante et le blé à bas prix ; les pauvres auront du bon temps.

LE CHAT ET LE LIÈVRE

Le chat est l'animal du diable ; les campagnards racontent que
lorsque le Seigneur voulut créer cet animal, le diable vint et lui dit :
« Tu feras le chat si cela te plaît, mais j'aurai sa tête ! » Et c'est
pourquoi le diable va souvent au sabbat sous la forme du chat, qui
aime tant les promenades sous la lune.

Il y a des sabbats de chats dans de nombreux endroits. A Petosse, on les ferre, afin qu'ils puissent sans danger passer sur le verglas et la neige durcie.

Le lièvre a lui aussi un caractère mythique.

Un chasseur voit un jour un lièvre à allures bizarres. Il ne le tire pas, mais le suit ; le lièvre va se cacher dans un vieux tronc d'arbre, où deux autres le rejoignent bientôt. Le chasseur reconnaît des sorciers, qui se donnent rendez-vous pour le lendemain dans un cabaret : dans ce cabaret le chasseur trouve, à l'heure convenue, trois de ses voisins.

Le lièvre comme le chat va au sabbat ; il porte malheur, quand on le rencontre dans son chemin.

LE DARD ET LES REPTILES MYTHIQUES

Le dard a le corps allongé comme un serpent, une *grande goule*, quatre pattes, une tête et des oreilles de chat, avec une crinière, qui se prolonge jusque sur *l'épine du dos ;* de même, le dieu du feu, chez les Hindous, est un *serpent portant une crinière d'or.* Il y a plusieurs formules de conjuration pour éloigner le dard.

> Mon Abraham ! Sagneur !
> Gardez-me de cinq chouses,
> D'une mort subite,
> Dau chin maupi,
> De la sarpent,
> Dau basilic
> Et dau malin esprit.

Les reptiles mythiques sont nombreux ; tous commettent leurs méfaits la nuit, lorsque se lève Phœbé. Les uns traient les vaches, les autres empoisonnent les fontaines ; l'inoffensive salamandre passe elle-même pour un animal redoutable. Il y a peut-être quelque rapport entre l'*Agni* des Indous, serpent portant une crinière d'or, dieu du feu, et la *nieille* ou salamandre qui, selon la tradition, résiste à la flamme.

Comme la lune apparaît bien la bonne déesse tutélaire des Celtes dans la conjuration suivante :

> Belle lune, je te vois,
> Du côté gauche et du côté droit ;
> Toi qui chaque soir met
> Ton beau manteau violet,
> Garde-moi de trois choses :
> De la rencontre des mauvais chiens,
> De la tentation de Satan,
> De la morsure de la serpent.

LE MYTHE CHRÉTIEN

LA VARVE A DIEU

La Varve à Dieu est le récit naïf de la migration des âmes vers le ciel. Le campagnard, simple d'esprit, ne pouvant s'élever jusqu'à la compréhension des textes liturgiques et voulant avoir dans sa pensée des images précises, a matérialisé son dogme en empruntant quelques traits aux cultes primitifs, notamment à celui du Soleil.

LA VARVADIU

La varvadiu, qui est si belle et si claire,
    S'est mise un jour en trois quartés,
In en haut, l'autre en bas, l'autre en champ fleuri.
    Un jour vindra, Diû dau ciel descendra,
      Son petit bâton blanc à la main,
      Sur ine pierre s'assitra,
      Tous ses pécheurs appellera :
      — Pécheurs ! pécheurs ! venez à moi ;
    Vous n'avez jamais tant souffert pour moi,
      Comme i ai souffert pre vous autres.
      Houzanne ! houzanne ! Fleuris gris,
      Ouvrez la porte dau paradis.
      — Al est ouvarte de hier à midi.
— Qui l'a-t'-ouvarte ? — Notre Seigneur Jésus-Christ.
    Laissus ol y a t-ine petite planche,
    Qui n'est ni étroite ni grande ;
    In cheveu la ressemble.
    Quié qui saront la varvadiu passeront ;
Quié qui la saront pas crieront, brailleront, japailleront,
      Père et mère maudiront :

— Et que faziau donc de mé dans mon jène temps,
Que vous m'avez pas appris quelle varvadiu ?
Vous m'envoyiez au champ,
Comme in paure innocent.
Avoure, si la savais,
Dans le paradis, i entrerais ;
Mais o n'est pus temps de s'en repenti,
Quand l'âme dau corps est sorti.
Amen.

On trouve dans cette poésie si grossièrement rimée des vestiges nombreux des mythes païens. Le petit bâton blanc, emblème de la souveraineté, rappelle le *bâton blanc* de Wuotan, le dieu solaire germanique, qui abandonne parfois le *gunguir* ou massue ; la *pierre blanche* évoque les monuments mégalithiques sur lesquels siégeaient les juges et furent les premiers lits de justice.

Dans la prière de la *Belle Etoile*, on retrouve le mythe solaire : la belle étoile et Dieu se confondent ; l'étoile, qui n'est peut-être que l'hostie, symbole du sacrifié, est mise en croix.

La belle étoile que Notre Seigneur la bara,
Les juifs l'ont pris,
A l'ombre de la croix l'ont mis,
Ses bras étendus, ses pieds cloués.
Sa chère mère, qui est aux pieds,
Qui pleure, qui soupire.
— Chère mère, pleurez pas tant,
Soupirez pas tant,
Ecoutez la parole que je m'en vais vous dire :
Tant pis pour eux, tant mieux pour nous.
Amen !

Voici une poésie qui, dans sa simplicité rustique, égale les plus belles pages bibliques. C'est la *chanson des conditeux* :

Les conditeux, les conditeux,
Les conditeux de nètre Seigneur.
Quié qui vedront les apprendre
D'in bon cœur les apprendra.

Sur la motte de garet
Tolle y allait, tolle y venait,
Alle y allait quand a voulait ;
La boune vierge a-t-accouché,
Alle a-t-appelé sainte Jouine :
— Sainte Jouine, venez donc m'aider :
— Comment voulez-vous qu'i vous aide ?

I n'ai pus de bras sur mes coutés,
Ni de mains pour vous soulager,
La boune vierge a fait miracle,
Lui en a envoyé de tout nufs,
Des mains plus blanches que la fleur
Pour recevoir nètre Seigneur.

Là-bas, là-bas, dans quiés vallées,
Aux pieds de la vierge Marie,
Il y a-t-une petite planchette
Qui n'est ni grande ni étraite,
Un cheveu de Nètre-Dame,
Tout le monde passeront dessus.
Quié qui la saront pas au bout de la planche demeureront,
Le s'écrieront trois fois Jésus, trois fois Jésus,
Dans mon portant,
Qu'ai-s-i donc fait dans mon vivant ?
J'ai point appris les conditeux,
Les conditeux de nètre Seigneur,
Jamais, jamais, i les ai appris.
Jamais, jamais, i les apprendrai,
Rin qu'à l'hure dau jugement.

Pierre (1) et Cail se combattront,
Térés (2) et montagnes se rassembleront.
Aux quatre cornières du temps
Feront souner les quatre trompettes,
Quatre trompettes aux bounes gens.
— Venez tretous, mes bounes gens,
Venez tretous dans l' Paradis
Que Dieu mon père vous a promis.
— Les portes sont-elles ouvertes ?
— Oui, alles y sont depuis hier midi.
— Qui les a-t-ouvries ?
— Nètre Seigneur Jésus Christ.
— Où est-i ?
— Il est dans son champ fleuri,
Chercher les morts et les vifs.
Là mon père,
Là ma mère,
Là tretous, mes bons amis.
— Seigneur, quoure irez ve qu'ri les nètres ?
— Quand au sera son bon plaisi.

(1) *Pierre* et *Cail*, c'est-à-dire Tierre et Cial, terre et ciel.
(2) *Térés*, Terriers.

LE PONT D'YEU

Saint Martin était un jour venu à Notre-Dame-du-Monts pour se rendre à l'île d'Yeu, dont il voulait convertir les habitants.

Quoiqu'on fût en plein été, Martin avait taillé dans un bloc de glace un beau *moulinet*. Satan, qui suivait toujours l'apôtre, alla le trouver vers midi, lui demanda son moulinet et, pour faire à son tour un cadeau, convertit en or tous les galets de la plage, et Dieu sait si elle est longue, depuis la Barre de Monts jusqu'aux rochers de Pilours en Saint-Gilles.

« Que ton or disparaisse avec toi, s'écria Martin ; mais, tout de même, si tu me fais un pont de quinze milles pour aller à l'île d'Yeu, je te donnerai mon moulinet.

— J'y consens, reprit Satan, mais le premier qui passera dessus sera pour moi.

— Soit, dit Martin : il faut que demain, au chant du coq, le pont soit achevé.

— Entendu ! cria le malin, fou de joie. »

Et Satan réunit toute sa famille. Il vint des diables tout noirs, des sorcières, des fées, des farfadets, et tous se mirent au travail en pensant que le lendemain Martin rôtirait en enfer. « Il faut que le pont soit achevé au chant du coq, dit le diable ; mais, pour avoir plus de temps et retarder le coq, je viens de l'enivrer. »

Et l'infernale bande se répandit sur toute la côte et jusque dans le bocage, depuis Nantes jusqu'aux Sables. Les pierres s'entassaient à la pointe de Notre-Dame, et déjà la large chaussée apparaissait au-dessus des vagues. Mais soudain, en pleine nuit, le chant du coq retentit ;

l'animal, brouillé avec l'heure, avait cru l'aube venue, et le diable était victime de son propre artifice.

Aussitôt, une grande faiblesse s'empare de tous les ouvriers, les bras tombent d'eux-mêmes et les lourdes pierres roulent sur le sol. Deux blocs glissent des griffes de Satan : la *Roche aux Chats* (1), en Soullans, et la *Pierre Levée* de la Verrie, surmontée d'une cuvette qu'on appelle la *Fontaine de la Vierge* et où les oiseaux vont boire. Satan les égratigne de fureur et donne un violent coup de corne à la pierre de la Verrie. Il laisse aussi à Saint-Jean-de-Monts un roc qu'on appelle la *Pierre du Diable* (2), et un autre du même nom à *Sallertaine*. Les cordons des devantières des fées se dénouent seuls et les dornées tombent sur une butte pour former les *Pierres du Molin*, en Sallertaine et en la Garnache. Près du moulin de la *Houssinière*, en Noirmoutier, un sorcier laisse choir la *Roche-Patte-du-Diable*. — Des fées sciaient un rocher à la *Martinière de Pau* (Loire-Inférieure), et la fente avait déjà quatre mètres de longueur sur un mètre de profondeur ; au chant du coq, la scie tombe.

Satan, furieux d'avoir été joué, se place sur le pont, attendant Martin ; celui-ci n'avait rien à craindre, le diable n'ayant pas satisfait aux conditions du contrat. Mais, pour se moquer de son ennemi, il lance sur le pont un chat poursuivi par un chien, et Satan doit se contenter d'emporter dans ses griffes ce maudit chat. Il est tellement honteux qu'il s'enfuit jusque dans la forêt de l'île d'Yeu.

LE DIABLE A LA DANSE

Un jour, le diable apprend qu'on danse à Pissotte : « Il doit y avoir une conquête à faire par là ! » se dit-il. Il s'habille gentiment et se rend dans la salle de bal. On l'admire fort ; toutes les filles se demandent quel est ce beau gars, nouveau venu dans le pays.

Le diable aborde une jeune fille qui, avec empressement, accepte d'être sa danseuse, et personne ne faisait plus attention au couple, quand tout à coup le feu sort des talons du beau cavalier ; ses mains brûlent sa compagne qui, en vain, cherche à fuir.

Un prêtre que l'on était allé chercher, arrive bientôt. A sa vue, Satan recule : « Comment veux-tu partir ? dit le curé, en feu ou en vent ? » Le diable choisit le feu. Alors, sur un signe du prêtre, il disparaît dans un vaste embrasement du sol qui s'ouvre sous ses pieds, et il entraîne la jeune fille dans le gouffre.

(1) Détruite en 1860.
(2) A 1500 mètres E. de Saint-Jean, détruite pour la construction d'une route.

LE DIABLE ET LES MAUVAIS LIVRES

Il y avait une fois un homme qui lisait tous les soirs de mauvais livres. Dans l'un d'eux, il voit un jour, au bas de la feuille, ces mots : « Tourne la feuille, si tu es hardi ! » L'homme, en riant, la tourne ; mais le diable aussitôt apparaît et lui dit : « Désormais, je ne te quitterai plus. » Depuis ce jour, des bruits étranges et inexplicables se font entendre dans la maison. Un soir, le pauvre homme lance ses livres dans la poêle qui était sur le feu ; mais, au lieu de brûler, ils se mettent à sauter. Les pelles et les pincettes se heurtent ; les lits sont agités par d'invisibles mains.

Une nuit, une voix s'élève : « Chaque soir, dit-elle, tu viendras dans le bois des belettes. » Le malheureux ne peut résister à cet ordre, et le lendemain, à la nuit, il se rend au bois : le diable l'y attendait. Il l'oblige à jouer avec lui, puis le condamne à revenir tous les soirs.

L'homme se décide à avertir le curé de sa paroisse, un tout jeune homme. Au crépuscule, le prêtre se rend vers le diable et le menace, mais Satan répond : « Ce n'est pas toi qui me fais peur ; tu n'as pas la barbe assez longue. » Seul, un vieux curé d'une paroisse voisine put chasser le démon.

Les légendes du diable sont nombreuses et varient de commune à commune. Dans presque toutes, la puissance de Satan égale celle de Dieu ; c'est l'éternelle lutte entre le mal et le bien. Chaque monument mégalithique a sa légende du diable : le peuple a simplement transformé la légende païenne en légende chrétienne ; le diable a remplacé Gargantua.

Quand il pleut et qu'il fait soleil, on dit que le *diable bat sa femme à coups de bonnets*, expression toute mythique. Satan, souverain de l'Enfer, personnifie ici le feu, la lumière, les rayons solaires luttant avec les nuages, les *vaches célestes*. Le mythe hindou dit même que le *taureau solaire* s'accouple avec elles.

On croit aussi que le diable habite les tourbillons de foin soulevés par le vent au moment de la fenaison. De même, une tradition judaïque dit : « Gardez-vous de vous placer au milieu d'un tourbillon, car les démons s'y trouvent réunis en grand nombre et ils ne voudraient pas manquer l'occasion de se saisir de vous et de vous nuire. »

LES PACTES

Les gens qui vendent leur âme au diable sont nombreux, disent les campagnards.

LE MEUNIER DE L'OLIVETTE

Le meunier de l'Olivette, près de la Chapelle-Saint-Laurent, vendit un jour son âme au diable, à condition que celui-ci fît tourner les roues de son moulin. Le pacte fut conclu et deux diablotins se mirent à faire tourner les aubes, mais un coup de vent emporta sur l'étang la farine de froment, et les trémies ne donnèrent que du charbon broyé : depuis cette époque, à l'automne, les eaux de l'Olivette blanchissent.

LES GRENOUILLES DE MAITRE JACQUES

Il y avait une fois un pauvre manant nommé Jacques ; il était détesté par son seigneur, qui l'accablait de corvées pénibles et désagréables. Or une nuit qu'il était en faction près des douves pour empêcher les grenouilles de coasser et qu'il se lamentait sur son sort, un vieillard à longue barbe blanche, vêtu d'une grosse robe grise, passe sur un âne :

« Bonjour, Jacques ! » dit-il.

— Bonjour, père.

— Que fais-tu là ?

— Comme vous voyez, j'empêche les grenouilles de faire du bruit, car leurs cris agacent mon seigneur. C'est un travail bien ennuyeux et bien pénible.

Veux-tu que je te donne un moyen pour rendre la tâche facile ?

— Et qui êtes vous donc, père, pour être si fin ?

— Je suis le Seigneur...

— Passez, passez votre chemin, vieux malin, et ne raillez plus les pauvres gens... Autant se donner au Diable que d'écouter les moqueries d'un tel vieux... »

Jacques n'a pas le temps d'achever : un brillant cavalier, monté sur un cheval noir richement harnaché, arrive au galop et s'arrête net devant le paysan.

— « Bonjour, Jacques »

— Bonjour, messire.

— Que fais-tu là ?

— J'empêche les grenouilles de faire du bruit, car leurs cris dérangent mon seigneur. Ce dur travail ne donne pas de pain à ma famille.

— J'ai pitié de toi : je veux te soulager.

— Vous êtes bien bon, messire. Qui êtes-vous donc ?

— « Je suis le roi des Enfers. »

Des flammes sortent de ses yeux et jaillissent du sol sous les pieds du cheval.

— « Sois sans craintes, dit Satan. Mais, je ne travaille jamais pour rien. Donne-moi ton âme... Tu hésites ?... Songe à ta famille, qui a faim... Allons, c'est entendu : tu acceptes.

— Soit ! pour ma femme, pour mes enfants. »

Satan descend de cheval, et tire de dessous sa veste une tablette de bronze. Puis, il pince si fort le bras du paysan qu'il en sort du sang, dans lequel il trempe une plume, tirée d'un fourreau pendu à sa ceinture. Il la donne à Jacques :

— « Signe le pacte d'amitié ! » et Jacques, tremblant, inscrit son nom en lettres de sang sur la tablette de bronze.

Aussitôt le Diable lance dans les douves quelques pincées d'une poudre merveilleuse qui empoisonne toute les grenouilles, et il disparaît.

Le soir même le seigneur dit à Jacques : « Il y a longtemps que cet étang n'a pas été pêché, et j'aurais grand plaisir à manger des grenouilles. Demain tu rassembleras tes voisins, et vous pêcherez l'étang. »

Pendant la nuit, Jacques appelle Satan. Le manant lui fait connaître l'ordre du seigneur. « Tu m'as déjà donné ton âme, répond Satan ; je veux bien encore t'être utile, mais je réclame aussi l'âme du premier qui mangera une grenouille. Tu me l'apporteras demain en ce lieu. »

« Entendu ! dit Jacques. »

Satan, portant sa main à sa bouche pour se faire entendre de plus loin, prononce des paroles magiques : aussitôt des grenouilles paraissent en grand nombre et se précipitent dans l'étang.

Le lendemain la pêche fut à ce point miraculeuse que pour la transporter il fallut plusieurs charrettes attelées de six chevaux, et que pour la préparer et la faire cuire, une armée de cuisiniers fut nécessaire.

On se régala au château. Pendant ce temps, Jacques se demandait qu'elle âme il allait livrer à Satan.

Tout à coup il aperçoit un canard qui se jetait avidement sur une peau de grenouille.

— « Voilà mon âme, s'écrie-t-il. C'est le vieux malin qui ne rira pas. »

Et saisissant le canard, il le glisse dans un sac.

Il se rend à l'étang, où le Diable l'attendait, et délie son sac. Le canard en sort avec d'horribles *coin, coin, coin !* Satan épouvanté, s'évanouit...

Au même instant, un homme monté sur un âne, passe par là et s'arrête. Jacques reconnaît le vieillard à barbe blanche et cette fois lui trouve tant de douceur et de bonté dans les yeux qu'il lui dit en se découvrant :

« Bonjour, Seigneur !

— Bonjour, mon fils ! J'ai pensé que tu aurais besoin de mes services et je suis venu vers toi...

— Je vous remercie, Seigneur, et vous arrivez bien, car, pour m'éviter quelque peine, j'ai vendu ma pauvre âme à ce misérable Guilloux, qui est là...

— Le cas est grave... Mais, je puis encore te sauver. Puisque Satan est évanoui, tu vas prendre le pacte dans sa poche, et sous ta signature, tu feras une grande croix avec ce crayon d'or... »

Jacques exécute l'ordre du Seigneur, et remet le pacte dans la poche de Satan.

« Et maintenant, tu peux dormir tranquille » dit le vieillard en s'éloignant.

. . . .

Les années passèrent. Un jour Maître Jacques tombe bien malade et sent qu'il va mourir. La porte s'ouvre ; Satan paraît :

« Tu reconnais bien ton vieil ami ! s'écrie-t-il ; je n'oublie pas mes associés et j'attends, pour la prendre, que ton âme ait bien voulu quitter son chétif corps.

— Je ne te connais pas, murmure Jacques.

— Tu oublies donc notre pacte ? Ton âme est bien à moi, et, ce qui le prouve, c'est ta signature. Vas-tu te rétracter maintenant, mauvais payeur ? »

Il tire de sa poche la plaquette en bronze. Mais à peine a-t-il vu la croix faite au crayon d'or, qu'il pousse un effroyable cri et s'enfuit en renversant tout un pan de mur : l'âme du pauvre Jacques monte au Paradis.

Dans une partie de la Vendée, le mot de *Soubise* est synonyme de Diable. En 1621 et 1622, le chef protestant Rohan de Soubise jeta la terreur dans ces contrées, par son esprit satanique, la soudaineté et l'impétuosité de ses attaques : de là sans doute la signification donnée au mot Soubise. La *pierre des Soubises* de Bretignolles *vire* sur elle-même au son de la cloche de Saint-Nicolas de Brem, ce qui doit lui arriver rarement, car il y a belle lurette que le clocher de Saint-Nicolas est sans cloches.

La *poule noire*, la *poulette*, le *cheval Malet*, sont aussi des personnifications de l'esprit diabolique, et les légendes sur ces associés du diable sont nombreuses. Dans le cortège de Holda, à travers la plaine de Mansfeld (Gœthe), figurent également des chevaux à deux pattes.

LE TROUSSEPOIL

Il y avait autrefois, près d'Angles, une énorme bête noire, qui ressemblait à un ours ; elle allait souvent se baigner dans un ruisseau voisin, et sortait de l'eau le poil tout hérissé : aussi appela-t-on le ruisseau *le Troussepoil.*

La bête était terrible et dévorait surtout les femmes et les vaches ; tout le pays fut bientôt en pleurs. Le légat pontifical voulut exorciser le monstre, mais comme le matin il avait embrassé une fille, il ne réussit pas. L'abbé de Fontaine et celui de Talmont essayèrent sans obtenir meilleur résultat, car tous deux avaient perdu leur pouvoir, l'un en buvant quatre chopines de vin passé minuit, l'autre pour avoir tué un manant qui le gênait sur son chemin. Le saint abbé d'Angles, le vieux Martin, pria cinq jours et cinq nuits et ainsi préparé, alla vers la bête qu'il dompta par des signes de croix : l'animal vint se mettre sous son bâton, et suivit le pieux homme jusqu'au bourg.

Paysans et paysannes acclamèrent le vieux Martin ; seules les filles coquettes le raillèrent et dirent en ricanant :

« Depuis quand, père Martin, êtes vous breger dau Diable ! »

L'abbé resta muet, mais sur son ordre, l'ours grimpa au pignon de l'église, et, par un signe de croix, fut changé en pierre.

Et lors, le digne moine, montrant les filles stupéfaites, dit :

« Tu ne vivras dès mésuy que de la beauté des filles d'Angles ! »

Et les filles devinrent laides.

Et l'ours de l'abbé Martin est encore au pignon de l'église, surmonté de sa croix de pierre.

LES LÉGENDES DE LA NUIT

L'ombre mystérieuse de la nuit, dans un pays aussi boisé que la
Vendée, devait frapper l'imagination des campagnards superstitieux.
Ils l'ont peuplée d'animaux fantastiques et terribles, de revenants, de
vierges errantes, de lavandières funèbres, d'âmes en peine ; c'est le
moment des crimes et des expiations ; c'est l'heure de Satan.

LE GAROU

Le loup-garou est un des hôtes habituels de la nuit ; c'est une victime
du prêtre, qui a lancé sur lui le *monitoire.*

Autrefois, au moment de l'*asperges*, le curé se tournait vers le peuple
et disait : « Excommuniés, magiciens, sorciers, vous tous qui pratiquez le
sortilège, sortez d'ici ». Quand un crime, dont on ne connaissait pas
l'auteur, avait été commis dans la semaine sur le territoire de la paroisse,
le pasteur, avant de commencer le prône, faisait un monitoire pour forcer
la personne à rentrer en elle-même et à réparer sa faute. Quand ce
monitoire n'avait pas produit son effet, le curé en faisait un second au
prône suivant, et, ce jour là, il avertissait les femmes enceintes de ne pas
assister, le dimanche suivant à la messe paroissiale, car le troisième monitoire
était suivi de cérémonies symboliques de nature à épouvanter les fidèles.

Le ministre de la religion montait en effet en chaire, un cierge à la
main ; il lisait pour la dernière fois, la formule de l'avertissement et les
menaces qui l'accompagnaient. La lecture finie, il mettait le papier dans
la flamme du cierge, soufflait dessus, et au même instant, la sentence

atteignait la personne coupable, fût-elle à dix lieues de là. L'anathème retentissait sur son dos, comme sur une enclume, et elle était condamnée à courir le garou pendant sept ans et à visiter sept paroisses par nuit.

GOJON LE GAROU

Ma grand'mère Martinelle me dit, quand j'étais tout jeune, que son homme avait eu autrefois à son service un domestique nommé Gojon. Ce gars, qui était depuis cinq ans dans la maison, revenait de Challans le jour de la foire des Minès, avec plusieurs amis de son âge. Les jeunes gens s'arrêtèrent dans une auberge du Perrier où l'un d'eux vola un petit chat. Il l'emporta avec lui, ce qui était déjà un péché puisqu'il commettait un vol, et en passant au Puits de l'île, il le jeta dans la fontaine, ce qui était une deuxième faute, puisqu'il détruisait inutilement une bonne bête du bon Dieu.

Bien que le péché ne fût pas très grand, les gars rentrèrent chez eux l'âme troublée et dormirent mal.

Le curé de Saint-Jean-de-Monts eut vent de cette histoire de chat, et, quoique cette *harde ne fût pas conséquente*, il lança le dimanche suivant les *émollitoires*.

Celui qui avait volé et noyé le chat ne se dénonçant pas, tous les témoins, innocents de la faute, furent condamnés comme le voleur à courir le garou.

Le pauvre Gojon en était, et la hère le prit tout de suite. Ne voulant point faire connaître son mal à mon pépé Martinéâ, il lui dit un jour qu'il allait s'en aller, et lui remit son denier, parce que son temps de service n'était pas fini, et il partit se gager à l'Ileau.

Là, toutes les nuits, il courait le garou, soit en loup, soit en chien, soit en *goret*. Tous les matins, à la même heure, il sautait de son lit en burlant, et, à la porte de la maison se mettait avec d'autres malheureux comme lui. Il traversait avec eux la cour de la métairie, suivait une *charrau*, passait un fossé sur une planche et entrait dans une *prée* où son camarade de la ferme, le deuxième valet, gardait les bestiaux depuis la pointe du jour. Les animaux avaient peur et reniflaient l'air. Enfin, après avoir été loin, loin, loin dans le marais, Gojon revenait à la maison le teint pâle et les vêtements souillés de boue ; il restait triste et presque muet toute la journée.

Un jour, son camarade lui dit : « Ce matin, j'ai vu un chien qui a passé à côté de moi, dans la prée ; les bêtes ont eu peur, parce qu'il avait sous les pieds des flammes de feu… »

Gojon ne dit rien, mais il courba plus bas la tête et se mit à pleurer.

Une autre fois, son ancien patron, mon *pépé* Martinéâ, qui le regrettait beaucoup, l'avait invité à venir passer un jour chez lui. Gojon y alla ; mais, au matin, quand la *hère* le prit il fut obligé de se lever et de courir encore. Alors, tout en sueur et *aqueni*, il eut honte de se présenter devant Martinéâ, et s'en retourna à l'Ileau en sanglotant.

Un soir, le second valet lui dit : « C'est toujours moi qui garde les bêtes le matin ; tu viendras m'aider demain : je te réveillerai. » Oui, mais à l'aurore, il eut beau secouer Gojon, il ne put le réveiller et ne trouva qu'un cadavre : l'âme avait quitté le corps et courait le garou.

Enfin n'en pouvant plus de cette vie pleine d'affres, Gojon prit à part son camarade et lui confia son secret.

« Tu sais, lui dit-il, je souffre beaucoup ; je suis condamné ! Sais-tu qui passe tous les matins à côté de toi en hurlant avec des flammes de feu sous les pieds et des éclairs dans les yeux ? Sais-tu quel est ce chien qui dès l'aube court sur la planche ? Sais-tu quelle est la bête qui suit la *charrau*? Sais-tu qui fait peur à tes bœufs et leur fait dresser le poil ? C'est moi ! Ah ! que tu me rendrais un grand service, si tu voulais seulement faire couler une goutte de mon sang : je serais délivré ! »

Le camarade le voulut bien.

« Prends ta fourche au lever du soleil, reprit Gojon ; rends-toi à la planche ; nous serons sept et je serai le septième : pique-moi à la tête et n'aie pas peur ! »

Le lendemain, les sept garous passèrent en effet ; mais le domestique trembla et n'osa frapper. « Pourquoi ne m'as-tu pas porté le bon coup ? lui dit Gojon, quand ils furent seuls ; tu prolonges encore ma souffrance. Demain nous passerons de nouveau et je serai le troisième ; cette fois, je t'en supplie, ne me manque pas ; je te donnerai mon gage de l'année ! »

La troupe des loups passa encore ; le second valet s'arma de courage, et, vigoureusement planta au front du loup la fourche bien lancée…

Gojon était délivré ; il redevint un homme, mais le trou fait par la fourche resta toujours marqué sur son front.

Comme il l'avait promis, le valet remit son gage à son ami et lui donna ce conseil :

« Quand tu verras faire le mal, déclare-le, si tu ne veux pas courir le garou. »

LA BIGOURNE DE SOULISSE

Il y avait une bigourne qui toutes les nuits, se rendait à la cabane de Soulisse, au pied du côteau de l'Ile d'Elle. Quelquefois de l'intérieur, les habitants entendaient dehors un bruit de ramée, et, par la fenêtre, ils voyaient passer la bigourne à longue barbe blanche et aux cornes de chèvre. Alors, ces gens qui respectaient le triste sort du pauvre garou, allaient se mettre au lit : aussitôt, la bigourne entrait et, jusqu'à minuit, montait et descendait l'escalier.

Or, on changea un jour de serviteur à la cabane, et le nouveau domestique, nommé Morin, jura d'avoir raison du mystérieux animal. Une nuit de tempête, il fit le guet à la porte de la grange, et à minuit comme la chèvre blanche s'en allait sous la pluie vers la *Levée des Frênes*, il fit feu. Il courut vers sa victime ; c'était une belle jeune fille, vêtue d'une robe de soie, couverte de riches et nombreux bijoux.

Les gens de la ferme accoururent et n'osèrent demander au méchant Morin s'il était le coupable. Pour étouffer le crime, on creusa à la hâte une fosse, on y déposa le cadavre, avec ses riches ornements et l'on y ajouta une brebis fraîchement égorgée. Le trou fut comblé et recouvert par un tas de fagots.

Quelque temps après, Morin alla en bateau vers Marans, mais il ne revint jamais : des gens affirmèrent avoir vu son cadavre emporté par le courant de la Sèvre.

Puis, un jour, on vit venir à la cabane un monsieur, une dame et une belle demoiselle, suivis d'un petit chien. Ils demandèrent aux gens si une jeune fille couverte de bijoux n'était pas passée par là. Il leur fut répondu que non ; mais le petit chien, en tournant autour des fagots, fit découvrir la fosse de la victime. Les personnes qui la réclamaient étaient son père, sa mère et sa sœur ; ils habitaient Niort.

LA BIDOCHE

La bidoche se transforme en divers animaux fantastiques : l'être, qui s'incarne en elle, est un nécromant ; ce n'est plus une victime de l'anathème du prêtre.

*
* *

La bidoche se fait de plus en plus rare, m'a dit un maraîchain. Mon camarade de communion, un gaillard pas peureux ! revenant un soir du

marché de Challans, où il avait fait sans doute de copieuses libations, en
a poursuivi une pendant plusieurs kilomètres sans pouvoir l'atteindre. Il
m'a raconté que tout d'abord, la bête, blanche comme la neige, était de la
grosseur d'un petit veau, puis qu'elle était devenue progressivement
énorme ; elle avait ensuite diminué et, au moment où il allait la saisir, elle
n'était pas plus grosse qu'un chat.

LA GALIPOTE

La *galipote* est un animal nocturne, qui prend souvent la forme
d'un mouton blanc, d'une chèvre barbue, d'un chien noir, parfois même
d'un porc. Elle rôde autour des fermes, attaque les chiens, pousse des
grognements, gambade autour des attardés et des égarés, parfois les bat
et les terrasse, mais le plus souvent, elle se contente de leur sauter sur
le dos, et de se faire porter ainsi par eux jusqu'à leur demeure.

Il y avait une fois un meunier qui vivait seul dans un moulin, non loin
du village de Puits-Sec, commune de Saint-Martin-de-Fraigneau. Tous les
soirs, en hiver, ce meunier allait passer la veillée dans des souterrains,
où se tenaient des réunions.

Or, un soir, comme il quittait le moulin, un mouton blanc lui bondit
sur l'épaule. Il fut obligé de le porter jusqu'au souterrain : là, l'animal se
coucha à ses pieds. Quand le meunier repartit, le mouton reprit sa place
sur son dos.

A la porte du moulin, il sauta à terre, resta debout, et, pendant que
le meunier poussait le verrou, il frappa ses deux pattes de devant l'une
contre l'autre.

Ce manège recommença chaque soir pendant quinze jours, mais le
meunier s'en fatigua, prit son fusil, et il tira sur le mouton, qui se mit à
rire aux éclats.

Furieux, l'homme fit bénir une balle par un prêtre, et quand la galipote
arriva le soir au moulin, il l'abattit au moment où elle se dressait sur ses
pattes de derrière.

Un cri terrible se fit entendre ; le mouton avait disparu, mais à sa place
le paysan vit avec stupéfaction une femme blessée, qu'il put suivre jusque
chez elle. Elle mourut le lendemain : c'était une sorcière.

LA GARACHE

La garache, fantôme silencieux, vêtu d'un long suaire, est une femme, qui va dans la nuit, et jette les sorts mortels : sa rencontre est toujours un présage terrible.

Nuit de novembre... Il pleut à torrents. Un homme et deux femmes traversent en voiture le village du F... sur la route de Champ-Saint-Père.

Soudain le cheval s'arrête net, tremble d'épouvante et le conducteur pousse un cri.

Au bord de la route apparaît un fantôme, appuyé sur le mur d'une maison, garache sinistre, précurseur des deuils et des douleurs. Le cheval part au galop, et la garache surprise, détale et pénètre dans une maison voisine.

Le lendemain on apprend qu'un homme du village, atteint depuis longtemps d'une maladie de langueur, s'était éteint pendant la nuit dans la maison que surveillait le fantôme.

Frappé d'un mauvais sort par un sorcier, la mort venait de terminer son supplice : le fantôme qui avait été vu épiant par le trou de l'évier les progrès de la mort, n'était autre que le sorcier, transformé en garache.

LE CHIEN A GRAND'QUEUE

Une nuit, un gars de Barbâtre en Noirmoutier errait dans les dunes de la Grande Arée. Il entendit soudain des grognements et aperçut un chien énorme, tout noir, avec une queue longue, si longue qu'elle se tortillait dans les herbes comme un serpent. L'homme marcha sur la bête, mais l'animal parla : « Va-t-en ! dit-il, si tu tiens à la vie ; tu serais mieux, à cette heure, avec ta mère, qu'à garouter dans les dunes avec le chien à grand'queue ».

Le gars s'enfuit épouvanté et courut jusqu'à Barbâtre.

LA BÊTE PHARAMIQUE

Un jeune homme de l'Ile d'Elle, nommé Pierre, avait épousé une jeune fille de son choix, appelée Jeanne. Mais, il avait évincé un rival jaloux, qui résolut de se venger et se vendit au mauvais esprit.

Or, un jour qu'il revenait du Marais, il entendit des clapotements

dans l'eau ; un animal en sortit, bondit sur lui, et Pierre dut porter
jusque chez lui le terrible fardeau. A sa porte seulement l'animal descendit,
ricana et s'enfuit.

C'était la bête pharamique.

L'ALOUBI

L'Aloubi est un loup sanguinaire, affamé et terrible.

Il y avait autrefois beaucoup de loups dans la forêt de Mervent, et il
n'était pas sage de la traverser la nuit.

Un vieux musicien du pays, le père François, habitait non loin de
Mervent. Il était de toutes les noces et revenait tard ; or, une nuit qu'il
prenait au plus court par un sentier forestier, il se reposa au pied d'un
chêne et s'endormit au clair de lune. Son chien l'imita.

Un loup vint à passer ; c'était l'Aloubi, le roi des loups. Il vit le
dormeur, le recouvrit de feuilles mortes et courut chercher sa bande.

Ah ! il en vint des loups ! Ils faisaient un tel bruit en galopant vers
le musicien, qu'ils le réveillèrent. Celui-ci se rendit compte aussitôt de
sa terrible situation et grimpa dans un arbre, pendant que le chien se
glissait dans un tronc creux.

Les loups se couchèrent au pied du chêne et attendirent patiemment,
mais le bonhomme était madré. Sachant que les loups n'aiment pas la
musique, il prit son violon et se mit à jouer ses plus belles mélodies :
toute la troupe détala.

Le père François, tout joyeux, descendit de son arbre et, jusqu'à
Mervent, joua furieusement : les loups n'osèrent pas l'attaquer.

LES LUMIÈRES NOCTURNES

Les feux follets sont, pour certains campagnards, des âmes de lutins
qui gambadent follement pour inviter le voyageur à les suivre dans les
fondrières ou les passages dangereux ; ce sont aussi des revenants, ou
des cierges promenés par des mains invisibles, prestes aux soufflets.

Un fermier, ayant un jour besoin d'argent pour praye son médecin,
résolut de vendre une paire de bœufs à la foire de Fontenay.

Il partit la veille de la foire, à la tombée de la nuit, au moment où le
soleil quitte ses chaussettes pour prendre son bonnet de nuit. Il avait à

peine fait trois kilomètres, qu'il aperçoit une bougie allumée, immobile, au milieu de la route.

Il va droit devant lui comme s'il n'avait rien vu, mais la chandelle vient se poser sur son nez. Furieux, il donne un coup de bâton à la lumière ; sa trique prend feu, la chandelle revient à la même place, et le nez s'enflamme. L'homme, vite, passe sa main sur son visage et éteint la flamme.

Peu rassuré, il continue sa route vers Fontenay, mais son trouble est tel qu'il ne s'aperçoit pas que ses bœufs restent en arrière.

Il doit revenir sur ses pas, et n'arrive qu'à l'aube sur le champ de foire. C'est aussitôt tout autour de lui un immense éclat de rire : « Ah ! quel nez ! quel nez, s'écrient paysans et marchands. Quel joli rôti de nez ! »

Il fuit sous les quolibets sans avoir vendu ses bœufs, et ne pouvant payer sa dette, il est saisi, mis en prison... et tout cela pour une chandelle, qui avait brûlé son nez.

LES FAUX-MONNAYEURS

Le paysan vendéen assimile les pratiques mystérieuses des faux-monnayeurs aux sortilèges des sorciers.

Le vieux château de l'île d'Yeu dresse ses ruines imposantes au fond d'une petite crique, sur un rocher sauvage, déchiqueté par le flot et entouré par les lames à marée haute ; c'est bien un cadre de légendes sinistres.

La tour de gauche de la façade ouest était jadis, paraît-il, un repaire de faux monnayeurs : dans ses salles mystérieuses, des hommes inconnus et masqués allumaient des fourneaux.

La nuit, par mer haute, quand la brume étendait sa chappe laiteuse sur l'Océan, quand la vague, après avoir hurlé sur les *Ours-du-Sablia*, allait se briser sur le rocher du manoir et rebondir jusqu'aux plus hautes fenêtres, le marin de la *Meule*, qui passait à l'Ouest, longeant la côte, voyait de soudaines clartés s'allumer : c'était comme les lueurs d'un brasier.

LA LÉGENDE DU DIABLE FAUX-MONNAYEUR

Il y avait une fois au château de l'Aubonnière de Bessay, un seigneur qui aimait beaucoup l'or ; ce seigneur avait un fils.

Le diable, qui rôdait souvent autour du château, projeta d'acheter l'âme du châtelain, et il lui apparut un soir sous les traits d'un faux-monnayeur.

« Donne-moi ton âme, dit-il, et tu auras autant d'or que tu voudras. »
Le seigneur accepte.

Satan demande une chambre pour ses manipulations, et, muni d'un creuset, il monte dans la plus haute tour, emmenant avec lui le jeune fils du châtelain. L'enfant est attaché à une colonne ; Satan lui ouvre les veines, recueille le sang et le mélange à un métal vil, du plomb ou du fer.

Le seigneur, impatient, gravit les marches de la tour, et trouve son fils la gorge ouverte, perdant la vie avec son sang. « Qu'as-tu fait ? » dit-il au diable. — « Regarde, dit celui-ci. »

Du creuset renversé s'échappait un flot d'or. Satan, en ricanant, passe par la fenêtre, à travers les vitres, et dit en fuyant :

« Dans dix ans d'ici, je te retrouverai. »

Les dix années passent, tristes, funèbres, épouvantables, longues pour le pauvre père, puis Satan, qui n'avait pas oublié, revient et emporte, on ne sait où, le châtelain, que dévorait le remord.

Depuis ce temps, le castel est inhabité, mais la nuit on entend autour de la vieille demeure des sanglots, des râles, des piétinements de chevaux, et les cris d'épouvante de celui que Satan torture pour avoir oublié, dans un moment d'égarement, que tout l'or du monde ne vaut pas l'affection d'un enfant.

LES FAUX-MONNAYEURS DU CHATEAU DE L'AUBONNIÈRE

Il avait un bien vilain renom ce château de l'Aubonnière et nul n'osait s'en approcher après le coucher du soleil. Des esprits *y revenaient :* fantômes tout blancs avec des faces horriblement grimaçantes, diables cornus, faux-monnayeurs. La nuit, tous ces êtres fantastiques couraient dans le château ; on entendait des cris, des bruits étranges, des soufflets de forges, des crépitements de flamme.

Des gars courageux, armés de triques, étaient partis un jour en chantant, pour chasser ces hôtes nocturnes ; on ne les avait jamais revus.

Un soir arrive dans le pays un beau chevalier, tout bardé de fer ; il annonce qu'il rentrera la nuit dans le manoir. « Vous n'en reviendrez pas, lui dit-on. »

« Ne craignez rien, bonnes gens, répond-il, mon épée est affilée et mes pistolets sont bons. Je rentrerai dans le château, je chasserai les fantômes, et je délivrerai la belle fée qui y demeure ; elle deviendra ma femme. »

Il part seul, n'ayant avec ses armes qu'une bouteille de bon vin et un sac de tabac. La nuit est sombre ; il allume les grands chandeliers, fait flamber les énormes bûches des larges cheminées, et le dos au feu, le verre en main, il attend.

Dix heures ! Pas un bruit, pas un souffle. « Les sorciers auraient-ils peur de moi, se dit le chevalier ? » Sa tête s'alourdit ; il va dormir.

Onze heures ! Toujours rien. « Les lâches ! ils ne viendront pas ! » s'écrie notre homme, qui ma foi, cède au sommeil.

Minuit ! La porte s'ouvre : deux fantômes, vêtus de robes blanches, s'avancent silencieusement ; ils ont des faces de démons. Le chevalier dort toujours : les fantômes prennent ses pistolets, remplacent les balles de plomb par des balles de liège, et quittent avec la même gravité l'appartement.

Un instant après ils reviennent, poussent des hurlements et réveillent le dormeur, qui saute sur ses armes et tire : les fantômes arrêtent les balles avec leurs mains.

Le chevalier veut saisir son épée, mais il est aussitôt frappé, renversé, garotté. On lui approche les pieds du feu, on le brûle, puis les fantômes jouent à la balle avec lui, le lançant d'un bout de la salle à l'autre.

Quand il n'est plus qu'une loque, une trappe s'ouvre au milieu de la salle et le pauvre homme est précipité dans une cave. Au dessus de lui, il entend le bruit des marteaux, le crépitement de la flamme, le ronflement des soufflets : les fantômes fabriquent de l'or.

La trappe s'ouvre de nouveau ; un homme noir descend qui dépouille le chevalier de sa montre, de son argent, le précipite par une seconde trappe dans une cave plus basse, plus sombre et plus humide.

Des squelettes jonchent les dalles, les uns portant encore les anneaux qui les rivaient aux murs, les autres entourés de chaînes.

Le beau chevalier croit bien sa dernière heure venue ; pourtant la pensée de la belle fée le soutient. Il frotte si bien ses liens sur le roc que les cordes se rompent, puis, explorant sa prison, il trouve une pierre mal jointe, qui, grâce à une poussée formidable, tourne sur elle-même ; il se trouve dans un souterrain.

Il va à tâtons, marche longtemps, désespérant de sortir, quand subitement il sent un air plus frais et se trouve dans la campagne. Des feux encore allumés indiquant un village, il s'y rend, réunit, excite les paysans contre les faux-monnayeurs et, avec eux, il marche à l'assaut du château.

Quand le coq chanta, six faux-monnayeurs, vêtus de robes blanches, le visage noir, les mains liées, sortirent du manoir, sous la garde des paysans, qui les conduisirent au sénéchal de Luçon.

Le chevalier était resté seul au manoir. A l'aurore, une belle fée, vêtue de mousseline blanche, s'avança souriante vers lui : « Merci, beau chevalier, dit-elle. La fée que vous avez délivrée sera votre épouse. »

LE MAUVAIS ŒIL, LES SORTS ET LEUR CONJURATION

De toutes les superstitions, la plus vivace en Vendée, la plus difficile
à détruire est la croyance aux sorciers. Très nombreux sont encore les
gens qui passent pour avoir le mauvais œil, et posséder le pouvoir de
jeter des sorts.

UNE NUIT DE DIMANCHE GRAS

Un soir de dimanche gras, deux jeunes gens de Chaillé, G... et A...,
allèrent passer la veillée des crêpes au bourg voisin, à Saint-Florent.

Un bal fut organisé et bientôt jouvanceaux et bachelettes tournoyaient
avec entrain.

Vers dix heures subitement le bal se ralentit; les danseurs regardent
avec défiance un nouveau personnage qui vient d'entrer : c'était un jeune
homme aux yeux rouges, traiteur de profession, mais un peu sorcier,
disait-on. On le craignait fort, car une fois il avait jeté sous les pas d'un
gars un paquet de *détourne*, et le malheureux « enjominé » avait couru
toute la nuit, sans pouvoir retrouver son chemin avant le chant du coq.

Le sorcier s'approcha d'un groupe de jeunes gens et saisit le coude
de l'un d'eux ; le gars en fit autant sans plus de gêne : le sorcier était
joué, on lui rendait la *grimate*. Mais toujours l'air souriant, il alla vers
les gars de Chaillé, passa derrière eux sans être vu, éleva ses deux
mains au dessus de leurs têtes et les frappa amicalement sur l'épaule :
G... et A... eurent le malheur et l'imprévoyance de ne pas lui répondre
de même façon. On causa joyeusement, puis le sorcier s'éloigna et les
danses reprirent.

A minuit, les deux Chailletains, après avoir mangé des crêpes, marchaient sur la route de Saint-Florent à Chaillé, quand, passant derrière le bourg, le long d'une grande mare, ils entendent du bruit sur l'eau.

G... s'approche et fait fuir une grosse poule noire, qui s'envole à tire d'aile en poussant des cris perçants, puis, comme pris de folie, le gars se jette dans la mare, la traverse à la hâte et disparaît sur l'autre rive, dans la nuit épaisse.

Son camarade, ne le voyant pas revenir, se décide, après une assez longue attente, à poursuivre sa route. Arrivé à la croisée de la Viaillères, il voit un énorme mouton blanc sur le bord du chemin. Notre homme n'était point peureux ; néanmoins, il prend prudemment l'autre bord et dépasse l'animal : il n'avait pas fait dix pas qu'un vent terrible passe sur lui, lui faisant courber la tête ; des gémissements remplissent l'air.

Un kilomètre plus loin, à la *croisée du Bois-Véraud*, c'est un loup, avec des yeux de feu, qui apparaît sur le côté de la route, grondant sourdement et crachant des flammes. A... passe comme précédemment, mais un vent épouvantable, accompagné des mêmes cris, souffle de nouveau, plus fort et plus *ars* (brûlant).

A 1500 mètres plus loin, à la *croisée des Moulins*, le pauvre jeune homme aperçoit une chose plus épouvantable : au milieu de la route, un cercueil recouvert d'un long suaire apparaît sur un brancard ; deux cierges brûlent à côté ; des plaintes se font entendre. A..., cette fois, tremble de tous ses membres, mais il se rappelle que son curé lui a dit : « Si tu veux chasser le sort, mets une motte de terre sur ta tête. » Il se couche sans perdre du regard la funèbre apparition, ramasse à ses pieds une poignée de poussière et saupoudre sa tête. Immédiatement le cercueil et les cierges disparaissent, les sanglots cessent, la lune resplendissante apparaît, éclairant la route bien tranquille et les toits de Chaillé, au fond de la vallée de l'Yon.

A... rentre alors chez lui sans encombre, mais G... ne paraît qu'au petit jour, pieds nus, pâle, échevelé, en sueur et tout couvert de boue ; il avait vu de si épouvantables choses que jamais il ne voulut en parler. Le lendemain, les gens de Saint-Florent trouvèrent ses deux sabots dans la mare.

Les deux amis jurèrent qu'une autre fois, pour échapper au mauvais œil, ils rendraient coup pour coup, *grimate* pour *grimate*.

LES LÉGENDES DE LA MER

LES ÉBRAILLARDS

« Alors, vous ne croyez pas aux revenants, vous, Monsieur ? Eh bien !
vous avez tort. »

D'un geste brusque, le vieux Jean-Marie rejeta son béret en arrière,
passa longuement sa main sur son front, comme absorbé par quelque
lointain souvenir. Les mousses et les gars qui se trouvaient à la Marine
par cette chaude soirée d'août, voyant que le marin allait conter une
histoire, firent cercle autour de lui.

« Ah ! foi de Dieu ! s'écria le vieux loup de mer en frappant
la table de sa grosse main calleuse, si vous aviez été avec nous il y a
quelque cinquante ans, du côté du Pilier, à minuit, par une mer démontée,
vous croiriez comme moi aux Ebraillards !

— Contez-nous ça, père Jean-Marie, s'écrièrent les mousses en
s'asseyant sur les tables. »

Et Jean-Marie commença :

« J'étais tout gosse en ce temps-là, et déjà un fier moussaillon
qu'avait pas froid aux yeux, à bord de la *Reine des Mers*, du port de
l'Herbaudière.

« Avec ça, j'avais un fameux patron ! Je n'en ai jamais connu comme
ce vieux Yann, le plus hardi de tous les Noirmoutrins, ne craignant
rien, partant par tous les temps.

« J'étais tout seul avec lui. Quelquefois il me réveillait la nuit. .
« Allons ! failli mousse du diable, debout ! Il y a de la mer : faisons voir
aux gars de Belle-Isle que les Noirmoutrins les valent bien ! »

« Nous partions, et malgré la pluie et la rafale, nous passions sans toucher entre *les Bœufs* et *les Chevaux* (1). Que voulez-vous? j'ai toujours cru que ce vieux Yann était sorcier : son bateau lui obéissait comme un cheval et il aimait à le promener parmi les rochers. Si vous aviez vu ses yeux, quand il tenait la barre! Que le diable m'emporte si on n'aurait pas cru qu'il parlait avec son regard à sa voile et à la carcasse de la barque.

« Et puis souvent, quand il y avait gros temps, le soir, il mettait son suroît et ses bottes, allumait son brûle-gueule, rabattait son chapeau sur sa nuque et, le front au vent, il prenait la mer. Il s'arrêtait en face du *Pilier*, se croisait les bras, tendait l'oreille, et regardait vers *les Chevaux* et *les Bœufs*, qui hurlaient au large. Cet homme-là devait voir quelque chose, malgré la nuit et la pluie.

« Il restait comme ça tout triste, des heures entières, courant des bordées, écoutant la gueuse; on le disait fou dans le pays.

« Moi qui le connaissais bien, je devinais en lui une grande douleur, car cet homme de fer pleurait quelquefois. Il avait perdu sa femme quelques années après son mariage, puis son fils unique avait péri en mer : j'ai toujours cru que le vieil écouteur de vagues voyait l'âme de son gars le soir, en face du Pilier.

« Une nuit, — c'était en 1849, mauvaise année, qui fit bien des veuves dans l'île — comme je dormais à poings fermés, le patron vint me secouer.

« Allons, moussaillon! lève-toi; y a des hommes qui se perdent aux *Chevaux*, et je crois bien *qu'il y est!* »

« En deux temps, je prends mes bottes et mon suroît, et me voilà courant vers le port. Ah! mille Dieux! il fallait être Yann et Jean-Marie pour sortir par un temps pareil! Il pleuvait que ça tombait comme une rivière, puis un vent de noroit, qu'il fallait se courber pour ne pas être emporté. Et une mer! Jamais je ne l'ai vue comme ça. La nuit, quand tout est noir comme de l'encre, quand le vent vous coupe la gueule, et qu'on ne voit rien, rien, sous la pluie qui aveugle, ça n'est pas gai, la mer!

« Yann était déjà au port; les bras croisés, l'œil fixe, il regardait vers les *Chevaux*.

« Tu entends? me dit-il. Oh! les malheureux! il vont périr, *et il y est?* je reconnais sa voix; il appelle...

---

(1) Rochers dangereux près de l'île du Pilier.

LA REINE DES MERS

— Mais, qu'entendez-vous donc, patron ?

— Ces cris donc ! Es-tu sourd, moussaillon ? Il y en a qui prient, d'autres qui demandent du secours... Allons ! Au large ! »

« J'eus à peine le temps de sauter dans la barque : Yann avait dénoué l'amarre.

« Toutes voiles dehors ! cria-t-il. »

« En tout autre temps, je l'aurais traité de fou ; mais son air résolu m'imposa le respect. Toutes voiles dehors, par ce temps-là ! mais, c'était la mort !

« Je tirai sur les drisses, je tendis les écoutes, et la grande voile fut hissée avec sa flèche, mais je n'avais mis que le grand foc. « Tu oublies la trinquette ! » cria le patron.

« La *Reine des Mers* libre hésita un instant, puis ses voiles s'enflèrent et elle se coucha à bâbord. Tout à coup elle se mit dans le vent et piqua dans le noir... Ah ! bon Dieu ! où allions-nous ?

« Avait-il la berlue, le vieux Yann, pour risquer comme ça sa peau et la mienne par ce temps de chien ? Moi, je me tenais cramponné au mât. Lui, ah ! quel homme ! il restait debout à l'arrière, manœuvrant la barre avec sa cuisse, et retenant avec les mains l'écoute de la grande voile.

« Où allions-nous ? lui seul le savait. Il regardait toujours vers les *Chevaux*, et se parlait à lui-même. Entre les rafales, j'entendais quelques-unes de ses paroles : « Oui, je les entends ; courage ! nous approchons !... Oui, c'est bien *sa voix* ; il m'appelle. Ah ! Dieu de Dieu, ce qu'il doit souffrir pour m'appeler ainsi... » Et son regard fixe plongeait dans la nuit.

« Nous approchions. Moi, je ne comprenais pas ; je me demandais ce qu'il pouvait bien entendre. Peut-être un navire était-il en souffrance sur les *Chevaux* ?

« La *Reine des Mers* entra bien vite dans les *couraux* de l'île. Les vagues s'y pressaient comme des moutons poussés par des chiens ; elles avaient la hauteur de notre clocher : la *Reine* les franchissait avec la rapidité d'une flèche, puis retombait avec un claquement de voiles brusquement détendues. D'un coup de genou sur la barre, le vieux Yann la relançait à l'assaut, et la barque, toujours couchée sur le flanc, tendait de nouveau sa voilure en craquant comme si tout allait se disjoindre.

Dans la pluie, l'écume et les ténèbres, nous ne voyions rien, moi, du moins, car le patron n'allait pas à l'aventure ; il avait son but. Je sentais seulement l'abîme bouillonner autour de nous, s'ouvrir et se refermer avec des bruits rauques, appelant sa proie.

« *Les Chevaux* étaient proches ; je commençais à distinguer le fracas des vagues affolées, se brisant sur les rochers et rebondissant dans un déchirement de mitraille. Nous allions droit sur le récif, et le patron ne le quittait pas des yeux. Comme il me paraissait grand, cet homme, dans la nuit ! Le vent avait emporté son chapeau et la pluie ruisselait sur sa tête, plaquant sa chevelure : et il était toujours debout, avec le même geste, la tête penchée en avant, comme pour mieux voir et mieux entendre ! Il m'avait oublié sans doute, car il ne me disait rien ; il se parlait à lui-même : « En voilà un qui implore la Vierge, et *lui* qui m'appelle toujours ; je reconnais bien *sa voix*. En voilà qui pleurent, d'autres qui prient : *lui, il* m'attend. »

« Nous arrivions sur la crête d'une vague, je tendis l'oreille. Cela dura une seconde, mais j'entendis bien, moi aussi ! Là-bas, vers *les Chevaux*, il y avait des malheureux naufragés ; leurs cris arrivaient jusqu'à nous : appels, prières, jurons, je perçus tout cela.

« Et la barque replongea dans le gouffre et pendant qu'elle glissait dans le trou béant, j'eus une vision : je vis un navire désemparé, sans mâts, sans voiles, sans barre, dérivant sur les terribles *Chevaux*, et des matelots, agenouillés sur le pont, priant Notre-Dame des mers avant de mourir...

« *La Reine* courait toujours...

« Hardi ! vieux Yann, encore quelques brasses ! Les cris deviennent plus forts ! Les malheureux sont proches : nous les sauverons ! » Yann grandissait avec le danger ; ce n'était plus un homme : le loup de mer devenait Dieu ! Son œil brillait comme une flamme, et son regard devait en imposer à cette mer, qui ne nous engloutissait pas.

« La barque glisse encore sur une vague, pique de la proue dans une muraille d'eau, qui s'avance, se dégage comme une mouette et remonte, les voiles ruisselantes. Mais la cale est pleine d'eau ; à mi-front d'une autre lame qui l'assaille, *Reine* ralentit, a comme un frisson de peur. « Du nerf, Yann ! nous touchons aux naufragés ; ils sont là derrière cette vague ! »

« Un coup de barre et la barque, comme reprenant courage, fouettée par la tempête, bondit sur la crête écumante. Un cri s'échappe de ma gorge : là, à nos pieds, le gouffre se creuse, et, dans le fond, apparaissent les têtes noires des rochers, tandis qu'accourt, mugissante, recourbée en volute, jetant son crachin, une vague plus haute, grand linceul qui va tout couvrir.

« Je me cramponne. Le grand Yann lâche la barre et tend les mains vers la monstrueuse vague ; je vois encore son visage rayonnant — lui qui ne riait jamais ; — je me rappelle sa joie et son cri, dans la rafale qui hurlait : « *Mon fils, enfin ! Yves, c'était bien toi !* »

. . . .

« Et je ne suis pas mort ! La mer n'a pas voulu de moi : on me retrouva, paraît-il, cramponné à un aviron, sur la côte de l'Herbaudière. Mais, jamais on n'a entendu parler de la *Reine des Mers* et du patron Yann ; il est quelque part au fond de la mer, dormant sur un lit de sable à côté de son petit Yves. C'était bien *l'âme en peine* du pauvre gars qui, dans la nuit, dans la tempête, appelait celle du père et *revenait* avec celle de ses compagnons de naufrage sous la forme des Ebraillards ! »

LES PRÊTRESSES DE NOIRMOUTIER

Autrefois — c'était du temps des Gaulois — l'île de Noirmoutier, et l'île du Pilier, l'île des Pucelles, comme dit le bon chanoine Commard de Puylorson, étaient habitées par des prêtresses, auxquelles les gens du continent venaient demander l'avenir et des conseils.

Elles vivaient seules dans l'île, tantôt méditant en silence sur la grève solitaire, — car elles aimaient les caresses de la brise et la douce harmonie des flots — tantôt cherchant des présages dans le mugissement du vent, le fracas des tempêtes et la forme des nuages.

Sur des esquifs légers, elles volaient à travers les récifs, clamant des paroles mystérieuses, et la nuit, leurs blanches robes, trempant dans l'écume phosphorescente, apparaissaient sur des écueils redoutés. Des flammes couraient autour d'elles sur les crêtes des vagues, et les marins passaient au large, la terreur dans l'âme.

LES LÉGENDES DU CHAMP DE LA MORT

LE MEUNIER DES ROCHETTES

Le Moulin des Rochettes, me conta un vieux mendiant, était bien l'un
des mieux achalandés du pays. Le meunier Pierre passait pour travailleur,
et, grâce à son économie, il avait pu mettre de côté quelques bons écus et
acheter une métairie. Quand il mourut, il laissa à son fils unique Pierrot,
un bas de laine bien garni.

Autant le père avait été laborieux et rangé, autant le fils fut paresseux
et prodigue. Le gars déserta les champs aussi bien que le moulin : les
herbes croissaient hautes et drues dans les terres jamais labourées et la
meule dormait dans son manteau de farine. Mais, si l'on ne voyait jamais
Pierrot à la tâche, du moins était-on sûr de le rencontrer dans les auberges
de Mareuil, en compagnie de gars, tombés comme lui dans le mauvais
travers, ou de filles de conduite louche. « Prends garde, Pierrot, lui
avait déjà dit un vieillard, ami de son défunt père ; prends garde ! je
crains que tu ne finisses mal, le diable te guette ! » Et Pierrot ricanait.

Et pourtant, il arriva ce que le bon vieillard avait prévu : le gars
s'aperçut un beau jour qu'il avait vidé le bas du vieux meunier ; plus un
liard, plus un denier. Alors, les créanciers affluèrent au moulin : « Paie-
moi le vin que tu m'as bu depuis deux ans ! disait Thibault, de Mareuil.
— Donne-moi le collier que tu m'as promis ! » criait une fille. Et
Pierrot, muet et honteux, baissait la tête. Il dut vendre la métairie, et,
ne conservant que le moulin aux engrenages rouillés, il se répétait en
vain : « Comment faire pour vivre ? Je ne sais plus rien faire ».

Il y avait alors à la Tauvernière, une vieille sorcière bien savante ;
elle connaissait des choses que tout le monde ignore, et parlait avec le

diable, qui cédait toujours à ses demandes ; elle pouvait même commander aux événements, car les esprits du ciel lui disaient l'avenir, et les morts leurs secrets. Elle avait sauvé des jeunes gens de la conscription, en leur faisant tirer de bons numéros par l'effet d'une queue de *lézarde* cousue dans leur gilet ; elle avait retrouvé de l'argent perdu, et désensorcelé plus d'une vache *enjaminée*. Bref, c'était une personne de grand savoir.

Pierrot voulut la consulter, avec le vague espoir qu'elle lui donnerait le moyen de devenir riche sans peine. Il lui expliqua sa situation et avoua ses fautes : « *Attends,* lui dit-elle, la nuit de tretous les saints, parce que de minuit à une heure, le jour des morts, les défunts se réveillent. Tu te rendras dans le cimetière et tu m'y trouveras. »

La nuit de la Toussaint, Pierrot se trouva au rendez-vous. Il y rencontra la vieille sorcière qui le conduisit au milieu du cimetière, au pied de la grande croix de grison. Minuit sonnèrent bientôt au clocher de l'église, et un grand souffle passa sur le cimetière ; les cyprès se courbèrent en gémissant, la terre s'agita, le sol se crevassa, les tombes s'entr'ouvrirent, les lourdes dalles oscillèrent, soulevées par d'invisibles mains.

« *Le lever des morts* ! » murmura la vieille. Pierrot resta cloué sur place : il vit la sorcière s'éloigner, mais ne put bouger. Bientôt, des têtes ridées, des fronts livides, des mains pâles et osseuses sortirent des tombes, et toute une foule de trépassés, pâles et maigres, s'avança lentement en cortège lugubre vers la grand'croix de pierre.

L'un d'eux, un laboureur, ayant encore les mains calleuses, passa, avec un *coutre* sur l'épaule, et dit : « Tu vois le frère de ton père : mes mains se sont usées en défrichant la brande, et je n'ai jamais mis les pieds dans une auberge : les ivrognes doivent mourir de faim ! »

Une vieille femme suivit, filant sa quenouille de lin : « Je suis ta grand' tante, murmura-t-elle ; j'ai gardé les oies et les moutons dans ma jeunesse, j'ai filé toute ma vie et je n'ai jamais mis un liard inutilement : les *sans-compter* doivent mourir de faim ! »

Un vieux prêtre passa, lisant son bréviaire, et dit : « Je suis ton grand-oncle ; j'ai prié, j'ai travaillé, j'ai secouru bien des malheurs, et consolé bien des âmes : les bons à rien doivent mourir de faim ! »

Un villageois s'avança, l'aiguillon sur l'épaule, et s'exprima en ces termes : « Je suis le père de ta mère ; j'ai beaucoup travaillé. J'aimais bien rire aussi : mais jamais, quand ma faucille avait de la besogne, je n'ai couru les filles d'auberge : les viveurs doivent mourir de faim ! »

Un robuste vieillard, coiffé d'un long bonnet et vêtu d'une blouse bleue, sortit d'une tombe : « Je suis ton grand-père, s'écria-t-il. Toute ma vie, en chantant, j'ai fait tourner le moulin, et tout le froment du pays passait dans ma trémie. Les fariniers fainéants, qui ne savent plus mettre leur voile au vent et repiquer leurs meules, doivent mourir de faim ! »

Un autre meunier, coiffé d'un long bonnet, le front penché, vint à son tour, et tristement, laissa tomber ces mots : « Je suis ton père. J'ai travaillé toute ma vie pour te gagner une métairie et te marier convenablement : tu as tout gaspillé. Malheur à celui qui ne sait pas respecter l'héritage de son père ! Les mauvaises gens doivent mourir de faim ! »

Enfin une femme au front plissé, aux cheveux blancs, enveloppée dans un grand manteau noir, passa, pleurant et sanglotant ; elle dit : « Je suis ta mère. Tu m'as bien fait souffrir, mais les mères sont faites pour pleurer. Si tu ne veux plus me voir en larmes, va, mon Pierrot, va dès l'aube à ton moulin, mets les voiles, tourne la tourelle au vent, jette le blé dans la trémie. Va, mon bon gars, et souviens-toi que ceux qui sèchent les pleurs des mères ne meurent jamais de faim ! »

Le lendemain, dès l'aube, les gens du pays furent surpris en voyant tourner les ailes du moulin de Pierrot. On le fut bien plus encore quand on aperçut le meunier, le bonnet sur l'oreille, les manches retroussées, chantant gaiement :

« Les travailleurs ne meurent jamais de faim ! »

LE ROSIER D'AMOUR

Il était une fois, à Bessay, un seigneur qui résolut d'entreprendre un long voyage.

Il avait deux filles qu'il aimait beaucoup : « Que vous rapporterai-je des lointains pays que j'aurai à traverser, leur dit-il ? Que désirez-vous ? — Mon père, répondit l'aînée, je veux la plus belle robe que vous pourrez trouver. — Moi, dit l'autre, je désire la plus belle rose qui soit au monde ».

Le seigneur partit et voyagea longtemps. Il vit, dans une région, d'habiles tisserands qui fabriquaient des étoffes de fils d'or, souples comme de la soie, et acheta la robe de sa fille aînée.

Mais, sur sa route, il regarda des rosiers nombreux et superbes, et ne vit pas la rose rêvée par sa fille la plus jeune.

Il revenait triste et préoccupé vers la Vendée, quand il s'égara et se trouva dans une forêt sombre et sauvage. Le sentier que son cheval avait suivi n'était plus fréquenté depuis longtemps, car la mousse y poussait abondante ; de l'épaisseur du bois montaient des plaintes sourdes et mystérieuses.

Il atteignit bientôt une grande clairière, dans laquelle se dressaient les murs croulants d'un vieux château. Hardiment, il franchit la porte en lambeaux et, abandonnant son cheval dans la cour, il pénétra dans les appartements.

Partout le silence, un air d'abandon : le manoir était inhabité.

Derrière le château s'étendait un vaste jardin rempli d'arbres superbes et de fleurs éclatantes. Le visiteur s'y rendit, admirant les merveilles de ce délicieux séjour.

Soudain, il ne put retenir un cri de joie ; il venait d'apercevoir, parmi d'autres arbustes, un rosier garni de fleurs, et l'une d'elles était d'un rose si vivant, si lumineux, qu'on l'eût dite teintée d'aurore ; jamais le chevalier n'avait vu rose plus merveilleuse ; c'était bien la rose désirée, une de ces roses comme il doit en fleurir dans les parterres du Ciel.

Il courut vers la fleur et en coupa la tige. Mais subitement des rugissements éclatent, des plaintes sortent du manoir ; le rosier est agité comme par un vent de tempête, et la terre s'entr'ouvre, vomissant un monstre hideux, à la face grimaçante, au poil hérissé, aux dents longues et crochues, mais dont le regard était d'une douceur infinie.

Il parla : « Je suis, dit-il, le monstre du rosier enchanté, qui donne la fleur d'amour. Je suis un maudit, condamné à une dure épreuve, dont je sortirai pur comme le fer rougi dans le brasier.

« Mais, pourquoi, noble étranger, es-tu venu troubler cette épreuve et ajouter à ma souffrance ? je ne dois voir aucun homme, en effet, et garder cette fleur d'amour éternel, la rose qui ne se fane jamais, et que tu as cueillie bien imprudemment, car tu en mourras. »

L'étranger, confus, atterré, raconte son voyage et le désir de son enfant :

« J'ai deux filles, dit-il : l'une est fière ; elle a voulu que je lui fasse don d'une robe très riche : l'autre est douce, aimante, et son cœur s'ouvre à tout ce qui est beau ; elle n'a désiré qu'une rose, mais la plus belle du monde, et je n'en sais pas de plus merveilleuse que la fleur de ce rosier d'amour.

— Puisqu'il en est ainsi, reprend le monstre, puisque tu n'as pas coupé cette rose par cruauté et mépris des merveilles du Créateur, je veux te sauver, et peut-être me sauveras-tu toi-même plus tard, s'il plaît à ta fille et à Dieu. Prends ton cheval, et sans t'arrêter, galope jusqu'à ta demeure : il te faudra plusieurs jours de chevauchée, mais les arbres se courberont sur ton passage et le vent t'aidera à gravir la montagne. Va, et quand tu seras chez toi, bride et selle aussitôt un blanc cheval, donne-le à ta fille, et revenez tous deux dans ce jardin. Va vite ou tu mourras. »

Le seigneur part ; sa course n'est qu'une ruée formidable, une foulée prodigieuse ; le cheval ne s'arrête qu'à la porte du château, où il tombe mort.

En quelques paroles, le père instruit sa fille, qui verse des larmes,

puis sans hésiter, malgré la douleur de son enfant, il ordonne de brider
un cheval blanc comme la neige, met sa fille en selle, et tous deux
s'élancent vers le rosier du mystère. Ils passent, rapides comme l'ouragan,
et les paysans se découvrent, et les femmes à genoux prient pour ces
voyageurs, qui semblent possédés du diable.

En quelques jours, le seigneur et sa fille ont atteint le manoir. Ils
pénètrent, pleins de crainte, dans les salles solitaires, mais tout a
changé : des fleurs amoureusement disposées répandent des parfums
délicieux ; tout, dans la vieille demeure, révèle l'épanouissement de la
vie et la joie du renouveau.

Dans la salle à manger, la nappe est mise ; elle est recouverte d'un
merveilleux service d'argent. D'un vase d'or, s'élève une gerbe de roses
cueillies au rosier d'amour.

Très intrigués, les voyageurs descendent dans le jardin. La jeune
fille, sans hésiter, se dirige vers le rosier, et cueille la fleur la plus belle.

Alors s'élèvent des bruits étranges, délicieux, harmonieux et aériens ;
un frisson court parmi les arbustes et agite les fleurs ; le ciel est plus
clair, et une paix infinie en descend avec une lumière plus limpide et
plus douce.

La terre s'ouvre ; le monstre apparaît aussi laid, aussi farouche
d'aspect, mais avec un regard plus attendri.

« Salut ! belle demoiselle, dit-il. Que la rose d'amour vous protège !
Vous êtes les bienvenus. »

Il fait les honneurs du domaine, puis conduit ses hôtes dans la salle
à manger. Mais, il répugnait au seigneur de laisser sa fille s'attabler
auprès d'un être aussi hideux. Le monstre le prend à part et lui dit :

« Tu as peur, noble chevalier ; tu crains, pour ton enfant, cette
bête répugnante ; tu hésites à la placer près de cette face horrible, à
portée de ces dents de loup. Rassure-toi : tout cela n'est qu'une enveloppe, et la voix qui te parle est celle d'une âme prisonnière, mais
humaine comme la tienne. Je t'en prie, ne fuis pas, car je dois subir
encore une épreuve, et le sort veut qu'elle me soit imposée par toi-même.

« Ta fille est belle, belle comme la rose d'amour, et ses yeux révèlent
une exquise bonté : je te la demande en mariage. Réponds et souviens-
toi que ce n'est pas à un loup que tu parles, mais à l'âme d'un homme. »

Pendant ce temps, la jeune fille contemplait la rose et la portait à sa
bouche. La belle rose, dans un frisson de brise, lui murmura à l'oreille :

« Je suis une fleur d'âme, la fleur d'une âme emprisonnée sous
l'enveloppe d'un monstre affreux ; cette âme, victime d'un mauvais génie,

sera délivrée quand sonnera l'heure de tes fiançailles avec ce monstre à peau de loup. »

Le seigneur ému s'avança vers sa fille toute rougissante :

« Mon enfant, balbutia-t-il d'une voix tremblante, notre hôte demande ta main. Je n'ose, malgré toi, te lier à un être aussi affreux qui cependant parle comme un homme du monde ; consulte ton cœur, ta raison et ta conscience.

— Mon père, répondit sans hésiter la jeune fille, l'ange d'amour a dirigé nos pas. Je ne trouverai jamais époux plus aimant, plus fidèle que le monstre du rosier d'amour ; je lui donne ma main avec mon âme. »

Elle avait à peine dit, que le monstre disparut et à sa place sourit aussitôt un beau jouvenceau, qui galamment tendit la main à sa fiancée.

LES FÉES

Il y avait autrefois, dans le canton de La Châtaigneraie, plusieurs familles très pauvres, mais celle de Jacques Tifaud était la plus misérable.

Un matin, de très bonne heure, Jacques ne dormant pas, entendit un bruit léger dans sa cheminée. Il tourna la tête et vit la porte qui se refermait lentement, mais il n'aperçut point la main qui la tirait.

Il se leva et découvrit trois pièces d'or sur la table. « Qui donc, se dit-il, s'est introduit chez moi, et m'a laissé ces belles pièces jaunes ? Serait-ce un voleur repentant ? »

Il sortit. Ses voisins étaient déjà dans la rue et racontaient qu'eux aussi avaient reçu trois pièces d'une main invisible.

Les nuits suivantes, même aubaine, à la grande joie des habitants du village. On décida toutefois de veiller pour surprendre et connaître le généreux bienfaiteur ; alors les dons cessèrent et naturellement aussi la surveillance.

Mais un matin, trois enfants disparurent. On fit des recherches inutiles ; les habitants du village battirent la campagne pour voir s'ils ne découvriraient pas de traces sanglantes ; ils s'armèrent de faux et de bâtons pour tuer le ravisseur, homme ou loup. Pas le moindre indice, aucune trace : ils revinrent harassés, tristes et découragés ; les familles prirent le deuil de leurs enfants.

Le temps peu à peu endormait la douleur des parents, quand un beau matin, on vit dans leurs berceaux les bébés ravis ; ils étaient roses, riants, heureux, et babillaient joyeusement.

Dès lors, chaque jour, pendant plusieurs heures, un épervier plana

au-dessus du village avec une insistance telle qu'il attira l'attention des villageois, qui voulurent le tuer. Loin de s'enfuir, l'oiseau en tournoyant
descendit bien bas, puis brusquement se transforma en une belle fée
vêtue de blanc, tenant à la main une baguette magique.

Lentement elle passa sur les maisons frôlant les toits de sa robe de
gaze, et touchant chacun d'eux de sa baguette d'or. Puis elle disparut
et l'on ne vit bientôt qu'une blanche colombe qui, légère, s'élevait vers le
ciel, où elle disparut. Mais chaque chaumière était devenue un château,
et chaque paysan était transformé en seigneur richement vêtu.

Comme le paysan breton, le campagnard vendéen a grand plaisir,
quand il se repose le soir du dur labeur des champs, à conter les mystérieuses histoires qu'on vient de lire. Les envolées dans le monde surnaturel tiennent surtout d'une sorte de nonchaloir, qui fait qu'on passe
d'une génération à l'autre les récits des ancêtres.

Nos campagnards du bocage, d'ailleurs, ont l'esprit sans cesse hanté
par la pensée de l'au-delà, mais la tradition liturgique n'ayant pas pour
eux un sens assez précis, ils ont matérialisé les âmes, personnifié la mort,
peuplé la nuit de revenants, d'âmes en peine et de fées, prêté aux cime-
tières une vie mystérieuse.

L'infiltration lente, mais heureuse et salutaire, des idées rationnelles
et des notions scientifiques aura vite raison maintenant des superstitions, qui ont résisté au temps. Dans quelques années, les légendes auront
vécu, et si le campagnard les rappelle encore à ses enfants, ce sera pour
leur montrer à quelles croyances absurdes peut conduire l'ignorance.

XXIII

LE DIALECTE

Le dialecte de la Vendée, comme la race elle-même, est formé d'éléments très divers.

Les Celtes furent les ancêtres des Vendéens ; ils ébauchèrent leur civilisation, créèrent la plupart de leurs villages, dont plusieurs devinrent des villes. En scrutant les mœurs actuelles, en parcourant le pays, on retrouve à chaque pas les vestiges de ces âges reculés ; en étudiant la langue, on rencontre quantité de mots d'origine celtique.

Après la conquête romaine, le latin tend à remplacer la langue celtique et la pénètre profondément. Les Teiphaliens, peuplade scythique, fondent Tiffauges ; les Arabes se cantonnent à Mortagne, après la défaite d'Abdérame ; les Wisigoths s'installent, en maîtres, des Pyrénées à la Loire ; on retrouve les traces de ces peuples dans de nombreuses expressions vendéennes.

Par sa situation, la Vendée était comme l'anneau entre le Midi et la France du Nord, entre la langue d'oc et la langue d'oïl ; on sent encore cette double influence.

A l'époque des Plantagenets, elle subit aussi l'infiltration de la langue anglo-normande.

Il devait forcément résulter de ces divers mélanges un assemblage incertain, vague, sans caractère bien spécial.

Ce qui frappe surtout l'étranger, lorsqu'il entend parler les campagnards vendéens, c'est leur prononciation lourde, traînante, et leur accentuation nasale.

ARTICLES

Les articles sont *le, la, lés*.
Les articles *du, des* se rendent par *dau, daux*.

NOMS

Les noms forment leur pluriel, comme en français, par l'addition d'un *s*, sauf exceptions.

Les noms français en *eau* font *éâ* en patois vendéen. Ex. : bateau, *batéd*. Il en est de même pour les noms propres : Ménardeau, *Ménardéâ*.

Les noms en *aud* se terminent en aòu. Ex. : lourdaud, *lourdaou*.

De même les noms en al. Ex. : animal, *animaou* ; mal, *maou*.

Les noms en *eur* se terminent en *ou*. Ex. : chanteur, *chantou*. Quelques noms changent la diphtongue *eu* en *u*. Ex. : malheur, *malhur* ; grandeur, *grandur*.

Les noms en *eux* et en *œuf* se terminent en *u*. Ex. : gueux, *gu* ; bœuf, *bu*.

Les noms en *on* et en *ion* se terminent en *in* et en *iin*. Ex. : bâton, *bâtin* ; nation, *natiin*.

Les noms en *er* se terminent en *ai*. Ex. : berger, *bregeaï* ; verger, *vregeaï*. De même ceux eu *ier* : soulier, *soulaï*.

Tous les noms féminins en *ée* font en patois *aye*. Ex. : cheminée, *cheminaye* ; vermée, *vremaye*.

ADJECTIFS

Les adjectifs en *ier* ont le masculin en *aï* et le féminin en *ère*. Ex. : premier, *promaï, promère* ; dernier, *deraï, derère*.

Les adjectifs en *é* forment leur féminin en *aye*. Ex. : carré, *carraye* ; baré, *baraye*. Il en est ainsi de tous les participes passés de la première conjugaison. Ex. : aimé, *aimaye*.

Les adjectifs en *ou*, forment leur féminin en *ouse*. Ex. : montou, *montouse*.

Les adjectifs en *u* forment leur féminin en *use* : héru, *héruse*.

Les adjectifs démonstratifs sont :

Masculin :
Quiau, tiau, tchiau (ce, cet). Ex. : *quiau châgne*, ce chêne.
Quiel, tiel, tchiel (ce, cet), devant une voyelle. Ex. : *quiel abouit*, ce petit homme.

Féminin :
Quielle, tielle, tchielle (cette). Ex. : *quielle ève*, cette eau.

Pluriel :
Quiés, tiés, tchiés (ces). Ex. : *tchiés moujettes*, ces haricots.

Les adjectifs possessifs sont :

Min, tin, sin, netre, vetre, lu (mon, ton, son, notre, votre, leur). Ex. : *men froumage*, mon fromage.

Au pluriel : *més, tés, sés, nos, vos, lu*.

Les adjectifs numéraux sont :

Yin, dus, trois, quatre, cin, si, sept, huit, nef, dist, etc.

PRONOMS

PRONOMS PERSONNELS

SINGULIER		PLURIEL	
1re personne : *i, me, ma*, pr les 2 genres.		1re personne : *i, nous*, pour les 2 genres.	
2º — *te, ta* id.		2e — *ve, vous*, —	
3e — *gle, le, li, se, lou*, pour le masculin.		3e — *gle, lù, zus, se, laï*, pour le masculin.	
3º — *a, lé, li, se, la*, pour le féminin.		3e — *a, lé, zèles, se, laï*, pour le féminin.	

PRONOMS DÉMONSTRATIFS

SINGULIER

Masculin		Féminin	
Ce,	ce		
Tchiel,	dev. une voy. ou un *h* muet		
Tchiau,	celui.	*Tchielle,*	celle.
Tchiau-tchi,	celui-ci.	*Tchielle-tchi,*	celle-ci.
Tchiau-laï,	celui-là.	*Tchielle-laï,*	celle-là.
Tchiutchi,	ceci.		
Tchiulaï,	cela.		

PLURIEL

Masculin		Féminin	
Tchiés,	ceux.	*Tchielles,*	celles.
Tchiés-tchi,	ceux-ci.	*Tchielles-tchi,*	celles-ci.
Tchiés-laï,	ceux-là.	*Tchielles-laï,*	celles-là.

PRONOMS POSSESSIFS

SINGULIER		PLURIEL	
Masculin	Féminin	Masculin	Féminin
Le min	*La mene*	*Lés mins*	*Lés menes*
Le tin	*La tenc*	*Lés tins*	*Lés tenes*
Le sin	*La senc*	*Lés sins*	*Lés senes*
Le netre	*La netre*	*Lés nètres*	*Lés netres*
Le vetre	*La vetre*	*Lés vetres*	*Lés vetres*
Le lùr	*La lur*	*Lés lurs*	*Lés lurs*

PRONOMS RELATIFS

Qui, que, quoué, dau quel, de laquelle, daus quels, daus quelles, de tchi (pour dont), *vour* (où).

PRONOMS INTERROGATIFS

Tchi (qui ?), *quoué* (quoi ?), *lequel ?, laquelle ?*

PRONOMS INDÉFINIS

On, chaquin, aoutre, parsoune, tchiuquin, rin, l'in, l'aoutre.

VERBES

Première conjugaison — Infinitif terminé en *aï, aimaï*.
Deuxième — — — *i, fini*.
Troisième — — — *oir, recevoir*.
Quatrième — — — *re, rendre*.

Les premières personnes pluriel du présent, de l'imparfait, du futur, du conditionnel, de l'impératif sont en *ins* : i aim*ins*, i finiss*iins*, i rendr*ins*.

Les troisièmes personnes du pluriel sont en *ont* dans ces mêmes temps : gl'aim*ont*, gle finissi*ónt*, gle rendr*ont*, gle recevri*ont*.

Le passé défini fait à la première conjugaison : i aim*is*, i aimir*ins*, ve-z-aimi*rez*, gl'aimir*ont*.

A la deuxième conjugaison : i finiss*is*, i finissir*ins*, ve finiss*irez*, gle finissir*ont*.

Troisième conjugaison : i recev*is*, i recevir*ins*, ve recev*irez*, gle recevir*ont*.

Quatrième conjugaison : i rend*is*, i rendir*ins*, ve rend*irez*, gle rendir*ont*.

Le subjonctif présent fait : *qu'aime, qu'aimiins ; — qu'i finiche, que gle finichiont ; — qu'i receve, que gle receviont ; — qu'i rende, qu'i rendiins*.

L'imparfait du subjonctif fait régulièrement : *qu'i aimisse ; qu'i fininisse, qu'i recevisse, qu'i rendisse*.

VERBES AUXILIAIRES

Avoir

INDICATIF

Présent. — I'ai, t'as, gl'at, i avins, ve-z-avez, gl'avont.

Imparfait. — I'avais, t'avais, gl'avait, i aviins, ve-z-aviez, gl'aviont.

Passé défini. — I odgis, t'odgis, gl'odgit, i odgirins, ve-z-odgirez, gl'odgiront.

Passé indéfini. — I'ai odgiu, t'as odgiu, gl'at odgiu, i avins odgiu, ve-z-avez odgiu, gl'avont odgiu.

Passé antérieur. — I'odgis odgiu, t'odgis odgiu, gl'odgit odgiu, i odgirins odgiu, ve-z-odgirez odgiu, gl'odgiront odgiu.

Plus-que-parfait. — I'avais odgiu, t'avais odgiu, gl'avait odgiu, i aviins odgiu, ve-z-aviez odgiu, gl'aviont odgiu.

Futur. — I'eraï, t'eras, gl'érat, i érins, ve-z-erez, gl'éront.

Futur passé. — I'éré odgiu, t'éras odgiu, gl'érat odgiu, i érins odgiu, ve-z-érez odgiu, gl'éront odgiu.

CONDITIONNEL

Présent. — I érais, t'érais, gl'érait, i ériins, ve-z-ériez, gl'ériont.

Passé. — I érais odgiu, t'érais odgiu, gl'érait odgiu, i ériins odgiu, ve-z-ériez odgiu, gl'ériont odgiu.

IMPÉRATIF

Eche, échins, échez.

SUBJONCTIF

Présent. — Qu'i éche, que t'éches, que gl'éche, qu'i échins, que ve-z-échez, que gl'échont.

Imparfait. — Qu'i odgisse, que t'odgisse, que gl'odgit, qu'i odgissiins, que ve-z-odgissiez, que gl'odgissiont.

Passé. — Qu'i éche odgiu, etc.

Plus-que-parfait. — Qu'i odgisse odgiu, etc.

INFINITIF PRÉSENT

Présent. — Avoir.
Passé. — Avoir odgiu.

PARTICIPE

Présent. — Echant.
Passé. — Odgiu, odgiue.

De même les Vendéens conjuguent *savoir, pouvoir,* qui font au participe passé *sodgiu, poudgiu ;* au passé défini *i sodgis, i poudgis.*

Aïtre (être)

Présent. — I sé *ou* i saï, t'é *ou* t'aï, gl'é *ou* gl'aï (1), i sins, ve-z-étez, gle sont.
Imparfait. — I étais, t'étais, gl'était, i étiins, ve-z-étiez, gl'étiont.
Passé défini. — I sis, te sis, gle sit, i sirins, ve sirez, gle siront.
Passé indéfini. — I ai été, t'as été, gl'at été, i avins été, ve-z-avez été, gl'avont été.
Passé antérieur. — I odgis été, t'odgis été, etc.
Futur. — I seraï, te seras, gle serat, i serins, ve serez, gle seront.
Futur passé. — I éré été, t'éras été, gl'érat été, i crins été, ve-z-érez été, gl'éront été.

CONDITIONNEL

Présent. — I serais, te serais, gle serait, i seriins, ve seriez, gle seriont.
Passé. — I érais été, t'érais été, etc.

IMPÉRATIF

Sèche, sèchins, sèchez.

SUBJONCTIF

Présent. — Qu'i sèche, que te sèches, que gle sèche, qu'i sèchiins, que ve sèchiez, que gle sèchiont.
Imparfait. — Qu'i sisse, que te sisses, que gle sit, qu'i sissiins, que ve sissiez, que gle sissiont.
Passé. — Qui èche été, que t'èches été, etc.
Plus-que-parfait. — Qui odgisse été, etc.

INFINITIF

Présent. — Aïtre.
Passé. — Avoir été.

PARTICIPE

Présent. — Etant.
Passé. — Eté.

VERBES IRRÉGULIERS

Allaï

INDICATIF

Présent. — I vas, te vas, gle vat *ou* a vat, i allins, ve-z-allez, gl'allont *ou* a-l-allont.

---

(1) *I saï, t'aï, gl'aï* se changent par euphonie en *i'sé, t'ès, gl'est* (pour *gl'é*) dans le milieu d'une phrase. De même *i aï* se change en *i é, baï* (bien) en *bé, combaï* (combien) en *combé. T'és bé bai queme t'aï,* tu es fort bien comme tu es. *I é grand fret,* j'ai grand froid. *As-tu d'au pain ?* as-tu du pain ? *Voui, i en aï,* oui, j'en ai.

Imparfait. — I allais, t-allais, gl'allait *ou* a-l-allait, i alliins, ve-z-alliez, gl'alliont *ou* a-l-alliont.

Passé défini. — I endgis, t'endgis, gl'endgit, i endgirins, ve-z-endgirez, gl'endgiront.

Passé indéfini. — I sé allé, t'es allé, gl'est allé, i sins allés, ve-z-étez allés, gle sont allés.

Passé antérieur. — I sis allé, etc.

Plus-que-parfait. — I étais allé, t'étais allé, gl'était allé, i étiins allés, ve-z-étiez allés, gl'étiont allés.

Futur. — I éraï, t'éras, gl'érat, i érins, ve-z-érez, gl'éront.

Futur passé. — I éré été, t'éras été, gl'érat été, i érins été, ve-z-erez été, gl'éront été.

CONDITIONNEL

Présent. — I érais, t'érais, gl'érait, i ériins, ve-z-ériez, gl'ériont.

Passé. — I érais été, etc.

IMPÉRATIF

Présent. — Va, allins, que gl'enge.

SUBJONCTIF

Présent. — Qu'i enge, que t'enges, que gl'enge, qu'i engiins, que ve-z-engiez, que gl'engiont.

Imparfait. — Qu'i endgisse, que t'endgisses, que gl'endgit, qu'i endgissiins, que ve-z-endgissiez, que gl'endissiont.

Passé. — Qu'i sèche allé, etc.

Plus-que-parfait. — Qu'i sisse allé, etc.

INFINITIF

Présent. — Allaï.

Passé. — Etre allé.

PARTICIPE

Présent. — Allant.

Passé. — Allé, aye.

Veni

INDICATIF

Présent. — I vins.

Imparfait. — I venais.

Passé défini. — I vindgis.

Passé indéfini. — I sé venu.

Passé antérieur. — I sis venu.

Plus-que-parfait. — I étais venu.

Futur. — I vindraï.

Futur passé. — I seré venu.

CONDITIONNEL

Présent. — I vindrais.

Passé. — I serais venu.

SUBJONCTIF

Présent. — Qu'i vinge.

Imparfait. — Qu'i vindgisse.

Passé. — Qui sèche venu.

Plus-que-parfait. — Qui sisse venu.

INFINITIF

Présent. — Veni.
Passé. — Etre venu.

PARTICIPE

Présent. — Venant.
Passé. — Venu, et souvent aussi *vindgiu*.

On se traduit par *non* : *non n'y vouait poit le joan daux bois* (on n'y voit point le chat-huant) — ou par la troisième personne du pluriel : *gle faisiont*, on fait, littéralement : ils faisaient.

Les noms propres en *eau* sont très communs et surtout les noms en *ière* : *La Durandière, la Renaudière, la Limouzinière, la Lizardière*, etc.

Dans les mots d'origine celtique, nous trouvons :

Du Breton :

Tomber en *abouit*, venir à rien, tomber lourdement.
Aboez, poids.

Aquêté, s. f., éveillé.
Akéti, assidu.

Bader, ouvrir, entrebailler.
Bada.

Balot, grosse lèvre.
Balok, la partie du visage qui est au-dessous de la bouche.

Burquer, se heurter, se cogner contre une souche.
Ber, cheville, bâton.

Bidet, numéro premier.
Bid, numéro premier, as.

Bot, sabot.
Bot, pied, cave, creux, de là sabot, creux où l'on met le pied.

Braminer, crier la faim.
Brama, crier.

Bran, son.
Brank ou *Brenn*, son.

Brenée, sorte de soupe au son.
Brenn, son.

Brenuser, émietter, s'amuser à des riens.
Bruzuna, émietter.

Breton, étincelle.
Brud, bruit, *Tanu*, feu, mot à mot bruit de feu.

Bretouner, produire des étincelles.

Bringue, poulinière stérile, se dit d'une femme.
Brehaing, stérile en parlant des femelles.

Bu, bœuf.
Bu, bête à cornes.

Carne, vieille rosse.
Skarn, maigre, décharné.

Chail, silex.
Kalast, caillou.

Chaline, orage.
Kurun, tonnerre.

Chénucher, se plaindre en pleurnichant.
Kunuc'ha, gémir.

Carbeau, morceau de braise.
Glaou, morceau de bois embrasé, qui ne jette plus de flamme.

Colla (avoir l'air) ; quand on ne réussit pas, on a l'air *colla*.
Kolla, être vaincu, souffrir de quelque dommage.

19

Cracasser, criailler comme les pies.

Gragala, crier comme les pies.

Dail, faulx, feuille d'acier.

Déliou, feuille.

Débouler, partir vite.

Debouloudenna, débucher.

Défrouter, cultiver un sol couvert d'herbes.

Difraosta, arracher les mauvaises herbes.

Déluré, diligent, actif.

Dileuruz, diligent, actif.

Durcher, toucher.

Derchel, tenir à la main, capturer.

Drigail, pauvre garde-robe.

Drille (mot gaulois), haillon.

Ebrener, écraser.

Bruzuna, émietter.

Ejalamber, enjamber.

Gam, jambe, *Loamber*, ouverture. Mot à mot, ouvrir les jambes.

Eloise, éclair.

Luzedi, faire des éclairs.

Embabijoler, enjôler par son babil.

Babouzerez, action de bavarder.

Engasser, tomber dans l'ornière.

Skozal, ornière.

Epouffrer (s'), disparaître, se disperser.

Defoufa, disparaître, se disperser.

Equener, fatiguer.

Esquinter, accabler de lassitude.

Heska, épuiser, tarir.

Eve, eau.

Eva, boire.

Flanquer, jeter sur, donner un coup.

Flac'hat, un coup de poing.

Galerne, vent du Nord-Ouest.

Gwalarnn, vent du Nord-Ouest.

Gamache, guêtre.

Gamaichenn : *Gam*, jambe, et *aichen*, ce qui couvre, garantit.

Garocher, lancer des pierres.

Garo, rude, âpre, raboteux : *rok*, rocher, pierre.

Garse, femme sans pudeur.

Gast, femme publique.

Garsailler, courir les hommes.

Gasse, trou, ornière, remplis par la pluie.

Skosal, trou profond formé par les roues.

Gassouiller, agiter, remuer l'eau.

La syllabe *souil* a la signification d'eau sale.

Glas, glace, eau congelée.

Sklas, glace qui couvre l'eau.

Gouger, mettre de la nourriture dans le cou d'une volaille.

Gouzoug, cou.

Graffigner ou *égraffigner*, égratigner.

Krafina, égratigner.

Greppe, avoir les mains inertes par l'effet du froid.

Grapa, engourdi par le froid.

Gringuenasser, grincer les dents.

Grigousa, grincer les dents.

Grouée, groupe, réunion.

Grounn, groupe, réunion.

Hiou, hou, hou, hou, cri vendéen en signe de réjouissance. On prétend que ce cri était autrefois une sorte d'invocation au roi des dieux.

Jaou, Jupiter.

Jotte, joue.

Jot, joue.

Jottereau, gonflement de la partie inférieure des joues.

Jôtôrel, tumeur à la gorge.

Londouner, aller lentement.

Landar, aller lentement.

Loge, maisonnette en bois, couverte de paille, bruyère ou roseau.

Log, cabane.

Margouiller, travailler, piocher dans la boue.

Marre, grande houe, qui sert à piocher la marne.

Mé, moi.

Mitan, milieu.

Muer, changer.

Musset, moucheron.

Mé, moi.

Métou, milieu.

Muza, changer.

Mussa, vivre aux dépens d'autrui, flairer, sentir.

Oisi, osier.

Parer, peler un fruit, lever une écorce.

Pelon, enveloppe des marrons.

Penaillou, en guenilles.

Pibole, flûte.

Pibot, anguille de la grosseur d'une flûte.

Pichet, pot pour boire.

Aizil, osier.

Para, polir, unir le bois.

Pellen, enveloppe de fruit.

Pilennou, haillons.

Pib, flûte.

Picher, petit pot de faïence, servant de gobelet pour boire.

Pigosser, piquer avec le bec.

Pigouille, perche servant à conduire les bateaux.

Paucre, grosse main.

Potet, pot à eau.

Prime, précoce.

Rabinée, chose qui se répète, se fait plusieurs fois.

Rache, mal qui vient à la tête des enfants.

Requeter (se), protester, se défendre.

Rimer, brûler, prendre au fond d'un vase.

Pigosa, picoter.

Pik-Houl, piquer l'eau.

Paôek, bête qui a de grosses pattes.

Potev, pot à eau.

Prim, précoce.

Rabinad, rangée d'arbres.

Rac'h, mal qui vient à la tête des enfants.

Re, particule réduplicative, *kentelia*, corriger, enseigner.

Rima, râcler, enlever avec quelque chose de rude quelques parties de la superficie d'un corps.

Riper, glisser, couler.

Sagouiller, jouer avec l'eau.

Siler, pousser des cris aigus.

Soula, nombre (un grand soula).

Tapon, bouchon.

Tapouner, boucher un petit orifice.

Tirette, tiroir.

Tralée, plusieurs êtres à la suite les uns des autres.

Tribaler, traîner, promener, se prodiguer.

Vèze, cornemuse.

Vezouner, imiter le bruit du vezou.

Rampaden, glissade.

Skiltr, perçant, aigu (en parl. de la voix).

Tapaze, fermer, couvercle.

Tireten, tiroir.

Strollad, amas, troupe, file, groupe.

Turibalou, fatras, amas de choses inutiles

Vezou, biniou.

Les expressions suivantes viennent du latin :

Achaler, développer la chaleur.

Achet, ver de terre.

Arantelle, toile d'araignée.

Avoluer, prendre du volume, de la valeur.

Avoure, à cette heure.

Besson, jumeaux.

Biser.

Calor, chaleur.

Esca, pâture, amorce.

Aranea-tela, toile d'araignée.

Valere, valoir.

Ad horam.

Bisomus, qui contient deux corps.

Bis, deux (les vendéens embrassent toujours sur les deux joues).

Bourrin, un mauvais cheval. — *Burricus*, petit cheval.

Buffer, souffler. — En italien *buffa*, enfler les joues.

Charquois, carcasse. — *Carne*, cassus.

Curer, nettoyer. — *Curare*, nettoyer.

Coure, quand. — *Cor*, quand (provençal).

Effournier, fuir le nid. — *Fugere nidum*.

Eviscarrier, rendre mal sain. — *Vitium*, vice ; *caries*, carie.

Fisson, langue fendue des serpents. — *Fissus*, fendu.

Fissouner, siffler comme les serpents.

Jallet, jeune coq. — *Gallus*, coq.

Jauler, féconder.

Lacquer, boire à la mare, au lac. — *Lacus*, lac.

Luzet, graine luisante de la gesse des blés. — *Lucidus*, luisant.

Magni-Magnaux, les gros bonnets de l'endroit. — *Magni*, fiers, orgueilleux, superbes.

Mèle, nèfle. — *Mespilum*, nèfle.

Meriennée, somme au milieu du jour. — *Meridies*, milieu du jour.

Nigeassou, qui s'amuse à des riens. — *Nugator*, qui s'amuse à des riens.

Piau, poil. — *Pilus*, poil.

Pirot, poumon. — *Spirare*, respirer.

Pougner, avancer le poing en jouant aux billes. — *Pugnus*, poing.

Poner, payer, mettre sa mise. — *Ponere*, placer, déposer.

Remeuil, mamelle des animaux. — *Rhumen*, mamelle des animaux.

Ribouler, rouler un objet en rond. — *Ri*, contractif de rouler ; *bulla*, boule.

Rorte, jeune branche tordue. — *Retorta*, tordue.

Saper, rapprocher les lèvres et les séparer avec bruit, ce que font les gourmands quand ils ont mangé une bonne chose. — *Sapidus*, sapide.

Subler, siffler. — *Sibilare*, siffler.

Tantinet (un), un peu. — *Tantulus*, si court, si petit.

Vretir, suffire, fournir. — *Vertere*, arriver à point, faire sa révolution.

Versaine, longueur de champ qui occupe le même versant. — *Versura*, extrémité du sillon, endroit où les bœufs tournent pour en commencer un autre.

L'anglais aussi a laissé des traces profondes dans le patois vendéen :

L'Anglais dit :

Amblet, anneau de cuir tortillé servant à atteler les bœufs. — *A'mbit*, ligne qui continue une chose, circonférence.

Bouter, fouiller la terre. — *To butt*, fouiller la terre.

Bringuer, sauter, courir. — L'Anglais appelle un porteur de bonnes nouvelles, qui va vite, *bringer*.

Chopsir, devenir blet, tourner en eau. — *To set one's chops watering*, faire venir l'eau à la bouche ; *Choppy*, plein de gerçures.

Gosser, conter des bourdes. — *To gossip*, babiller.

Javasser, causer, jouer de la langue. — *Jaw*, bouche.

Meler, faire sécher les fruits. — *To mellow*, mûrir.

Landon, lizières. — *Leading-strings*, lisières d'enfant.

Ravaud, rut des animaux. — *To rave*, aimer à la fureur.

Riquet, de petite taille. — *Rickets*, être noué.

Ripe, lanière faite par un rabot ou une verlope. — *To rip*, déchirer, tirer, arracher.

Super, sucer, humer. — *Sup*, gorgée de liqueurs.

Timbre, cuve, cuvier, baquet. — *Tub*, cuve, cuvier, baquet.

Se triffler, s'habiller avec soin. — *To trifle*, s'amuser à des riens.

Vanner, fatiguer, lasser. — *To wane*, décliner, déchoir, diminuer.

On retrouve la plupart des expressions suivantes dans le vieux français :

A cacher, appuyer.

Accueillir, gager un domestique, lui faire accueil.

Adouner (s'), se donner à un lieu, à une chose, s'accoutumer.

Affilocher (s'), s'amincir comme un fil.

Aroler, aplanir.

Agauler, élaguer.

Agratouner, se grippeler comme les fruits du grateron.

Arre (en), arrière.

Arrimer, mettre d'accord.

Baler, surnager, danser sur l'eau, danser dans ses habits.

Baniole, grand panier.

Binoche, houe servant à biner.

Bidrouille, mauvais vin.

Biguenailler, s'amuser à des riens.

Bouraillé, mal peigné, travail mal fait.

Bourder, se reposer, s'arrêter.

Bourner, frapper à petits coups.

Boule-boule (à la), agir rapidement.

Bredasse, femme tracassière.

Bredasser, s'occuper à des riens.

Bredasson, qui se mêle de tout.

Bringuer, sauter.

Buffer, souffler.

Cocher, faire une entaille.

Corgner, loucher, regarder les angles de l'œil.

Coti, mal portant, fruit piqué.

Cotir, meurtrir, en parlant des fruits.

Coussotte, grande cuiller en bois pour prendre de l'eau, avec un manche percé.

Débouler, fuir.

Dégouailler, dégoiser.
Déjaboter, ouvrir les vêtements sur la poitrine.
Dreliner, sonner.
Ecrapoutir, écraser comme un crapaud.
Embeboliner, couvrir, entourer.
Emoyer, s'enquérir.
Envrellouner, entortiller.
Epaffer (s'), s'essouffler.
Epirailler (s'), s'époumonner.
Fournayer, s'occuper de la cuisson du pain.
Frelasser, faire du bruit (des objets qui se choquent).
Frésais, orfraie.
Gabegie, tromperie.
Galvauder, rapiner.
Gavanier, détériorer, gâter un travail.
Jabot, estomac.
Jacasser, bavarder.
Juter, rendre du jus.
Lugrer, graisser.
Migaillère, fente dans les vêtements pour passer la main.
Moujasse, petite fille fûtée.
Pagaille (en), mettre en désordre.
Patafiole (que le diable te), que le diable te confonde.
Pegnotter, mal manger.
Pelouné, tas de châtaignes dans leurs pelons.
Petasser, s'occuper de petits détails.
Petouner, murmurer.
Petrasser, s'impatienter.
Précarrer (se), se carrer.
Prélucher (se), se pourlécher.
Quéreux, carrefour, cour de ferme.
Rabater, frapper, cogner.
Recaler, nettoyer un fossé.
Rigourdaine, plaisanterie, chansonnette joyeuse.
Sarrailler, diminutif de serrer, comprimer.
Taligot, grosse taille de pain.
Tatouille, rossée.
Tricoler, marcher en zig-zag.
Virer, tourner.
Virouner, diminutif de virer.
Virounou, tourniquet où l'on suspend l'enfant qui ne marche pas encore.
Vredasse ou *bredasse,* qui s'occupe de tout mal à propos.
Vrioche, pétulant, qui remue sans cesse.

Dans le roman de la *Rose,* dans le Sire de Joinville, dans Jean de
Meung, dans Jean Froissard, Alain Chartier, François Villon, Marot,

Rabelais, on trouve les expressions suivantes, conservées dans le patois vendéen :

Chaire pour chaise.
Tretous pour tous.
Bues pour bœufs.
Biauté pour beauté.
Poi pour peu.
Diu pour Dieu.
Jornée pour journée.
La poison pour le poison.
Prindre pour prendre.
Maulvaistié pour sentiments mauvais.
Cheminer pour marcher.
Devaler pour descendre.
Branler pour remuer.
Bailler pour donner.
Paour pour peur.
A dire pour absent.
Garir pour guérir.
Paroule pour parole.
Mimpris pour mépris.
Pourmener pour promener.
Demourre pour demeure.

Le patois vendéen rend encore presque exactement cette phrase de Villehardouin (La conquête de Constantinople) :

Sachiés qu'il n'i ot si hardi à qui la char ne fremesist ; et ce ne fut mie merveille s'il s'en esmaièrent...

Dans la *Chanson de Roland*, on trouve aussi quantité d'expressions vendéennes :

Ne placet den, co li respunt Rollant,
Que ço seit dit de nul hume vivant
Ne pur paien que ja sei-jo cornant !
Je n'en aurunt reproece ni parent.

XXIV

LA CHANSON VENDÉENNE

C'est dans la chanson que le peuple met toute son âme : la légende est l'histoire ancienne mais la chanson est l'histoire moderne ; elle peint les mœurs, le caractère, les sentiments de la foule. Le paysan n'écrit pas en prose, mais il aime rimer et chanter.

Les Vendéens sont des chanteurs bruyants. Quand, à la *nuitée*, ils rentrent de *métive*, ils poussent des *hou, hou* interminables ; ils *houppent*. Ceux qui conduisent les bœufs, jettent à pleine gorge des *ho ! ho !* sonores (c'est ce qu'on appelle *darioler, arauder, bouêrer*).

Mais c'est aux noces surtout qu'ils donnent libre carrière à leur voix. Toutes leurs chansons racontent la vie des champs, leur histoire du berceau à la tombe, leurs joies, leurs tristesses, leurs amours, leurs colères et leurs rancunes.

Les écrivains bourgeois ont ou trop poétisé ou rendu trop cyniques leurs physionomies. Les chansons populaires et anonymes montrent le campagnard tel qu'il est, instinctif comme l'enfant ; hospitalier, mais défiant, rusé et sournois ; travailleur, mais tout à l'argent ; susceptible de nobles sentiments, de tendresse, de dévouement, mais parfois brutal et grossier.

Certaines chansons sont exquises de sensibilité, de délicatesse, de tendresse, principalement pour l'enfance ; d'autres ont le mot cruel et trop humain, surtout les chansons de noce ; à peine marié, le paysan tient à montrer et à déclarer qu'il est le maître.

Il fait en général bon marché de l'amour, d'ailleurs, et ne voit que les bons écus sonnants.

> J'avais promis à ma maîtresse
> Que j'l'aimerais jusqu'au tombeau.
> Dessus la feuille d'un abricot
> J'avais gravé cette promesse ;
> Mais il s'élève un petit vent :
> Adieu la feuille et le serment.

Les rondes chantent aussi :

> J'ai bien un voyage à faire ;
> Je ne sais qui le fera.
> Si j'en charge l'alouette
> La commission s'oubliera :
> La violette double-double
> La violette doublera.
>
> Si j'le dis au rossignol
> La commission se fera.
>
> L'rossignol prend sa volée,
> Au château d'amour s'en va ;
>
> Trouve tout' ces dame' à table
> Et toutes les salua :
>
> — Bonjour l'une, bonjour l'autre ;
> Bonjour Mam'selle que voilà.
>
> — Mam'selle, votre amant vous mande,
> Que vous ne l'oubliez pas.
>
> J'en ai bien oublié d'autres ;
> J'oublierai bien celui-là.

Le père engage sa fille à prendre un mari bossu, mais qui a des *etchius* :

> Endur', endur, ma feille,
> Gl'a daux etchius !
> — Encor' peut-être s'ra-t-il...
> — Oh ! prends-le, va, prends-le, ma feille,
> Un chapeau couvrira
> Tout cela.

Tout est sujet à chanson dans la vie rurale.

Chaque fête a sa ronde ou sa complainte. Le 31 décembre, on chante la *Guillanneu* :

> Réveillez-vous, cœurs endormis,
> Tchiete nuitaye ;
> Mettez vos cœurs en Jésus-Christ.

La veille du 1er mai, on offre des bouquets aux jeunes filles et on les accompagne souvent de couplets satiriques. A la porte d'une villageoise sotte et vaine, on trouve un soleil. Si sa conduite laisse à désirer, on met à sa porte une branche de sureau, dont le fruit tache, ou des chardons, de la ciguë, ou bien encore un gros chou, sous lequel naissent habituellement les enfants. Le genêt aux fleurs jaunes est aussi un symbole ironique.

Vers la Saint-Jean, on achète aux *preveils* ou assemblées gageries, les fouaces, les échaudés, les casse-museaux et les garçons invitent les jeunes filles à danser des rondes et des branles.

Le 24 décembre, c'est la fête de la famille.

> Mettons la nappe nette,
> Entamons le poin blonc de nau,
> La fouasse et la galette.
>
> S'ol i at beacot de monde,
> O fau dau feut, dau rasin cuet,
> Daus nas et daus amondes.
>
> Que pas in ne s'épargne
> A bère dau bon vin novea,
> En mangeont la châtagne.
>
> Prians, chantons, sans cesse,
> Jusqu'à tant qu'on sait mineüt.

Aux mariages, on chante la chanson de la mariée :

> Nous somm' venus vous voir
> Du fond de nos villages,
> Pour vous marquer la joie
> De votre mariage.
>
> . . . .

> L'époux que vous prenez
> Sera souvent le maître,
> Ne s'ra pas toujours doux.

> Mais pour le radoucir,
> Faudra lui obéir.

> Adieu le sans-souci,
> La liberté jolie 1
> Adieu le temps chéri
> De vot' bachèlerie.

On voit que la grande préoccupation du campagnard, c'est d'être le maître dans son ménage.

Le dialogue suivant s'établit d'ailleurs entre le nouveau maître et sa jeune femme :

> Oh ! Qu'avez-vous, ma douce amie
> Que vous avez le cœur si triste !
> — Galant, je voudrais m'en aller
> Dans le château de mon cher père,
> Pour y soigner ma bonne mère.
> — Chez ton père, tu n'iras point ;
> Hier soir tu étais la maîtresse,
> Mais aujourd'hui je suis le maître.

Le lendemain du mariage, dès l'aube, on porte aux époux la soupe à l'oignon, dans laquelle on a mis du vin, du poivre et autres ingrédients violents :

> Monsieur le marié.
> Débarrez votre porte.

> La soupe à l'oignon,
> Nous vous l'apportons.
> Si vous n'voulez la débarrer,
> Nous allons l'enfoncer.

Les noces sont à peine terminées que les tristesses de la vie rurale assiègent le jeune ménage.

> Dès l'premier soir des noces,
> Misèr' vint à ma porte,

          Qui demandait d'entrer,
             Dondaine,
          Qui demandait d'entrer,
             Dondé.

          Je loge point misère,
          Je loge que gaieté.
          .   .   .   .

          Dès l' cinquième soir des noces,
          Misère vint à ma porte,
          Qui demandait d'entrer.
          Entre, entre, misère,
          Entre, viens t'y chauffer.

          Misère a pris racine,
          J'ai pas pu l'envoyer.

          Au bout de trois semaines,
          L'a-t-emporté mon coffre,
          Ma poêle à fricasser,
          Ma joli' rob' de noce,
          Mon bouquet d'oranger.

                        *
                      *   *

          Au bout d'un an, un enfant,
          C'est la joyeuserie.
          Au bout d' deux ans, deux enfants :
          C'est la mélancolie.
          Au bout d' trois ans, trois enfants,
          C'est la grand' diablerie :
          Un qui demande du pain,
          L'autre de la bouillie,
          L'autre qui demande à têter,
          Et les seins sont taris.

L'amour, je l'ai déjà dit, ne tient pas toujours la première place
dans ces unions. La muse populaire peint l'esprit pratique de certains
campagnards.

          J'aime Jeanne, ma femme ;
       Eh bien ! j'aimerais mieux la voir mourir,
          Que voir mourir mes bœufs.

Ecoutez cette chanson cynique :

> Quond i fus dans tchiés grand' landes,
> I entendis souner per lui.
> I vous aim' bé, mon mari,
> Vous aim' bé mu mort qu'en vie.
>
> I me mettis de geneuil :
> Grand Dieu, i vous remercie.
>
> Quand i fus à la maisan,
> I le trouvis enseveli,
>
> Dans trois aunes de ma toële
> Que ma vesine li aviant mis.
>
> I regrettai mû ma toële
> Qu'i regrettai mon mari.
>
> I pri mon grand cisea,
> Point à point la découdit, etc.

L'amour de la terre excite surtout la verve des poètes :

> Voilà la Saint-Jean passée,
> Le mois d'août est approchant,
> Et tous les garçons du village
> S'en vont la gerbe battant.
> Ho ! batteux ! battons la gerbe,
> Compagnons, joyeusement !
>
> Pour le matin, je me lève
> Avec le soleil levant.
> Et j'entre dedans une aire ;
> Tous les batteux sont dedans.
> Ho ! batteux ! battons la gerbe,
> Compagnons, joyeusement !
>
> V'là des bouquets qu'on apporte ;
> Chacun se va fleurissant ;
> A mon chapeau, je n'attache
> Que la simple fleur des champs.
> Ho ! batteux ! battons la gerbe,
> Compagnons, joyeusement !
>
> Mais, je vois la giroflée
> Qui fleurit rouge et blanc :
> J'en veux choisir une branche
> Pour ma mie, c'est un présent.
> Ho ! batteux ! battons la gerbe,
> Compagnons, joyeusement !

Dans la peine, dans l'ouvrage,
Dans tous les divertissements,
Je n'oublie jamais ma mie :
C'est ma pensée en tout temps.
Ho ! batteux ! battons la gerbe,
Compagnons, joyeusement !

Au XVIe siècle, un jeune chasseur poitevin, Jacques du Fouilloux, peignait en ces termes charmants la vie rurale :

... Les troupeaux des bergères,
Au clair soleil, et aux cieux reluisants,
Sont à aymer tant pour leur doux langage
Que leurs bouquets de fruicts et de laitage...
Lors quand je vy qu'il estoit près de l'heure,
M'en allay voir des Brebis la demeure,
Sur un coutant en un petit pasty,
Près d'un rocher, la bergère attendy,
Tantost l'ouy ses brebis érodans,
Qui de sa voix faisoit des plaisants chants,
Car la coustume est ici en Gastines,
Quand vont aux champs de hucher leurs voisines,
Par mêmes chants que mets cy en musique,
Rendant joyeux tout cueur mélancolique.

Voici une chanson plus moderne qui fait connaître l'impression que
cause une locomotive à un campagnard vendéen :

I en ai vu tchés alec'matives !
O va pus vit' qu'in osiâ :
O part aussitout qu'ol arrive :
Si v' s'et' en r'tard, o v' s'attend jâ.
O touss', o crach', et pi o pipe ;
O train' in tas de p'tit' maisins ;
O travers' les mars', les vallins,
S'entortellant quem' ine ripe.

REFRAIN

Baill' de l'avouène à ton chevâu ;
Mets les harnais bé quem' o faü ;
Minte dessus, fess', éperounne :
N'a pas d' chevaü pr'êtr' ton rivaü.

I m'en furont dedans n'in' gare,
Per m'en aller bé loin d' chez nous ;
In grou mossiu m' dissit : gare,
L'accmativ', va passer d'sus vous.
I avas pertant payé ma pliacé,
M'aviant bailli in morcea d'cartan,
Et me poussiant dans un wagan
En me faisant ine grimace.

Baill' de l'avouène, etc.

I mantit d' dans quem' dons in chambre ;
O faisait ner quem' chez les loucs ;
Les assiall' étiant pouet tendres,
Y avait dau monde assis pertout ;
Y avait daux homm's, daux militaires,
Daux femm's, daux soudards qui pépiant,
Qui jacassiant, qui s' disputiant,
Daus p'tits qu'nots qui têtiant lus mères,

Baill' de l'avouène, etc.

A v'la partie, quem' ine éloise,
I traversions bé daux pays.
V'là to qu'rendu au d' là d' Pontoise
A quat' cent cinquante lieues d'itchi,
Dans in tunnel sous la montagne,
V'là l'acc'mative qui déraillit,
Tombit et pi se relevit,
Pi foutit le camp dans la campagne.

Bail' de l'avouène, etc.

Les wagons qu'étiant pre darrère,
Qui s'égliant sans s' démolir,
Le postillon de bas la chaudière,
Qui se trouvit tout ébouilli ;
I me trouvis dans tchiell' mêlée,
Près d'ine dame d'in grand rang
Qui avait le jabot tot en sang,
Les bras et les jambes cassées.

Baill' de l'avouène...

Blaise demande à Perot ce que c'est qu'un vaisseau. Perot répond :

Quieu que glle noumont in vaisseâ,
Ol est in grond coffre de bois,
Que glle fasont baller sur l'aive ;
Ol a d' la teille et daux buchâts ;
Le vent o buffe et pis o va.

Jarni ! si t'avas été sage,
T'en aras bèn apporté ien ;
L'arians fait veire à nous vésins.

. . . .

— Que t'es bé sot, o faut o dire,
Quieu que le noument in vaisseâ,
Ol es pus grous que neut' châteâ,
Et o n'est jà peur on médire,
Ol y a bé tant d' bêtes dedons,
Que tu t' perdras si t'etas d'dons.

LE REVOLIN

Enfin, deux bien jolies poésies vendéennes, tirées d'une brochure intitulée *Trelans et rigourdaines*, par un poète de l'Ile d'Elle, M. Jules Guérin (1).

LE REVOLIN (2)

Au me vint, anit, dret de la Vendaye,
In frais revolin qui m'a treviré.
Men âme, de joie, est toute enondaye,
Et mon pauvre tchier en est calviré.

Joli revolin qui me vins daus rouches,
T'as passé, pas vrai, sur nos grands marais,
Joli revolin, beâ petit vent frais,
T'as vu nos foussets tout plleins de farouches.

T'as vu la levaye et le contrebot,
T'as vu le coutaou, t'as vu Laudairie,
T'as vu tchiés beâs champs plleins d'harbe fllurie,
Les Brechets rougis de peséas barbot.

Que m'apporte anit ten ale, embaumaye
D'odurs de fouvraïs, d'odurs de kéri ?
Le doux souveni d'in père chéri,
De frères, de sus, et de mère aimaye.

Quéme au mois de mai allont melounaï
Aux pouéraïs fïluris daus essaims d'abeilles,
Mon doux revolin chante à més oreilles.
Tchiu nouveâ trelan vint-eil sirounaï ?

Gle dit que dempi chez lés Salardaines,
Jusqu'entremis glon, glon chez les Augeaïs,
Pretout vers ches nous, aux champs, aux vrejaïs,
Gle s'amusont fort à més rigourdaines.

Gle dit que là-bas, lavour gle devint,
Pre més chétifs vers in ami s'enflamme,
Gle dit qu'à Marans mu d'ine madame,
Lisont mon patois et qu'au lu-z-avint.

Gle quenut, dit-eil, in fine goule,
Qui sait mu que ma d'au faire adounaï.
Ah ! quand a quemoince à v'au-z-entounaï
Au faut voir queme a l'au débadigoule !

ENVOI

Allez din, més vers, et volez laulins ;
Mon tchier à tchiau coup est su vos talins.

Jules GUÉRIN.

(1) Firmin Didot, 1892.
(2) Le revolin est un tourbillon de vent. Se dit aussi de toute brise légère.

LE REVOLIN

Il m'est venu aujourd'hui, de la Vendée,
Un frais revolin   qui m'a bouleversé.
Mon âme de joie est inondée,
Et mon pauvre cœur est sans dessus dessous.

Joli revolin, qui me viens des rouches (1),
Tu as passé, n'est-ce pas, sur nos grands marais ;
Joli revolin, beau petit vent frais,
Tu as vu nos fossés tout pleins de *farouches* (2).

Tu as vu la levée et le contrebot (3),
Tu as vu le coteau, tu as vu Laudairie,
Tu as vu ces beaux champs pleins d'herbe fleurie,
Les Brechets rougis de *pois barbot* (4).

Que m'apporte aujourd'hui ton aile, embaumée
D'odeurs de violettes, d'odeurs de ravenelles ?
Le doux souvenir d'un père chéri,
De frères, de sœurs, et d'une mère aimée.

Comme au mois de mai vont bourdonner
Aux poiriers fleuris des essaims d'abeilles,
Mon doux revolin chante à mes oreilles.
Quel nouveau trelan vient-il susurrer ?

Il dit que depuis chez les Salardaines,
Jusque là-bas, chez les Auger,
Partout vers chez nous, aux champs, aux vergers,
On s'amuse fort à mes rigourdaines.

Il dit que là-bas, d'où il vient,
Pour mes mauvais vers un ami s'enthousiasme ;
Il dit qu'à Marans bien des dames
Les possèdent et les lisent.

Il connaît, dit-il, une jolie bouche,
Qui mieux que moi sait les dire.
Ah ! quand elle s'ouvre pour chanter,
L'œil et l'oreille restent ravis.

ENVOI

Allez, mes vers, et volez là-bas ;
Mon cœur à coup sûr est sur vos talons.

(1-2) Plantes aquatiques.
(3) Canal.
(4) Haricots bigarrés dont les tiges et les feuilles ont des veines rouges.

L'HIVER

Dau glâ, dau glâ pretout... Hier au sêr au neigeait !
Au matin, dans lés bois, devers le cru qui bouille,
L'aive dau grand fousset gelait sur ma pigouille !
Ah ! Ah ! ve regardez tchiau pauvre viu vreget !...
Au n'est pouet la saisin, bounhomme Caniget !

Voui, si dôrenavant ine faim de chaudraye
Ve prenait, mon vouésin, charchez dans tchiau salou
Si bé fremé, là-bas, à coûté de la braye ;
Car au faut pouet songeaï distout à la vremaye...
Les pibaous se moquont anit dau pibolou.

Lés dés me transounont ; lés mains dans ma belouse
I voudrais bé me mettre à l'abrique dau vent !...
Mon Dgiu, tchiu triste temps ; l'hiver, tchiu triste chouse !
Queme un chat fredeglou su la cendre de bouse,
I m'en va m'accourpi quintre tchiau contrevent.

Ah ! combaï, de tchiau temps, souc lus tristes guenegles,
Combaï de pauvres gens, que la fret cope en dus,
Pu malhérus béâcot, ma foué, que thiés vendregles,
Qu'i voyins sautelaï là-bas dans lés remegles,
Segueglés pre la faim sont raides étendus.

L'hiver, mes chers amis, ai-z-i besoin dau dire,
L'hiver est in bon temps pre tchiélés qui, chez zus,
Sont trejous agroués auprès de béâs grands fus !
Bé nauris, bés vitus, et travaillant pre rire,
Ne quenussant tout tchiu que pr'au-z-entendre dire.

Mé tchiaou qui n'a ni bots, ni chaousses, ni bounet,
Qu'ine tchiulotte, encor.., cent foués rapetassaye,
Et sus ses ous gelés sa chemise preçaye !
Le pauvre à la mandrègle est ben à la guenet,
A mode qu'au disait le défint Toguenet.

Et pretant, et pretant !... le viu qui se promene
Adyiusant de son dail le dangéru taillant,
Le Temps, pre le noumaï, tous lés ans nous ramene
Tchiau grand maou souc lequel le pauvre se démene,
Et qui fait tricolaï minme le pu vaillant.

L'HIVER

De la glace, de la glace, partout... Hier soir, il neigeait !
Ce matin, dans les bois, vers le creux qui bout (1),
L'eau du grand fossé gelait sur ma pigouille (2) :
Ah ! Ah ! ne regardez pas ce pauvre vieux verger !...
Ce n'est point la saison, bonhomme Caniget.

Oui, si maintenant une faim de chaudrée (3),
Vous prenait, mon voisin, cherchez dans ce saloir
Si bien fermé, là-bas, à côté de la broie (4),
Car, il ne faut pas songer du tout à la vermée (5)...
Les pibots (6) se moquent aujourd'hui des pibolous (7).

Les doigts me font grand mal ; les mains dans ma blouse,
Je voudrais bien me mettre à l'abri du vent !...
Mon Dieu, quel triste temps ! l'hiver, quelle triste chose !
Comme un chat frileux sur la cendre de bouse,
Je vais m'accroupir contre ce contrevent.

Ah ! combien de ce temps, sous leurs tristes guenilles,
Combien de pauvres gens que le froid coupe en deux,
Beaucoup plus malheureux, ma foi, que ces mésanges,
Que nous voyons sauter là-bas dans les ramilles,
Et qui maintenant, mordues par la faim, sont raides étendues.

L'hiver, mes chers amis, ai-je besoin de le dire,
L'hiver est un bon temps pour ceux qui, chez eux,
Sont toujours réunis auprès de beaux grands feux,
Bien nourris, bien vêtus, travaillant pour rire,
Ne connaissant tout cela que pour l'entendre dire.

Mais celui qui n'a ni sabots, ni chausses, ni bonnet,
Qu'une culotte, encore... cent fois rapiécée,
Et sur ses os gelés, sa chemise percée !
Le pauvre en guenille est bien à la guenet (8),
Comme disait le défunt Taguenet.

Et pourtant, et pourtant !... le vieux qui se promène,
Aiguisant le dangereux coupant de sa faux,
Le Temps, pour le nommer, tous les ans nous ramène
Ce grand mal, sous lequel le pauvre se démène,
Et qui fait chanceler même le plus vaillant.

(1) Endroit profond où l'eau tourbillonne.
(2) Long bois pour pousser les bateaux.
(3) Mets composé de diverses sortes de poissons et autant d'anguilles.
(4) Machine à broyer le lin.
(5) Pêche à l'anguille.
(6) Petite anguille.
(7) Ceux qui pêchent l'anguille.
(8) Accablé.

L'hiver est aussi viu queme la Pousinère !
Au l'est ine saisin qui n'a jamais fini,
Pre tous tchiés charche-pain que ve voyez veni,
Greppes, la jale aux dés, emplissant lu penère,
De tchiuques vius lopins de boulot chobeni.

Dempis qu'i me quénus, le père la Gelaye
Nous arrive trejous en boune compagnaye
De jales, d'archinchats, de naïs enchifrenés.
— Au l'est râle, pre mâ, qu'i manque la dounaye
D'enroumures, de toux, de mouchouaïs embrenés.

Ve souvint-au, lés gars, de tchielle grande annaye,
Qu'au l'odgit tant de neige et tant de givreglâs ;
Que netre boune, veille et courâjuse armaye,
Echarbottait si baï lés Russiens en Crimaye,
Que Toguenet mangit tant de cottebeglâs.

Au gl'avait déjâ bé sept ans que de l'école
I baliais la pouvre et prenais lés lécins ;—
Sept hivers — ve pévez me crêre su parole, —
Qu'en me faisant dgilaï su le glâ daus russins,
I'éralais ma tchiulotte et pis més canussins.

I me souvins qu'à l'hure au gl'avait bé dau minde
Que brâgliont tout lu sou, le sêr au coin dau fouaï,
Sans savoir quasiment a tchiu saint se vouaï,
En Nelles queme au Dgié, dans Tchiéréâs à la Binde,
De Fontaine à Marans, de Tanguin à la Rinde.

C'est que de beâs garcins, lés pés dans les gassoills,
Devant Sébastopol, trepegniont dans la brîme,
Sons le moindre cosset de petin ni de bime,
Et mouriant ; v'là prequâ, lu mères, de genoills,
En brâglant priiont t'chiaou qui quemonde à l'abîme.

Eh baï, dempi tchiau temps, sur les taïtes d'huméâs,
Ve-z-avez vu, t'au pas, poussaï mu d'ine fûgle ;
Ve-z-avez entouné bé daus beâs échuméâs ;
Ve-z-avez dénigé dans lés nicqs de mouénéâs,
Mu d'in éfournia qui n'avait que la bûgle.

L'hiver est aussi vieux que la Pousinère !
C'est une saison qui n'a pas de fin
Pour tous ces cherche-pains que vous voyez venir,
Ayant l'onglée, l'engelure aux doigts, emplissant leur penère (1)
De quelques vieux morceaux de pain moisi.

Depuis que je me connais, le père la Gelée
Nous arrive toujours en bonne compagnie
D'engelures, d'archinchats (2), de nez enchifrenés.
— Il est rare, pour moi, que je manque la donnée
D'enrhumures, de toux, de mouchoirs embrenés.

Vous souvient-il, les gars, de cette grande année,
Dans laquelle il y eut tant de neige et tant de verglas,
Dans laquelle notre bonne vieille et courageuse armée
Malmenait si bien les Russes en Crimée,
Dans laquelle Taguenet mangea tant de cottebeglâs (3).

Il y avait bien sept ans, que, de l'école
Je balayais la poussière et prenais les leçons ;
Sept hivers — vous pouvez me croire sur parole, —
Qu'en me faisant glisser sur la glace des ruisseaux,
J'éralais (4) ma culotte et puis mes caleçons.

Je me souviens qu'à ce moment, il y avait bien des gens
Qui pleuraient tout leur soûl, le soir au coin du feu,
Sans savoir à quel saint se vouer,
A l'Île d'Elle comme au Gué, du Quéreau à la Bonde,
De Fontaine à Marans, de Taugon à la Ronde.

C'est que de beaux garçons, les pieds dans la bouc,
Devant Sébastopol, trépignaient sous le brouillard,
Sans le moindre morceau de petin (5) ni de bime (6),
Et mouraient ; voilà pourquoi leurs mères, à genoux,
En priant pleuraient celui qui commande à l'abîme.

Eh bien, depuis ce temps, sur les têtes de frênes,
Vous avez vu, n'est-ce pas, pousser plus d'une feuille ;
Vous avez engrangé de belles coupes de foin ;
Vous avez déniché dans les nids de moineaux
Plus d'un éfourné (7), qui n'avait pas encore de plumes.

(1) Sac de toile qui s'attache en bandoulière.
(2) Peau qui se détache à la base des ongles.
(3) Tripes à la mode de Caen.
(4) Déchirer en traînant.
(5) Arbuste de la famille des Salicinées.
(6) Espèce d'osier rouge.
(7) Oiseau à peine sorti du nid.

Mé qu'au tourne o qu'au vire, en Nelles queme aillou,
Que lés ans yin à yin chéchont su lés annayes.
(Ah tchiu petit moincéa !), l'hiver n'est pas meglou ;
Et trejous, segueglant le pauvre travaillou,
La misère et la faim rempllissant sés jornayes.

Les fièvres tous les ans, daus foués le coléra,
La guerre tous lés quatre o cinq o six annayes,
Les énondatiins, famine, et cétéra,
Faisant dans nos contins, en tchiuques rabinayes.
Bé pu que de chansins chantaï de libéra.

Oh l'énondatiin ! qui n'a vu la derère ?
Nos pauvres marais bas ètiont tretous nigés ;
Les huttes s'en alliont à l'hure à la balouère,
Et tchiés pauvres hutiaïs, pre l'aïve délogés,
Se demeniont pretout queme daus enragés.

Finissins... Vous tretous qui, bé mu que parsoune,
Quenussez la misère et savez ce qu'au-l-aï,
Ah ! quand in charche-pain à vetre porte soune,
Ne le léchez jamais à vide s'en allaï !...
Au ve serat à dâre in bon coup de colaï.

Jules GUÉRIN

Mais qu'il tourne ou qu'il vire, à l'Ile d'Elle comme ailleurs,
Que les ans un à un tombent sur les années,
(Quel beau petit tas !) l'hiver n'est pas meilleur ;
Et toujours, mordant le pauvre travailleur,
La misère et la faim emplissent ses journées.

Les fièvres, tous les ans, quelquefois le choléra,
La guerre tous les quatre ou cinq ans,
Les inondations, la famine, et cætera
Font, dans nos cantons, en quelques rabinées,
Chanter bien plus de libera (1) que de chansons.

Oh ! l'inondation ! qui n'a vu la dernière !
Nos pauvres marais bas étaient tous noyés,
Les huttes s'en allaient au fil de l'eau,
Et ces pauvres huttiers, par l'eau délogés,
Se démenaient partout comme des enragés.

Finissons... Vous tous qui, mieux que personne,
Connaissez la misère et savez ce que c'est,
Ah ! quand un cherche-pain à votre porte sonne,
Ne le laissez jamais s'en aller les mains vides !
Ce sera pour vous à la fin, un bon coup de collier.

(1) Chants funèbres.

LA VENDÉE PITTORESQUE ET ARCHÉOLOGIQUE

ASPECT GÉNÉRAL

La Vendée n'est pas assez connue. Sans doute, elle n'offre point aux yeux des visiteurs les aspects majestueux des Alpes ou des Pyrénées, les profondes découpures de l'Auvergne, les coins enchanteurs de la Côte d'azur. Mais peu de départements présentent autant de diversité, et certains coins de la forêt de Mervent valent bien les paysages les plus réputés et les plus en vogue.

Le voyageur qui, partant de Fontenay, irait à Vouvent par la forêt, gagnerait les collines de la Gâtine, en suivrait le faîte jusqu'aux Herbiers, descendrait la vallée de la Sèvre Niortaise jusqu'à Clisson, reviendrait par Noirmoutier, l'Ile-d'Yeu, Saint-Gilles, Les Sables, le golfe de l'Aiguillon, Maillezais et Nieul-sur-l'Autize, trouverait dans ce voyage, soit qu'il aimât le pittoresque, soit qu'il fût amateur d'archéologie, des sensations exquises.

Du haut des collines de la Gâtine, on découvre un horizon immense au-dessus de la contrée angevine, de la Gâtine, et du bocage vendéen jusqu'à la mer ; la vallée de la Sèvre renferme des coins charmants, qui éveillent mille vieux souvenirs, et la côte varie sans cesse, offrant tantôt des plages unies et fermes comme aux Sables-d'Olonne, tantôt des falaises abruptes comme à l'île d'Yeu, ou des bois qui trempent leurs pieds dans l'onde comme le bois de la Chaise à Noirmoutier.

Le *Bocage* couvre la plus grande partie du département ; il est composé de roches dures et imperméables, de granits, gneiss, micachistes, schistes et lias. Vastes champs plantés de choux, de betteraves et quelquefois de vignes, prairies, bois, jardins, landes, routes, chemins, tout est bordé de hautes haies appuyées sur des troncs d'arbres ébranchés ou de haute venue.

Les *Alpes Vendéennes*, appelées aussi collines de la Gâtine, ne sont pas très élevées, mais, complètement isolées, elles permettent au voyageur d'embrasser l'horizon tout autour de lui. Le point le plus élevé, près de *Pouzauges-le-Vieux*, a 288 mètres d'altitude ; *St-Michel-Mont-Mercure* est à 285 mètres, et le bois de *la Folie*, près de Pouzauges, a 278 mètres.

Un autre coteau, le *Mont des Alouettes*, est historiquement célèbre, parce que ses sept moulins à vent, par la disposition de leurs ailes, servaient de signaux aux armées royalistes. Il est situé près des Herbiers, à 231 mètres d'altitude. Son sommet est couronné par une chapelle élevée par la duchesse de Berry à la mémoire des vendéens morts pour la cause royaliste.

Nous avons déjà décrit le *Marais* dans notre premier chapitre. Le Marais septentrional ou *Marais Breton* occupe environ trois mille hectares conquis sur la mer ; il s'accroit sans cesse par les dépôts marins et les alluvions d'eau douce ; la baie de Bourgneuf tend à disparaître. La Loire, en effet, y jette ses sables, la mer y amène les débris pulvérisés des roches de Bretagne, et on peut prévoir l'époque, peut-être peu éloignée, où l'île de Noirmoutier sera soudée à la terre ferme. Depuis longtemps d'ailleurs, à marée basse, on va du continent à Noirmoutier par le *passage du Goua*, soit à pied, soit en voiture, soit même à bicyclette, et l'on a formé le projet d'y construire un chemin de fer.

Le Marais Méridional ou *Marais poitevin* est plus considérable ; il s'étend de Luçon, Nalliers, Le Langon, Fontaines, Maillezais, Benet jusqu'à la Charente-Inférieure. Lui aussi a été conquis sur l'Océan, et la baie de l'Aiguillon qui avait autrefois 30 kilomètres d'ouverture, qui envoyait ses bras jusqu'à Luçon, jusqu'auprès de Fontenay, jusqu'à Maillezais, jusqu'à Niort, n'a guère maintenant que 5 kilomètres de largeur, et 10.000 hectares de superficie. Près de 50.000 hectares de terres, merveilleuses de fertilité, ont été pris sur le golfe, et chaque année 30 hectares au moins viennent s'ajouter aux conquêtes antérieures. Les terres se divisent en marais *desséchés*, garantis par les digues, et en marais *mouillés* qui chaque hiver se recouvrent d'eau et sont généralement traversés par des rivières. De distance en distance s'élèvent les anciennes îles qu'on appelle maintenant des buttes ; ce sont des massifs de rochers calcaires, isolés au milieu des alluvions : la butte de

Grues (13 mètres), les buttes de Saint-Michel-en-l'Herm, Triaize, Champagné, Puyravault, Sainte-Radegonde, Chaillé-les-Marais (19 mètres), Vouillé-les-Marais (9 mètres), du Gué de Velluire (36 mètres), de Vix, (34 mètres), Maillezais et Liez (entre les deux bras de l'Autize et la Sèvre Niortaise), de l'île d'Elle, etc. Certaines de ces îles, les îles hautes, ont existé longtemps avant la formation du marais; d'autres, les îles basses, datent du moment où les eaux du golfe ont commencé à se retirer.

ÉCLUSE DE BAZOIN DANS LE MARAIS POITEVIN

De même que le Marais breton s'est formé peu à peu par les amas de sable et de terre amenés par les fleuves, les rivières et la mer, de même le golfe de l'Aiguillon a reçu pendant des siècles les vases de la Charente, de la Sèvre Niortaise, du Lay, et les effondrements de la côte très friable de la Charente-Inférieure. Un autre phénomène a aidé au comblement du golfe, c'est l'exhaussement du sol, dont les bancs de coquilles d'huîtres de Saint-Michel-en-l'Herm sont les témoins les plus irrécusables.

A 6.000 mètres de la côte, en effet, la mer a déposé trois montagnes d'huîtres, presque contigües, d'une longueur de 720 mètres environ sur

300 mètres de largeur et 15 mètres de hauteur. Ces huîtres, admirablement conservées, très régulièrement disposées, ont déconcerté tous les savants. La plupart des géologues cependant ont conclu à un soulèvement, non pas seulement régional, mais aussi partiel, à la suite de quelque cataclysme ou d'un tremblement de terre ; les bancs d'huîtres, en effet, sont plus élevés que la Grande Plaine, qui n'était pas couverte d'eau à l'époque où le golfe de l'Aiguillon s'avançait jusqu'à Luçon, Fontenay et Niort.

Le génie de l'homme a aidé aussi puissamment la nature. En 1217, premier canal : celui des *Cinq-Abbés*, creusé par les abbés de Saint-Michel, de l'Absie, de Maillezais, de Nieul, et qui va de Vouillé à la partie inférieure de la Sèvre ; les dessèchements se succèdent ensuite sans discontinuité. En 1559, un édit confie la direction générale des travaux au Hollandais *Bradley* ; de grands privilèges sont accordés aux dessécheurs, autorisés à faire venir des Flamands et des Hollandais pour *opérer les travaux*. En 1643, premier dessèchement régulier et complet : creusement du *canal des Hollandais*, du *canal de Luçon*, du *canal de Vix*, dont les eaux, coulant parallèlement au lit de la Sèvre, passent sous l'Autize et la Vendée, du *contrebot*, creusé au pied et en dehors du *bot* ou levée du canal de Vix.

Grâce à ces travaux, aux digues, aux canaux, aux *bots, contrebots*, les habitants du Marais, qu'on désigne sous le nom de *cabaniers*, ont réussi à arracher leur pays à l'Océan. Chaque année, toutefois, pendant l'hiver, et souvent au printemps, les marais *mouillés*, c'est-à-dire ceux qui ne sont pas garantis par les levées, présentent l'aspect d'une vaste mer, et les canaux sont insuffisants pour l'écoulement des eaux de la Sèvre, de l'Autize, de la Vendée et du Lay. Les *huttiers*, ceux qui habitent sur les levées, dans les huttes, vivent alors presque dans l'eau, réduits à une mince bande de terre constamment minée par le courant ou par les vagues que soulève le vent ; ils ne sortent de chez eux qu'en bateau, comme dans les Wattringues du Nord. De même qu'à Venise d'ailleurs, les canaux sont les chemins de ces étranges contrées.

Nous avons dit déjà le charme de certaines de ces routes d'eau. Il y aurait un livre à faire sur le Marais poitevin et on pourrait l'intituler la *France inconnue*. Ces immenses prairies coupées de fossés, ces terres gorgées d'eau, couvertes d'une végétation luxuriante, ces arbres croissant avec une vigueur qui rappelle celle des arbustes tropicaux, tout donne l'illusion d'une terre vierge, sur les bords marécageux d'un grand fleuve de l'Amérique du Nord.

La *Plaine* est une longue bande entre le bocage et le marais poitevin ;
elle va de Luçon à Niort, et se resserre à Fontenay, point d'intersection
et lieu d'échange des trois régions vendéennes. Elle est aussi sèche que le
Marais est mouillé, aussi plate et aussi nue que le Bocage est accidenté
et boisé. Elle est composée de lias et d'oolithe, n'a qu'une faible couche
de terre végétale et est presque complètement dépourvue de fontaines.

LES COURS D'EAU

Ils sont nombreux et peu importants.

La *Vendée*, qui donne son nom au département, prend sa source dans
la Gâtine, traverse la forêt de Vouvent, puis Fontenay-le-Comte et va se
jeter dans la Sèvre Niortaise après avoir répandu ses eaux dans le marais
poitevin.

Rien de délicieux comme son cours, entre Puy-de-Serre et Fontenay,
dans la gorge étroite et profonde qu'elle s'est creusée au milieu de la

LE PONT DE L'ILE D'ELLE

forêt. Au pied du majestueux rocher de Mervent, elle joint ses eaux à
celles de *la Mère*, grossie elle-même du *Vent*, puis, un peu au-dessous de
Fontenay, elle reçoit la *Longève*, qui vient de l'Hermenault. Son cours
n'est que de 80 kilomètres ; après Fontenay-le-Comte, elle baigne Saint-
Médard-des-Prés, Chaix, le Poiré-sur-Velluire, le Gué de Velluire et l'Ile
d'Elle, puis tombe dans la Sèvre, au *Gouffre*, au-dessous d'un pont métallique qui porte le chemin de fer de Nantes à Bordeaux.

La Vendée est toujours classée comme rivière navigable à partir de
Fontenay, mais depuis la construction de la ligne de Fontenay-le-Comte
à La Rochelle, la navigation a presque disparu ; toutefois elle est encore
active pour la petite batellerie dans la partie marécageuse.

On a songé à emmagasiner les eaux de la Vendée dans la gorge de la forêt de Mervent, à partir du roc Saint-Luc, sur lequel s'apuierait une énorme digue. On pourrait ainsi retenir plusieurs millions de mètres cubes d'eau, et le lac ainsi formé servirait de régulateur à la rivière, évitant les crues dangereuses du printemps, donnant de l'eau au marais pendant l'été. Mais, bien que déclaré d'utilité publique, ce n'est qu'un projet ; il est à craindre que son exécution ne tarde à se réaliser.

Le *Lay*, la plus grande rivière vendéenne, est formé par la réunion du *Grand Lay* et du *Petit Lay*, près de Saint-Vincent-du-Fort-du-Lay. Le confluent n'est qu'à 20 mètres d'altitude ; il se nomme l'*Assemblée des Deux Lay*.

Le *Grand Lay* prend sa source près de Saint-Pierre du Chemin, à 239 mètres d'altitude ; il traverse Réaumur, la Meilleraie, reçoit le *Loing*, venu par Bazoges-en-Pareds, des environs de La Châtaigneraie, et l'*Arcanson*, dont les rives sont d'une fertilité remarquable. Vers le Boupère, Monsireigne, Saint-Philbert-de-Pont-Charrault, le Grand Lay est encaissé et présente des aspects agréables.

Le *Petit Lay* descend de l'étang de la Blottière, près de Saint-Michel-Mont-Mercure ; il passe à Saint-Mars-la-Réorthe, à Saint-Paul-en-Pareds, à Mouchamps, à Sainte-Cécile.

Le *Lay*, formé du Grand et du Petit Lay, traverse Mareuil dans un très beau site, après avoir reçu la *Semagne*, puis, grossi du *Marillet*, de l'*Yon*, du *Graon*, il pénètre dans les marais et devient navigable. Mais, à Moricq (12 kilomètres de la mer), commence seulement la navigation dite maritime. A 6 kilomètres en aval du port de Moricq, le Lay n'est séparé de l'Océan que par une dune très étroite qui recule de 7 kilomètres l'embouchure. Le bourg de l'*Aiguillon-sur-Mer* est à trois kilomètres en amont de cette embouchure.

La *Sèvre Nantaise* est une jolie rivière qui descend des granits de la Gatine du Poitou ; elle sert de limite aux Deux-Sèvres et à la Vendée pendant 15 kilomètres, puis passe à Mallièvre, Saint-Laurent, Mortagne, Tiffauges, dans un joli vallon où elle fait marcher grand nombre d'usines, redevient frontière entre le Maine-et-Loire et la Vendée, puis se jette dans la Loire, au pont de Pirmil, à Nantes, après avoir arrosé Clisson. Elle ne reçoit que deux affluents, la *Crume* et la *Maine*.

La *Sèvre Niortaise*, qui vient de Saint-Maixent, sépare la Vendée des Deux-Sèvres et de la Charente-Inférieure ; elle n'est entièrement vendéenne que vers Damvix. A partir de Marans, elle reçoit des bâtiments de 250 tonneaux.

L'*Autize* vient de la forêt de Secondigny, dans les Deux-Sèvres. Après avoir arrosé Saint-Hilaire des Loges et Nieul, elle se perd dans une série de petits gouffres marécageux pour ressortir quatre kilomètres plus bas par un entonnoir profond, appelé *Fontaine de Bouillé*, remarquable par la transparence de ses ondes, et dans laquelle de grandes quantités de poisson vivent, mais ne peuvent se reproduire en raison de la basse température des eaux.

Cette source a inspiré les vers suivants à un poëte vendéen, M. Numas d'Angély :

> Tout proche de la grille (1) aux lions féodaux
> Dont la griffe retient un écusson de pierre,
> La noble source étale, au pied de fiers ormeaux,
> Son flot large et puissant, comme un flot de rivière.
>
> Flot merveilleux encor par l'étrange lumière
> Qui met des feux d'azur au limon vert des eaux ;
> La nappe d'arc-en-ciel, où s'irise le lierre,
> Ne reflète, d'ailleurs, ni rochers, ni coteaux.
>
> Mais les vieux arbres noirs qui lui forment ceinture,
> L'encadrent à souhait, dans leur haute monture,
> La légende, à son tour, vient mêler ses accords...
>
> Et le passant revoit, dans une ombre lointaine,
> Le grand veneur d'antan, seigneur de la fontaine,
> Qui jette sa fanfare au milieu du décor !

Mai 1884.

Dugast-Matifeux a dit de la fontaine :

« Lorsqu'on s'y promène en bateau et que le ciel est éclairé, elle offre à l'observateur une perspective des plus saisissantes. Grâce à la transparence extraordinaire de l'eau, qui permet de plonger jusqu'au fond du gouffre, on voit d'innombrables poissons nager et circuler ; on les suit de l'œil, on assiste à toutes leurs évolutions comme s'ils étaient placés devant soi, dans un vase immense de cristal ; on distingue nettement leurs espèces, et, ce qui est encore plus singulier, leurs écailles se colorent des plus vives nuances d'or et d'argent, d'azur et d'émeraude, par la réfraction de la lumière, sur laquelle l'eau produit l'effet du prisme. Le mirage est si parfait qu'on se croirait volontiers suspendu en l'air dans un ballon, plutôt que porté sur un étang dans une nacelle. En voyant se blottir, dans la pelouse verdâtre du fond de la source, les êtres multicolores qui la peuplent et la sillonnent dans tous les sens, peu s'en faut qu'on ne les prenne pour des oiseaux qui, après avoir longtemps voltigé sous nos yeux, viennent enfin se poser à terre. »

(1) La grille du château de Bouillé, ancienne demeure du grand chasseur poitevin, Jacques du Fouilloux.

Non loin de la fontaine de Bouillé, l'Autize se partage en deux bras qui entourent l'île de Maillezais : l'un constitue la *Vieille Autize* et a été canalisé sous le nom de *Canal de Courdault* ; l'autre, appelé la *Jeune Autize*, arrose la Porte-de-l'Ile et se jette dans la Sèvre à Maillé.

Les autres rivières sont peu importantes : La *Boulogne*, qui naît près des Essarts, arrose les Lucs, Rocheservière et va se perdre dans le lac de Grand-Lieu ; l'*Ognon* se jette dans le même lac par une large embouchure ; le *Falleron*, venu de Palluau, entoure l'île de Bouin et rejoint l'Océan dans la baie de Bourgneuf ; l'*Yon*, n'a d'importance que parce qu'elle arrose le chef-lieu du département ; la *Vie* prend sa source vers Belleville, passe à Apremont jusqu'où remonte la marée (9 kilomètres de la mer), se grossit du *Ligneron*, près de Riez, puis prend la largeur d'un petit fleuve, et sépare Saint-Gilles de Croix-de-Vie, recevant des navires calant trois mètres ; le *Jaunay*, ruisseau de 48 kilomètres de longueur, passe à Beaulieu-sous-la-Roche et rejoint la Vie à son embouchure même, entre Saint-Gilles et Croix-de-Vie ; l'*Auzance* arrose La Mothe-Achard, reçoit le ruisseau de *la Grassière*, et s'unissant à l'*Ile*, qui passe au nord d'Olonne, va former le *hâvre de la Gâchère*. Le *Perray* est un estuaire, où tombent deux ruisseaux, dont le principal, le *Gué-Châtenay* vient de Talmont et supporta jadis des barques d'un fort tonnage, puisqu'Henri IV envoya par eau de l'artillerie au château de Talmont. *La Rivière de Luçon* n'existe plus en réalité, car elle a été remplacée par un canal de 14 kilomètres de longueur, navigable pour les bateaux qui ne dépassent pas 85 tonnes : ce canal reçoit les eaux de la Vendée par la *ceinture des Hollandais*, et relie Luçon à la baie de l'Aiguillon. Le *ruisseau de Saint-Vincent-sur-Jard* a son embouchure dans le goulet de Jard, ancien estuaire comblé par les sables et la vase ; enfin, la petite *rivière de Troussepoil*, qui descend des collines des *Moutiers-les-Maufaits*, passe dans les marais de la Tranche où elle a été canalisée.

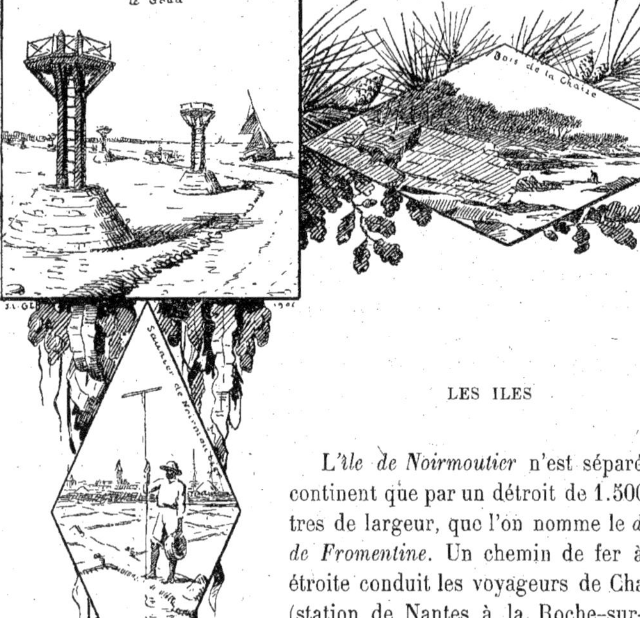

LES ILES

L'*île de Noirmoutier* n'est séparée du continent que par un détroit de 1.500 mètres de largeur, que l'on nomme le *détroit de Fromentine*. Un chemin de fer à voie étroite conduit les voyageurs de Challans (station de Nantes à la Roche-sur-Yon) jusqu'à ce détroit, où ils trouvent un bateau sur lequel en quelques minutes ils font la traversée ; ils abordent à la pointe sud-est de l'île, au village de la Fosse.

Mais l'île est longue ; du sud-est au nord-ouest, elle mesure 18 kilomètres, et pour aller de la Fosse à Noirmoutier, il faut suivre une route très longue et très monotone, à travers les marais salants et les dunes.

On peut aussi pénétrer dans l'île par *le Goua*, passage à marée basse de 4 kilomètres de longueur, qui va de Barbâtre, village de l'île, à Beauvoir, ou du moins à la route, qui conduit de la mer à Beauvoir.

« Ce passage, dit Piet, pour quelqu'un à qui les phénomènes de la marée sont étrangers, a vraiment quelque chose d'étonnant. En ces mêmes lieux où il n'y a qu'un instant la mer en courroux élevait en montagnes ses flots écumeux, succède tout-à-coup une plage immense qui se couvre d'hommes et d'animaux, de voyageurs tant à pied qu'à cheval et en voiture. Le navire qui, tout à l'heure, contrarié par l'aquilon et violemment agité par les vagues, s'est vu forcé de jeter l'ancre, maintenant à sec, repose immobile sur le sable, tandis qu'à ses côtés, un lourd chariot, traîné par des bœufs, sans avoir à redouter ni l'inconstance des vents ni la fureur de l'onde, traverse paisiblement ce même espace que ce vaisseau n'a pu franchir.

« Des vieillards m'ont assuré qu'avant le desséchement de la Crosnière, qui date de 1765 à 1766, plusieurs personnes, habituées à parcourir à marée basse l'étendue qui séparait notre île des rives de Beauvoir, avaient déjà tenté de parvenir au continent par cette voie et y avaient réussi. Cependant on n'abordait du Poitou à Noirmoutier que par le goulet de Fromentine,..

« La Crosnière fut renfermée et beaucoup d'insulaires employés aux travaux des digues allaient et venaient de ce desséchement à la Bassotière. Le passage fut bientôt reconnu sans danger, et les voyageurs, dirigés par des guides expérimentés, purent l'entreprendre sans crainte. Le premier qui le tenta avec son cheval, fut un nommé Gauvry, cordonnier à Barbâtre. Cet homme, m'a-t-on rapporté, était petit, bossu, mais intrépide. Il traversa le gué en 1766 et confirma la possibilité du trajet. D'autres suivirent son exemple. On fit passer des ânes, des voitures, des bœufs, ensuite des charrettes ; enfin l'usage du bac de la Fosse fut complètement abandonné.

« Afin de rendre le passage plus sûr et plus facile, on y établit, en 1786, dix-huit balises, qui indiquaient aux voyageurs les différentes directions à suivre. S'ils étaient surpris par la marée montante, la hauteur de ces pièces de bois était telle que, à l'aide d'échelons dont elles se trouvaient garnies, ils pouvaient se réfugier au sommet et y attendre la retraite de la mer, dont l'élévation est là de quatre à cinq mètres. L'hiver de 1788 détruisit ces balises ; elles furent brisées, renversées par les glaces, et entraînées au loin par les flots. Quelques-unes furent jetées à la côte, mais elles ne purent être relevées ; d'ailleurs, en les rétablissant, il eut fallu nécessairement les déplacer de temps à autre pour les asseoir sur des points différents ; car, en les laissant toujours au même endroit, les variations du passage, les eussent rendues, comme objet d'indication, non seulement inutiles, mais quelquefois dangereuses... »

Les balises dont parle Piet ont été rétablies ; elles sont maintenant surmontées de plateformes en tourelles sur lesquelles les passants surpris peuvent trouver un refuge, sinon agréable, du moins à peu près sûr.

De plus, une route a été construite et les voyageurs n'ont plus la crainte de s'embourber dans des trous creusés par la mer.

On peut aussi l'été aborder à Noirmoutier par Pornic, où un bateau à vapeur fait le trajet entre cette charmante station balnéaire et le beau bois de la Chaise, tout près de la ville de Noirmoutier.

L'île est de forme très irrégulière, plate, plus basse que l'Océan en beaucoup d'endroits, exposée par conséquent aux invasions de la mer, dont les eaux dans les grandes marées, s'élèvent à 4^m 50 au-dessus du sol. Si les très faibles obstacles, qui ont résisté jusqu'ici aux marées, venaient à céder, lorsque les flots sont soulevés par les vents violents de l'ouest et du sud-ouest, l'île serait coupée en deux, et ce sont précisément les terres les plus productives qui seraient englouties. Les habitants de l'île réclament depuis longtemps des travaux, mais, peu fortunés pour la plupart, ils ne veulent ou ne peuvent faire aucun sacrifice ; de son côté l'Etat, en vertu de l'adage : « aide-toi, le ciel t'aidera, » attend qu'ils se syndiquent et souscrivent une partie de la dépense. Un seul coup de vent pourrait pourtant causer des désastres irréparables ; à chaque tempête, les Noirmoutrains passent par des angoisses terribles.

La seule partie pittoresque de l'île est le bois de la Chaise, au nord-est, en face de Pornic ; composé de chênes verts, qui s'avancent jusqu'à la mer, ce bois présente des ombrages agréables, des perspectives délicieuses, des coins ravissants, des anses verdoyantes où la côte descend doucement, offrant aux baigneurs un beau sable d'or bien uni et bien ferme.

Le commerce de Noirmoutier ne consiste guère que dans l'exportation du sel, que donnent les nombreux et importants marais salants, et du blé produit par la plaine.

La ville de Noirmoutier est bien bâtie, agréable, très hospitalière ; la vie y est à bon marché.

L'*îlot du Pilier*, à 5.000 mètres au nord-ouest, n'est qu'un rocher tout nu et escarpé, qui n'a pour habitants que deux gardiens de phare, et n'est par conséquent pas cultivé. Un ancien fort s'y élève, abandonné depuis longtemps. Jadis, le Pilier et Noirmoutier communiquaient par une digue, mais peu à peu, la mer est venue à bout de cette digue, et Pierre de la Garnache, seigneur de Noirmoutier, dut transférer les Bernardins, qui habitaient l'îlot, à Noirmoutier, où ils créèrent l'abbaye de la Blanche.

L'*île d'Yeu* n'est qu'un rocher de granit, recouvert d'une mince couche de terre végétale ; sa superficie est de 2.247 hectares seulement. Du côté de la terre, les côtes sont plates, sablonneuses, mais vers l'ouest et le sud, elles sont formées de rochers énormes s'élevant à 25 mètres de hauteur, battus par une mer toujours déchaînée. Ces masses gigantesques étonnent le voyageur par leurs formes bizarres, leurs découpures, leurs enfoncements profonds. Au centre des amoncellements, sur un rocher isolé de la côte, s'élève un château miné, sombre, de forme quadrangulaire, flanqué de quatre tours et séparé de la terre ferme par une large crevasse dans laquelle la mer s'engouffre à marée haute. Ce fossé était jadis traversé par un pont levis, qui mettait le château en communication avec une foule d'ouvrages, actuellement en ruines, sur la terre ferme.

A un kilomètre environ du château, vers l'Ouest, une pierre branlante domine la mer ; une seule personne suffit pour mettre son énorme masse en mouvement. Tout à côté, est le *port de la Meule*, étroit, resserré, bien caché, entre de hautes parois de rochers, pittoresque comme certaines coupures du littoral breton.

Le noyau de l'île est un granit grossier, tendre à la surface, mais très dur à une certaine profondeur. Il contient des veines larges et épaisses de quartz, dont quelques blocs énormes sont jetés au hasard sur la surface de l'île, et dont les angles arrondis prouvent que l'île a été exposée à un grand bouleversement après sa formation.

Pas d'arbres sur la surface de l'île, si ce n'est un petit bois, près du fort, à Port-Joinville ; l'île presque tout entière étant soumise à la vaine pâture, les plantations sont d'ailleurs impossibles. Quelques vallées fraîches cependant et quelques monticules, desquels on aperçoit l'Océan de tous côtés ; par ci par là, quelques marécages et quelques maigres ruisseaux. Dans le roc, presque à la surface, on trouve des sources d'eau vive ; mais lorsque les sécheresses persistent, l'île entière manque d'eau.

Terre ingrate, qui ne produit pas le blé et le bétail qui lui sont nécessaires, qui ne donne ni bois, ni lin, ni chanvre, ni quantité d'autres denrées indispensables à la vie.

Les habitants vivent surtout de la pêche, et les cultivateurs sont forcément peu nombreux. L'île a toutefois son charme, et d'assez nombreux baigneurs viennent s'y installer l'été pour respirer le grand air salin, sans cesse renouvelé par les grands vents du large. On arrive à l'île d'Yeu par Challans et le tramway de Fromentine, d'où un vapeur transporte voyageurs et denrées jusqu'à Port-Joinville, chef-lieu de l'île.

Port-Joinville peut recevoir des navires de 200 tonneaux. C'est un port de marée ; toutefois, comme la mer n'y éprouve aucun courant sensible, les navires y entrent à toute heure du jour et de la nuit.

L'ILE D'YEU

Comme à Noirmoutier, les habitants ont un engrais précieux, les algues marines. Mais alors qu'à Noirmoutier les cultivateurs en font un emploi utile et productif, à l'île d'Yeu, la grande division et le mélange des propriétés, la faiblesse des moyens physiques, et surtout le dédain qu'ont pour les choses de l'agriculture les habitants, accoutumés dès leur enfance aux longues courses maritimes, sont des obstacles à l'amélioration des procédés agricoles. Sur 2.247 hectares que contient l'île, 1.367 restent sans culture, et sont seulement employés comme terres vagues à la nourriture des animaux.

Ces animaux se ressentent eux-mêmes de la pauvreté du sol. L'île possède un assez grand nombre de moutons, mais ils sont très petits, d'une chair exquise toutefois et très appréciée. On y élève aussi une race particulière de chevaux qui tend à disparaître ; ce sont des chevaux de taille basse, très doux, vigoureux, de formes gracieuses, se nourrissant à peu de frais, très recherchés pour les enfants et les dames.

LES CÔTES

Les côtes de la Vendée présentent aux touristes et aux baigneurs des aspects très variés, qui peuvent satisfaire les goût les plus divers. A *Saint-Jean-de-Monts*, c'est le sable sans fin, l'immense plage, les dunes couvertes de pins ; à *Croix-de-Vie*, les amateurs de rochers et de falaises sont servis à souhait, tandis qu'à deux pas, à *Saint-Gilles*, de l'autre côté du pont qui sépare les deux bourgs, les enfants trouvent une grève sûre et unie. *Les Sables d'Olonne*, c'est la grande ville d'eau, ce sont les casinos, les brillants hôtels, tous les plaisirs ; rien de plus pittoresque et de plus séduisant que le demi-cercle de villas et d'hôtels de l'admirable plage qui n'a pas sa rivale en France, et dont les deux pointes sont terminées par le pittoresque faubourg de La Chaume et la forêt de la Rudelière. *La Tranche* et *la Faute*, près de l'Aiguillon, sont pour les petites bourses et les baigneurs qui recherchent la tranquillité et le calme.

Il y a aussi le *golfe de l'Aiguillon*, étrange, curieux, côte de boue, sur laquelle les habitants circulent avec des bateaux plats, qu'ils poussent avec le pied, muni d'une palette de bois, afin d'aller fixer et enlever *les bouchots*. Les bouchots sont des branches enfoncées dans la vase, sur lesquelles se fixent, vivent et grossissent les moules, recouvertes deux fois par jour par la marée haute.

Ces moules ont une grande renommée. Coquillages et poissons abondent d'ailleurs sur la côte vendéenne et sont une précieuse ressource pour les populations. La sardine a longtemps fait la richesse des Sables ; cette pêche occupait 500 à 600 pêcheurs, et rien n'était plus pittoresque et plus gracieux que la sortie de la flotille de pêche. Malheureusement, les sardines ont émigré ; elles deviennent de plus en plus rares vers les Sables comme sur toutes les côtes vendéennes, et c'est en vain que les savants ont étudié la question, restée insoluble.

Les pêcheurs se rabattent sur le gros poisson. Ils pêchent *le thon, la sole, la lamproie, la raie, l'esturgeon, la murène ou anguille de mer, la dorade, la barbue, le turbot, la poule de mer, la loubine, le rouget*, etc. Sur la côte, ils se mettent dans l'eau jusqu'à la ceinture, quelquefois jusqu'au cou, et, avec un filet appelé *seine*, ils cernent un coin de baie et capturent les poissons.

Aux environs de Saint-Gilles et du Hâvre-de-la-Gâchère, les habitants ont des viviers connus sous le nom de *vasais*, dans lesquels ils placent diverses espèces de poissons, principalement des *mulets* ou *meuils*. Ce sont des fossés que l'on creuse à portée des canaux qui alimentent les marais salants, et dans lesquels on pratique des conduits pour y introduire l'eau de la mer. Lorsque les mulets ont acquis une certaine grosseur, on les pêche en faisant écouler l'eau des vasais.

Les parcs à *huîtres* sont nombreux aux Sables, à Noirmoutier, et sur plusieurs points de la côte.

Les crustacés abondent sur les côtes des îles, et sur d'autres points de la côte vendéenne ; les plus recherchés sont *les langoustes, les homards, les crevettes*. Outre *les moules*, on trouve partout les coquillages suivants : *la palourde, le sourdon, le bigourneau, la patelle* ou *jamble*, etc.

LES FORÊTS

La Vendée, jadis couverte de forêts, a été peu à peu déboisée. Elle ne possède plus qu'une seule grande forêt, celle de *Vouvent*, qui appartient à l'Etat et qui contient 2.500 hectares.

Il y a aussi la forêt de *la Chaize* (1.200 hectares) ; celle du *Parc-Soubise* (726 hectares), qui appartient à la famille de Chabot ; celle *des Essarts* (400 hectares) ; *des Gâts* (600 hectares), commune de Dampierre ; de *Gralas* (750 hectares), commune des Brouzils ; d'*Aizenay* (340 hectares), de *Grand-Lande* (340 hectares), du *Saut-de-Grelet* (250 hectares), commune de l'Orbrie, et le bois de *la Chaise*, commune de Noirmoutier.

Les deux forêts de l'Etat, celle de Vouvent et le bois de la Chaise, sont les plus pittoresques et les plus visitées.

Nous avons déjà parlé du bois de la Chaise. Il fut détruit au moment de la tourmente révolutionnaire, mais reconstitué plus tard ; il offre encore de délicieux ombrages, et fait tout le charme du séjour à Noirmoutier.

Voici comment Piet a décrit l'antique forêt :

« L'homme, dont la pensée aime à reculer dans les temps antiques, croyait pénétrer dans une forêt sacrée ; il se rappelait aussitôt ce druide de l'Armorique dont parle Ausone. C'est surtout au milieu de ces rochers en désordre qu'il lui semblait voir à chaque pas l'empreinte de leur culte. L'homme austère et religieux ne pouvait choisir un lieu plus favorable à ses méditations ; le poëte devait y trouver des impressions plus fortes, des inspirations plus hardies... l'amant ne pouvait désirer des retraites plus délicieuses. Un étranger abordait-il par mer au bois de la Chaise un jour de fête, dans une belle soirée de printemps ou d'été, lorsqu'une jeunesse vive et gaie y allait chercher le plaisir, en la voyant danser, folâtrer, paraître et disparaître à travers l'ombre légère et transparente du bois, une douce illusion s'emparait de son imagination ; cette vue lui retraçait les rivages de l'île de Calypso, si bien décrite par notre immortel Fénelon, ou cet Elysée dont les mânes fortunés traversaient les bosquets verdoyants. »

La forêt de Vouvent ne le cède en rien aux forêts les plus réputées de France par ses aspects variés et pittoresques, ses futaies séculaires, ses gorges profondes.

Partez à pied du *Roc Saint-Luc*, à 3 kilomètres de Fontenay-le-Comte, suivez la vallée de la Vendée jusqu'à Mervent et remontez la *Mère* jusqu'à Vouvent, vous ferez une excursion qui vaudra toutes celles de Fontainebleau et qui vous rappellera certains vallons de la Suisse.

Saint-Luc est une ancienne station druidique, à l'extrémité d'un promontoire, resserré entre la rivière de *la Vendée* et le ruisseau de *l'Ugron* ; son sommet est couronné par le bois de *la Dolabre* (ancien bois sacré). De ce sommet, la vue est de toute beauté ; elle s'étend d'un côté presque jusqu'à la mer par dessus Fontenay-le-Comte, limitée seulement par les anciennes îles ; de l'autre, elle domine un vallon profond, sombre, encaissé, au fond duquel miroite la Vendée. En face, *Puy-Rocher*, d'où la vue est plus immense encore, allant de la plaine de Luçon à celle de Niort, et d'où la nuit on voit scintiller tous les phares de la côte, puis le dolmen de *la Pierre Sorcelière*, qui surplombe la rivière, comme une menace perpétuelle pour ceux qui s'aventurent sous les hautes et silencieuses futaies qui lui font une mystérieuse ceinture.

Suivez la gorge, voici un ancien camp *gallo-romain*, admirablement placé sur un promontoire presqu'entouré par la rivière, en face d'une haute colline d'où les sentinelles pouvaient observer tout le pays ; voici le moulin à eau de *Sauvaget*, près duquel on traverse la Vendée sur un pont formé de trois planches mises bout à bout. Au-dessus, le vieux logis de *Puy-Chabot* ; en face, la *chaire à Moïse* qui domine un immense cirque, et qui sans doute devait jadis servir aux prédications druidiques.

Les moulins succèdent aux moulins, les rochers encombrent le lit de la rivière, qui l'hiver roule des flots torrentueux. Après avoir passé aux moulins de *Doreau*, près du célèbre chêne de *la Gasse*, au moulin de *Gourdin*, près de la *nesde du diable*, au moulin *des Loges*, au moulin *du Jaud*, au moulin de l'*Erable*, au *Moulin Neuf*, vous arrivez à *Mervent*, dominé par un château, véritable nid d'aigle, au-dessus du confluent de la Vendée et de la Mère, en face de la prairie dans laquelle campa, dit-on, Louis IX.

Mervent est une des localités les plus anciennes de la Vendée. Si on en juge par les pièces de monnaie qui y furent trouvées, ce point fut à la fin du règne de Posthume et durant les guerres civiles du siècle suivant, le refuge des habitants de la contrée.

Comme le château de Vouvent, celui de Mervent fut attribué par la légende à Mélusine. On ignore par qui il fut réellement construit ; on sait seulement qu'en 976 le pays d'Herbauges, dont Mervent faisait partie, fut démembré, et que la partie méridionale forma le pays de *Mairevent*. A la fin du xiie siècle, Mervent, qui appartenait aux Chabot, seigneurs de Vouvent, passa aux Lusignan, puis plus tard à Richemont et à Dunois, qui y fixa sa résidence. Il ne reste du château qu'une masse informe d'où l'on découvre un spectacle grandiose et saisissant.

Continuez votre excursion et suivez la Mère ; vous arriverez rapidement à *Pierre Brune*, joli site que domine la *Grotte du Père Montfort*, lieu de pèlerinage réputé.

Le *père Grignon de Montfort*, lors d'une mission prêchée à Mervent, avait été frappé par l'admirable situation d'une grotte naturelle à flanc de côteaux, au lieu dit *la Roche aux Faons*, et il s'y était retiré, loin du monde, vivant des produits d'un petit jardin dans lequel s'élève maintenant une croix de pierre. Il y resta peu de temps, car les agents des hauts domaines, moins patients que les forestiers actuels, constatèrent qu'il brûlait le bois de l'Etat. Mais le bruit se répandit que des miracles avaient eu lieu à la grotte, et le clergé y organisa aussitôt des pèlerinages.

Chaque année, lors de certaines fêtes, les pèlerins arrivent par milliers, et la forêt souffre de cette invasion plus que du temps où le père Montfort l'habitait.

Montez au jardin et dirigez-vous vers le nord-ouest ; vous plongerez sur la vallée de la Mère, et découvrirez, par dessus la forêt, les collines de la Gâtine, La Châtaigneraie, les rochers de Cheffois et de Mouilleron-en-Pareds. Ce château à 2 kilomètres environ, c'est le château *de la Grignonnière,* habité jadis par Hilaire Tiraqueau, gendre de Nicolas Rapin. Il fut chanté par Scévole de Sainte-Marthe, dans un poëme intitulé : *Vie des Bois.*

Reprenez votre course, continuez à suivre la Mère, et bientôt vous serez à *Vouvent,* l'une des plus ravissantes petites villes de la Vendée, au confluent de la Mère et du Vent.

Sa ceinture de murailles, les restes de son château, sa vieille église, tout indique une antique cité féodale.

C'est vers 1011 ou 1014 que *Guillaume IV,* chassant dans la forêt, fut frappé par la position forte de ce lieu élevé, entouré d'eau presque de toutes parts, et donna ordre d'y construire un château fort, qui passa en bien des mains et fut assiégé par Jean-Sans-Terre. *Geoffroy-la-Grand'Dent* le posséda, puis en partit pour aller secourir son frère Guy en Palestine, où il emmena un grand nombre d'habitants du pays de Mervent. *Arthur de Richemont* en fut aussi le seigneur ; plus tard, le *duc de Nemours* l'habita, et le *roi de Navarre* y séjourna.

C'était sans conteste l'un des châteaux les plus formidables de l'ouest.

Il était entouré de deux enceintes dont les traces sont encore bien visibles, et dont l'une des portes existe encore, vers l'ouest, sur un roc inexpugnable. Du château baronnial, il ne reste qu'une tour, appelée tour de *la Mélusine,* élevée de deux cents pieds environ, et du haut de laquelle on découvre un admirable panorama.

Dans la cour, il y avait jadis une fontaine, composée d'un bassin en granit que supportaient quatre Mélusines en calcaire. Au-dessus de ce bassin, une autre Mélusine tenant un miroir d'une main et un peigne de l'autre, lançait de l'eau par les seins. Ces « femmes à corps de bestes » étaient, disait-on, la reproduction des filles de Mélusine.

Mais le joyau de Vouvent est sans conteste l'église, qui fut construite au commencement du XIe siècle, et qui est un des spécimens les plus curieux de l'architecture romane primitive.

La partie la plus remarquable est le portail latéral qui date du xiie siècle ; ce portail est d'une grande richesse d'ornementation, et l'un des plus purs chefs-d'œuvre de l'architecture romane. La partie supérieure du pignon, qui représente la Cène, date du xve siècle.

Des travaux de restauration ont été entrepris il y a quelques années, et la crypte qui était comblée a été déblayée. Elle est également fort belle : on y voit encore des vestiges de peintures d'un *peintre ymagier* du moyen âge : les jambes d'un cheval avec l'étrier, et le bas de la jambe de son cavalier, une sorte de sanglier, un chien et des guirlandes de fleurs.

Geoffroy-la-Grand'Dent fut enterré dans cette église, paraît-il.

Pour terminer votre promenade, faites le tour de Vouvent ; vous y trouverez une succession de coins ravissants, frais et coquets, où vous pourrez vous reposer de la longue marche que nous vous avons imposée.

Voici une autre excursion délicieuse à faire en voiture, en automobile ou en bicyclette. Partez de Fontenay, suivez la route de La Châtaigneraie, prenez au bas de la côte des *Sauges* la route du *Poiron*, par laquelle vous entrerez aussitôt en forêt. Après avoir traversé la pittoresque gorge sur laquelle s'élevait le fragile viaduc de *Doreau*, si fragile qu'il s'est brusquement écroulé tout d'une pièce, vous suivrez la route qui mène à la *grotte du Père Montfort*, mais vous tournerez à droite avant d'y arriver. Vous serez bientôt au pittoresque pont de *Diet*, sous lequel passe la Mère, puis remontant la côte au milieu de puissants taillis, de sauvages solitudes, vous trouverez le pont du *Déluge*, dans une gorge chaotique au milieu de laquelle passe le *ruisseau des Verreries*. Tout près, on a découvert des vestiges nombreux (débris de creusets et de godets encore recouverts d'une matière vitreuse), qui indiquent la préexistence d'une importante verrerie de la période romaine.

Retournez à Fontenay, par les Ouillères, faites un coude pour voir le *château de la Citardière*, immense construction du xviie siècle, d'une physionomie étrange, avec ses canons en pierre ou gargouilles, qui dominent l'édifice, son portail renaissance, et les eaux abondantes qui l'entourent de toutes parts. La route descend une côte très rapide, en lacets, qui domine la vallée profonde de la Vendée ; vous voici au pont de *Perrure*. La route remonte au milieu de belles futaies, et vous passez à *la Balingue*, point élevé de la commune de Saint-Michel-le-Cloucq, lieu de rendez-vous et de réunions à l'époque celtique. A gauche, *le Mazeau*, château moderne d'où la vue s'étend sur toute la plaine et le marais, puis les *grottes de Brelouze*, anciennes carrières d'une grande

FAÇADE DE L'ÉGLISE DE VOUVENT

profondeur qui, aux époques des guerres de religion servaient de refuge.
On rentre à Fontenay par le faubourg des Loges après avoir passé à
la Sablière, où s'élève une importante manufacture de chapeaux.

Une partie de la forêt de Vouvent s'étend jusque près de Puy-de-
Serre et renferme, au hameau des *Robinières*, les vestiges d'un couvent
des Récollets, fondé en 1439 par Jean Parthenay l'Archevêque, sur l'emplacement d'une antique chapelle dédiée à St Pierre et St Paul.

<hr>

FONTENAY-LE-COMTE

A tout seigneur, tout honneur.

Fontenay-le-Comte, capitale du Bas-Poitou, la plus vieille ville de la
région, mérite la première visite.

Dès 841, *dans la Chronique de Nantes*, on trouve le nom de Fontenay
(Fonteneum), lieu de réunion de l'armée, levée par Renaud et Lambert,
pour appuyer les prétentions de Charles le Chauve contre ses frères.
Mais les objets trouvés dans le sous-sol fontenaisien indiquent qu'à l'épo-
que préhistorique il y avait déjà du côté du Marchoux (faubourg de
Fontenay) un centre important. Les noms suivants sont d'ailleurs très
caractéristiques et prouvent l'origine celtique de Fontenay : *la Lande-aux-
Carns, le Champ-Maloit, le Chiron-Garou, le Champ-des-Tombeaux, le
Martrais-de-Boisse, la Pierre-Fâche,* etc.

On a des vestiges précieux du VIe siècle : des tiers de sous mérovin-
giens, frappés dans la villa de Theodeberciacum (Motte de Thiverçay),
qui s'élevait près du marché qui porte ce nom ; des débris de monnaies,
poteries et sépultures, trouvés à Saint-Thomas. Près de *la Longève* ont
été découverts des fûts de colonnes, des chapiteaux, des fragments
d'amphores, des deniers de l'Empire, des peintures murales ; enfin
MM. Benjamin Fillon, de Rochebrune et Ritter, ont pu mettre à jour, à
Saint-Médard-des-Prés, la villa et le tombeau d'une femme artiste gallo-
romaine ; cette villa serait peut-être du IIIe siècle.

Tout autour de Fontenay, les découvertes nombreuses de médailles
d'or, de grands bronzes, de poteries à figures, de meules antiques, de
vases en verre, de sépultures, d'amphores, de tuiles à rebord, indiquent
qu'à l'époque gallo-romaine, il y avait là une agglomération très importante.

Au ixe siècle, le château est construit et tout autour les constructions se blottissent sous sa protection.

Après la défaite des Normands à Brillac, Fontenay, sentant la nécessité de se garantir contre de nouvelles invasions, s'entoure de fossés et de palissades : la tour de Rullan y est construite, et la ville passe à l'état de *Castellum* à la fin du xe siècle, et de *Castrum* dans les premières années du xie.

Faire l'histoire de Fontenay serait refaire l'histoire de la Vendée toute entière, car le pays a subi toutes les vicissitudes de son chef-lieu. Fontenay passe successivement entre les mains de Savary, frère du vicomté Amaury III, de membres de l'illustre maison de Mauléon, et de Geoffroy-la-Grand'Dent, puis est enlevé de force par saint Louis, qui remet la ville au comte de Poitiers.

Après la mort de ce dernier, son comté fait retour à la couronne, et Philippe III le Hardi vient visiter Fontenay ; c'est à ce moment que les eaux de l'Océan abandonnent une grande partie du golfe des Pictons.

Philippe IV le Bel érige la ville en siège royal. Mais, à la suite du traité de Brétigny, Fontenay devient ville anglaise et Chandos y fait une entrée solennelle le 1er octobre 1361.

Onze ans après, Du Guesclin mettait le siège devant la ville.

« Fontenay-le-Comte estait alors, dit Hay, seigneur du Chastelet, dans l'*Histoire de Bertrand Du Guesclin*, une forteresse considérable, et la femme de Jean Harpedanne, capitaine des plus fameux de son temps, avait réuni auprès d'elle pour la conservation de la place ce qu'elle avait pu du party d'Angleterre. Cette dame estait résolue de tout employer à la défense d'une ville que son mary lui avait laissée en garde, et son courage y animait tout le monde à y faire une vigoureuse résistance. Le connestable fit investir la place, et s'étant présenté devant la porte, il demanda à parler au commandant. La dame parut au haut de la muraille, et, comme elle était belle et jeune, elle y parut armée de traits qui estaient capables de soumettre le cœur des plus fiers et de faire autant d'esclaves qu'elle avait d'ennemis. Du Guesclin, qui eust toujours beaucoup de respect pour les dames, fut surpris de la beauté de cette gouvernante, et plus encore du discours qu'elle luy fit. Elle luy dit donc : « C'est icy une nouvelle sorte de guerre pour vous, illustre connestable ; vous avez soumis tous ceux qui vous devaient résister, et vous trouverez de la difficulté à vaincre une femme qui, par la faiblesse ordinaire aux personnes de son sexe, ne devrait pas avoir la hardiesse de vous regarder l'espée à la main ; mais comme les actions de vostre vie ont fait croire à toute l'Europe que l'on voyait en vous la valeur d'Alexandre, la modération de Scipion et le bonheur de César, j'espère que je feray reconnaistre quelque rapport entre vous et le grand Cyrus ; c'est là ce qui manquait à votre gloire ; je seray peut-être assez heureuse pour devenir une seconde Thomyris, qui vengeray le sang que vous avez fait répandre. Au reste, sachez que si vous estiez un homme ordinaire, je ne m'opiniastrerais pas à tenir contre vous, mais vostre vertu sollicite la mienne et vostre exemple est si beau qu'il instruit même vos ennemis. »

« Du Guesclin luy répondit que le plus grand avantage qui luy pouvait jamais arriver estait celuy de combattre contre une si aymable et si généreuse ennemie, et qu'il y aurait moins d'honneur pour luy à vaincre les plus vaillants hommes de la terre ; mais qu'elle ne devait point espérer un succès semblable à celuy qu'avait eu Thomyris, d'autant que l'ambition de Cyrus avait esté justement punie, et que c'était un crime à ce roy de vouloir opprimer une reyne légitime. Que pour luy, en la priant de rendre sa place, il ne pensait à faire aucune usurpation, mais qu'il redemandait une ville qui appartenait au roy son maître, et que les Anglais, par leur violence, avaient injustement occupée ; outre que, n'agissant point pour son intérêt particulier, mais pour le service du roy, on ne le pouvait accuser d'ambition ny se plaindre de son procédé, qu'ainsy il la suppliait de n'exposer pas à la fureur des armées une personne aussy précieuse qu'elle estait ; qu'elle ferait une action de justice en rendant au roy l'héritage de ses prédécesseurs, et qu'elle trouverait dans cette reddition tous les avantages qu'elle y voudrait souhaiter.

« Je n'ay point d'autre avantage à rechercher, répartit cette dame, que celuy de conserver ma place ; je ferais quelque chose de contraire à ma gloire si j'en sortais, et il n'y a point de condition qui peust empescher que ma facilité ne me fust esternellement honteuse ; ainsi, brave Du Guesclin, faistes vostre devoir, et soyez assuré que je feray le mien. »

« Le connestable se retira avec beaucoup de regret de se voir contraint à faire attaquer cette dame ; néanmoins, comme il y allait du service de l'Estat, il ne balança point et disposa toutes les choses nécessaires pour un assaut. Il fut donné et soutenu avec une extrême hardiesse et recommença différents jours, sans que les Français pussent gagner le haut des murailles. Le connestable n'était point fâché de ne point emporter la ville par la force, d'autant qu'il voulait sauver de l'insolence du soldat la vertueuse femme d'Harpedanne, et toutes celles qui estaient assiégées avec elle ; de manière qu'il se contentait d'affaiblir les ennemis sans les vouloir forcer.

« Enfin les Anglais firent connaîstre à leur gouvernante qu'elle avait assez résisté, et que ne pouvant conserver la place, au moins elle devait garantir les troupes qu'elle avait auprès d'elle, les réserver à de plus heureuses aventures, et rendre à son mari sa personne et celles de ses enfants, qui estaient pour luy des biens beaucoup plus considérables que tout ce qu'il y en avait au monde. La dame de Harpedanne fléchit à des raisons si fortes ; le peuple et les soldats luy donnèrent de la pitié, et elle voulut principalement asseurer l'honneur de toutes les femmes de la ville, qui eussent couru un furieux péril si les assiégeants y fussent entrés par un combat. Ainsy, elle envoya un héraut à Du Guesclin et lui manda que, puisque c'était une fatalité pour l'Angleterre de céder à sa valeur, elle ne voulait plus s'opposer au torrent de la fortune, et qu'elle estait preste à luy remettre la place entre les mains, qu'elle ne lui envoyait point d'articles de capitulation, et qu'elle n'en avait point d'autres à luy proposer que de la traiter comme le vaillant Du Guesclin estait obligé de faire à une femme de sa qualité, et qui avait eu assez de courage pour tenir contre luy. Le connestable luy manda qu'elle sortirait avec tout ce qu'elle voudrait emmener, et qu'en toute sûreté on la conduirait à Bordeaux ou en quelque autre lieu qu'elle désirerait. Cette offre fut acceptée et les Anglais sortirent à ces conditions. »

Charles V donna la châtellenie de Fontenay à Du Guesclin en récompense de ses services, puis la ville fut cédée à Jean de Berry, fit retour à la couronne, et fut possédée par Charles VII qui y établit un atelier monétaire. Sous l'administration d'Arthur de Richemond, plusieurs fontenaisiens combattirent à côté de Jeanne d'Arc, et trois d'entre eux périrent glorieusement.

Au XVᵉ siècle, commence ce merveilleux mouvement intellectuel fontenaisien qui étonna la France, dura plusieurs siècles, et valut à Fontenay sa flatteuse devise : « Fontenay, source des beaux esprits. » Ce fut d'abord *Brissot*, chirurgien de Charles-Quint, *André Tiraqueau*, le savant légiste, puis plus tard le mathématicien *Viète*, le juriconsulte *Barnabé Brisson*, le poète *Nicolas Rapin*. Rabelais vint lui même augmenter l'éclat littéraire de la cité.

Nous ne raconterons pas toutes les péripéties sanglantes des guerres de religion, pendant lesquelles Fontenay fut pris et repris tant de fois. La ville souffrit naturellement beaucoup : ses églises et ses monuments furent pillés, souvent incendiés et même rasés.

Henri de Navarre la mit lui aussi au pillage, puis quelque temps après fut proclamé roi sous le nom d'Henri IV, alors que les ligueurs choisissaient pour monarque le vieux cardinal de Bourbon, qu'ils nommèrent Charles X.

Le nouveau roi n'avait pas beaucoup à redouter ce vieillard malade et captif au château de Chinon ; par excès de précautions, toutefois, il le fit conduire et interner au château de Fontenay.

Charles X mourut le 9 mai 1590, dans une maison de la rue des Loges, et ses entrailles recueillies dans une urne funéraire furent placées sous les dalles de l'église Saint-Nicolas.

A la mort de Henri IV, les guerres de religion recommencèrent, et Louis XIII dut venir en personne pour pacifier le pays. Marie de Médicis se rendit à Fontenay et fut reçue dans l'hôtel du duc de La Rochefoucauld près de la porte de la fontaine, hôtel connu sous le nom de *Maison du Gouverneur.*

La Révolution fut accueillie avec joie à Fontenay. La ville était patriote, bien qu'elle contint beaucoup de traîtres que l'énergie de Lequinio ne parvint pas toujours à démasquer. Elle dut beaucoup à l'adjudant général Bard et au commandant de place Petit-Laurent, qui réussirent à lui épargner les sévérités de la Convention et les horreurs des colonnes infernales.

Napoléon Ier lui enleva le chef-lieu du département pour le transporter à La Roche-sur-Yon. Peut-être avait-il conservé un mauvais souvenir de Fontenay, où il avait séjourné avec Joséphine les 7 et 8 août 1808, chez le maire Laval, à l'angle des rues Rabelais et Barnabé Brisson. François Quéré, avocat, a raconté en effet dans l'*Indicateur* l'anecdote suivante :

« Le soir, avant de se coucher, ou le lendemain matin, je ne sais lequel des deux, l'Empereur était à prendre un bain de pieds, lorsque le général Duroc, son confident, lui apporta des dépêches. Il ne les a pas plutôt lues qu'il se lève furieux, frappe du pied la terrine de faïence, qui se défonce et inonde le plancher de la chambre. Il poussait des cris à être entendus d'un bout à l'autre de la maison. Tout le monde était dans la crainte. Un ministre et un secrétaire accourent vers la chambre où il était. Laval lui-même se montre pour savoir ce qui se passe. Un aide de camp le prend à bras-le-corps et l'oblige à rentrer d'où il venait, et où une de ses filles avait eu une convulsion nerveuse. »

Dans un courrier, Napoléon avait trouvé une lettre de son frère Joseph qui annonçait qu'il allait être forcé de déposer la couronne d'Espagne.

LA VILLE

Fontenay est une ville d'aspect riant et agréable, à cheval sur les deux collines au milieu desquelles coule la Vendée. La partie la plus élevée est à la cote 39,85 (barrière de La Châtaigneraie), la partie la plus basse est à 7,20 (rue Saint-Nicolas). Du haut de la place Viète, qui domine la ville, le panorama est superbe et la route qui, en guirlande, va, large et toute droite de cette place à la gare, pourrait être enviée par des villes importantes.

Les deux jardins publics de Fontenay, le champ de foire, immense quadrilatère entouré d'arbres plusieurs fois centenaires, les belles propriétés des quartiers neufs, offrent de tous côtés à la vue des oasis de verdure. L'antique rue des Loges, les quartiers de l'ancienne enceinte fortifiée, la place Belliard avec ses porches, la Grande rue et la rue du Pont-aux-Chèvres, avec leurs vieilles habitations, les deux clochers gothiques, les ruines du Château, forment un contraste saisissant avec la ville moderne.

L'ÉGLISE NOTRE-DAME

La crypte est du xe ou du xie siècle ; l'église est de diverses époques, principalement du xiiie siècle.

La flèche ogivale, l'une des plus élégantes et des plus élevées de France, a 79 mètres de hauteur. De ses hautes galeries, la vue s'étend sur tout le marais, la plaine et une partie du bocage.

Notre-Dame eut à souffrir beaucoup des guerres de religion ; l'église fut saccagée, les voûtes rompues, la flèche criblée de projectiles, le trésor dévalisé. Il fallut à maintes reprises reconstruire l'édifice, et la flèche dut être réédifiée en 1700, sous la direction de l'architecte du roi, Le Duc de Toscane. Les voûtes viennent d'être reconstruites tout récemment.

La porte de la Grande Rue a belle allure. C'est un porche creusé en ogive, sous lequel s'ouvre une deuxième ogive flamboyante, avec des voussures ornées de statues, qui représentent les vierges folles et les vierges sages.

La porte, qui conduit à la grande nef, est d'une période intermédiaire entre le gothique et la renaissance.

Celle du midi, dans la rue René Moreau, conduisait autrefois au

VIEILLE FEMME AU SERMON

prieuré de Saint-Hilaire, dont les vestiges paraissent de l'autre côté de la rue.

L'intérieur de l'église n'est pas sans intérêt.

La chapelle Saint-Venant a une voûte à nervures hardies ; la chapelle de la Vierge, avec ses clefs pendantes, ses colonnettes et sa grande fenêtre à plein cintre, fait grand honneur à son restaurateur, M. de Rochebrune. La chaire est surmontée d'un groupe qui représente *la Religion foulant aux pieds l'Hérésie ;* elle n'est pas sans valeur. Les œuvres d'art sont peu nombreuses ; on remarque toutefois une *Assomption* de Robert Lefèvre, une *Résurrection* d'André, et une copie de la *Transfiguration* de Raphaël, qui provient de l'abbaye de Saint-Michel-en-l'Herm.

L'ÉGLISE DE SAINT-JEAN

L'église de Saint-Jean fut, comme Notre-Dame, souvent saccagée. Une inscription placée au-dessous d'une des verrières du sud, indique qu'elle fut ruinée en 1568 et réédifiée en 1604. La flèche, qui date de 1645, est une maigre copie de celle de Notre-Dame.

LA FONTAINE DES QUATRE TIAS

Elle doit son nom à ses quatres déversoirs primitifs, et est située à l'extrémité de la rue de la Fontaine, au pied du château. Construite en 1542, pour perpétuer le souvenir de la belle devise donnée à la ville par François Ier, elle est l'un des plus charmants spécimens de la Renaissance.

Sur la pierre centrale accostée de deux jolies colonnes ioniques, Liénard de La Réau a sculpté les armoiries concédées à la ville par François Ier. C'est une fontaine à coupoles superposées dont la partie supérieure renferme le beffroi municipal. Deux bicornes s'y désaltèrent et purifient les eaux en plongeant leurs cornes dans le bassin ; des muses décorent les niches. Derrière le monument, s'étend un paysage qui renferme une gentilhommière, un moulin à vent et un bouquet d'arbres ; sur la base, se lit la devise de Fontenay : *Felicium ingeniorum fons et scaturigo,* et la date de la construction de la fontaine : 1542.

Ce monument a été restauré il y a quelques années, sous l'habile direction de M. A. Charier, architecte, maire de la ville.

LE CHATEAU

Il n'en reste qu'une tour, ou plutôt une ruine. Bâti au XIe siècle, il était d'une certaine importance. Outre le donjon, construit sur la motte du *Rullan*, il y avait cinq tours : la tour de la *Chapelle*, celle de la *Bauge*, celle des *Quatre-Vents*, celle de la *Motte*, et celle de la *Boulaye*. Ces tours étaient reliées par de fortes courtines à parapet percé de créneaux et d'embrasures. Seule subsiste encore la tour de la Boulaye, car le château, comme les églises, souffrit terriblement des guerres de religion et fut ruiné plusieurs fois.

Il y avait une seconde enceinte, qui entourait la ville ; elle partait de la *Grosse Tour*, dont une partie existe encore près du café Helvétique, suivait la direction du marché de Thiverçais et du marché aux Herbes, établi sur les fossés, rejoignait la *porte Saint-Michel*, petite bastille flanquée de deux tours crénelées, à l'entrée de la Grand'Rue, descendait vers le château, puis jusqu'à la rivière en s'arrondissant vers la *porte de la Fontaine*, appelée aussi *porte aux Canes*.

Outre la porte aux Canes, il y avait aussi la *porte du pont-aux-Chèvres*, s'ouvrant sur la rue du même nom, la *porte des Loges*, à l'entrée du *Grand Pont*, appelé plus tard le *pont des sardines*, et la *poterne de l'Eau* ou de la *vieille Poissonnerie*.

En face de la Grossse Tour, un fortin élevé sur un îlot défendait l'entré de la rivière, et le *bastion des Provoquantes*, sur l'emplacement de la place Viète actuelle, croisait ses feux avec la bastille de la porte Saint-Michel.

LE PALAIS DE JUSTICE

Le palais de justice actuel, situé sur la route de Nantes ou rue Rabelais, est une grande bâtisse sans style, qui tient le milieu, a dit Benjamin Fillon, entre la serre chaude et le café chantant.

L'ancien palais de justice était situé dans la Grand'Rue (fourneau économique actuel). C'est là qu'en 1793, siégea le tribunal criminel du département et la commission militaire de Lequinio.

Le pilori était en permanence sur la place *du Marché aux Porches* (place Béliard), et les *Justices* ou fourches patibulaires s'élevaient au-delà de la *Maladrerie*, près de la route de Niort actuelle.

Rappelons qu'à la fin du xvᵉ siècle, autour du siège royal de Fontenay, brillait une pléiade de juristes distingués, qui étaient justement réputés à Paris : Jehan Rabateau, juge de la prévôté ; Jehan Brissot, avocat, père du célèbre chirurgien ; Arthur Cailler, beau-frère d'André Tiraqueau ; Pierre Brisson ; Jehan Goguet ; enfin André Tiraqueau, qui plus tard fut pourvu par François Iᵉʳ de la charge de conseiller en la Grande Chambre du Parlement de Paris.

LA MAIRIE

La mairie actuelle, au centre de la ville, rue Turgot, est coquette, mais n'a de remarquable que le joli jardin public qui l'entoure.

La première mairie, bâtie sur la voûte du pont, qui recouvre le second bras de la rivière près du pont des sardines, et qui est encore chargée de maisons, fut détruite lors de la prise de Fontenay par le duc de Montpensier, en 1574. Transportée sur le marché aux Porches, elle n'y resta pas longtemps, et, en 1585, elle occupa l'hôtel de Jehan Thomas, lieutenant criminel, devant la porte de la grande nef de Notre-Dame.

Enfin, en 1824, le corps municipal vint siéger à l'angle de la rue Pierre Brissot et de la Grand'Rue, dans le local occupé maintenant par la justice de paix et le musée de Mouillebert.

LE COLLÈGE

Le collège de Fontenay, de 1594 à 1762, fut entre les mains des jésuites. Il disparut à la suite de l'édit de Louis XV prononçant la dissolution de cet ordre, et ce n'est qu'en 1803 que la municipalité créa une école secondaire dans l'ancien couvent des religieuses de Notre-Dame, démoli en 1872 pour la construction du nouveau et très beau collège, élevé sur les plans de M. A. Charier, architecte de la ville.

LE THÉÂTRE

Molière aurait joué en 1648 dans la salle du jeu de paume, à côté du logis de la Vau, impasse actuelle de Mouillebert. Divers théâtres en planches, furent ensuite élevés, d'abord « jouxte le fossé dudict faubourg

des Loges, vis-à-vis la planche de la Venelle de la Lamproie », puis derrière le *Palais Royal* (étude Bonnaud), dans la *Petite Rue*, puis sur
l'emplacement du n° 42 de la rue actuelle de la République. En 1797, fut
bâtie une salle spéciale, près du Pont Neuf, puis l'ancienne chapelle du
collège des jésuites fut aménagée pour y donner des bals et des repré-
sentations. Ce n'est qu'en 1831 que fut édifiée la salle actuelle sur une
partie du même collège.

LES CASERNES

Il y a deux belles casernes à Fontenay, la caserne d'infanterie, admirablement située, bâtie en 1875, et la caserne Du Chaffault, en façade
sur la place du champ de foire, qui date de 1754 et a une histoire.

Elle abrita, en effet, successivement les *hussards de Bercheny*, le *Royal-
Lorraine-Cavalerie*, le 2ᵉ *hussards* (l'ancien *Chamborant*) revenant d'Espagne. Plus tard, les 4ᵉ et 5ᵉ cuirassiers, le 14ᵉ chasseurs en entier (colonel
de la Bourdonnaye), le 12ᵉ chasseurs (colonel de Maillé), le 8ᵉ chasseurs,
(colonel Lelong, décédé et enterré à Fontenay) etc., etc. C'est en 1839
que le quartier devint un dépôt de remonte.

VIEUX HOTELS

L'*Hôtel de la Perate* (grande rue), date du XVIᵉ siècle ; c'était l'habitation de ville des seigneurs du Pâtis. Elle renfermait, il y a quelques
années, une très belle cheminée sculptée, qui fut achetée par M. Magnier
de l'*Evènement* pour sa villa d'Hyères.

Château-Gaillard, sur l'ancienne *Motte* de Thiverçais, èst une jolie
construction, précédée d'une allée séculaire, dont l'entrée est surmontée
d'une entrée monumentale, portant un groupe colossal de Laocoon ; c'était
l'hôtel du sénéchal Moriceau de Cheusse.

Jarnigande est une très ancienne habitation qui s'élevait entre les
villas du mathématicien Viète et de Nicolas Rapin ; elle fut la demeure de
Julien Colardeau.

La maison du Gouverneur est un hôtel Renaissance, au pied du
château. L'auteur des *Maximes*, François de La Rochefoucault, y habita
longtemps, alors que son père, gouverneur de la province, était venu
établir sa résidence à Fontenay. Julien Colardeau lui donna des leçons
de lettres.

L'Hôtel des évêques de Maillezais se trouvait dans la rue du Pont-aux-chèvres, dans la maison Daniel Lacombe. Les seules indices de l'ancienne opulence de cette demeure sont de grands panneaux de verdures flamandes et une cheminée en bois peint, sur le manteau de laquelle est représentée une Vierge inspirée de l'Albane.

Le prieuré de Saint-Hilaire occupait la maison Rousse, près de Notre-Dame ; on y voit une jolie série de fenêtres étagées.

La maison de *Millepertuis*, rue des Loges, donna l'hospitalité à Henri IV, quand il vint mettre le siège devant Fontenay. Son nom vient des dessins vermiculés, dont elle est ornée ; elle est encore parfaitement conservée.

Les maisons Renaissance de la place Belliard sont les anciennes habitations de la bourgeoisie fontenaisienne : on remarque surtout la maison habitée jadis par Jehan Morisson, l'architecte de Terre-Neuve, dont la devise « Peu et Paix » se lit encore avec la date de 1605 sur l'entrepied de la fenêtre du second étage. Au sommet du fronton une petite niche contient soit le portrait en pied de l'architecte lui-même, soit une figure d'Archimède, armé d'un compas avec lequel il mesure une banderolle, pendant que la Renommée lui pose une couronne sur la tête.

Le Palais-Royal, place Blossac, était une ancienne hôtellerie du XVIe siècle ; il s'y trouvait une très belle cheminée, œuvre de Jean Logeay et Jacques Robert, qui représentait le jardin d'Amour de Rubens et a été transportée à la Court de Saint-Cyr-en-Talmondais par Benjamin Fillon.

On voit aussi, dans la Grande rue, une jolie maison Renaissance, occupée par M. Mallassagne, et dont le corridor, englobé dans la maison Roy, boulanger, est décoré de voûtes caissonnées qui ressemblent aux jolies décorations du château de Coulonges.

TERRE-NEUVE

Mais Terre-Neuve est sans contredit le joyau des vieilles demeures fontenaisiennes.

Terre-Neuve n'était d'abord qu'une métairie, achetée par Nicolas Rapin à son beau-frère Jacques Poyctier. Elle fut incendiée par l'armée du roi de Navarre, car N. Rapin combattait dans les rangs catholiques, mais, quand la paix fut rétablie, celui-ci chargea l'architecte Jehan Morisson de lui construire une demeure selon son goût ; Terre-Neuve fut commencée en 1595. La terre avait été anoblie l'année précédente par le seigneur de Guinefolle, moyennant une paire de gants blancs à chaque mutation de teneur.

Rapin fit graver ces vers sur le portail de sa nouvelle demeure :

> VENTZ . souflez . en . toute . saison
> Un . bon . ayr . en . cette . mayson
> Que . jamais, ni . fièvre, ni . peste,
> Ni . les . maulx . qui . viennent . d'excez,
> Envie, querelle . ou . procèz,
> Ceulx . qui . sy . tiendront . ne . moleste.
> ΠΟΡΡΟ . ΔΙΟΣ . ΤΕ . ΚΑΙ . ΚΕΡΑΥΝΟΥ (1)

Sur la porte d'entrée de la maison on lisait :

> ΗΣΥΧΙΑΝ . ΠΡΟ . ΤΙΜΗΣ
> ΑΙΡΟΥΜΑΙ
> Je préfère le repos aux honneurs.

Devenu maire de Fontenay, Rapin continua à manier, avec une habileté égale, la plume et l'épée. Il commandait une compagnie et pourchassait les réformés. Plus tard, il se distingua comme capitaine à la bataille d'Ivry. Pendant ce temps, sa muse ne restait pas inactive ; il composait un délicieux poème, les *Plaisirs du gentilhomme champêtre ;* puis, après le siège de Paris où il perdit son fils Maxime, il publiait avec quelques autres écrivains la *Satire Menippée*, qui servit plus à Henri IV que toutes ses victoires. Sully fut reçu à Terre-Neuve, et Rapin lui fit réciter trois sonnets de sa composition, par trois jeunes enfants habillés à l'ancienne façon des poètes.

En 1820, Terre-Neuve devint la propriété de la famille de Rochebrune, mais c'est surtout le grand aquafortiste O. de Rochebrune qui fit la superbe demeure actuelle, et y réunit les collections qui l'ont rendue célèbre. Une grande partie des magnifiques sculptures du château de Coulonges-les-Royaux y fut transportée. C'est ainsi que le vestibule a comme plafond les pierres de deux des paliers de l'escalier de Coulonges. Dans la salle principale se trouve la porte de la chapelle du même château ; tout le plafond est formé par les vingt-quatre pierres provenant du vestibule de Coulonges, et par vingt-et-un caissons, qui composaient une partie du plafond de la Salle du Trésor.

Le palatrage de la porte d'entrée supporte un caisson provenant de la cheminée de la maison de Millepertuis, dite de Henri IV. Dans le vestibule,

---

(1). Qu'elle soit à l'abri de la foule.

on voit les chiffres enlacés de Louis d'Estissac et de sa femme Anne de la
Béraudière, des épreuves de premiers états de Rembrandt, Claude Lorrain,
etc., et sur la porte, qui ouvre dans le salon de Suzanne Tiraqueau
apparaissent les deux petits enfants qui soutenaient à Coulonges, sur la
porte d'entrée, les armoiries de Louis d'Estissac.

La salle à manger renferme des tapisseries du xvie siècle, faisant
partie de la série connue sous le nom des triomphes : les triomphes de
Vénus, de Minerve et de Bellone.

Dans un autre grand salon se trouve une haute cheminée du château
de Coulonges, qui est une merveille de sculpture. Elle date de 1568 et
porte pour devise cette pensée de Senèque : *Nascendo quotidie morimus*
(en naissant, nous mourons chaque jour). Devant elle, se déroule une
superbe portière, tissée aux armes du roi et représentant deux anges
dessinés par Lebrun, soutenant l'écu de France, le sceptre et la main de
justice. Louis XIV, dont la devise, *nec pluribus impar*, se trouve dans la
bordure, en avait fait don à Voyer de Paulmy d'Argenson.

Le canton de Fontenay ne présente aucun monument remarquable,
mais il est très varié, et on peut y faire de belles promenades en passant
par *Charzais* (belle fontaine, miraculeuse, dit-on), l'*Orbrie* (dolmen),
Pissotte (excursion de Saint-Luc), *Longèves*, le *Langon* (beaux marais),
Auzais (fontaine jaillissante de la Lutinière), *Le Poiré-sur-Velluire*
(constructions féodales du Châtelier Barbot), *Velluire* (église avec abside
romane), *Montreuil*, *Fontaines* (églises des xiie et xve siècles, foires très
importantes), *Chaix*, *Saint-Médard des Prés* (belles prairies de la vallée de
la Vendée).

LA CHATAIGNERAIE

En route pour *La Châtaigneraie* par la forêt de Mervent et Vouvent,
déjà décrits.

Le canton de la Châtaigneraie est l'un des plus importants de la
Vendée, et plus que tout autre il mérite d'être visité par les touristes. Il
est en effet poétiquement accidenté et ombragé, sillonné par de frais
ruisseaux profondément encaissés, traversé par des collines élevées d'où
l'on découvre d'admirables points de vue. Rien de plus ravissant que la
vallée de la *Mère*, qui arrose Vouvent, rien de plus agreste que la chaîne
des rochers dentelés de *Mouilleron-en-Pareds*, de plus poétique que la
route de La Châtaigneraie à *Cheffois*.

Faites deux légers crochets et voyez en passant le magnifique viaduc de *Baguenard* et *Cezais* qui, au milieu des ormeaux tortillards, montre avec orgueil l'antique entrée du manoir de la *Cressonnière*, asile des Bastard, vaillants seigneurs huguenots du xvie siècle. L'un d'eux, René Bastard, humain autant que valeureux, sauva Nicolas Rapin à la prise de Fontenay.

Son fils, condamné à mort par le sénéchal de Fontenay, le 17 février 1579, pour son protestantisme, fut tué près de Richelieu le 20 août 1581. La même sentence, ayant ordonné la démolition du château de la Cressonnière, le manoir fut entièrement démoli, sauf le joli portail flanqué de deux grosses tours, qui existe encore aujourd'hui et porte cette inscription dans un délicieux cartouche :

VERTU ESTAINCT LE VICE, 1566.

Saint-Sulpice en Pareds mérite aussi qu'on s'y arrête pour voir le château de la *Mothe-Saint-Sulpice* et la seigneurie de *Puyviault*, ancienne demeure du seigneur huguenot Claveau, tué dans la nuit de la Saint-Barthélémy, et jeté à la Seine, ce qui fit dire à un poète satyrique :

Comme les autres, Pluviau
A faute de vin, beu de l'eau.

Nous reprenons la route nationale de Saumur à La Rochelle, laissant à notre gauche *Antigny*, de très antique origine et nous entrons à La Châtaigneraie, d'où l'on découvre un panorama très étendu sur le Bocage.

La *Châtaigneraie* eut pour berceau une bourgade celtique, que dominait un bois de châtaigners : « C'est, disait le général Lamarque, en 1815, un nid de rossignol sur un baril de poudre ». La ville est en effet très coquettement située sur une chaîne montagneuse, qui prend naissance tout près de la Vendée. Voir la jolie place du champ de foire ; la vue y est admirable.

Jadis, La Châtaigneraie possédait de très importantes fabriques de lainages, et faisait une telle exportation que, sous Colbert, chaque fabricant de ce bourg avait entrepôt à La Rochelle, comptoir à Québec et deux ou trois navires.

De la Châtaigneraie, on peut rayonner dans le canton, qui mérite un séjour un peu prolongé.

La Tardière, dont un village se confond avec la ville de La Châtaigneraie, ne possède aucun monument à citer, mais, l'un de ses hameaux, la *Brossardière*, admirablement tapis au fond d'une vallée profonde, rappelle

un évènement tragique. Là, eut lieu, en effet, en 1595, un horrible massacre de protestants. En 1632, les seigneurs de Vaudoré, revenus à la
religion catholique, y élevèrent, sur les ruines du temple protestant, une
chapelle dite expiatoire, où ont lieu fréquemment des pélerinages : les
catholiques y célèbrent chaque année le souvenir du crime commis par
leurs ancêtres.

LA CRESSONNIÈRE

Cheffois, *Mouilleron-en-Pareds*, sont d'anciens lieux celtiques
admirablement placés aux pieds de très hautes collines, le long de
ruisseaux jaseurs. Mouilleron a un vieux clocher fortifié et quelques
restes d'une antique enceinte, composée d'une motte précédée de deux
retranchements (XIᵉ et XIIᵉ siècle). Largeteau, astronome distingué,
membre de l'académie des sciences, y naquit en 1794. Pas loin du bourg

23

se trouve le vieux manoir du *Châtellier Portault*, dont l'un des seigneurs servit sous les ordres de Soubise et mourut à Jarnac, aux côtés du prince de Condé ; en avant des ruines, on voit les vestiges d'un camp romain important.

Sur les bords des eaux poissonneuses de l'Arkanson se blottit *Bazoges-en-Pareds* avec son antique donjon, qui date du xiiᵉ siècle, ses dolmens de *Pierre-Levée* et de *Pierres-folles*, son *menhir des Landes*.

Douze fées, dit la légende, chargées d'un gros monolithe dans leur *dorne*, allaient vers la Pierre-Levée pour aider à sa construction, quand elles aperçurent la Vierge. Elles laissèrent choir aussitôt leur fardeau ; ainsi furent édifiés les dolmens de Pierres-folles. Depuis ce temps, le menhir qui avoisine le dolmen, s'appelle *Menhir de la Vierge*.

Thouarsais-Bouildroux produit des cerises en telles quantités qu'on a pu l'appeler avec raison le Montmorency de la Vendée. Son église est du xviᵉ siècle. On y a découvert des haches celtiques et des pièces gauloises en electrum frappées à Poitiers.

Les touristes peuvent aussi visiter *Saint-Maurice-le-Girard*, *Saint-Maurice-des-Noues*, *Saint-Hilaire-de-Voust*, dans un très joli site, la *Loge fougereuse*, ancien chef-lieu d'une baronnie importante, d'où l'on jouit d'un superbe coup d'œil sur les massifs de la forêt de Mervent ; *La Chapelle-au-Lys* et sa station hippique dans le joli domaine du *Lys* ; le *Breuil-Barret*, jadis centre calviniste important, sur les lignes de la Poissonnière à Niort et de La Rochelle à Paris ; le très beau *viaduc des Rochers Coquillaud* sur cette dernière ligne (127 mètres de longueur sur 35 de hauteur, dans un merveilleux paysage), et enfin *Saint-Pierre-du-Chemin*, dont les environs sont couverts de débris gallo-romains. Sur le territoire de cette commune s'élèvent les ruines du château de la *Mesnardière* dont il reste un très bel escalier, renfermé dans une tour octogonale. En arrière du château se voit un groupe de blocs erratiques en joli granit bleu ; dans l'allée on remarque un double polissoir celtique.

Saint-Pierre-du-Chemin a des carrières de granit très estimé ; on y extrait aussi des pierres d'un rose tendre, appelées pierres *Pelochères*.

POUZAUGES

Allons à *Pouzauges* par Menomblet et ses vestiges de seigneuries, par la verdoyante contrée de *Montournais*, par les pentes des collines de la Gâtine du faîte desquelles nous embrasserons toute la Vendée et une partie des Deux-Sèvres. Après l'ancien château de *Puy-Papin*, forte position des Huguenots au temps des guerres de religion, la route descend en lacets vers le Vieux-Pouzauges.

Au *Vieux-Pouzauges*, visitez l'église avec son lourd clocher roman, ses fenêtres étranglées, son dallage funèbre ; c'est le type parfait de l'Eglise forteresse du Moyen-âge. Dominique Dillon, son dernier curé, député aux Etats-Généraux, puis aux Cinq-cents, et au Corps législatif, avait embrassé avec ardeur la cause de la Révolution.

Aux flancs des Alpes vendéennes, *Pouzauges* étale ses blanches maisons, puis le vieux château, nid d'aigles aux murailles sombres, ouvre de rares et étroites fenêtres, sur l'admirable étendue qu'il domine. Il comprenait autrefois un donjon, une forte enceinte, soutenue de tours et de fossés, ou d'une double enceinte quand les fossés manquaient. Des tours, dix sont encore reconnaissables ; de la double enceinte, il ne reste rien.

Au-dessus, le *Bois de la Folie*, le « *phare de la Vendée* » se dresse sur un admirable paysage, sur tout le théâtre de la chouannerie, entouré d'autres sommets : *Puy-Crapaud, Puy-Trumeau, Puy-Giraud, Puy-Durand*, et *Saint-Michel-Mont-Mercure*, dont la vierge dorée semble planer dans les cieux.

Pouzauges, centre de protestantisme, si fervent avant la Révolution, que le culte catholique ne pouvait s'exercer dans la région, fournit à la grande armée des rebelles ses plus ardents soldats. Il est vrai qu'auparavant nombre de chefs protestants durent aller chercher à l'étranger la liberté de conscience.

La beauté du site devait naturellement amener dans le canton de Pouzauges tous les favorisés de la fortune. Aussi y passe-t-on de châteaux en châteaux, vieux ou modernes : le château de la *Cacaudière* aux allures gothiques ; le manoir de la *Pellissonnière*, au *Boupère*, avec tour du xvie siècle et deux pavillons du commencement du xviie ; le fief *Milon*, relevé de ses ruines au commencement du xixe siècle ; le château de la *Flocellière*, très considérable, deux fois pillé, en 1597 par le vicomte de la Guierche, plus tard par les colonnes infernales, et relié en 1881 à un beau château moderne par une galerie à arcature ogivale ; le château de la *Fromentinière*, brûlé en 1794, et relevé en 1845 par M. de Lespinay ; le château des *Echardières*, échappé aux colonnes infernales, de fort bon air, avec ses tours en éteignoir, ses douves profondes, et ses étangs poissonneux.

Au *Boupère*, la vieille église fortifiée du xve siècle, a l'apparence d'un château fort avec sa galerie de machicoulis, son chemin de ronde terminé par deux échauguettes, et ses guérites pourvues d'archères défensives. Au-dessus de la jolie porte d'entrée se voit un large *oculus*, situé, non au centre, mais à gauche, on se demande pourquoi. Le clocher a lui-même été bâti pour la défense ; il renferme une salle d'armes avec archères.

A gauche de la route de Saint-Michel-Mont-Mercure aux Herbiers par les Epesses, se trouve la *Croix-Bara*. Là, tomba à 13 ans, ce jeune héros, mort pour avoir refusé de crier : « Vive le Roi. » Aucune inscription ; rien ne rappelle l'acte sublime de cet enfant. L'Université s'honorerait en prenant l'initiative d'une souscription à 0 fr. 05 dans les écoles de France pour l'érection d'un monument sur l'emplacement même où Bara a répandu son sang.

LES HERBIERS

De Pouzauges aux Herbiers, le paysage se déroule toujours nouveau, toujours immense. Près des Herbiers, du haut de la montagne des *Alouettes*, la vue s'étend davantage encore sur la Vendée, sur une partie des Deux-Sèvres, sur le sud du Maine-et-Loire. C'est là que les duchesses de Berry et d'Angoulême firent élever une chapelle ogivale, en l'honneur des vendéens morts pour la cause royaliste. A droite sont sept moulins qui servaient de signaux aux brigands pour les rassemblements.

Aux Herbiers, admirez la belle église du xv° siècle avec sa tour romane, et le château de l'*Etenduère*, dont les fenêtres se mirent tristement dans les douves qui l'entourent.

A Ardelay, il faut voir les ruines de l'abbaye de la *Grainetière*, ses cloîtres et ses salles voûtées du xii° siècle, ainsi que les admirables orangeries du château du *Bois-Tissendeau*. C'est dans ce site ravissant et sauvage, au milieu des pierres tombales et des murs croulants, que l'*abbé Prévost* écrivit *Manon Lescaut*.

Non loin, sous les allées du *Parc Soubise*, méditait Catherine de Rohan, célèbre par l'énergie qu'elle montra au siège de La Rochelle que défendait son fils, le prince de Rohan-Soubise. Là encore se rendait souvent le roi de Navarre, guerroyant en Poitou, attiré par les charmes d'Anne de Rohan, fille de Catherine.

Aux *Epesses*, sur le chemin de Pouzauges aux Herbiers, il faut voir le beau château renaissance du *Puy-du-Fou* : on n'a jamais su à quoi pouvait servir, au fond d'un immense cellier, un grand bassin carré, entouré de sièges de granit et de tables de pierre. François Ier, avec sa femme Eléonore, Bayard, et une cour brillante, y séjourna en revenant de Bayonne.

MORTAGNE-SUR-SÈVRE

Poursuivant vers le nord, vous arriverez à *Mortagne-sur-Sèvre*, au haut d'une colline abrupte qui domine la Sèvre Nantaise. C'est un ancien camp gallo-romain établi par César au milieu des farouches *Agésinates*, qui devaient lui fournir des marins pour vaincre les Venètes. La ville s'appelait alors Segora ; son proconsul, ayant perdu sa fille Agnès, l'appela Mortagne (Mors Agnes). L'église ogivale s'élève sur l'emplacement d'un ancien temple à Bacchus. Il faut voir aussi les ruines d'un château des xive et xve siècles et les restes d'un couvent de bénédictins, brûlé en 1793.

La Sèvre, à travers des îles verdoyantes, des rochers abrupts, des bois épais dévalant jusque dans ses eaux limpides, nous conduit au *château de Tiffauges*, le château de *Barbe-Bleue*. Ce nom lui vient sans doute des atrocités que *Gilles de Rays* y fit subir aux enfants qu'il attirait. Des plaintes tellement impérieuses s'élevèrent qu'il fut arrêté et conduit à Nantes : jugé par un tribunal que présidait le chancelier Pierre de l'Hôpital, condamné à être pendu et brûlé, il fut exécuté le 26 octobre 1440, dans la prairie de Biesse, en compagnie de deux de ses complices.

Le château fut construit sur l'emplacement d'un camp gallo-romain, au-dessus des ravins de la Sèvre et de la Crûme, son affluent. De ce manoir considérable, du donjon réputé inaccessible, des douves profondes, de la double enceinte, il ne reste guère que la *tour du Vidame*, parfaitement conservée, avec sa plate-forme, d'où l'on jouit d'un tableau grandiose, avec son chemin de ronde demi-circulaire, voûté, d'une sonorité merveilleuse. Il faut voir aussi la chapelle et sa crypte bien conservée, une jolie fenêtre renaissance d'où l'on découvre toute la vallée et les ruines du moulin fortifié, au pied de la tour, dans le lit de la Crûme.

Saint-Laurent-sur-Sèvre est un bourg ravissant. La maison-mère des *Filles de la Sagesse* fit sa fortune. La chapelle, avec ses vitraux, et sa chaire, merveille de légèreté, est un bijou. L'église paroissiale possède le tombeau du Père *Grignon de Montfort*, l'anachorète de la forêt de Mervent. Les flèches des deux églises sont fort belles.

Sur la route de Mortagne à Clisson s'élève un cippe funéraire de belle allure qui rappelle le combat sanglant que Kléber livra à l'armée vendéenne le 19 septembre 1793 ; il fut édifié par le marquis de la Bretesche. Il ne porte aucune inscription.

PALLUAU

Dirigeons-nous sur *Palluau*. Le *château* domine le bourg et l'écrase de sa sombre et tragique majesté. Il a encore grand air avec ses vieilles tours et son épais manteau de lierre. C'est surtout aux Clérembault qu'il

doit sa célébrité, principalement au maréchal qui le reconstruisit presqu'en entier, et ne garda de l'antique manoir que les tours. Une peinture
du xviie siècle conserve les traits de ce dernier au musée de Versailles ;
quant au portrait moral nous le trouvons dans Saint-Simon : « Le
maréchal de Clérembault était homme de qualité, bon homme de guerre,
et avait été mestre de camp général de la cavalerie, fort à la mode sous
le nom de comte de Palluau, avant qu'il prit son nom, lorsqu'il devint
maréchal de France. C'était un homme de beaucoup d'esprit, orné,
agréable, plaisant, insinuant et souple, avec beaucoup de manège,
toujours bien avec les ministres, fort au gré du cardinal de Mazarin et
fort aussi au gré du monde et toujours parmi le meilleur. »

Le comte de Palluau devint maréchal de France en 1653. On était alors
en pleine Fronde et les poètes satiriques n'épargnèrent point un général
resté fidèle à Mazarin. Blot lui décocha le couplet suivant :

> A ce grand maréchal de France,
> Favori de son éminence
> Qui a si bien battu Persan,
> *Palluau*, ce grand capitaine
> Qui prend un château dans un an
> Et perd trois places par semaine.

Sainte-Beuve a fait du maréchal le sujet d'un de ses portraits
littéraires.

Le mur d'enceinte garde encore cinq tourelles. Les fossés sont toujours pleins d'eau ; le pont-levis se lève comme au moyen-âge. Les deux
tours d'entrée, jolie habitation du chapelain, ont été restaurées ; mais
du château proprement dit, il ne reste que des ruines.

La perle du canton de Palluau toutefois, c'est, sans conteste, le château
d'*Apremont*, ancienne demeure des de La Trémoille, perché sur un roc à
l'extrémité d'une presqu'île fermée par la Vie et deux gorges profondes.
Seul, le nord était accessible mais on y avait accumulé les travaux
de défense. Ce qui fait surtout l'admiration des artistes, ce sont les deux
tours élégantes et sveltes, couronnées par des galeries circulaires en saillie,
et percées de fenêtres Renaissance, qui rappellent absolument les
ouvertures pratiquées dans les deux grosses tours du château de Chambord.
Malheureusement le corps de logis qui reliait ces deux tours a complètement disparu et a été remplacé par un ignoble rez-de-chaussée ridicule et
difforme.

Louis XIII coucha dans une de ces tours, au retour de son expédition de Riez, en 1662.

A Apremont, MM. Baudouin et Lacouloumère ont découvert une nécropole gallo-romaine à puits funéraires, et exploré cinq puits ; ils ont également fouillé la grotte du *Péage*, la pierre debout de la *Haie*, le souterrain des *Benetières* (moyen-âge), trouvé des grottes curieuses à puits protohistoriques, mis à jour des haches polies et une station romaine. Ces recherches et trouvailles datent de 1902 et 1903.

BEAUVOIR-SUR-MER

Jadis, *Beauvoir* était sur un promontoire au bord de la mer ; ce bourg se trouve maintenant à 4 kilomètres de l'Océan avec lequel il communique par le *canal de la Cahouette*, qui lui sert de port.

De même, *Bouin* est une ancienne île jointe au continent à la suite d'atterrissements, mais séparée encore cependant par les deux étiers du Dain et du Sud, formés par les deux bras du Falleron. A visiter : le château de la *Coutardière* et sa magnifique cheminée de 1578.

NOIRMOUTIER

Nous nous rendrons à *Noirmoutier* par le *Goua*, au milieu des palmipèdes, des échassiers et des bateaux à sec, en suivant la direction que nous indiquent le jour, des piquets placés de dix mètres en dix mètres et une banquette submersible retenant le macadam, et la nuit, des feux espacés de distance en distance. Mais il faut craindre les sables souvent mouvants, et la violence du vent par les temps de tempête. Au besoin, les cages de refuge offrent leur secours.

Noirmoutier est une jolie petite ville. Son *château* date de 830. Mais depuis ce temps-là, que d'assauts, de reconstructions, de brillantes défenses contre les normands, les anglais, les hollandais, les rebelles vendéens et les aventuriers de toutes sortes ! Dans les fossés furent fusillés d'Elbée et Wieland, officier républicain, gouverneur de l'île.

L'*église* du XIIe siècle repose sur une curieuse crypte du VIIe. Près d'une fenêtre, sur une plaque de marbre blanc, encastrée dans le mur, se lit cette inscription :

Cy est le cœur de très haut et puissant seigneur
Messire François de la Trémoille,
Marquis de Noirmoutier,
qui décéda le 14e jour de febvrier 1608.

APREMONT

Des bénédictins, chassés par la mer de l'îlot du Pilier se réfugièrent à *l'abbaye de la Blanche*. Il faut y voir la *prison* des moines avec voûtes plein cintre, *la Porte aux lions* de la cour de l'abbatial, puis dans le monastère même, un escalier à rampe en fer forgé, les salles du *chapitre* et de la *procure*, lambrissées de boiseries Louis XV aux fines sculptures.

Quant à l'*île du Pilier* que durent abandonner les moines, c'est un îlot à quatre kilomètres de Noirmoutier, battu par les tempêtes, surmonté d'un fort datant de 1710, bâti à l'entrée de la Loire contre les corsaires, et de deux phares, un ancien, l'autre nouveau et puissant.

Mais le grand charme de Noirmoutier, c'est le *bois de la Chaise*, un bouquet d'arbres penchés sur les flots.

L'ILE D'YEU

Sur cette île isolée au milieu d'une mer presque toujours furieuse, le *Château* lutte de sauvagerie avec l'aridité du plateau et l'aspect tourmenté des côtes. Perché sur un roc battu des vagues, c'est une ruine tragique. La vieille forteresse impassible, sans histoire, sans maître, résiste à tous les assauts. Son architecture semble bien du XIIIe siècle, et c'est tout ce que l'on peut aventurer sur un terrain où la légende seule a libre cours. La mer, plus pressée que les historiens, emporte chaque année quelques pierres, et bientôt la légende entourera seule un mystère que l'histoire n'aura pu percer.

Nous recommandons aussi à tous les artistes une excursion par un beau clair de lune à la *pierre branlante*. Ils pourront la faire remuer à minuit, l'heure des farfadets, au-dessus des gouffres que la lumière trop pâle de la lune n'aura pu éclairer, et ils passeront par la *Meule*, délicieux port d'opéra-comique, que la lune baignera d'une lumière argentée, d'une irréalité propice à la poésie. Peut-être rencontreront-ils, par les landes, les chevaux barbus et moustachus, se peignant aux pointes des ajoncs, comme le racontent les gardiens du phare ?

SAINT-GILLES-SUR-VIE

En revenant de l'île d'Yeu, par Noirmoutier, jetons un coup d'œil aux rochers de *Sion*, si bien attaqués, rongés par la mer, que l'on dirait les colonnes d'un immense temple en ruines, et nous arrivons à *Saint-Gilles* et à *Croix-de-Vie*. Séparées par l'estuaire commun de la Vie et du Jaunay, les deux villes se complètent : à Croix-de-Vie, ce sont des rochers abrupts, entaillés par la mer ; à Saint-Gilles, c'est la plage où la vague déferle doucement en rouleaux d'argent.

Le port de Saint-Gilles était-il le fameux *portus secor*, mentionné par les anciens géographes entre la Charente et la Loire ? Des hachettes gauloises, des poteries, des monnaies romaines, une voie antique, permettent cette hypothèse. Mais des savants avancent aussi les noms des Sables, du havre de la Gachère, de Jard. Les études très intéressantes que poursuit le savant docteur Baudouin pourront peut-être un jour résoudre le problème.

Les richesses archéologiques du canton sont considérables. Les monuments mégalithiques y sont nombreux : le plus remarquable est certainement *l'allée couverte de Pierre Folle*, à *Commequiers*, qui est composée de douze pierres dont la plupart posées de champ servaient à supporter les recouvrements. Deux de ces pierres sont encore dans leur position première. Tous les dolmens de cette partie de la Vendée sont en grès de Noirmoutier, alors que ceux de la région du havre de la Gachère sont en quartz et microgranulite. Noirmoutier était, en effet, réuni à la terre ferme au moment de la période mégalithique. Sous l'allée de Pierre-Folle, M. le Dr Baudouin a trouvé des débris de hache en pierre polie, des silex éclatés, un squelette humain, des ossements d'animaux, des vases contenant des cendres, et, ce qui semble indiquer que des fouilles ont été faites à l'époque historique, des pièces de monnaie du temps de Charles VII et un boulet calcaire.

On peut encore voir le *menhir de la Pallissonnière*, dans le fief de la Grand'Pierre à 3 kilomètres de Commequiers, la *Pierre levée de Soubise* ou du *diable*, à Bretignolles ; auprès de cette dernière était une sépulture gallo-romaine. A *la conche du Charnier*, MM. Baudoin et Lacouloumère ont également trouvé une station gallo-romaine.

Toutefois leur découverte principale, dans le canton de Saint-Gilles, est celle du château fort de *Saint-Nicolas-de-Brem*, sur une motte de 22 mètres de hauteur et 170 de circonférence, près de l'ancien village gaulois de *Bram*, port avancé sur l'Océan. Ce château, vaste forteresse, la mieux défendue de la région au moyen-âge, daterait de la fin du IXe siècle.

Il faut aussi visiter l'église de *Saint-Martin-de-Brem* dont le portique remonte au IXe ou Xe siècle, l'important château de *Commequiers*, construit sur l'emplacement d'un camp gallo-romain qui, lui-même, aurait remplacé une forteresse gauloise, la belle église du XIIe siècle de la *Chaize-Giraud*, dont il faut admirer la façade de style poitevin avec ses grands bas-reliefs représentant l'Annonciation et l'Adoration des Mages, le *château de Beaumarchais* avec une belle cheminée Renaissance.

LES SABLES-D'OLONNE

On va de Saint-Martin-de-Brem aux *Sables-d'Olonne* par la ravissante forêt d'Olonne. Aussitôt arrivé aux Sables, il faut courir à la plage, la plus belle de France par ses dimensions, la finesse et la fermeté de son sable, et surtout par sa courbe d'une harmonie parfaite.

La ville elle-même, en partie perchée sur une dune, n'a rien de bien remarquable, si ce n'est l'église ogivale avec de jolies portes Renaissance et des vitraux de valeur.

De l'autre côté du port, le faubourg de la *Chaume* possède encore les ruines d'un château ; non loin s'élève la *Tour d'Arundel* avec un phare de quatrième ordre.

Les découvertes faites autour de la Chaume prouvent que les romains y avaient établi un poste militaire, mais ce n'est que vers le xe siècle que des pêcheurs basques ou espagnols y bâtirent quelques huttes : la race s'est conservée très pure ; le costume lui-même ne s'est pas modifié.

Les marins sablais furent les premiers à fréquenter le banc de Terre-Neuve, et ils prirent même une telle part à la pêche de la morue que le Code destiné à la réglementer reçut le nom de *Législation Olonnaise* ou *Us et Coutumes d'Olonne*. En 1668, les Sables avaient une population de 15.000 âmes et pouvaient armer 101 vaisseaux, tandis que Nantes n'en comptait que 89 et La Rochelle 32.

TALMONT

Au chef-lieu même s'élèvent les ruines majestueuses d'un château du Moyen-âge. Dans le donjon, bâti vers 1050, est encastré le clocher (xe siècle) de l'église primitive de Saint-Pierre. Il faut voir aussi les restes de l'abbaye de *Veillon*, et dans le cimetière, trois tombelles.

Il serait trop long d'énumérer les menhirs et les dolmens, qui sont innombrables dans ce canton, notamment à Avrillé, au Bernard, à Longeville, à Saint-Hilaire-la-Forêt, à Saint-Vincent-sur-Jard.

A *Troussepoil*, dans la commune du *Bernard*, M. l'abbé Baudry et MM. Baudouin et Lacouloumèrc ont découvert quantité de puits funéraires qui font de cet endroit le plus vaste champ de puits funéraires du monde. Les objets qui y ont été trouvés sont au musée de La Roche-sur-Yon. A *Saint-Hilaire-de-Talmont*, le château des *Granges-Cathus*, avec une belle avenue de vieux chênes, possède un superbe escalier à plafond sculpté, des médaillons, des arabesques, des inscriptions de 1525, et une fort belle cheminée Renaissance.

LES MOUTIERS-LES-MAUXFAITS

Comme dans le canton de Talmont, les dolmens et menhirs, entourés de légendes, y sont très nombreux : les principaux sont ceux du *Champ-du-rocher*, de *Saint-Sornin*, de *Saint-Benoît-sur-Mer*, de la fontaine de *Saint-Gré*, etc.

Aux *Moutiers-les-Mauxfaits*, l'église est une des plus belles constructions romanes de la région ; elle a beaucoup d'analogie avec celle de Maillezais. On y retrouve surtout un type caractéristique dans les oculus qui éclairent les nefs latérales.

A *Angles*, une belle église, autrefois abbatiale, date du XIIIe siècle. La nef se compose de deux larges trouées, surmontées de voûtes à très belles nervures : ces nervures s'appuient sur des colonnes d'angles à chapiteaux romans fleuris. Des statues de pierre qui représentent, dit-on, Richard Cœur de Lion, son père, et Aliénor d'Aquitaine, sont placées sur des encorbellements à têtes d'animaux grotesques, à la jonction du pilier et des voûtes. Le pignon de l'église est surmonté d'un gros ours de pierre portant une croix sur son dos : nous en avons raconté la légende.

Moricq, jadis port de mer de quelque importance dans le golfe des Pictons, n'est qu'un village d'Angles. L'époque romaine y a laissé des traces ; toutefois, la petite tour cylindrique, appelée la *Tonnelle*, est contestée comme construction romaine. Mais le XVe siècle a laissé un donjon carré, qui servit de prison politique sous Louis XIV.

Saint-Cyr-en-Talmondais possède le *château de la Court*, ancienne demeure de Benjamin Fillon, habité aujourd'hui par M. Raoul de Rochebrune, fils de l'aquafortiste. L'habitation est moderne, l'ancien château ayant été détruit par la tourmente révolutionnaire. A la façade ouest du château a été accolée, pour ôter à l'habitation son allure bourgeoise, une tour qui rappelle celles d'Apremont. L'entablement supporte un élégant promenoir.

LES SABLES-D'OLONNE — LA TOUR D'ARUNDEL

Il faut demander à voir les collections qui sont fort intéressantes : tapisseries de haute lisse, tableaux de prix, magnifiques cheminées, armes anciennes, ossements préhistoriques, miniatures, reliquaires gothiques, médailles, bijoux anciens, médaillons, décorations, gravures anciennes. La cheminée du grand salon provient du château de la Lyère en Sainte-Flaive-des-Loups, celle de la salle à manger décorait autrefois l'une des chambres du Palais-Royal à Fontenay et a été apportée par Benjamin Fillon.

MAREUIL

A *Mareuil*, il n'y a guère à visiter qu'une église des XIIe, XIVe, XVe siècles, et un château en ruines des XIIIe et XVIe siècles, mais il faut faire une promenade dans la belle vallée du Lay.

A *Bessay*, on peut voir, parmi les restes d'un château, une belle tour de la Renaissance.

LUÇON

Par son heureuse situation, lieu d'échange entre le bocage, la plaine et le marais, *Luçon* est encore le siège d'un commerce important, bien que la création des chemins de fer ait diminué l'importance de son canal à la mer. C'est le siège d'un évêché. En 1661, « les procureurs, syndics, fabriqueurs, manants et habitants » de la ville disaient, dans une requête à l'intendant de la généralité du Poitou, que leur « pauvre bourg champestre, non muré... seroit, il y a longtemps sans habitans, s'il n'étoit honoré d'un siège épiscopal ». Aujourd'hui encore l'évêché est la principale source des revenus de la ville, car, autour de lui et par lui, vivent le chapitre, le grand séminaire, le collège Richelieu, etc.

C'est au commencement du XIVe siècle que fut créé cet évêché. Il subit bien des vicissitudes lors des guerres de religion, et l'on vit même des évêques fuir devant des troupes huguenotes ; mais, c'est l'*inféodation* de l'évêché à la puissante maison de Richelieu qui fit sa renommée.

Le premier évêque de ce nom fut Jacques de Richelieu (1584-1592) qui ne résida jamais dans son diocèse. A sa mort, la dame de Richelieu qui ne pouvait avoir la prétention de faire nommer évêque son fils, âgé de dix-huit ans seulement, prit pour administrateur François Hyvert. Il y eut des protestations, Hyvert ayant négligé de se faire sacrer, et madame de Richelieu, pour obtenir le silence du chapitre, fit, malgré son âge, porter le titre d'évêque à son fils, qui, pas plus qu'Hyvert, n'habita le diocèse, mais devint plus tard archevêque d'Aix grâce à son frère, devenu à son tour évêque de Luçon en 1608, puis ministre : ce dernier se démit de ces fonctions en 1623, ne laissant à Luçon, malgré son génie, que de mauvais souvenirs. Le frère de Colbert y fut aussi évêque ; puis vint la Révolution, et les électeurs choisirent pour évêque le curé Rodrigue, de Fougeré. A ce moment, Luçon se défendit vaillamment contre les rebelles vendéens.

Une partie de la *cathédrale* est de 1121 ; c'est la façade romane du transept nord, la perle de l'édifice, composée d'un soubassement formé de trois arcades romanes que supportent des colonnes ; malheureusement les sculptures ont été très mutilées. Du XIIIe siècle sont la grande nef et les deux chapelles du transept. La flèche très élancée, très aérienne, percée à jour, ne date que de 1847 ; mais, l'architecte modifia peu les plans du premier architecte, François Leduc de Toscane. A l'intérieur, il faut voir deux petits tableaux du XVIe siècle au dossier de la chaire, un beau Christ, et la jolie chaire à prêcher ornée de peintures, attribuées à Mgr de Nivelle.

L'ancien palais de Richelieu a été incendié. Le nouveau n'a guère d'intéressant qu'un tableau attribué au Titien, *les disciples d'Emmaüs*, des portraits d'évêques et un tableau de César Franck. La bibliothèque de 30.000 volumes, provenant en grande partie d'un legs de l'évêque Baillès, possède quelques manuscrits curieux.

Il faut voir encore, à l'hôpital, une belle cheminée Louis XIII, puis la jolie chapelle gothique des Carmélites, dont les vitraux ont été peints au Mans sur les dessins d'Overbeck, et la chapelle des Ursulines avec son vaste retable du XVIIe siècle et ses voûtes en bois, décorées de curieuses peintures.

Le monastère de *Saint-Michel en l'Herm*, dans le canton de Luçon, aurait été fondé vers 682. Il devint très important, mais eut fréquemment à souffrir des Normands qui, à diverses reprises, le pillèrent et en chassèrent les moines. Il faut surtout visiter les ruines de la belle et grande salle ogivale, appelée le réfectoire, et le cloître autrefois voûté.

SAINTE-HERMINE

A *Sainte-Hermine*, sur les bords verdoyants de la Semagne, vint chasser Henri IV. Louis XIII, au retour de sa victorieuse expédition contre Soubise, y séjourna. Plus tard, en 1808, Napoléon et Joséphine lui rendirent visite.

Le *château*, bâti sur les ruines d'une forteresse féodale, en 1612, est d'assez belle allure avec son corps de logis percé d'un double portail à pont-levis, flanqué à droite d'une tour ronde, et à gauche d'un pavillon carré de style très pur.

Il faut encore voir l'église de la *Caillère* des XIe et XIIe siècles, puis à Saint-Martin-Lars la porte d'entrée (1566) de la *Guinemandière*, seul reste d'un manoir où séjourna le roi de Navarre ; et à *Saint-Etienne de Brillouet*, les restes de la *Commanderie de Féolette* qui, après la destruction des Templiers, fut attribuée à l'ordre de Saint-Jean de Jérusalem.

L'HERMENAULT

L'Hermenault, joli bourg coquettement assis sur la Longève, devait attirer les abbés de Maillezais ; ils en firent leur résidence d'été quand cette terre leur fut donnée par le duc d'Aquitaine. Souvent dévasté, le *château* fut rebâti au XVIIIe siècle, puis redémoli sous le Consulat ; la grosse tour du Moyen âge seule reste. Le long de l'esplanade courait jadis une jolie balustrade Louis XVI.

Il faut aussi voir, dans l'*Eglise*, une belle chaire en chêne sculpté, dont le panneau principal représente la légende du semeur. A 3 kilomètres de l'Hermenault, la cuisine du château de *la Girardie* possède une belle cheminée Renaissance.

On peut aussi visiter l'église de *Serigné*, du XIIe siècle, l'église de *Nalliers* des XIIe et XIIIe siècles ; à *Mouzeuil*, une église des XIIe et XIIIe siècles, et les deux belles cheminées du *château de la Tour* ; à *Bourneau*, dans l'église, la chapelle funéraire de Marie du Puy-du-Fou, et un joli château moderne ; à *Pouillé*, l'église avec coupole du XIe siècle reposant sur quatre piliers intacts, ornés d'intéressants personnages naïvements drapés.

MAILLEZAIS

Maillezais est surtout célèbre par les ruines de son abbaye, dont la fondation remonte à l'an 1003. *Théodolin*, prieur de Saint-Pierre le Vieux, avait obtenu que le château qu'avait construit Guillaume Tête d'Etoupe en 937, après la défaite des Normands, fût donné à « Dieu et à Saint Pierre », à condition que les moines y bâtissent une grande et belle église. En 1007, Théodolin est élevé à la dignité de premier abbé de Maillezais. En 1317, le pape Jean XXII érige l'abbaye de Maillezais en évêché.

En 1518, *Geoffroy d'Estissac* y est nommé évêque. Il avait pour ami Rabelais, alors moine cordelier à Fontenay-le-Comte. Une farce ayant valu à ce dernier quelques jours d'*in pace*, il se réfugie auprès de son ami d'Estissac.

En 1587, le roi de Navarre vient à Maillezais avec Sully, fait augmenter les fortifications, et y laisse 30 hommes, qui n'empêchent pas le duc de Joyeuse de se rendre maître de l'abbaye après un bombardement. Les moines avaient d'ailleurs déguerpi depuis les guerres de religion.

En 1588, le roi nomme *Agrippa d'Aubigné*, gouverneur de Maillezais, et le farouche huguenot donne à l'abbaye, l'aspect militaire qu'elle a conservé depuis : c'est là qu'il écrivit ses admirables *Tragiques*, l'*Histoire universelle*, les *Lettres sur quelques histoires de France et sur la Science*, le tout imprimé à *Maillé*, près de Maillezais.

En 1620 il est décidé que le siège de l'évêché sera transporté à Fontenay, mais les Fontenaisiens refusent ce cadeau ; Besly écrit à l'évêque de Poitiers : « Monsieur l'évêque est céans notre hoste et bon convive, car il luy plaist de mettre distance entre luy et son vilain maroys. Planté chez nous, il voudra faire le maistre ; ses gracieuzetés se mueront en airs de seigneur. Il n'est bon de mener personne plus grand que soy en sa maison. » En 1666, l'évêché est transféré à La Rochelle.

Ce qui reste de la cathédrale suffit pour faire comprendre la grandeur et la majesté de l'œuvre de Théodolin.

A l'entrée, le nartheix flanqué de deux clochers carrés, terminés jadis par des pyramides en pierre. Du nartheix on pénétrait dans la nef par une baie de plein cintre, accolée de deux fausses baies à archivoltes finement taillées et masquées par des tympans à personnages. A gauche, le puits sacré pour les baptêmes par immersion.

Trois nefs divisaient l'église ; elles étaient séparées entre elles par des colonnes engagées par quatre sur un pilier carré. La grande nef était haute de 70 pieds ; les nefs latérales avaient moitié moins, mais supportaient de vastes galeries auxquelles on accédait par les escaliers des clochers.

Après l'incendie allumé par Geoffroy la Grand'dent en 1232, l'église fut en partie reconstruite. Les nefs latérales furent remontées à la hauteur de la nef principale, et Jean d'Amboise éleva à l'extrémité des nefs un transept de cent pieds de hauteur, qui fut l'une des plus belles inspirations de l'épanouissement de l'art gothique à la fin du xve siècle.

Cinq flèches de pierre couronnaient l'édifice, une à chaque angle et la cinquième au dessus de la croisée du transept ; il ne reste que les fûts octogones de deux clochers décapités et les murs de l'angle nord-ouest, mais ceux-ci portent les arcades hardies et gigantesques d'une belle galerie à jour, et deux fenêtres, dont les moulures, d'une originalité sévère, ne se retrouvent qu'aux cathédrales de Cologne et d'Amiens.

Le chœur était fermé du côté de la nef par un jubé, dont les débris recueillis à Niort, avec ceux du pourtour du chœur, dénotent un art d'une délicatesse infinie et une merveilleuse souplesse d'inspiration.

« Par un rare privilège, dit M. Bourloton, l'histoire de l'art chrétien était écrite en quatre pages de pierre sur les murs de la cathédrale de Maillezais. Chaque inspiration de l'architecture nationale y avait marqué son passage, le roman pur dans les nefs du xie siècle, le roman de transition dans les travées du xiiie, le gothique épanoui dans le transept du xve et la Renaissance dans le chœur du xvie. »

Les bâtiments claustraux servent actuellement à l'exploitation d'une ferme. On y retrouve l'ancienne cuisine octogone à foyer central, le réfectoire, le dortoir de l'infirmerie avec une immense cheminée et une piscine, puis de très vastes caves.

De l'ancien palais épiscopal, il ne reste que le sous-sol, des caves et une salle ronde voûtée, dite salle du conseil des évêques, qui a été reliée en 1872 à un château moderne.

L'église paroissiale, du xiie siècle, est remarquable surtout par les détails, par la décoration. On retrouve au portail les colonnes torses et gaufrées de l'église de Vouvent.

Non loin de Maillezais se trouve *Bouillé-Courdault*, que rendit célèbre le grand veneur vendéen Jacques du Fouilloux. Son livre de vénerie fait autorité parmi les disciples de Saint Hubert. Charles IX, à qui du Fouilloux avait fait hommage de l'ouvrage, le nomma intendant des chasses du Poitou en 1571.

Son château a été remplacé en 1704 par un château moderne, bâti sur un îlot. Les douves qui l'entourent contiennent une eau d'une merveilleuse transparence, qui provient de la fontaine voisine de Bouillé, dont nous avons déjà parlé.

CANTON DE SAINT-HILAIRE-DES-LOGES

En 936, Senegond concédait au monastère de Saint-Cyprien de Poitiers l'église d'*Oulmes* avec tous ses revenus, et un prieuré y fut établi.

L'église remonte au xᵉ siècle ; elle présente deux façades romanes, toutes deux remaniées à l'époque gothique. Le clocher, flanqué de contreforts, est un véritable petit donjon, car alors l'église servait fréquemment de lieu de défense. Oulmes était entouré de murs, mais il ne reste que 100 mètres environ des anciennes fortifications du château reconstruit aux xviiᵉ et xviiiᵉ siècles.

L'abbaye de *Nieul-sur-l'Autize* date de 1068 ; elle fut enrichie principalement par Louis VII et Eléonore d'Aquitaine, dont la mère habitait souvent Nieul et fut enterrée à l'abbaye. On prétend même qu'Eléonore y naquit.

Les moines de Nieul ne furent point inutiles. Avec ceux de Saint-Michel-en-l'Herm, de l'Absie, de Saint-Maixent et de Maillezais, ils desséchèrent les marais du Langon, de Vouillé, de Mouzeuil, d'Angles, de Chaillé et de Marans. L'abbaye fut supprimée en 1720.

L'église est une des plus remarquables de la Vendée. Elle appartient au style poitevin par ses voûtes et sa façade, mais elle en diffère par la disposition de ses clochers et certaines dispositions de sa façade. Elle a été entièrement restaurée en 1862 et 1870.

Le cloître qui touche l'église a une grande analogie avec le cloître célèbre de Saint-Trophyme d'Arles. Il est voûté d'arêtes et s'ouvre sur la cour par des arcatures en arc brisé, soutenues par des faisceaux de colonnes. Les voûtes et arcatures sont du xiiᵉ siècle ; la partie inférieure est du xiᵉ. La salle capitulaire attenant au cloître est très belle ; sa voûte en plein cintre a été rebâtie en 1646 par l'abbé Brisson Pierre dans le style roman. Le réfectoire est presque détruit.

Des fouilles faites en 1868, dans une galerie attenant à l'église, ont fait découvrir les sépultures de cinq abbés qui ont dirigé le monastère au xiiiᵉ siècle. Trois superbes crosses y ont été retrouvées, parfaitement conservées ; l'un des abbés était encore revêtu de ses habits sacerdotaux.

De l'ancien palais d'Eléonore, il ne reste qu'une immense porte de la période gothique.

Au joli *château de Chassenon* a été transportée une ravissante fontaine qui jadis ornait la cour du logis seigneurial de la Fosse, près Mouilleron-en-Pareds. On dit qu'elle fut l'œuvre de Liénard de la Réau, l'habile architecte de la fontaine fontenaisienne des *Quatre Tias*. Elle date de 1557.

L'église de *Foussay* fut l'un des plus remarquables monuments de la région ; il n'en reste que le portail composé d'une grande archivolte plein

cintre autour de laquelle se déroule le tableau de la sentence finale. Il est
flanqué de deux arcades aveugles dont l'une représente la *Descente de
Croix*. Au dessus de la croix sont deux bustes mutilés, le soleil et la lune
élevant une draperie pour se voiler la face en signe d'affliction. Dans
l'arcade de droite, on voit le *Souper chez Simon* et le *Noli me tangere*,
jolies compositions dans lesquelles le sculpteur du XIᵉ siècle a donné
carrière à toute la fécondité de son esprit et de son talent.

Le reste de l'église est du XVᵉ siècle. La tour du clocher, à l'intérieur,
est décorée d'une jolie frise en gothique flamboyant. On aperçoit dans le
chœur des chapitaux à figures grimaçantes, derniers vestiges de l'ancienne église romane.

Derrière le chevet du monument, auquel il était relié par un passage
voûté, était le pricuré ; il en subsiste encore quelques restes intéressants :
uu cellier voûté du XIIIᵉ siècle, une fuie octogonale, et deux cheminées
curieusement décorées dans l'habitation principale. Sur l'une d'elles, on
voit un monogramme entouré de branches de laurier et surmonté d'un
tortil de baron avec crosse et mître, car les prieurs avaient pris le titre
de « barons de Foussay ».

LA ROCHE-SUR-YON

Dans notre course un peu rapide, nous avons visité tous les cantons
de la Vendée, sauf cinq, dont le principal renferme le chef-lieu du département. Prenons le train de Fontenay à la Roche-sur-Yon et une journée
ou deux suffiront pour connaître les régions du centre.

C'est d'abord La Roche-sur-Yon, jolie petite ville qui n'était qu'une
bourgade quand Napoléon Iᵉʳ, cherchant pour chef-lieu un point straté-
gique et central, songea à y transporter la préfecture.

Ses rues larges et droites, bâties sur un escarpement dont l'Yon
baigne le pied, donnent l'impression d'une grande cité abandonnée, alors
que pourtant la ville ne cesse de prospérer. Mais le commerce est presque
nul, et les fonctionnaires seuls constituent le noyau principal de la
population.

Sur la place centrale, qui est comme le forum de la Vendée, s'élève
une belle statue équestre de Napoléon Iᵉʳ, et tout autour de cette
place ont été construits les principaux monuments : l'hôtel de ville,
décoré d'un péristyle grec, l'église moderne précédée d'un péristyle
de six colonnes doriques, le tribunal, les lycées de garçons et

de filles. Sur la place, qui précède la préfecture, dont le parc est de toute beauté, s'élève une statue de Paul Baudry par Gérôme ; c'est en effet à La Roche-sur-Yon que naquit le grand peintre. Sur une autre place, statue en bronze du général Travot par Maindron. Voir aussi un très intéressant musée, qui contient de belles peintures de Baudry, et les découvertes faites par le D*r* Baudouin dans les puits funéraires du Bernard.

A *Venansault*, dans une église du xii*e* siècle, tombeaux de la famille de Talmont ; à *Saint-André-d'Ornay*, ruines de l'abbaye des Fontenelles, fondée en 1210 ; à *Nesmy*, château ruiné de la *Vergne-Greffaud* ; au *Tablier*, monuments mégalithiques des Pierres-Folles, de la Haute-Roussière, de la Basse-Roussière, et de la Pierre-Nauline, haute de quatre mètres, dans le lit de l'Yon ; à la *Chaize-le-Vicomte*, restes d'un château bâti au xi*e* siècle par Aimery IV, comte de Thouars, et église curieuse, construite vers 1100. La vallée de l'Yon, entre Chaillé-sous-les-Ormeaux et Rosnay, est d'un pittoresque sauvage : la *Gorge-aux-Loups* de *Rocheréault*, la vallée de *Piqué*, dans son cadre de rochers, de bois, de ruines, et l'intéressante *Pierre-Folle* du *Vigneau*, méritent d'être vues.

CHANTONNAY

Chantonnay est un joli chef-lieu de canton, qui ne présente de remarquable au point de vue archéologique que son église qui date du xiv*e* siècle, et un vieux château à moitié ruiné. A *Saint-Philbert du Pont-Charrault*, bien joli site et monuments mégalithiques : *grotte des farfadets* ; *Pierre-Folle de la Billerte*. A *Sigournais*, château du xv*e* siècle ; à *Saint-Germain le Prinçay*, château des *Roches-Baritaud*, également du xv*e* siècle.

LES ESSARTS

Les Essarts possèdent les ruines fort intéressantes d'un vieux château ; l'église moderne recouvre une crypte du xi*e* siècle. A *l'Oie*, château du *Fougerais*, xvii*e* siècle, et ruines du château de l'*Herbergement-Ydreau*.

Les cantons du *Poiré-sur-Vie* et de la *Mothe-Achard* ne présentent rien de très intéressant, si ce n'est à *Aizenay* le tombeau du maréchal de Clérambault, mort en 1665, et un ancien camp gallo-romain aux *Lucs sur Boulogne*.

CLIMAT

La Vendée appartient au *climat girondin;* la température est douce
et agréable ; l'air y est humide en raison de la grande étendue des
marais et du voisinage de la mer. Rarement le thermomètre descend au
dessous de 8°, rarement il monte au dessus de 25°. Le bocage, en raison
de son altitude, est plus froid, surtout sur les collines de la Gâtine, et
cependant la neige y est rare. Les chaleurs estivales ne se font sentir que
dans la plaine, dépouvue d'ombrages et de sources.

L'humidité est considérable dans le marais, mais les fièvres disparaissent peu à peu, et seuls les étrangers sont atteints par les fièvres
paludéennes. Les populations du marais méridional sont robustes,
vigoureuses et fournissent aux conseils de révision les plus beaux contin-
gents. Toutefois, lorsque les eaux ne trouvent pas leur écoulement, des
régions entières sont atteintes de la *malaria ;* le *hàvre de la Gachère*
s'étant comblé il y a quelques années, et les eaux de l'*Auzance* s'étant
accumulées derrière la barre de sable et de boue, des milliers d'habitants furent en proie à cette maladie. Chaque année le Gouvernement
devait envoyer des quantités considérables de quinine pour combattre le
fléau, qui ne disparut que lorsque furent achevés les travaux de curage
du hâvre.

Si la pluie, qui tombe dans la Vendée restait sur le sol sans être bue
par le soleil ou absorbée par la terre, on aurait à la fin de l'année, sur la
côte, une hauteur d'eau de 626 millimètres (la moyenne de la France
étant de 770 millimètres). Il y a par année 120 à 150 jours de pluie.

En somme la Vendée jouit de la clémence de climat qui caractérise
les pays également éloignés de l'Equateur et du Pôle, tempérés par la
brise de mer et les courants de l'Atlantique.

Le *Bocage* est admirablement cultivé. On y rencontre maintenant bien peu de terres incultes, bien peu de landes : on y cultive le blé, le seigle, l'orge, l'avoine, le mil, le rutabaga ou navet de Suède, le chou pour la nourriture du bétail, la vigne ; les prairies sont nombreuses et excellentes. Aussi le cultivateur tire-t-il ses meilleurs revenus de l'élevage des bêtes à cornes et principalement des bœufs gras, très estimés sur le marché de la Villette.

La *Plaine*, moins fertile, donne cependant de beaux blés et de superbes fourrages artificiels. La vigne y vient bien. Alors que dans le bocage chaque champ est entouré d'une haie plantée d'arbres, alors que dans le marais toute pièce de terre est entourée d'un fossé, de simples bornes, souvent difficiles à trouver, délimitent les pièces de terre.

Dans le *Marais*, on cultive les fèves, les haricots, le chanvre, le lin, le blé.

Le grand nombre de bestiaux que nourrit le Marais produit une quantité proportionnelle de fumier, mais ce fumier ne sert pas d'engrais : il est utilisé pour le chauffage, principalement dans les marais qui ne sont pas boisés. On pétrit les *bouses* avec les pieds, l'on en fait des gâteaux ronds et plats que l'on fait sécher au soleil : on les empile ensuite autour des maisons, et le voyageur étranger se demande quel peut bien être l'usage de ces rangées de colonnes noirâtres qu'il aperçoit de distance en distance autour des lieux habités. La fumée de ce singulier combustible répand une odeur suffocante d'ammoniaque. La cendre est vendue aux habitants du Bocage, qui l'emploient à amender les terres destinées à la culture du froment, des raves et des choux.

Cette pratique de brûler le fumier et d'en vendre la cendre aurait dû

SABLAISE, MARCHANDE DE POISSONS

frapper de stérilité depuis longtemps les terres du Marais, mais les principes fertilisants de ces terres paraissent inépuisables ; les prairies surtout sont admirables et très nombreuses. Les chevaux et les bêtes à cornes y sont presque à l'état sauvage. Les beurreries, fromageries créées en grand nombre depuis quelques années constituent pour le pays une précieuse ressource. Beaucoup de communes sont organisées en coopératives pour l'utilisation de leur lait, et chaque jour des wagons frigorifiques transportent sur Paris les beurres frais. Des beurreries ont même été installées dans la plaine, à Nieul-sur-l'Autize, à l'Hermenault.

Les fermes, connues en Vendée sous le nom de *métairies*, ne sont pas toutes de même étendue : elles varient de 20 à 40 hectares dans le bocage et dans la plaine ; dans le marais, les *cabanes* sont de 150 hectares environ, et occupent quelquefois 600, 800 hectares. Les métairies sont affermées à prix fixe ou à *moitié fruits*. Dans ce dernier cas, le propriétaire fournit le logement, un cheptel de bestiaux, qui n'est jamais moindre de la moitié, et souvent la moitié de la semence. Le métayer fournit les instruments de labourage, cultive, fait les récoltes, paie la contribution foncière et la moitié des engrais. Le produit des récoltes et des bestiaux est partagé par moitié et le métayer jouit en outre exclusivement du jardin et de la coupe des branches des arbres têtards.

CHEMINS DE FER

Disons en terminant que la Vendée est admirablement desservie par
le réseau des chemins de fer de l'Etat et par un réseau de chemins de fer
à voie étroite qui prochainement va être considérablement étendu.

Le département est traversé par les lignes de Nantes à Bordeaux, de
Nantes à Niort, des Sables à Tours, de la Rochelle à Paris, de Fontenay-
le-Comte à Cholet, de La Roche-sur-Yon à Nantes par Challans. Rien de
plus ravissant que la petite ligne de tramways, qui va des Sables à
Champ-Saint-Père, et qui bientôt va se prolonger jusque dans les Deux-
Sèvres par Sainte-Hermine, l'Hermenault, Fontenay-le-Comte et
Saint-Hilaire-des-Loges. Une autre ligne suivra la côte et desservira
toutes les petites stations de bains de mer.

. Les voyageurs, qui n'aiment ni la pédale ni l'automobilisme, pourraient
facilement et sans fatigues visiter la Vendée en se servant des trains à
voie normale, des tramways et de quelques voitures faciles à trouver.

Quel que soit d'ailleurs le mode de locomotion choisi, ceux qui
voudront parcourir la région vendéenne ne regretteront ni leur temps
ni leur argent. Le bocage, les collines de la Gâtine, les îles, les côtes,
les marais, tout enchante le regard ; il semble que dans ce petit coin
de France, la nature ait voulu réunir des échantillons de toutes ses
richesses : la Vendée est la région bénie des touristes, des historiens et
des archéologues.

Sa population augmente sans cesse ; car depuis longtemps le département a cicatrisé les plaies de ses guerres civiles, remplacé les 100.000 morts

de l'insurrection et réparé ses désastres. Aucune autre contrée n'est maintenant plus fertile et, grâce à l'instruction, les idées de progrès pénètrent partout, sapant les derniers préjugés, écrasant la superstition : la chouannerie n'est plus qu'un souvenir, et le mot de chouan lui-même est devenu une injure.

TABLE DES MATIÈRES

www.ingramcontent.com/pod-product-compliance
Ingram Content Group UK Ltd.
Pitfield, Milton Keynes, MK11 3LW, UK
UKHW021846070726
13613UKWH00001B/26